Deutsch als Zweitsprache lernen

Beiträge zur Reform der Grundschule – Band 120
Herausgeber: Der Vorstand des Grundschulverbandes
– Arbeitskreis Grundschule e. V.
Verantwortlich für diesen Band: Horst Bartnitzky

hrsg. von Horst Bartnitzky und Angelika Speck-Hamdan

Deutsch als Zweitsprache lernen

Grundschulverband – Arbeitskreis Grundschule e. V.
Frankfurt am Main

Satz und Gestaltung: novuprint · Agentur für Mediendesign, Werbung, Publikationen GmbH, 30161 Hannover
Bildnachweis: Bert Butzke, Mülheim / Ruhr (S. 9, 15, 19, 28, 106, 107, 117, 119, 131), die Rechte für die anderen Abbildungen liegen bei den jeweiligen Autorinnen und Autoren, falls nicht anders vermerkt
Titelfotos: Bert Butzke, Mülheim / Ruhr
Druck und Bindung: Druckhaus Beltz, 69502 Hemsbach
ISBN-Nr. 3-930024-90-X / Best.-Nr. 1078
(Beiträge zur Reform der Grundschule, Band 120)

Inhalt

Einführung

Teil II: Lösungen und Mut machende Beispiele

Abkürzungen, die in diesem Buch verwendet werden:
DaZ = Deutsch als Zweitsprache
DaF = Deutsch als Fremdsprache
DaM = Deutsch als Muttersprache

Horst Bartnitzky / Angelika Speck-Hamdan

Sprachförderung als Herausforderung – zum vorliegenden Buch des Grundschulverbandes

Fragt man nach den Schwächen des deutschen Bildungssystems, so fehlt ein Hinweis nie: nämlich der auf das Versagen, Kinder und Jugendliche mit Migrationshintergrund ausreichend zu fördern. Kinder und Jugendliche mit Migrationshintergrund sind die Verlierer in unserem Bildungssystem. Sie bleiben häufiger sitzen, werden häufiger an Sonderschulen überwiesen und erreichen im Schnitt die niedrigsten Schulabschlüsse bzw. sind unter den Abgängern ohne Abschluss überproportional hoch vertreten. Diese Tatsachen sind nicht neu; sie werden mittlerweile seit Jahrzehnten beobachtet und berichtet (siehe zusammenfassend Speck-Hamdan 2003, S. 25ff.). Richtig Alarm geschlagen aber wurde erst im Zuge der großen Vergleichsstudien – insbesondere der PISA-Studie aus dem Jahr 2000, seitdem sie im Dezember 2001 veröffentlich wurde. Dort erfuhr man: »Fast 50 % der Jugendlichen aus Zuwandererfamilien überschreiten beim Lesen nicht die elementare Kompetenzstufe I, obwohl über 70 % von ihnen die deutsche Schule vollständig durchlaufen haben« (PISA 2001, S. 38). Da Lesenkönnen in nahezu allen Schulfächern eine zentrale Fähigkeit ist, gilt sie als Schlüsselkompetenz für erfolgreiches Lernen. Das Versagen im Lesen bewirkt mithin ein Versagen auf breiter Linie.

Dass es auch erfolgreiche Schülerinnen und Schüler mit Migrationshintergrund gibt, dass ihre Quote unter den Abiturienten zahlenmäßig zugenommen hat, dass wir auch mehr Studierende mit Migrationshintergrund an den Universitäten finden, kann nicht über die Ungleichheit hinwegtäuschen. Es bleibt der Befund: Sehr viel weniger unter den Migranten erreichen gute Abschlüsse, als es ihrem Anteil an der Gesamtpopulation der Schülerinnen und Schüler an deutschen Schulen entspricht.

Diese deprimierende Erkenntnis am Anfang des neuen Jahrhunderts war für die Öffentlichkeit neu und schockierend. Hatten die Kinder der »Gastarbeiter«, die »Ausländerkinder« der sechziger und siebziger Jahre des vorigen Jahrhunderts schon die deutschen Schulen besucht, dürften größere sprachliche Probleme bei deren Kindern doch nicht mehr vorhanden sein, so die allgemein vorherrschende Meinung bis in die Land-

tage hinein. Das war ein Irrtum. Die Wirklichkeit sah und sieht in vielen Fällen anders aus.

Die »Schuldfrage«

Für die sprachlichen und schulischen Probleme der Migrantenkinder sind in der Öffentlichkeit und in der Fachszene verschiedene Faktoren verantwortlich gemacht worden. Oft wurde das Versagen den Betroffenen selbst zugeschrieben. Sie seien an einer Integration wenig interessiert und daher auch der deutschen Schule gegenüber distanziert eingestellt. Das zeige sich beispielsweise im wenig ausgeprägten Interesse der Eltern an Zusammenarbeit. Vielfach bemüht wurde der Hinweis auf einen so genannten Kulturkonflikt. Kulturelle Differenzen zwischen Elternhaus und Schule brächten die Kinder und Jugendlichen in Identitätskonflikte. Sie seien hin und her gerissen zwischen den sich möglicherweise widersprechenden normativen Vorgaben in Schule und Elternhaus. Die Loyalität der Familie gegenüber führe zu einer Distanz der Schule gegenüber und gefährde somit den Schulerfolg. Aus Sicht der Eltern wurde andererseits berichtet, sie nähmen die Schule als wenig unterstützend wahr. Die selbstverständliche Erwartung der Schule nach häuslicher Mit- und Nacharbeit konnten viele Migranteneltern ohnehin nicht erfüllen. Dass die mangelnden deutschen Sprachkenntnisse vieler Eltern eine Barriere darstellt, leuchtet ein. Dass aber zu deren Abbau lange Zeit relativ wenig von Seiten des Schulsystems unternommen wurde, verwundert.

Schon in den ersten Jahren, als noch von »Gastarbeiterkindern« die Rede war, wurde die sprachliche Kompetenz in den Vordergrund gerückt. Erste Lösungsansätze für das praktische Problem, nicht oder nur wenig Deutsch sprechende Kinder in eine Schule mit deutscher Unterrichtssprache aufzunehmen, wurden auf der Ebene zusätzlicher Hilfestellungen bei Hausaufgaben und Zusatzsprachkursen in und außerhalb der Schule entwickelt. Die Hoffnung, dass sich das sprachliche Problem mit der Zeit – im Zuge einer Anpassung – erledigt, erfüllte sich nicht. Die Migrationsbewegungen entwickelten sich in einer Weise, die damals kaum vorausgesehen wurde. Neue Zuwanderungen fanden statt, weniger »Gastarbeiter« als gedacht und politisch gewünscht kehrten in ihre Herkunftsländer zurück, aus der so genannten »zweiten« oder »dritten Generation« der durch Anwerbung Zugewanderten wurden zwar zum Teil dem Pass nach Deutsche, aber von einer Assimilierung in sprachlicher Hinsicht kann nicht die Rede sein. Im Gegenteil: Lehrerinnen berichten, dass die deutschen Sprachkenntnisse von Schulanfängern mit Migrationshintergrund zum Teil lückenhafter sind als früher.

Die Gründe für die z.T. schwachen Sprachkompetenzen im Deutschen der inzwischen dritten Generation sind vielfältig:

- *Zur Wohnungs- und Siedlungspolitik:* In den Städten vor allem kann man seit Jahren eine verstärkte sozialräumliche Segregation beobachten. Neben sozio-ökonomischen Gründen führt auch die Tendenz vieler Menschen, sich bevorzugt in ihrer eigenen, sozial, kulturell und auch ethnisch definierten Lebenswelt zu bewegen, zu einer solchen Entwicklung. In einigen Stadtvierteln kann man Konzentrationen einzelner ethnischer Minderheiten beobachten. Bisweilen wird in diesem Zusammenhang von der Gefahr einer Ghettoisierung gesprochen. Das gilt vor allem dann, wenn soziale Benachteiligungen und ethnische Konzentrationen sich überlagern.
  Im positiven Sinn stellen solche Stadtviertel gewissermaßen die Fortführung der gewohnten Lebensweise für die Angehörigen einer Minderheit sicher. Bäckerei, Metzgerei, Gemüsehandlung, Elektroladen, usw. – alles türkisch bzw. griechisch oder arabisch; sogar der Sozialdienst in einem solchen Viertel stellt sich darauf ein. Die gesamte Infrastruktur ist auf eine ethnische Gruppe zugeschnitten; ihre Mitglieder können sich darin in ihrer eigenen Sprache, unter Beibehaltung ihrer Gewohnheiten bewegen. Das Quartier wird als Schutz erlebt. Als negative Konsequenz aber kann sich die soziale Ausgrenzung verstärken, vor allem dann, wenn sich die Benachteiligungen (Armutskonzentration) verschärfen. Die Folge davon kann eine bewusste Abschottung sein.

Vor allem für Kinder und Jugendliche, aber auch für nicht erwerbstätige Erwachsene ist das Stadtviertel Lebensmittelpunkt, Lernraum und wichtigstes Kontaktfeld. Die deutsche Sprache spielt hier eine untergeordnete Rolle, denn der Alltag kann auch ohne sie bewältigt werden. Kinder, die in solchen Vierteln aufwachsen, erwerben wie alle Kinder zunächst die Sprache ihrer Umgebung, in diesem Fall die Minderheitensprache. Die deutsche Sprache wird oft erst beim Eintritt in eine öffentliche Bildungsinstitution wichtig.

- *Zur Alltags- und Fachsprache:* Viele dieser Kinder erlernen in Kindergarten und Schule, Deutsch zu verstehen und zu sprechen. Diese alltagstaugliche Verständigung verbirgt aber die erheblichen Mängel in der Schriftsprache: Zum Schreiben und Lesen komplexerer und abstrakterer Sprache fehlen die erforderlichen Kompetenzen. Gerade diese fachsprachlichen Fähigkeiten aber sind für den Bildungserfolg von entscheidender Bedeutung. CUMMINS hatte übrigens bereits in den achtziger Jahren vor den »umgangssprachlichen Fassadenkenntnissen« von Migrantenkindern gewarnt (CUMMINS 1984).

- *Zu den Aufgaben der Schulstufen:* Wenn das Problem überhaupt erkannt wurde, wurde zur Lösung zuvörderst an die Grundschulen und in neuerer Zeit auch an die vorschulischen Einrichtungen verwiesen. Hier sollen die Fähigkeiten in deutscher Sprache so gefördert werden, dass im Anschluss auf den weiterführenden Schulen die Probleme ausgeräumt seien. Dadurch wird missachtet, dass die bildungsbedeutsame Fachsprache in besonderer Weise in den Sekundarschulen zu fördern ist und zwar als Aufgabe aller Fächer.

- *Zur Aus- und Fortbildung:* Im größeren Umfang können weder Erzieherinnen und Erzieher noch Lehrerinnen und Lehrer die erforderlichen Qualifikationen für Deutsch als Zweitsprache, für DaZ, in der Ausbildung oder in der Fortbildung erwerben. Die wenigen Standorte in der Ausbildung, an denen es entsprechende Studienangebote gibt, reichen bei weitem nicht aus, um praktisch alle pädagogischen Professionen entsprechend zu qualifizieren.

Zu den Kindern der dritten Generation, von denen bisher die Rede war, kommen an vielen Schulen Kinder ohne Deutschkenntnisse aus den Krisenregionen der Erde hinzu, an deren Schulbesuch uns aus verschiedenen Gründen gelegen sein muss – allen voran, weil Bildung ein Kinderrecht ist.

Die gesellschaftliche Integration von Zuwanderern stellt sich auch im Jahr 2005 noch als nicht gelöste Aufgabe, wie ein Blick auf die Website der entsprechenden Behörde zeigt (www.integrationsbeauftragte.de).

Dort wird in einer Presseerklärung vom 23.6.2005 eindrücklich betont: »Nach 50 Jahren Einwanderung muss die ›conditio sine qua non‹ der Integrationspolitik lauten: Einwanderer sind Teil dieser Gesellschaft, sie gehören selbstverständlich dazu. ... Multikulturalität ist eine Tatsache, Integration ist eine Aufgabe.« Sowohl die mangelnden Sprachkenntnisse als auch der geringe Schulerfolg der Kinder von Zugewanderten sind Belege für mangelnde Integration.

Die Verantwortung der Schule

Fragt man nun danach, wie das Schulsystem praktisch auf diese Herausforderung reagiert hat, muss man zunächst konstatieren, dass es relativ lange dauerte, bis sie überhaupt aufgegriffen wurde. Die KMK empfahl zwar 1971, 1976 und 1979 Maßnahmen zur Sprachförderung von »ausländischen Kindern«, in der deutschen Sprache wie auch in der Muttersprache. 1985 und 1992 warb sie zudem in Beschlüssen für ein verständnisvolles Miteinander von Ausländern und Deutschen. Schließlich veröffentlichte sie 1996 die Empfehlung »Interkulturelle Bildung und Erziehung in der Schule«, in der eingestanden wurde: »Auf den Zuzug von Menschen unterschiedlicher Herkunft nach Deutschland waren viele Bereiche der Gesellschaft nicht vorbereitet; auch die Pädagogik – Praxis wie Wissenschaft – konnte nur allmählich reagieren.« Angesichts der großen gesellschaftlichen Veränderungen sei die Entwicklung interkultureller Kompetenz als Schlüsselqualifikation für alle Kinder und Jugendlichen anzustreben. Dazu wird ein ganzes Bündel an sinnvollen Maßnahmen vorgeschlagen, in denen sich die pädagogische Diskussion der Zeit widerspiegelt. Priorität haben soziale Ziele, die sprachliche Zielsetzung rangiert dahinter. Besonders betont wird vor allem die Bedeutung der Muttersprache in ihrer Persönlichkeit unterstützenden und Identität stiftenden Funktion. Angestrebt werden solle nach Möglichkeit die Mehrsprachigkeit der Kinder und Jugendlichen.

Konzepte interkultureller Erziehung in den achtziger und neunziger Jahren betonten (wie auch die genannte Empfehlung der KMK) insbesondere die Bedeutung gemeinsamer Ziele für Kinder und Jugendliche mit und ohne Migrationshintergrund. Verdienst dieser Anstrengungen ist vor allem die Einsicht, dass das Zusammenleben und -lernen nur auf der Basis einer Haltung gegenseitigen Respekts und gegenseitiger Anerkennung möglich ist. Integration lässt sich nicht einseitig von den Zugewanderten einfordern, sondern ist eine gemeinsam zu leistende Aufgabe aller. Hinter diesen pädagogischen Zielen traten die sprachdidaktischen eher in den Hintergrund. So wichtig es war, Integration nicht nur auf den Faktor Sprachförderung zu reduzieren, so blind wäre es aber, die Sprache aus diesem Prozess auszublenden. Denn Sprachkompetenz ist ein Schlüssel zur Integration und zum Schulerfolg. Die vergleichenden Schulleistungsstudien der letzten Jahre rücken diesen Aspekt wieder in den Vordergrund.

Maßnahmen nach PISA: Sprachförderprogramme

Nun endlich, ausgelöst durch den PISA-Schock 2001, haben alle Länder Programme zur Sprachförderung von Kindern und Jugendlichen mit Migrationshintergrund aufgelegt. Erhebliche Mittel sind in Zeiten knapper Kassen dafür frei gemacht worden. Die Länder haben dabei unterschiedliche Wege beschritten und sich zum Teil auch gegenseitig inspiriert. Drei Trends lassen sich feststellen:

1. Der Trend zur möglichst frühen Förderung

Ein Großteil der Maßnahmen setzt bereits vor Schuleintritt an. Spätestens im Jahr vor der Einschulung sollen diejenigen Kinder erfasst werden, deren mangelnde sprachliche Kompetenz im Deutschen befürchten lässt, dass sie den Anforderungen der Schule nicht gewachsen sein werden. In den Kindertagesstätten soll der Sprachstand der Kinder erfasst werden. Dazu sind in den letzten Jahren eine Reihe von Verfahren entwickelt worden, wie z.B. HAVAS in Hamburg oder SISMIK in Bayern, über die im vorliegenden Band ausführlich berichtet wird. Kinder, bei denen Förderbedarf diagnostiziert wird, erhalten eine sprachliche Förderung in unterschiedlichem Umfang, meist ein halbes bis ein ganzes Jahr lang zwei bis zehn Stunden wöchentlich. Sie findet entweder in der Kita oder in der Schule (oder auch in beiden Institutionen nacheinander) statt und wird von Erzieherinnen und Lehrerinnen durchgeführt. So entsteht für die beiden beteiligten Institutionen in allen Fällen eine Notwendigkeit miteinander zu kooperieren. Sie müssen sich über geeignete Test- oder Beobachtungsverfahren sowie über sinnvolle Fördermaßnahmen austauschen. Dabei werden sie auch ihre Vorstellungen über kommunikative und sprachliche Kompetenzen miteinander diskutieren. Um Förderung nachhaltig abzusichern, ist es notwendig, die verschiedenen Maßnahmen aufeinander abzustimmen. Angefangene Lernprozesse sollen aufgenommen und weitergeführt werden. Die Kinder sollen die Erfahrung des kontinuierlichen Kompetenzzuwachses machen können. Das gibt ihnen Sicherheit und stärkt die Motivation weiter zu lernen.

Rückstände in schulischen Leistungen kumulieren sich relativ rasch im Lauf der Zeit. Einem solch verhängnisvollen Prozess lässt sich nur durch die Vermeidung von Misserfolgen – sprich durch einen erfolgreichen Start – entgegen wirken. In diesem Sinn ist die möglichst frühzeitige Förderung ein Gebot der Bildungsgerechtigkeit. Gleichzeitig stellt diese Aufgabe einen wesentlichen Baustein der Verzahnung des Elementar- und Primarbereichs dar.

2. Der Trend zur Priorisierung der Verkehrssprache Deutsch

Über den Nutzen der Mehrsprachigkeit herrscht Einigkeit. Jede Sprache eröffnet dem Benutzer eine neue Welt. Eine mehrsprachige Kompetenz lässt sich allerdings nur durch einen konsequenten Aufbau in den Zielsprachen erreichen. Es ist zu bezweifeln, dass die Schule dies für alle in Frage kommenden Sprachen zu leisten im Stande ist. In den meisten Klassen befinden sich Kinder mit unterschiedlichen Herkunftssprachen. Die Zahl der Sprachen in einer Klasse kann beinahe so hoch sein wie die Zahl der Kinder. Es ist realistischerweise kaum zu erwarten, dass gleich gute Sprachlernbedingungen für alle Herkunftssprachen der Kinder zu erreichen sind. Allein angesichts dieser Tatsache gewinnt das Deutsche als gemeinsame Sprache für alle an Bedeutung. Deutsch ist Verkehrs- und Unterrichtssprache. Zwar gibt es mehr und mehr bilinguale Bildungsangebote, was vor allem im Zuge des Zusammenwachsens Europas an Bedeutung gewinnt. Doch erfordern diese Angebote spezielle Arrangements, die in den »normalen« Grundschulklassen nicht herstellbar sind. Zieht man zudem den Faktor Lernzeit in Betracht, so steht man angesichts dessen Begrenztheit vor der Notwendigkeit einer Entscheidung: Wofür soll die zur Verfügung stehende Zeit in erster Linie verwendet werden? Hopf (2005) weist eindringlich darauf hin, dass Zweisprachigkeit zusätzliche Lernzeit kostet, und zwar in erheblichem Umfang. Das bedeute im Normalfall »entweder beträchtliche Abstriche in anderen Lernbereichen oder hohe Zusatzbelastung oder beides« (Hopf 2005, S. 242). Gerade angesichts der Bedeutung des Deutschen als Unterrichtssprache und damit als Schlüssel zum Schulerfolg ist deshalb eine Priorisierung des Deutschen zu vertreten. Die jüngsten Sprachfördermaßnahmen favorisieren daher nicht ohne Berechtigung die Unterrichtssprache Deutsch. Damit soll die Bedeutung der Herkunftssprache für die Identitäts- und Persönlichkeitsentwicklung der Kinder nicht in Abrede gestellt werden. Doch muss der »herausragenden Bedeutung, die der Verkehrssprache und den normalen Schulleistungen zukommt, wenn die Schüler ein ihren Möglichkeiten entsprechendes Leben im Zielland der Migration sollen führen können« (Hopf 2005, S. 248), auch Rechnung getragen werden.

Das schulische Lernen muss dabei auf die Erfahrungen mit der Didaktik und Methodik des Deutschen als Zweitsprache zurückgreifen.

3. Der Trend zur raschen Kompensation

Die Bildungspolitik hat im Falle der Sprachförderprogramme rasch auf die Ergebnisse der Schulleistungsstudien reagiert. In den meisten Fällen wurden sie ohne Erprobung – geschweige denn eine wissenschaftliche Überprüfung – eingeführt. Inoffizielle Bezeichnungen wie »Crash-Kurse«, »Durchlauferhitzer-Maßnahmen«, »Sprachkurs-Express« und dergleichen mehr stehen für schnelles und zeitlich kurz befristetes Eingreifen, aber nicht unbedingt für eine gründliche und auf Nachhaltigkeit zielende Handlungsweise. Möglicherweise war es zunächst einmal wichtig überhaupt zu handeln. Die Maßnahmen wurden zum Teil bereits innerhalb der relativ kurzen Laufzeiten erweitert und besser an den Bedarf angepasst. Man erkennt eindeutig den Willen zur Optimierung. Die Erwartung richtet sich auf einen raschen Ausgleich von Defiziten, in der Sprachkompetenz der betroffenen Schülerinnen und Schüler, aber auch in der Kompetenz des Schulsystems, den Bildungsanspruch von Kindern mit Migrationshintergrund angemessen einzulösen. Durch gezielte Förderung sollen die Kinder fit für die Schule gemacht werden, in komprimierter und konzentrierter Art und Weise. Durch das Auflegen von Förderprogrammen soll das Schulsystem – ebenfalls in einer verdichteten Art und Weise – den Rückstand hinsichtlich des Umgangs mit so genannten Risikokindern aufholen. Können Mängel, mit denen zu leben schon lange Gewohnheit geworden ist, wirklich so rasch abgebaut werden? Wir sollten uns realistischerweise auf längere Prozesse und weit gehendere Umstrukturierungserfordernisse einstellen.

Auch wenn die nun ergriffenen Maßnahmen noch nicht als befriedigend empfunden werden, so zeigen sie doch, dass das Kernproblem der ungleichen Bildungschancen für Kinder mit Migrationshintergrund endlich als solches erkannt worden ist und auch der bildungspolitische Wille darauf gerichtet ist, es zu lösen. Doch sollte der nun eingeleitete Prozess mit wacher Aufmerksamkeit und konstruktiver Kritik begleitet werden. Der vorliegende Band 120 soll hierzu beitragen: Er will Klärung schaffen hinsichtlich vieler immer wieder auftauchender Fragen im Zusammenhang mit der sprachlichen Erziehung von Kindern mit Migrationshintergrund.

Der Band 120: Deutsch als Zweitsprache lernen

Begonnen hatte die Arbeit an dem vorliegenden Band mit einer Fachtagung des Grundschulverbandes 2004 in München zum Sprachenlernen. Dabei und in der folgenden Diskussion wurde viererlei deutlich:

1. *Die Fähigkeiten in deutscher Sprache,* die für Bildungserfolg nötig sind, gehen weit über alltagssprachliche Fähigkeiten hinaus. Fachsprachliche Fähigkeiten sind hierzu erforderlich, die Mündlichkeit wie Schriftlichkeit betreffen, insbesondere auch das Lesen und Schreiben komplexerer Fachtexte. Diese Aufgabe stellt sich für viele Schülerinnen und Schüler mit Migrationshintergrund als Aufgabe bis weit in die Sekundarschulen hinein.
2. *Die Fähigkeiten in der Herkunftssprache* sind für die Kinder biografisch und für die Gesellschaft wegen der Sprachenvielfalt wichtig. Sie haben deshalb für die betreffenden Kinder und für die Schule einen wichtigen Stellenwert. Allerdings gibt es für oft vorgetragene Behauptungen keine empirischen Belege: Weder für den Vorrang der Herkunftssprache für das Sprachlernen noch für Transfereffekte von der einen zur anderen Sprache (siehe Hopf 2005).
3. *Fremdsprachlicher Unterricht* wie Englisch in der Grundschule ist gesondert zu betrachten, weil es hierbei um den Erwerb von Sprachfähigkeiten in einer Sprache geht, die im Wesentlichen nur im Fachunterricht präsent ist. Sie ist nicht die Sprache der alltäglichen

Kommunikation, der Umgebung, des Lernens in anderen Fächern (bilinguale Schulkonzepte ausgenommen).

4. *Interkulturelles Lernen* ist ein Prinzip allen schulischen Lernens. Auch wenn DaZ unterrichtet wird, eröffnet doch der Einbezug von Herkunftssprachen, von Kinderliteratur aus verschiedenen Ländern, vom Vergleich von Bräuchen und Lebensstilen auch hier den Blick auf Interkulturelles – auf Verschiedenheit und Gemeinsamkeit der Kulturen.

Dieser Problemaufriss führte zur Konzeption des vorliegenden Bandes: Wir begrenzen uns auf das Thema DaZ, also Deutsch als Zweitsprache. Die Themen Herkunftssprachen und Fremdsprachen werden in einem späteren Band bearbeitet. Wir luden zur Mitarbeit Expertinnen und Experten aus Wissenschaft, Lehrerbildung und Schulpraxis ein, um ein umfassendes Gesamtbild der gegenwärtigen Situation und Herausforderungen sowie der Lösungen und Mut machender Beispiele zu erhalten und mit dem Buch zu dokumentieren. Damit konnten die wichtigsten Aspekte des Themas durchleuchtet werden.

Einige Konsequenzen für Wissenschaft, Politik und Schulpraxis

Aus Situation, Herausforderung und derzeitigen Lösungen ergeben sich Konsequenzen für Wissenschaft, Politik und Schulpraxis:

- DaZ muss als Aufgabe aller Bildungseinrichtungen verstanden werden: vom Elementarbereich über die Grundschule bis zu den Schulen der Sekundarstufe I. Sprachdiagnostik und Didaktik DaZ muss deshalb ein Pflichtbereich in Aus- und Fortbildung werden.
- Die Sprachförderung muss möglichst früh beginnen und über die Grenzen der Institutionen miteinander auch praktisch koordiniert werden: Elementarbereich – Grundschule, Grundschule – weiterführende Schulen sowie in Abstimmung der Fachlehrkräfte.
- Neben den aufwändigen Diagnoseverfahren, die für grundlegende Überlegungen wichtig sind, erfordert die Schulpraxis vereinfachte sprachdiagnostische Verfahren, die auch im Alltag praktikabel sind und eine Grundlage für Förderentscheidungen darstellen. Sie sind zu entwickeln, ein darauf aufbauendes Repertoire von Fördermöglichkeiten ist zu ergänzen.
- Wissenschaftlich ist weiter zu erforschen, wie DaZ lern- und zeitökonomisch von den Kindern erworben werden kann und welche Rolle dabei die Herkunftssprache spielt.

- Schulen mit Kindern, die nicht ausreichende Fähigkeiten in der deutschen Sprache haben, bedürfen der besonderen Unterstützung: für die Aufgabe besonders qualifizierte zusätzliche Lehrkräfte, auch muttersprachliche, sowie sozialpädagogische Fachkräfte, ein Ganztagsschul-System, geeignete Materialien. Keine dieser Klassen darf mehr als 24 Kinder haben, das Mehr an Lehr- und Fachkräften dient der Doppelbesetzung und zusätzlichen Förderangeboten. Dies schulden nicht Sponsoren den Kindern, sondern der Staat in seiner Verpflichtung, Bildungsgerechtigkeit zu verwirklichen.
- Lehrerinnen und Lehrer der Grundschule dürfen sich nicht mit der Alltagskommunikation begnügen, sondern müssen das fachsprachliche Lernen früh anregen und fördern.

Das Ziel ist klar, Wege zeichnen sich ab, wichtige Wegmarken sind gesetzt, manche Pfade werden bereits erfolgreich begangen. Aber ein Wegenetz, in dem alle mit der sicheren Aussicht, anzukommen, gehen können, ist noch nicht gebaut. Dies alles spiegelt sich in den Beiträgen dieses Bandes.

Literatur

Cummins, J. (1984): Zweisprachigkeit und Schulerfolg. Zum Zusammenwirken von linguistischen, soziokulturellen und schulischen Faktoren auf das zweisprachige Kind. In: Die Deutsche Schule 3 / 1984, S. 187–198

Hopf, Diether (2005) Zweisprachigkeit und Schulleistung bei Migrantenkindern. In: Zeitschrift für Pädagogik, 51. Jahrgang, Heft 2, S. 236–251

PISA 2000 (2001): Basiskompetenzen von Schülerinnen und Schülern im internationalen Vergleich. Herausgegeben vom deutschen PISAKonsortium. Opladen: Leske und Budrich

Rösch, Heidi (2001): Zweisprachige Erziehung in Berlin im Elementar- und Primarbereich. In: EliSe: Essener Linguistische Skripte – elektronisch, Jahrgang 1, Heft 1, S. 23–44

Speck-Hamdan, Angelika (2003): Kulturelle Vielfalt als Herausforderung für die Grundschule – Zum Stand der interkulturellen Pädagogik. In: Speck-Hamdan, Angelika u. a. (Hrsg.): Jahrbuch Grundschule IV. Fragen der Praxis – Befunde der Forschung. S. 12–46

Stanat, Petra (2003): Schulleistungen von Jugendlichen mit Migrationshintergrund: Differenzierung deskriptiver Befunde aus PISA und PISA-E. In: Deutsches PISA-Konsortium (Hrsg.) PISA 2000. Ein differenzierter Blick auf die Länder der Bundesrepublik Deutschland. Opladen: Leske + Budrich, S. 243–260

1 Situation und Herausforderungen

Petra Stanat / Andrea G. Müller

Förderung von Schülerinnen und Schülern mit Migrationshintergrund

Kinder und Jugendliche aus zugewanderten Familien im deutschen Schulsystem

Im Schuljahr 2004 / 2005 lag der Anteil von Kindern und Jugendlichen ausländischer Herkunft in Grundschulen bundesweit bei fast 12 Prozent. In den alten Bundesländern betrug die Quote 12,3 Prozent, in den neuen Ländern (einschl. Berlin) 6,8 Prozent (Statistisches Bundesamt, 2005). Aber auch innerhalb Westdeutschlands bestehen erhebliche Unterschiede im Anteil ausländischer Schülerinnen und Schüler an der Gesamtschülerzahl. So waren von den Kindern, die 2004 im Stadtstaat Hamburg eine Grundschule besuchten, etwa 20 Prozent nichtdeutscher Herkunft, während der entsprechende Anteil in Schleswig-Holstein nur bei knapp 6 Prozent lag. Diese Zahlen der amtlichen Statistik schließen jedoch weder Kinder von Aussiedlern noch Kinder aus eingebürgerten Ausländerfamilien ein und unterschätzen daher den Anteil der Schülerinnen und Schüler mit Migrationsgeschichte erheblich. Dies wird anhand von Befunden aus Schulleistungsstudien deutlich, die den Migrationshintergrund nicht anhand der Nationalität, sondern anhand des Geburtslands der Kinder und ihrer Eltern definieren. Nach Schätzungen aus IGLU hatten unter den Kindern in deutschen Schulen, die im Frühsommer 2001 eine vierte Klasse besuchten, insgesamt mehr als 20 Prozent einen Migrationshintergrund (Schwippert / Bos / Lankes, 2003). In den sieben Bundesländern, deren Ergebnisse im Rahmen von IGLU separat ausgewiesen werden konnten (Bayern, Baden-Württemberg, Brandenburg, Bremen, Hessen, Nordrhein-Westfalen und Thüringen), variierte der Anteil der Kinder mit mindestens einem im Ausland geborenen Elternteil zwischen rund 3 Prozent in Thüringen und etwa 36 Prozent in Bremen (Schwippert / Bos / Lankes, 2004).

Die überwiegende Mehrheit der Schülerinnen und Schüler mit Migrationshintergrund ist bereits in Deutschland geboren oder vor Beginn der Grundschulzeit zugewandert. So zeigte sich in IGLU, dass lediglich 5 Prozent aller befragten Viertklässler erst im Grundschulalter nach Deutschland gekommen sind. Etwa 14 Prozent der Kinder sind zwar im Ausland geboren, zum Zeitpunkt der Zuwanderung waren sie jedoch noch nicht im schulpflichtigen Alter, sondern 5 Jahre oder jünger. Auch von den in PISA 2000 untersuchten 15-Jährigen mit Migrationshintergrund hatte bereits die überwiegende Mehrheit ihre gesamte Schullaufbahn in Deutschland absolviert. Dies spiegelt einen Trend wider, wonach die Zahl der Seiteneinsteiger in das deutsche Schulsystem, die in den 1990er Jahren durch vermehrte Zuwanderung von Aussiedlern, Asylbewerbern und Flüchtlingen stark angestiegen war (Herwartz-Emden, 2003), rückläufig ist.

Die größte Gruppe der in Deutschland lebenden Schülerinnen und Schüler aus Familien nichtdeutscher Staatsbürgerschaft stammt aus der Türkei. Im Schuljahr 2004/2005 hatten fast 45 % Prozent der ausländischen Grundschulkinder die türkische Staatsangehörigkeit (Statistisches Bundesamt, 2005). Die zweitgrößte Gruppe bildeten Schülerinnen und Schüler, deren Eltern aus Ländern in Asien (13 %) zugewandert sind, gefolgt von Kindern, deren Familien aus Italien oder Serbien und Montenegro stammen (jeweils etwa 6 %). Bei diesen Zahlen bleiben jedoch wiederum diejenigen Schülerinnen und Schüler unberücksichtigt, die zwar die deutsche Staatsbürgerschaft besitzen, aber dennoch einen Migrationshintergrund aufweisen. Ergebnisse aus PISA deuten darauf hin, dass sich die Zahlenverhältnisse unter Einbeziehung dieser Gruppe stark verändern. Demnach lebte die größte der Gruppe der 15-Jährigen mit Migrationshintergrund, die im Jahr 2000 eine deutsche Schule besuchten, in aus Polen oder der ehemaligen Sowjetunion zugewanderten Familien (knapp 35 %), während der Anteil von Schülerinnen und Schülern türkischer Herkunft lediglich bei knapp 16 Prozent lag (Baumert/Schümer, 2002). Für die Grundschule liegen entsprechende Zahlen bisher nicht vor.

Bildungsbeteiligung von Kindern und Jugendlichen aus zugewanderten Familien

Obwohl der Anteil der Schülerinnen und Schüler mit Migrationshintergrund, die in Deutschland geboren sind, im Laufe der letzten vierzig Jahre deutlich gestiegen ist, hat sich die Bildungssituation dieser Gruppe im Vergleich zu Kindern und Jugendlichen deutscher Herkunft nicht erheblich verbessert. Während unter deutschen Schülerinnen und Schülern im Schuljahr 2004/2005 knapp 19 Prozent eine Hauptschule und 35 Prozent ein Gymnasium besuchten, lagen die entsprechenden Quoten für Schülerinnen und Schüler ausländischer Herkunft bei rund 44 und 15 Prozent (Statistisches Bundesamt, 2005; eigene Berechnungen). Lediglich für den Besuch der Realschule ist eine stärkere Annäherung der Beteiligungsquoten zu verzeichnen (2004: 21 Prozent der ausländischen, 27 Prozent der deutschen Schülerinnen und Schüler). Dieses differenzielle Muster der Bildungsbeteiligung verbunden mit höheren Quoten von Klassenwiederholungen und Abstiegen auf weniger anspruchsvolle Schulformen in der Gruppe der ausländischen Kinder und Jugendlichen kulminiert in noch dramatischeren Unterschieden bei den Schulabschlüssen. Nur etwa 10 Prozent der ausländischen Schulabsolventen erlangte 2004 die allgemeine Hochschulreife (deutsche Schülerinnen und Schüler: rund 25 Prozent), 18 Prozent verließen die Schule ohne Abschluss (deutsche Schülerinnen und Schüler: rund 7 Prozent). Die Differenz in den Abschlussquoten zwischen ausländischen und deutschen Jugendlichen hat sich im Zeitraum zwischen 1992 und 2004 nur geringfügig verändert (Statistisches Bundesamt, 2005). Die Bildungserfolge verschiedener Gruppen von Migranten sind allerdings zum Teil sehr unterschiedlich. So sind beispielsweise griechische und spanische Jugendliche in weiterführenden Schulen deutlich stärker repräsentiert als etwa türkische oder italienische Schülerinnen und Schüler. Ebenso scheinen Kinder aus Aussiedlerfamilien zu den relativ erfolgreicheren Migrantengruppen zu gehören. Über die Ursachen dieser differenziellen Muster ist allerdings wenig bekannt (Herwartz-Emden, 2003; Hunger, 2001; Müller / Stanat, im Druck; Thränhardt, 2000).

Befunde aus PISA (Baumert / Schümer, 2001), der Untersuchung zur Lernausgangslage von Schülerinnen und Schülern in Hamburg (Lau) (Lehmann / Peek / Gänsfuss, 1997) und IGLU (Schwippert / Bos / Lankes, 2003) weisen darauf hin, dass eine entscheidende Hürde für Kinder mit Migrationshintergrund beim Übergang in die Sekundarstufe I in der Beherrschung der deutschen Sprache liegt. So zeigte sich in IGLU, dass die relative Chance, eine Gymnasialempfehlung statt einer Hauptschulempfehlung zu erhalten, für ein Kind ohne Migrationshintergrund fast fünfmal so hoch ist wie für ein Kind mit im Ausland geborenen Eltern. Vergleicht man jedoch Kinder mit und ohne Migrationshintergrund, die über eine ähnliche Lesekompetenz im Deutschen verfügen, so reduziert sich die Benachteiligung der Kinder aus zugewanderten Familien um mehr als die Hälfte. Aus diesen Ergebnissen lässt sich schließen, dass die Beherrschung der Verkehrssprache für den Bildungserfolg von Schülerinnen und Schülern mit Migrationshintergrund zentral ist.

Gleichzeitig weisen Befunde aus PISA und IGLU allerdings auch darauf hin, dass es in Deutschland weniger gut gelingt als in anderen Staaten, Kompetenzen von Schülerinnen und Schülern mit Migrationsgeschichte in der Verkehrssprache zu fördern. So ist der Leistungsvorsprung von Viertklässlern, die zu Hause die Testsprache sprechen, gegenüber Kindern aus Familien, die zu Hause ihre Herkunftssprache verwenden, in Deutschland deutlich größer als in den meisten anderen IGLU-Teilnehmerstaaten (SCHWIPPERT / BOS / LANKES, 2003).

Vor dem Hintergrund dieser Befundlage stellt sich die Frage, wie es besser gelingen kann, den Zweitspracherwerb bei Schülerinnen und Schülern zu fördern. Im folgenden Abschnitt soll daher der Forschungsstand zur Wirksamkeit von Maßnahmen der gezielten Förderung von Schülerinnen und Schülern mit Migrationshintergrund dargestellt werden. Dabei handelt es sich um eine knappe Zusammenfassung eines ausführlichen Literaturüberblicks (LIMBIRD / STANAT, im Druck; HOPF, 2005; SÖHN, 2005).

Forschungsstand zur Wirksamkeit verschiedener Ansätze der Sprachförderung

Die Kultusministerkonferenz fasste erstmals 1964 einen Beschluss, der auf die Problemlagen von Kindern und Jugendlichen einging, die im Zuge der Arbeitsmigration der 1950er und 1960er Jahre nach Deutschland gekommen sind (HUNGER, 2001). Nachdem in einer vorhergehenden Vereinbarung von 1950 noch separater Unterricht für ausländische Schülerinnen und Schüler in eigenen Schulen oder Klassen als Regelfall konstatiert wurde, zielte der Beschluss von 1964 darauf ab, Kinder und Jugendliche aus zugewanderten Familien möglichst rasch in reguläre Klassen zu integrieren. Hierfür gab das Dokument einige Eckpunkte vor, die in späteren Jahren von der KMK weiter spezifiziert und ergänzt wurden. Diese Eckpunkte bilden auch heute noch zentrale Elemente der Förderung von Schülerinnen und Schülern mit Migrationshintergrund in Deutschland, wobei ihre Umsetzung jedoch zwischen den Ländern variiert (HUNGER, 2001).

Als wichtigster Ansatzpunkt für die Förderung von Kindern und Jugendlichen mit Migrationshintergrund wird die Entwicklung deutscher Sprachkompetenzen gesehen. Es ist weitgehend unumstritten, dass der Erwerb von Deutschkenntnissen ein vorrangiges Ziel für diese Gruppe von Schülerinnen und Schülern darstellt. Weniger Einigkeit besteht dagegen in Bezug auf die Frage, mit welchen Programmen dieses Ziel am besten erreicht werden kann. Die Effektivität von Maßnahmen, die zur Förderung von Schülerinnen und Schülern mit Migrationshintergrund in deutschen Schulen zur Anwendung kommen, ist weitgehend ungeprüft (HOPF, 2005; LIMBIRD / STANAT, im Druck; REICH, ROTH, in Zusammenarbeit mit DIRIM / JØRGENSEN / LIST / NEUMANN / SIEBERT-OTT / STEINMÜLLER, / TEUNISSEN / VALLEN / WURNIG, 2002). Es liegen zwar zahlreiche Analysen vor, die sich aus unterschiedlichen Perspektiven mit der Situation von Kindern und Jugendlichen mit Migrationshintergrund beschäftigen, in kaum einer Untersuchung sind jedoch belastbare Daten zur Lernentwicklung der Schülerinnen und Schüler erhoben worden. Rückschlüsse über die Wirksamkeit der untersuchten Ansätze der Förderung sind anhand der bislang vorliegenden Informationen daher kaum möglich. Selbst die verschiedenen Modellprojekte, die im Laufe der Jahre durchgeführt worden sind, wurden nicht systematisch evaluiert.

Lange Zeit konzentrierten sich die Diskussionen über Fördermaßnahmen für Schülerinnen und Schüler mit Migrationshintergrund vor allem auf die Frage, welche Bedeutung der Erstsprache für den Zweitspracherwerb zukommt. Dabei dominierte die von Cummins (Cummins, 1979a; Cummins, 1979b; Cummins, 1981) entwickelte Interdependenzhypothese, nach der ein anspruchsvolles Niveau in einer Zweitsprache nur dann erreicht werden kann, wenn die Erstsprache entsprechend gut beherrscht wird. Obwohl diese Hypothese in ihrer strengen Form kaum noch vertreten wird, ist die Annahme, dass der Ausbildung der Erstsprache für den Zweitspracherwerb eine zentrale Rolle zukommt, immer noch weit verbreitet. Eine überzeugende Überprüfung dieser Annahme liegt jedoch im deutschsprachigen Raum nicht vor, und auch die deutlich zahlreicheren Studien zur Effektivität zweisprachiger Programme, die in den USA durchgeführt worden sind, ergeben kein eindeutiges Ergebnismuster (vgl. z.B. Greene, 1997; Hopf, 2005; Limbird / Stanat, im Druck; Rossell / Baker, 1996; Slavin / Cheung, 2003; Söhn, 2005; Willig, 1985).

Über die Debatte der Frage, welche Rolle die Erstsprache in der Förderung des Zweitspracherwerbs spielen sollte, scheint weiterhin fast vollständig aus dem Blick geraten zu sein, dass es in Deutschland und anderen Ländern immer auch notwendig sein wird, einsprachige Modelle umzusetzen. Selbst wenn sich zeigen sollte, dass mit bilingualen Modellen auch für die Entwicklung der Zweitsprache bessere Ergebnisse erzielt werden können, wäre es kaum möglich, solche Ansätze flächendeckend anzubieten. Aufgrund der großen Sprachvielfalt, die in vielen Schulen besteht (Chlosta, Ostermann / Schroeder, 2003; Fürstenau, Gogolin / Yağmur, 2003), ist es in solchen Situationen unrealistisch, für jede Sprachgruppe einen bilingualen, mit dem allgemeinen Curriculum verzahnten Unterricht umsetzen zu wollen. Umso wichtiger ist es, sich verstärkt auch mit der Wirksamkeit von einsprachigen Maßnahmen der Förderung von Schülerinnen und Schülern mit Migrationshintergrund zu beschäftigen. Hierzu liegen jedoch bislang so gut wie keine systematischen Analysen vor. So konnten Limbird und Stanat (im Druck) trotz gründlicher Literaturrecherchen keine Reviews oder Metaanalysen zu Studien von einsprachigen Fördermaßnahmen wie »Deutsch als Zweitsprache« (DaZ) oder »Deutsch als Fremdsprache« (DaF) ausfindig machen, und auch im englischsprachigen Raum scheinen entsprechende Studien nicht vorzuliegen. Eine erste systematische Untersuchung von Effekten einer DaZ-Förderung ist das Jacobs-Sommercamp-Projekt (STANAT, BAUMERT / MÜLLER, im Druck; STANAT / MÜLLER / BAUMERT, 2005), bei dem im Rahmen eines experimentellen Forschungsdesigns eine Gruppe von Drittklässlern aus zugewanderten und sozial benachteiligten Familien an einem Ferienprogramm teilgenommen haben. Im letzten Abschnitt soll die Evaluation dieses Programms kurz dargestellt werden (für eine ausführlichere Darstellung vgl. STANAT / BAUMERT / MÜLLER, im Druck).

Implizite und explizite Ansätze der Zweitsprachförderung im Jacobs-Sommercamp-Projekt

Ein zentrales Ziel des Jacobs-Sommercamp-Projekts bestand darin, Anhaltspunkte über die Wirksamkeit von verschiedenen Maßnahmen der Förderung in Deutsch als Zweitsprache zu gewinnen. Dabei wurde zwischen einem impliziten und einem expliziten Förderansatz unterschieden (ELLIS, 1994; ELLIS, 2003; GASPARINI, 2004; NUNAN, 1999). Der implizite Ansatz wurde durch eine theaterpädagogische Komponente operationalisiert, die explizite Komponente durch Unterricht in Deutsch als Zweitsprache.

Implizite Förderung mit Mitteln der Theaterpädagogik. Das Programm für die Theateraktivitäten war im Auftrag des Max-Planck-Instituts für Bildungsforschung von drei Theaterpädagoginnen (Miriam Dirks, Maike Herminghausen und Birgit Oelschläger) entwickelt worden, die als Team die für diese Arbeit notwendigen Erfahrungen mitbrachten (z.B. Erfahrungen in der Theaterarbeit mit Grundschulkindern, insbesondere mit Schülerinnen und Schülern aus zugewanderten Familien). Die Aufgabe der Gruppe bestand darin, für das Jacobs-Sommercamp ein Konzept der Sprachförderung mit den Mitteln des Theaters zu entwickeln. Die resultierende pädagogische Konzeption umfasst drei Phasen. Für die ersten zwei Wochen sah das Konzept eine Übungsphase vor, in der es primär darum ging, die für die Theaterkomponente definierten sprachlichen Ziele (z.B. Reduktion der Sprechangst; Steigerung der Motivation, sich korrekt und verständlich auszudrücken) zu verfolgen und szenisches Material für eine Inszenierung zu erarbeiten. Hierfür wurden sechs spezifische Module entwickelt (Erzählen, Improvisation, Arbeit mit zwei verschiedenen literarischen Vorlagen, Lied und Sprechübungen), die möglichst einheitlich in den einzelnen Theatergruppen umgesetzt werden sollten. Darüber hinaus enthält das Konzept eine Reihe von Sprachspielen, die vor allem auf eine Erweiterung des Wortschatzes und eine Verbesserung der Artikulation abzielen.

Unterricht in Deutsch als Zweitsprache. Das Konzept für den Unterricht in Deutsch als Zweitsprache wurde von HEIDI RÖSCH entwickelt. Das Konzept folgt einem sprachsystematischen Ansatz, bei dem es darum geht, die bewusste Wahrnehmung von und den bewussten Umgang mit sprachlichen Strukturen zu fördern (vgl. RÖSCH, 2003). Die implizite Grammatik, die Kinder nichtdeutscher Muttersprache entwickelt haben, weicht häufig stark vom eigentlichen Regelsystem ab. Im Rahmen des Unterrichts nach diesem Ansatz für das Fach Deutsch als Zweitsprache wird versucht, diese Strukturen in eine korrekte und explizite Grammatik zu überführen. Das Konzept für die explizite Förderkomponente im Jacobs-Sommercamp konzentrierte sich auf ausgewählte Bereiche der deutschen Grammatik, für die es Hinweise darauf gibt, dass sie zentrale Hürden beim Erwerb von Deutsch als Zweitsprache darstellen. In den drei Wochen im Camp sollten die folgenden drei Aspekte gezielt gefördert werden:

- Strukturwortschatz: Artikel, Präpositionen, Proformen
- Flexion: Deklination (Akkusativ und Dativ)
- Satzmuster: Verbklammer und Inversion im Aussagesatz

(Ein ausführlicher Bericht von HEIDI RÖSCH findet sich unter www.grundschulverband.de, Stichworte: Veröffentlichungen, Band 120.)

Evaluation von Maßnahmen der Sprachförderung im Jacobs-Sommercamp-Projekt

Für die Evaluation des Programms wurde ein experimentelles Design mit Zufallszuweisung zu den Untersuchungsbedingungen gewählt. Um Aufschluss über die relative Wirksamkeit verschiedener Ansätze der Förderung zu erhalten, ist es notwendig, Vergleichsgruppen zu bilden, die sich nur im Hinblick auf die Teilnahme an den untersuchten Programmen unterscheiden. Auf diese Weise lassen sich beobachtete Leistungsdifferenzen zwischen den Gruppen mit vergleichsweise hoher Sicherheit auf die Wirkungen der Treatments zurückführen. Dies kann letztlich nur durch die zufällige Verteilung der Untersuchungsteilnehmer auf die Bedingungen (»Randomisierung«) realisiert werden. Ein zentrales Ziel des Jacobs-Sommercamp-Projekts bestand auch darin, zu illustrieren, wie sich solche kontrollierten Studien in der Pädagogik umsetzen lassen.

Kinder aus der Zielgruppe (Drittklässler aus Schulen mit hohem Migrantenanteil) wurden in Bremen über ihre Schulleitungen und Lehrkräfte ermuntert, sich für die Teilnahme am Jacobs-Sommercamp zu bewerben. Um Effekte mittlerer Stärke absichern zu können, wurde angestrebt, mindestens 250 Kinder für die Teilnahme am Camp zu interessieren. Tatsächlich haben sich 251 Kinder für die Teilnahme beworben. Aus logistischen Gründen mussten Kinder aus Schulen, aus denen nur ein bis zwei Bewerbungen vorlagen, ausgeschlossen werden. Dadurch reduzierte sich die Stichprobe auf N = 232 Schülerinnen und Schüler, die in die Evaluation einbezogen werden konnten. Aus dieser Gruppe wurden 150 Kinder per Zufall der Treatmentgruppe zugewiesen (vgl. Abb. 1). Die verbleibenden 82 Kinder bildeten die Kontrollgruppe. Auf diese Weise ließ sich gewährleisten, dass die Kinder in den Vergleichsbedingungen auch im Hinblick auf ihre Bereitschaft, an Förderprogrammen in den Ferien teilzunehmen, vergleichbar waren.

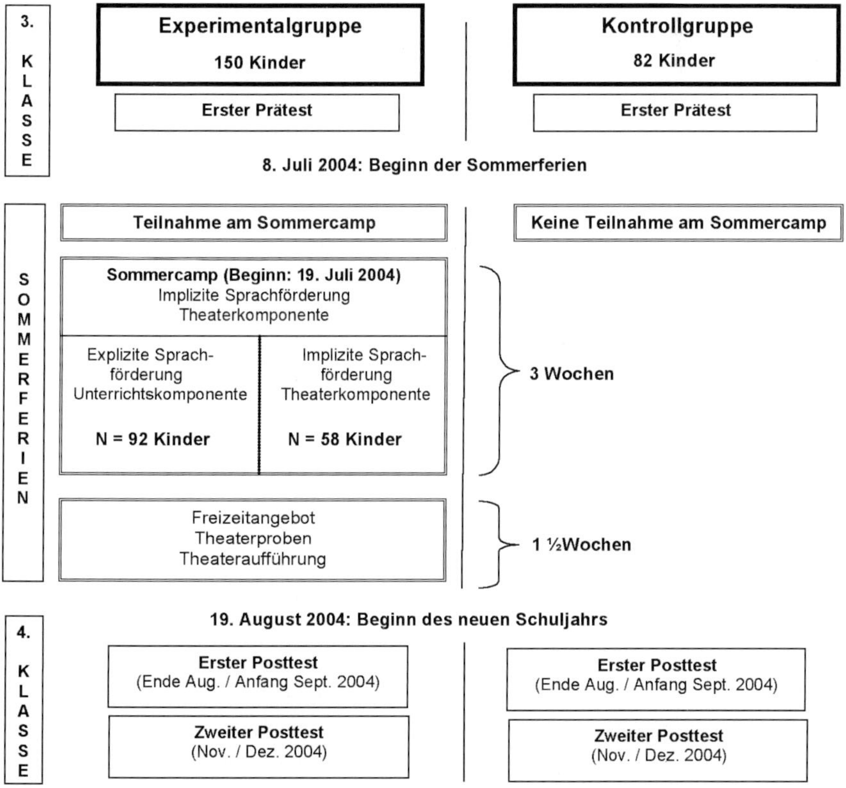

Abb. 1: Untersuchungsdesign des Jacobs-Sommercamp-Projekts (STANAT/BAUMERT/MÜLLER, im Druck)

Die Kinder innerhalb der Treatmentgruppe wurden wiederum auf zwei Bedingungen verteilt. Alle für das Ferienprogramm ausgewählten Kinder nahmen an den Theater- und Freizeitkomponenten teil, aber nur 92 von ihnen erhielten darüber hinaus auch Unterricht in Deutsch als Zweitsprache. Damit kann untersucht werden, inwieweit durch implizite Sprachförderung Lernerfolge erzielt werden und welche zusätzlichen Effekte mit der expliziten Sprachförderung verbunden sind. Für die Evaluation wurden der Leistungstand und die psychosoziale Entwicklung der Schülerinnen und Schüler zu drei Zeitpunkten erfasst: (1) kurz vor den Sommerferien, (2) direkt nach den Sommerferien und (3) ca. drei Monate nach Abschluss des Ferienprogramms. Dazu wurden schriftliche Tests durchgeführt (Grammatik, Leseverständnis und Wortschatz) und mündliche Sprachproben erhoben.

Während die mündlichen Sprachproben derzeit noch im Hinblick auf ihre sprachliche und inhaltliche Richtigkeit kodiert werden, liegen für die schriftlichen Tests bereits erste Ergebnisse vor. Diese weisen darauf hin, dass es trotz des relativ kurzen Interventionszeitraums gelungen ist, die Sprachkompetenzen der Kinder zu fördern. Dies gilt allerdings nur für die Kombination aus impliziter und expliziter Sprachförderung. Kinder, die ausschließlich mit Mitteln der Theaterpädagogik gefördert wurden, zeigten keine Vorteile gegenüber jenen, die zu Hause geblieben waren – zumindest keine Vorteile, die sich in den schriftlichen Testleistungen niedergeschlagen hätten.

In den Lückentests, bei denen die Kinder ihre Kenntnisse von verschiedenen Aspekten der Grammatik (z.B. Verwendung von Präpositionen, Verbkonjugation) in schriftsprachlichen Kontexten umsetzen mussten, erzielte die Gruppe, die sowohl implizite als auch explizite Sprachförderung erhalten hatte, nach den Sommerferien deutlich bessere Leistungen ($d > 0,3$) als die anderen beiden Gruppen. Drei Monate nach Abschluss des Camps war der Leistungsvorsprung tendenziell zwar immer noch zu erkennen, ließ sich jedoch nicht gegen den Zufall absichern. Im Lesen hingegen konnte die Experimentalgruppe, die Unterricht in Deutsch als Zweitsprache erhalten hatte, ihren Leistungsvorsprung bis zum zweiten Posttest halten. Mit einer Effektstärke von $d >$ 0,5 ist diese Leistungssteigerung ganz erheblich. Demnach scheint die Kombination aus impliziter und expliziter Sprachförderung nachhaltige Effekte auf einen Bereich der Sprachkompetenz gehabt zu haben, der für schulischen Erfolg zentral ist. Offenbar sind also mit dem sprachsystematischen Ansatz für Deutsch als Zweitsprache Transferwirkungen auf die Entwicklung von Lesekompetenz verbunden.

Durchführbarkeit von Ferienprogrammen für Schülerinnen und Schüler aus zugewanderten und sozial benachteiligten Familien

Ein weiterer wichtiger Befund des Jacobs-Sommercamp-Projekts besteht darin, dass sich Ferienprogramme, die sich an Schülerinnen und Schüler aus zugewanderten und sozial benachteiligten Familien richten, in Deutschland offenbar umsetzbar sind. Trotz der Freiwilligkeit der Teilnahme kam die überwiegende Mehrheit der Kinder jeden Tag ins Camp. Eine so kontinuierliche Beteiligung konnte keineswegs mit Gewissheit erwartet werden. So erschien unklar, inwieweit Eltern mit Migrationshintergrund bereit sein würden, ihre Kinder an einem Feriencamp teilnehmen zu lassen. Ebenfalls offen war, ob Schülerinnen und Schüler ein Programm akzeptieren würden, das Unterricht in den Ferien beinhaltet. Auch die Bereitschaft der Kinder, sich auf die Theateraktivitäten einzulassen, konnte nicht als selbstverständlich angenommen werden.

Die Rückmeldungen der Kinder und der Eltern weisen deutlich darauf hin, dass die Reaktionen auf das Programm äußerst positiv waren. Auf die Frage, wie gut ihnen die einzelnen Komponenten des Camps gefallen haben, wurden die Kategorien »sehr gut« oder »gut« von 78 % der Kinder für den Deutschunterricht, von 94 % der Kinder für das Theaterspielen und von 99 % der Kinder für die Freizeitaktivitäten gewählt. Mehr als 95 % der Kinder gaben an, sowohl im Deutschunterricht als auch beim Theaterspielen »sehr viel« oder »viel« gelernt zu haben. Diese enthusiastischen Einschätzungen wurden von den Eltern der Schülerinnen und Schüler geteilt. Mehr als 85 % hatten den Eindruck, die Deutschkenntnisse ihrer Kinder hätten sich während des Camps »sehr stark« oder »etwas« verbessert, 93 % gaben an, das Selbstvertrauen der Kinder hätte sich gesteigert und fast 90 % waren der Meinung, das Camp hätte positive Auswirkungen auf das Sozialverhalten der Kinder gehabt.

Die Urteile der Kinder und Eltern stimmen auch mit den subjektiven Eindrücken von Beobachtern des Jacobs-Sommercamps überein. Nach einer Anlaufphase, in der sich zunächst sowohl die Kinder auf das neue Umfeld als auch die Pädagoginnen und Pädagogen auf die Kinder einstellen mussten, nahm das Programm einen äußerst erfreulichen Verlauf. Es gelang, eine Atmosphäre zu schaffen, in der sich die Schülerinnen und Schüler wohl fühlten und eine starke Bindung an das Camp entwickelten. Dies war unter anderem deshalb möglich, weil die Kinder den ganzen Tag im Schullandheim verbrachten und dort gemeinsam lernten und lebten. Entscheidend war weiterhin, dass die Betreuerinnen und Betreuer den Kindern kontinuierlich als Ansprechpartner und Vertrauenspersonen zur Verfügung standen. In enger Zusammenarbeit mit den Deutschlehrerinnen und Theaterpädagoginnen gelang ein rundes Gesamtprogramm, mit dem sich die Kinder identifizierten. Dies bildete eine solide Grundlage für die Lernaktivitäten, die den Kern des Programms ausmachten.

Aufgrund dieser positiven Erfahrungen hat der Bremer Senator für Bildung und Wissenschaft auch im Jahr 2005 wieder ein Sommercamp zur Sprachförderung angeboten. Darüber hinaus hat das Projekt in verschiedenen anderen Bundesländern ähnliche Initiativen angeregt (z. B. Landesinstitut für Schule / Qualitätsagentur Nordrhein-Westfalen und Universität Münster, Universität Erlangen-Nürnberg, Universität Augsburg, AWO-Ostwestfalen-Lippe, eine Reihe von Projekten in verschiedenen Städten für die Sekundarstufe I im Rahmen des BLK-Projekts FörMig). Mit Ferienprogrammen allein wird sich die Benachteiligung von Schülerinnen und Schülern mit Migrationshintergrund zwar sicher nicht beseitigen lassen. Die Evaluation der Jacobs-Sommercamp-Studie weist jedoch darauf hin, dass solche Angebote zumindest einen Beitrag zur Verringerung der Disparitäten leisten können. Darüber hinaus lassen die Ergebnisse vermuten, dass Unterricht in Deutsch als Zweitsprache auch im schulischen Kontext wirksam ist. Inwieweit dies der Fall ist, soll in einer Nachfolgestudie geklärt werden.

Literatur

Baumert, J. / Schümer, G.: Familiäre Lebensverhältnisse, Bildungsbeteiligung und Kompetenzerwerb. In: J. Baumert / E. Klieme / M. Neubrand / M. Prenzel / U. Schiefele / W. Schneider / P. Stanat / K.-J. Tillmann / M. Weiss (Hrsg.): PISA 2000: Basiskompetenzen von Schülerinnen und Schülern im internationalen Vergleich. Opladen: Leske + Budrich 2001, S. 159–200

Baumert, J. / Schümer, G.: Familiäre Lebensverhältnisse, Bildungsbeteiligung und Kompetenzerwerb im nationalen Vergleich. In: J. Baumert / C. Artelt, E. Klieme / M. Neubrand / M. Prenzel / U. Schiefele / W. Schneider / K.-J. Tillmann / M. Weiss (Hrsg.): PISA 2000: Die Länder der Bundesrepublik Deutschland im Vergleich. Opladen: Leske + Budrich 2002, S. 159–201

Chlosta, C. / Ostermann, T. / Schroeder, C.: Die ›Durchschnittsschule‹ und ihre Sprachen: Ergebnisse des Projekts Sprachenerhebung Essener

Grundschulen (SPREEG). In: ELiSe: Essener Linguistische Skripte – elektronisch, 3. Jg., H. 1/2003, S. 43–139
CUMMINS, J.: Cognitive/Academic language proficiency, linguistic interdependence, the optimum age question and some other matters. In: Working Papers on Bilingualism, H. 19/1979a, S. 121–129
CUMMINS, J.: Linguistic interdependence and the educational development of bilingual children. In: Review of Educational Research, 49. Jg., H. 2/1979b, S. 222–251
CUMMINS, J.: The role of primary language development in promoting educational success for language minority students. In: OFFICE OF BILINGUAL BICULTURAL EDUCATION. CALIFORNIA STATE DEPARTMENT OF EDUCATION (Hrsg.): Schooling and language minority students: A theoretical framework. Los Angeles, CA: California State Department of Education 1981, S. 3–49
ELLIS, N. C. (Hrsg.): Implicit and explicit learning of languages. London: Academic Press 1994
ELLIS, R. (Hrsg.): Task-based language and learning. Oxford: Oxford University Press 2003
FÜRSTENAU, S./GOGOLIN, I./YAĞMUR, K. (Hrsg.): Mehrsprachigkeit in Hamburg. Münster: Waxmann 2003
GASPARINI, S.: Implicit versus explicit learning: Some implications for L2 teaching. In: European Journal of Psychology of Education, 19. Jg., Heft 2/2004, S. 203–219
GREENE, J. P.: A meta-analysis of the Rossell and Baker review of bilingual education research. In: Bilingual Research Journal, 21. Jg., H. 2/1997, S. 103–122
HERWARTZ-EMDEN, L.: Einwandererkinder im deutschen Bildungswesen. In: K. S. CORTINA/J. BAUMERT/A. LESCHINSKY/K. U. MAYER/L. TROMMER (Hrsg.): Das Bildungswesen in der Bundesrepublik Deutschland: Strukturen und Entwicklungen im Überblick. Reinbek, Rowohlt 2003, S. 661–709
HOPF, D.: Zweisprachigkeit und Schulleistung bei Migrantenkindern. In: Zeitschrift für Pädagogik, 51. Jg., H. 2/2005, S. 236–251
HUNGER, U. (2001). Schulerfolg und bildungspolitische Integrationsmodelle im Vergleich der Zuwanderungsnationalitäten und Bundesländer. In: LANDESINSTITUT FÜR SCHULE UND WEITERBILDUNG (Hrsg.): Zweisprachigkeit und Schulerfolg. Soest 2001, S. 123–151
LEHMANN, R. H./PEEK, R./GÄNSFUSS, R.: Aspekte der Lernausgangslage von Schülerinnen und Schülern der fünften Klassen an Hamburger Schulen – Bericht über die Untersuchung im September 1996. Hamburg: Behörde für Schule, Jugend und Berufsbildung der Freien und Hansestadt Hamburg, Amt für Schule (BSJB) 1997
LIMBIRD, C./STANAT, P.: Sprachförderung bei Schülerinnen und Schülern mit Migrationshintergrund: Ansätze und ihre Wirksamkeit. In: J. BAUMERT, P. STANAT/R. WATERMANN (Hrsg.): Herkunftsbedingte Disparitäten im Bildungswesen: Differenzielle Bildungsprozesse und Probleme der Verteilungsgerechtigkeit. Wiesbaden: VS Verlag für Sozialwissenschaften (im Druck)
MÜLLER, A. G./STANAT, P.: Schulischer Erfolg von Schülerinnen und Schülern mit Migrationshintergrund: Analysen zur Situation von Jugendlichen aus der ehemaligen Sowjetunion und von Jugendlichen türkischer Herkunft. In: J. BAUMERT, P. STANAT/R. WATERMANN (Hrsg.): Herkunftsbedingte Dispa-

ritäten im Bildungswesen: Differenzielle Bildungsprozesse und Probleme der Verteilungsgerechtigkeit. Wiesbaden: VS Verlag für Sozialwissenschaften (im Druck)

NUNAN, D.: Second language teaching and learning. Boston: Heinle & Heinle 1999

REICH, H. H. / ROTH, H.-J., in Zusammenarbeit mit DIRIM, I., JØRGENSEN, J. N., LIST, G., NEUMANN, U., et al.: Spracherwerb zweisprachig aufwachsender Kinder und Jugendlicher: Ein Überblick über den Stand der nationalen und internationalen Forschung. Hamburg: Behörde für Schule, Jugend und Berufsbildung der Freien und Hansestadt Hamburg, Amt für Schule (BSJB) 2002

RÖSCH, H.: Deutsch als Zweitsprache: Grundlagen, Übungsideen und Kopiervorlagen für die Sprachförderung. Hannover, Schroedel 2003

ROSSELL, C. H. / BAKER, K.: The educational effectiveness of bilingual education. In: Research in the Teaching of English, 30. Jg., H. 1 / 1996, S. 7–74

SCHWIPPERT, K. / BOS, W. / LANKES, E.-M.: Heterogenität und Chancengleicheit am Ende der vierten Jahrgangsstufe im internationalen Vergleich. In: W. BOS / E.-M. LANKES / M. PRENZEL / K. SCHWIPPERT / G. WALTHER / R. VALTIN (Hrsg.): Erste Ergebnisse aus IGLU. Münster, Waxmann 2003, S. 265–302

SCHWIPPERT, K. / BOS, W. / LANKES, E.-M.: Heterogenität und Chancengleicheit am Ende der vierten Jahrgangsstufe in den Ländern der Bundesrepublik Deutschland und im internationalen Vergleich. In: W. BOS / E.-M. LANKES / M. PRENZEL / K. SCHWIPPERT / R. VALTIN / G. WALTHER (Hrsg.): IGLU: Einige Länder der Bundesrepublik Deutschland im nationalen und internationalen Vergleich. Münster, Waxmann 2004, S. 165–190

SLAVIN, R. E. / CHEUNG, A.: Effective reading programs for English language learners. A best-evidence synthesis. Baltimore: John Hopkins University 2003

SÖHN, J.: Zweisprachiger Schulunterricht für Migrantenkinder: Ergebnisse der Evaluationsforschung zu seinen Auswirkungen auf Zweitspracherwerb und Schulerfolg. Berlin: Arbeitsstelle Interkulturelle Konflikte und gesellschaftliche Integration (AKI) Wissenschaftszentrum Berlin für Sozialforschung (WZB) 2005

STANAT, P. / BAUMERT, J. / MÜLLER, A. G.: Förderung von deutschen Sprachkompetenzen bei Kindern aus zugewanderten und sozial benachteiligten Familien: Das Jacobs-Sommercamp-Projekt. In: Zeitschrift für Pädagogik (im Druck)

STANAT, P. / MÜLLER, A. / BAUMERT, J.: Die Kofferbande auf Reisen: Das Jacobs-Sommercamp-Projekt. In: Pädagogik, 57. Jg., H. 2 / 2005, S. 57–58

STATISTISCHES BUNDESAMT: Statistisches Jahrbuch 2005 für die Bundesrepublik Deutschland. Wiesbaden: Statistisches Bundesamt 2005

THRÄNHARDT, D.: Einwandererkulturen und soziales Kapital: Eine komparative Analyse. In: U. HUNGER / D. THRÄNHARDT (Hrsg.): Einwanderer-Netzwerke und ihre Integrationsqualität in Deutschland und Israel. Münster, LIT Verlag 2000, S. 15–51

WILLIG, A. C.: A meta-analysis of selected studies on the effectiveness of bilingual education. In: Review of Educational Research, 55. Jg., H. 3 / 1985, S. 269–317

Christoph Chlosta, Torsten Ostermann

Sprachenvielfalt in der Grundschule

Das Projekt Sprachenerhebung Essener Grundschulen

»An unserer Schule gibt es keine mehrsprachigen Kinder!« »Die sprechen zu Hause kein Deutsch.« »Ist doch klar, dass die Kinder die Sprache sprechen, die sie besser können.« »Die sprechen zu Hause ihre Muttersprache, weil sie Deutsch nicht können.« »Wenn der Unterricht vorbei ist, dann ist Deutsch kein Thema mehr.«

Dies ist nur eine kleine Auswahl von Äußerungen, die uns im Rahmen der Sprachenerhebung Essener Grundschulen vorab entgegengehalten wurden. Welche Sprachen die Kinder aber wirklich sprechen und ob tatsächlich kein mehrsprachiges Kind an »dieser« Schule ist, sollte durch die Sprachenerhebung in Erfahrung gebracht werden.

Wie die Vielfalt dieser Sprachen ist, wer welche Sprache mit wem wann spricht, wurde bislang in verschiedenen Untersuchungen bezogen auf einzelne Sprechergruppen oder einzelne Sprachen dargestellt, jedoch selten systematisch erhoben. Vor allem drei Ansätze haben sich in jüngster Zeit mit dieser Fragestellung beschäftigt und versucht, systematisch für einen jeweiligen Bezugsrahmen (meist Städte) neben biographischen Daten (Geschlecht, Alter, besuchte Klassenstufe, Herkunft und Staatsangehörigkeit) folgende Angaben zu erheben:

- Sprachenrepertoire (Welche Sprachen sprechen die Schülerinnen und Schüler?);
- Sprachenwahl (Mit wem sprechen sie welche Sprache(n)?);
- Sprachkompetenz (Selbsteinschätzung in den Fertigkeiten Verstehen, Sprechen, Lesen, Schreiben);
- zusätzlicher Deutsch- / Förderunterricht und schulischer oder außerschulischer Sprachunterricht;
- Sprachpräferenzen (Welche Sprache sprechen die Kinder am liebsten?).

Die drei Ansätze sind dabei das *home language survey* von Extra und Yagmur, das in verschiedenen niederländischen Städten durchgeführt wurde, die Erhebung der Sprachenvielfalt an Hamburger Grundschulen von

Fürstenau, Gogolin und Yagmur u. a. und die Sprachenerhebung an Essener Grundschulen (SPREEG) von Chlosta, Ostermann und Schröder.

Im Folgenden soll es nun nicht um die Differenzierungen oder eine vergleichende Darstellung der Einzeluntersuchungen gehen. Vielmehr kann es im Rahmen des vorliegenden Bandes nur die Aufgabe dieses Beitrages sein, Sprachenvielfalt zu dokumentieren und einige Hinweise auf Fragestellungen zu liefern, die sich aus dieser Vielfalt ergeben. Argumentationen oder gar Lösungsansätze haben wir deshalb zurückgestellt. Man findet solche jedoch in anderen Beiträgen in diesem Band.

Sprachenvielfalt an Essener Grundschulen

Im Rahmen des Projekts SPREEG wurde im Frühjahr 2002 eine Befragung an allen Essener Grundschulen durchgeführt. Ziel der Befragung war es, grundlegende Daten über die Sprachenvielfalt der Essener Schülerinnen und Schüler zu erhalten, die ihrerseits als Grundlage für schulische Angebote zur Förderung des Deutschen als Zweitsprache und der Mehrsprachigkeit dienen können. Dabei wurden die Daten zum sprachlichen Verhalten der Kinder und Daten über Förderungsmaßnahmen mittels fragebogengestützter Befragung erhoben.

Die Befragung wurde von studentischen Mitarbeiterinnen und Mitarbeitern in den Grundschulen vor Ort durchgeführt, wobei die Befragung in den Jahrgangsstufen 3 und 4 im Klassenverband stattfand, in den Jahrgangsstufen 1 und teilweise auch 2 in Kleingruppen. Die Studierenden waren bei jeder Befragung dabei und konnten bei Unklarheiten helfend eingreifen.

Von den 18.871 in Essen befragten Kindern sprechen 13.658 (72,4 %) nach eigenen Angaben in ihren Familien nur Deutsch. 5.213 (27,6 %) Schülerinnen und Schüler sind mehrsprachig, d.h. sie gaben an, außer Deutsch mindestens eine weitere Sprache in ihrem Elternhaus zu sprechen. Auf die Frage *Welche Sprache sprecht Ihr zu Hause außer Deutsch?* gaben diese 5.213 mehrsprachigen Kinder insgesamt 122 unterschiedliche Sprachnennungen an.

Die nachfolgende Tabelle gibt einen Überblick über die Häufigkeiten der Sprachnennungen mit mehr als 100 Angaben. Die Prozentangaben beziehen sich dabei auf die Gruppe der mehrsprachigen Schülerinnen und Schüler, nicht auf die gesamte Schülerschaft der Stadt Essen. Die Sprachenvielfalt zeigt sich auch deutlich in dem Umstand, dass eine solche Beschränkung auf Sprachen mit mehr als 100 Sprechern über 13 % der mehrsprachigen Schülerinnen und Schüler als »Rest« unter »andere Sprachen« zusammenfasst. Insgesamt wurden 5653 Sprachnennungen ausgewertet, da einige Kinder neben Deutsch noch mehr als eine andere Sprache sprechen.

Sprache	Anzahl der Nennungen	%
Türkisch	1539	27,2 %
Arabisch	788	13,9 %
Polnisch	679	12,0 %
Serbisch/Kroatisch/Bosnisch	290	5,1 %
Russisch	274	4,8 %
Englisch	191	3,4 %
Kurdisch/Kurmanci	157	2,8 %
Italienisch	150	2,7 %
Spanisch	133	2,3 %
Griechisch	132	2,3 %
Dari/Pashto/«Afghanisch«	130	2,3 %
Tamil	123	2,2 %
Farsi/«Iranisch«	117	2,1 %
Albanisch	113	2,0 %
Französisch	101	1,8 %
andere Sprachen	736	13,0 %
Gesamt	5653	100 %

Tab. 1: Verteilung der Sprachen innerhalb der Gruppe mehrsprachiger Kinder, Sprachen mit mehr als 100 Sprechern

Die erhobenen Daten kann man unter ganz unterschiedlichen Perspektiven auswerten. Bezogen etwa auf die Schule als Institution wurden die Ergebnisse am Beispiel einer berechneten »Durchschnittsschule« veranschaulicht, die als Antworten auf die ausgewerteten Fragen jeweils die Durchschnittswerte ausweist. Auf die Darstellung muss an diesem Ort verzichtet werden (vgl. Chlosta / Ostermann / Schroeder 2003, mit Abdruck des benutzten Fragebogens).

Bezogen auf Schulprofile ist für Essen festzustellen, dass es keine Grundschule ohne mehrsprachige Kinder gibt. Der Anteil mehrsprachiger Kinder schwankt zwischen 4 % und 97 %. Betrachtet man die unterschiedliche Anzahl der an den Schulen vertretenen Sprachen, so ist festzustellen, dass nur an zwei Schulen weniger als fünf verschiedene Familiensprachen gesprochen werden. Die Schule mit der größten Sprachenvielfalt beheimatet 34 Sprachen neben dem Deutschen. Interessant dabei ist, dass die Sprachenvielfalt nicht unbedingt mit dem Anteil mehrsprachiger Kinder korreliert. An der Schule mit 97 % mehrsprachigen Schülern etwa werden »nur« 8 Sprachen außer Deutsch gesprochen.

Unter dem Eindruck der neuen Schulpolitik in NRW, bei der eine Wahl der Grundschule für die Eltern eröffnet wird, bleibt abzuwarten, ob sich eine Konzentration mehrsprachiger Kinder mit noch deutlicheren Schulprofilen einstellen wird.

Sprachenvielfalt in Hamburg und Essen

Wenn wir von etwa 80 verschiedenen Sprachen sprechen, ist zu beachten, dass dem 122 verschiedene Sprachnennungen gegenüberstehen, die von den Essener Schülerinnen und Schülern angegeben wurden. In Tabelle 2 sind Sprachen und Sprachnennungen mit der Anzahl ihrer Sprecher aufgeführt. Einige dieser Sprachbenennungen sind nicht eindeutig zuzuordnen. So werden die Angaben über die Sprache z. B. von der Herkunft abgeleitet (»Afrikanisch«). Diese Angaben sind in Anführungszeichen gesetzt. Eine ausführliche Diskussion der Zuordnungsproblematik findet sich in Chlosta / Ostermann / Schröder (2003).

Für die Interpretation der in SPREEG gewonnenen Zahlen ist es aufschlussreich, durch einen Vergleich der in Essen erhobenen Sprachenvielfalt mit der Situation in Hamburg sowohl etwas über die Spezifik der Daten in beiden Städten als auch über Gemeinsamkeiten herauszufinden. Da in der Essener und Hamburger Studie in einigen Details Sprachen und Sprachnennungen durchaus unterschiedlich zugeordnet wurden, muss man Vergleich oder Zusammenfassungen beider Listen mit Vorsicht betrachten. Es scheint uns aber bei aller Vorsicht doch sinnvoll, einmal die Gesamtbetrachtung der verschiedenen Sprachen beider Städte vorzunehmen. Hierdurch erst erhält man einen Einblick in verschiedene Fragestellungen. In Tabelle 2 sind alle genannten Sprachen zusammengefasst. Auf den ersten Blick wird deutlich, dass die Vereinigungsliste jeweils größer ist, als die beiden zugrunde liegenden Einzellisten. Es mag trivial klingen, zeigt aber, dass auch in Bezug auf Sprachenvielfalt davon ausgegangen werden muss, dass mit dem Hinzukommen neuer Untersuchungsräume weitere Sprachen erhoben werden. Eine Konzentration auf die in Hamburg erhobenen Sprachen, etwa wenn es um die Förderung von Mehrsprachigkeit geht, ist ebenso wenig zulässig wie eine Konzentration auf die Essener Liste oder die Hamburg-Essener-Liste.

Es wird ebenfalls deutlich, dass bei den Sprachen mit vielen Sprechern die Diversifikation geringer ist als bei Sprachen mit weniger Sprechern. So stellt das Türkische sowohl in Hamburg als auch in Essen die größte Sprechergruppe. Auch wenn in beiden Städten die nachfolgenden Sprachen jeweils stark vertreten sind, gibt es doch einige Verschiebungen, die hier nur benannt und nicht erklärt werden können. Auffällig ist

z. B., dass in Hamburg Russisch weit häufiger gesprochen wird als in Essen, wo uns die relativ geringe Zahl an russischen Kindern überrascht hat. Dagegen ist die Gruppe der arabischen Sprecherinnen und Sprecher in Hamburg deutlich kleiner als in Essen. Dies mag im Detail auch durch Fragen der Zuordnung von Sprachnennung und Sprache motiviert sein, kann aber auch Ausdruck der unterschiedlichen Zusammensetzung der Gruppe der Mehrsprachigen sein und somit ein Stadtprofil darstellen. Dieses kommt z. B. auch zum Ausdruck, wenn man sich die klassischen Sprachen der Arbeitsmigration anschaut, wo es z. T. erhebliche Differenzen zwischen beiden Städten gibt.

Sicherlich ist dies in Bezug auf die Repräsentanz von Nachbarsprachen der Fall, was man an den Werten für Dänisch und Niederländisch als direkte Nachbarsprachen ablesen kann. Andere aus historischen und wirtschaftlichen Gründen heraus zu erklärende Unterschiede können etwa beim Portugiesischen oder Maltesischen vorliegen, wenn man die Außenwirtschaftsbeziehungen Hamburgs bedenkt.

Nicht ganz verständlich ist uns allerdings, dass in Essen eine recht starke Gruppe tamilisch sprechender Schülerinnen und Schüler besteht, während in Hamburg tatsächlich kein Kind in der Grundschule dies als »seine« Sprache angab.

Zur besseren Vergleichsmöglichkeit haben wir die Verteilung der Sprachgruppen in Prozentangaben gegenübergestellt. Die absoluten Zahlen liefern keine anschauliche Vergleichsgröße, da in Hamburg fast die dreifache Anzahl von mehrsprachigen Kindern erhoben wurde. Abgesehen von der insgesamt größeren Schülerschaft erklärt sich dies z. T. auch aus der Tatsache, dass in Hamburg der Anteil mehrsprachiger Schülerinnen und Schüler über 35 % betrug, während er in Essen bei 27,6 % lag.

Sprache*	Essen		Hamburg	
	Sprecher	%	%	Sprecher
Türkisch	1539	27,22 %	29,46 %	4997
Polnisch	679	12,01 %	10,27 %	1742
Russisch	274	4,85 %	9,94 %	1686
Englisch	191	3,38 %	6,47 %	1097
Dari/Pashto/»Afghanisch«	130	2,30 %	5,75 %	976
Farsi	117	2,07 %	5,45 %	925
Serbisch/Kroatisch/Bosnisch	290	5,13 %	3,46 %	586
Arabisch	788	13,94 %	2,89 %	490
Spanisch	133	2,35 %	2,69 %	457
Albanisch	113	2,00 %	2,46 %	417
Portugiesisch	30	0,53 %	2,29 %	388

Sprache*	Essen		Hamburg	
	Sprecher	%	%	Sprecher
Griechisch	132	2,34 %	1,81 %	307
Akan/Twi/«Ghanaisch«	11	0,19 %	1,77 %	301
Französisch	101	1,79 %	1,43 %	242
Urdu	5	0,09 %	1,42 %	240
Romanes	47	0,83 %	1,41 %	239
Kurdisch	157	2,78 %	1,23 %	208
Italienisch	150	2,65 %	1,19 %	202
Vietnamesisch	38	0,67 %	0,94 %	159
Chinesisch	28	0,50 %	0,74 %	126
»Indisch«	11	0,19 %	0,70 %	118
Armenisch	9	0,16 %	0,55 %	93
»Afrikanisch«	21	0,37 %	0,42 %	71
Thai	22	0,39 %	0,34 %	58
Tagalog/«Philippinisch«	4	0,07 %	0,32 %	54
Dänisch	3	0,05 %	0,28 %	47
Aramäisch/«Syrisch«	32	0,57 %	0,26 %	44
Rumänisch	18	0,32 %	0,25 %	42
Niederländisch	31	0,55 %	0,23 %	39
Makedonisch	15	0,27 %	0,20 %	34
Hindi	26	0,46 %	0,19 %	33
Japanisch	2	0,04 %	0,19 %	33
Ungarisch	17	0,30 %	0,19 %	32
Tschechisch	6	0,11 %	0,17 %	28
Koreanisch	17	0,30 %	0,15 %	26
Schwedisch	10	0,18 %	0,15 %	26
Indonesisch	6	0,11 %	0,15 %	25
Bulgarisch	10	0,18 %	0,10 %	17
Litauisch	1	0,02 %	0,09 %	15
Finnisch	11	0,19 %	0,08 %	13
Ukrainisch	8	0,14 %	0,06 %	11
Norwegisch	2	0,04 %	0,06 %	11
Malaiisch	1	0,02 %	0,06 %	11
Tschetschenisch	1	0,02 %	0,06 %	11
Maltesisch			0,06 %	11
Azeri/Aserbeidschanisch	6	0,11 %	0,05 %	9
Bengali	2	0,04 %	0,05 %	9
Katalanisch	1	0,02 %	0,05 %	9
Tigrinya/»Eritreisch«			0,05 %	8
Lettisch	1	0,02 %	0,04 %	7

Turoyo-Aramäisch			0,04 %	7
Hebräisch/Ivrit	4	0,07 %	0,04 %	6
Amharisch/»Äthiopisch«	3	0,05 %	0,04 %	6
Zaza/Dimili	1	0,02 %	0,03 %	5
Wolof/»Senegalesisch«			0,03 %	5
Kasachisch			0,02 %	4
Slowakisch			0,02 %	4
Sranan Tongo			0,02 %	4
Georgisch	5	0,09 %	0,02 %	3
Schweizerdeutsch	5	0,09 %	0,02 %	3
Lingala	4	0,07 %	0,02 %	3
Benin-Togo			0,02 %	3
Hausa			0,02 %	3
Lao			0,02 %	3
Slowenisch	8	0,14 %	0,01 %	2
Ewe	1	0,02 %	0,01 %	2
Isländisch	1	0,02 %	0,01 %	2
Afrikaans			0,01 %	2
Estnisch			0,01 %	2
Ibo			0,01 %	2
Lasisch			0,01 %	2
Mina			0,01 %	2
Mongolisch			0,01 %	2
Swaheli			0,01 %	2
Usbekisch			0,01 %	2
Berber/Kabylisch	12	0,21 %	0,01 %	1
Sindhi	2	0,04 %	0,01 %	1
Tscherkessisch	2	0,04 %	0,01 %	1
Fula	1	0,02 %	0,01 %	1
Abchasisch			0,01 %	1
Balinesisch			0,01 %	1
Bete			0,01 %	1
Bundu			0,01 %	1
Jiddisch			0,01 %	1
Kandahar			0,01 %	1
Kapverdisch			0,01 %	1
Krio			0,01 %	1
Schottisch			0,01 %	1
Temein			0,01 %	1
Turkmenisch			0,01 %	1
Yoruba			0,01 %	1

Sprache*	Essen			Hamburg
	Sprecher	%	%	Sprecher
TAMIL	123	2,18 %		
WEISSRUSSISCH	10	0,18 %		
PANJABI	8	0,14 %		
SINGHALESISCH	8	0,14 %		
GA	4	0,07 %		
GEBÄRDENSPRACHE	4	0,07 %		
NEPALI	3	0,05 %		
DAGBANI	1	0,02 %		
IRISCH/GÄLISCH	1	0,02 %		
KAMBODSCHANISCH	1	0,02 %		
KISUAHELI	1	0,02 %		
MADAGASSISCH	1	0,02 %		
MALAYALAM	1	0,02 %		
MOTU	1	0,02 %		
SOLA	1	0,02 %		
SOMALI	1	0,02 %		
andere Sprachnennungen	177	3,15 %	0,24 %	40
unklare Nennungen	10	0,18 %	0,54 %	92
gesamt	*5653*	*100 %*	*100 %*	*16960*

* kursiv: Sprache wird nur in Hamburg genannt; Kapitälchen: Sprache wird nur in Essen genannt; Anführungszeichen: Sprachnennung, keine klare Zuordnung zu einer Sprache

Tab. 2: Sprachnennungen aus Essen und Hamburg im Vergleich (Die Gruppierungen von Sprachnennungen sind aus der Hamburger Studie übernommen. Die Essener Zahlen werden in anderen Veröffentlichungen z. T. differenzierter dargestellt)

Vergleicht man die beiden Listen, so fällt auf, dass es 59 Sprachen gibt, die in beiden Städten erhoben wurden. In Hamburg gibt es aber 30 Sprachen, mit insgesamt 80 Sprechern, die in Essen nicht nachgewiesen wurden. Im Gegenzug gibt es 16 Sprachen und 18 Sprachnennungen mit insgesamt 388 Sprechern, die in Essen vorhanden sind, aber nicht in Hamburg.

An dieser Stelle ist es für uns wichtig festzuhalten, dass die Sprachenvielfalt groß ist. Die Vielfalt und Heterogenität sollte unbedingt Grundlage für die Überlegung von Förderkonzepten sein, was dazu führen muss, dass man sich nicht allein auf einige wenige große Familiensprachen konzentrieren kann, sondern eine Förderkonzeption entwickelt, die vom Förderbedarf des einzelnen Kindes ausgeht und nicht in Abhängigkeit von Gruppengrößen steht.

Mehrsprachigkeit, Sprachkompetenz und Sprecheridentität

Wendet man sich der einzelnen Schülerin, dem einzelnen Schüler zu, so verändern sich auch grundlegende Gruppendefinitionen. In Bezug auf SPREEG etwa könnte man fragen, ob die Bestimmung eines mehrsprachigen Kindes allein über die Antwort auf die Frage *Sprecht ihr zu Hause auch eine andere Sprache als Deutsch?* gerechtfertigt ist. Man könnte ersetzend oder ergänzend etwa Daten über Geburtsland und Staatsangehörigkeit (OSTERMANN / CHLOSTA 2004) oder die Sprachverwendung (BAUR / CHLOSTA / OSTERMANN / SCHROEDER 2004) hinzunehmen. An dieser Stelle wollen wir jedoch eher auf die selbst eingeschätzten Kompetenzen abheben.

In SPREEG wurden alle Kinder (nicht nur die mehrsprachigen) nach ihrer Kompetenzeinschätzung in Deutsch bezüglich der vier Fertigkeiten Schreiben, Lesen, Sprechen, Verstehen befragt. Die mehrsprachigen Kinder wurden zudem gefragt, wie sie ihre Kompetenzen in ihren anderen Sprachen einschätzen. Die Skalen reichten dabei von 1 (sehr gut) bis 4 (gar nicht).

Im Vergleich zwischen den mehrsprachigen und monolingual Deutsch sprechenden Kindern stellt sich die Selbsteinschätzung folgendermaßen dar:

Anzahl	Sprecher	Schreiben	Lesen	Sprechen	Verstehen	Ø
5213	mehrsprachig	1,40	1,33	1,25	1,18	1,29
13658	nur Deutsch	1,31	1,21	1,04	1,02	1,15

Tendenziell schätzen sich die mehrsprachigen Kinder in der deutschen Sprache schlechter ein als die Kontrollgruppe. Dies mag an der tatsächlichen Sprachkompetenz liegen, kann aber auch in der größeren Sensibilität begründet sein.

Auffällig ist, dass nur 197 mehrsprachige Kinder ihre Kompetenz im Deutschen so einschätzen wie ihre nur deutschsprachigen Mitschüler, also besser oder gleich 1,15. Gerade dieses Ergebnis erscheint uns höchst problematisch. Es zeigt sich in diesen Werten nämlich nicht nur, dass sich die Gruppen insgesamt in Bezug auf die Sprachkompetenz des Deutschen tendenziell unterschiedlich einschätzen, es zeigt sich vielmehr, dass sich bis auf die 197 Schülerinnen und Schüler alle übrigen 5016 mehrsprachigen Kinder im Deutschen schlechter einschätzen als ihre deutschen Mitschüler. Somit ist dies kein Phänomen der Bildung von Durchschnittswerten, sondern ein tatsächliches Ergebnis. Es ist zu befürchten, dass diese Werte eine übernommene Fremdeinschätzung widerspiegeln.

Natürlich werden die an die Schrift gebundenen Fertigkeiten Schreiben und Lesen jeweils wesentlich schlechter eingeschätzt als die mündlichen Fertigkeiten. Unter dieser Voraussetzung mag es unzulässig erscheinen, in der letzten Spalte einen Mittelwert zu bilden, der alle vier Fertigkeiten repräsentieren soll. Für die nachstehenden Überlegungen erscheint uns dies aber aus Gründen der Anschaulichkeit der einzig gangbare Weg, da die Werte für die eingeschätzte Sprachkompetenz verschiedener Gruppen vergleichend dargestellt werden sollen.

Im Folgenden werden nur noch die mehrsprachigen Kinder betrachtet. Die Einschätzungen der Kompetenzen in der Familiensprache und im Deutschen werden gegenübergestellt.

Anzahl	Sprecher	Ø Deutsch	Differenz Deutsch zu Familiensprache	Ø Familiensprache
1506	Türkisch	1,32	-0,17	1,49
733	Arabisch	1,29	-0,45	1,74
667	Polnisch	1,24	-0,84	2,08
264	Russisch	1,40	-0,53	1,94
141	Italienisch	1,24	-0,54	1,79
131	Griechisch	1,29	-0,41	1,69
130	Englisch	1,15	-0,85	2,00
124	Spanisch	1,23	-0,61	1,84
123	Tamil	1,32	-0,22	1,54
111	Albanisch	1,34	-0,42	1,76
97	Kurdisch	1,29	-0,69	1,97
83	Französisch	1,20	-0,88	2,08
5213	*alle mehrsprachigen*	*1,29*	*-0,49*	*1,78*

Aus dieser Gegenüberstellung ließen sich einige Ergebnisse bezogen auf Gruppenprofile ableiten, die hier jedoch nicht diskutiert werden können. So weist die Differenz zwischen Muttersprache und Deutsch vielleicht auf Prozesse des Spracherhalts, des Sprachwechsels und der kulturellen Identität hin sowie auf den Einfluss einer Sprachgemeinschaft. Dabei sind geringe Werte dann zu vermuten, wenn die Muttersprache auch als Umgebungssprache benutzt werden kann, während eine große negative Differenz auf den Sprachwechsel hindeutet.

Unter der oben aufgeworfenen Frage der Definition von Mehrsprachigkeit könnte man festlegen, dass jemand als Sprecher der Sprache gilt, die er vermeintlich am besten beherrscht. Hier finden wir nun ein ganz erstaunliches Ergebnis: Die Gruppe der mehrsprachigen Kinder schätzt wie oben dargestellt ihre Kompetenz im Deutschen mit dem Wert 1,29 ein. Damit liegt diese höher als die Einschätzung der Kompetenz in der Familiensprache, die bei 1,78 liegt. Der deutliche Unterschied wird vor allem durch den Einfluss der schriftsprachlichen Kompetenzen geprägt, die Familiensprache wird eben oft in ihrer schriftsprachlichen Ausprägung nicht oder nur unzureichend gefördert. Bezogen auf die mündlichen Kompetenzen verringert sich der Unterschied, bleibt aber trotzdem signifikant bestehen. Dieses Ergebnis wird noch deutlicher, wenn man bedenkt, dass nur sechs mehrsprachige Kinder die Kompetenz in ihrer Familiensprache besser einschätzen als im Deutschen, da damit gezeigt ist, dass es sich keineswegs um ein mathematisches Phänomen handelt.

Dies würde nun zu folgendem Ergebnis führen: Ausgehend von der selbst eingeschätzten Sprachkompetenz müsste man alle mehrsprachigen Kinder und alle Gruppen mehrsprachiger Kinder vor allem als Deutsch sprechende Kinder einstufen, denn hier schätzen sie sich kompetenter ein als in ihren Familiensprachen.

Literatur

Fürstenau, S. / Gogolin, I. / Yagmur, K.: Mehrsprachigkeit in Hamburg, Ergebnisse einer Sprachenerhebung an den Grundschulen in Hamburg. Münster, New York, München, Berlin 2003.

Extra, G. / Yağmur, K.: Language diversity in multicultural Europe. Comparative perspectives on immigrant minority languages at home and at school (Discussion Paper 63). Management of Social Transformations (MOST). UNESCO, 2002.

Baur, R. S. / Chlosta, Ch. / Ostermann, T.: Der weite Weg von der Mehrsprachigkeit zur Sprachförderung. In Karakaşoğlu / Lüddecke (Hrsg.): Migrationsforschung und Interkulturelle Pädagogik, Münster 2004, S. 161–170.

Baur, R. S. / Chlosta, Ch. / Ostermann, T. / Schroeder, Ch.: »Was sprecht Ihr vornehmlich zu Hause?« – Zur Erhebung sprachbezogener Daten. In: ESSENER UNIKATE 24 / 2004: Bildungsforschung nach PISA, Essen 2004, S. 96–105.

Chlosta, Ch. / Ostermann, T. / Schroeder, Ch.: Die »Durchschnittsschule« und ihre Sprachen, Ergebnisse des Projekts Sprachenerhebung Essener Grundschulen (SPREEG). In ELiS_e 1 / 2003, S. 43–139 (http://www.elise.uni-essen.de/elise01_2003.html).

Ostermann, T. / Chlosta, Ch. (2004): »Empirische Grundlagen der Sprachförderung – Ergebnisse einer Erhebung zur Mehrsprachigkeit an Essener Grundschulen« in: Wolff, A. / Ostermann, T. / Chlosta, Ch. (Hrsg.) (2004): Integration durch Sprache. Regensburg, S. 113–127. (= Materialien Deutsch als Fremdsprache 73.)

Konrad Ehlich / Caroline Trautmann *

Sprachaneignung beobachten, Sprachstand erheben: linguistische Sicht

Zur Forschungssituation I

Unverkennbar beherrschen Kinder zu verschiedenen Zeiten ihres noch kurzen Lebens Sprache in unterschiedlicher Weise. Ihr Aneignungsprozeß verläuft nicht uniform. Auch die Anforderungen, die für die spätere Biographie dieser Kinder persönlich wie gesellschaftlich an ihre Sprachfähigkeit als wesentlichen Teil ihrer Kommunikationsfähigkeit gestellt sind, sind ohne Zweifel unterschiedlich. Dennoch ist es möglich, verallgemeinerte Aussagen darüber zu machen, was als eine »normale« Sprachaneignung gelten kann. Allerdings ist es dabei gerade aufgrund der individuellen Unterschiede unabdingbar, hinreichend differenziert vorzugehen und die Gefahr zu vermeiden, zu enge Erwartungen auszubilden. Sonst schrillen nur allzu leicht Alarmglocken zu einer Zeit, in der sie überhaupt nicht nötig wären.

Andererseits helfen verläßliche Instrumente natürlich sehr, frühzeitig Probleme zu erkennen. Das gilt besonders für die Identifizierung aller Fälle von z.B. physiologischen oder auch neurologischen Behinderungen. Hier haben die Sonderpädagogik, die Sprachbehinderten-Linguistik und die Psychologie viele diagnostische und therapeutische Erfahrungen entwickeln können.

Als sehr viel schwieriger stellt sich die Situation für jene *»normale« Sprachaneignung* und ihre möglichen *Verzögerungen* dar. Hier sind die Kenntnisse deutlich weniger weit ausgebildet.

Ähnlich ist die Kenntnislage für die Situation von Kindern, die sich – gleichzeitig oder in einem komplexen Nacheinander – *mehrere Sprachen* aneignen. Die Erkenntnisse, die die auf Sprache bezogene Disziplin, die Linguistik, bisher zur Verfügung stellen kann, entsprechen hier nicht entfernt dem, was theoretisch, diagnostisch und dann gar für realistische Förderkonzepte erforderlich wäre. Das hat vielfältige Gründe in den theoretischen und den empirischen Entwicklungen der jüngeren Sprachwissenschaft.

Gegenwärtig kommt da weltweit sehr viel in Bewegung, und die Zukunftsperspektiven sehen nicht schlecht aus. Dennoch gilt es, die eben geschilderte Situation und ihre Probleme im Auge zu behalten.

* Auf Wunsch der Verfasser ist dieser Text in alter Rechtschreibung gedruckt.

Sie können auch nicht einfach dadurch überwunden werden, daß man statt der noch fehlenden linguistischen Kenntnisse ersatzweise auf Sprachvorstellungen des Alltags oder auf solche Konzepte zurückgreift, die in anderen, benachbarten Disziplinen praktiziert werden. Meist basieren diese ohnehin ihrerseits auf solchen alltäglichen Sprachvorstellungen, oder sie sind aus unterschiedlichen Phasen der jüngeren Linguistikgeschichte sozusagen »herausgepickt« und werden ohne ihre theoretischen Zusammenhänge genutzt.

Die Aufgabe

Die Aneignung von Sprache in einem Umfang, der der neuen Generation ein kompetentes, für alle gesellschaftlichen Erfordernisse hinreichendes sprachliches Handeln ermöglicht, wird von komplexen Gesellschaften wie der unseren nicht dem bloßen Zufall oder z. B. der jeweiligen Familienkonstellation überlassen. Kinder werden frühzeitig von anderen Institutionen als der Familie auch in ihrer Sprachaneignung begleitet. Besonders die Schule, aber auch Vorschule und Kindergarten gehören dazu. Zugleich macht die Dauer des Sprachunterrichtes ein gesellschaftliches Bewußtsein davon deutlich, daß eine hinreichende Sprachaneignung keineswegs bereits in sehr frühem Alter abgeschlossen ist.

Die multilinguale und multikulturelle Realität unserer Tage stellt dafür ohne Zweifel eine besondere Herausforderung dar. Sie ist bisher allenfalls ansatzweise angenommen worden. Zugleich wird deutlich, daß die Mitglieder der neuen Generation, die aus sprachlich nicht so homogenen kommunikativen Räumen kommen, wie sie die überkommene schulische Sprachförderung immer noch unterstellt, mit enormen Schwierigkeiten auf dem Weg zu ihrer – gesellschaftlich unabdingbaren – Befähigung konfrontiert sind.

Angesichts der angesprochenen gesellschaftlichen Situation wie angesichts der kurz dargestellten Forschungslage ist eine naheliegende, aber grundfalsche Reaktion das einfache Zurückgreifen auf jene diagnostischen Verfahren, die in bezug auf den Bereich der Sonderpädagogik entwickelt wurden. Die Zuweisung ausländischer Kinder in die Sonderschule ist ein konkretes und äußerst mißliches Ergebnis davon, das allen, die zu sehen bereit sind, deutlich zeigt, wie hier eine zentrale gesellschaftliche Zukunftsaufgabe buchstäblich verdrängt wird.

Das universalgrammatisch-generativistische Spracherwerbsmodell

Jede Generation übernimmt von den vorigen deren Sprache. Wenn dieser Prozeß gelingt, verfügen die Mitglieder der neuen Generation über die Handlungs-, Wissens- und Identifikationsmöglichkeiten, die das komplexe Gebilde »Sprache« darstellt. Mit anderen Worten: Sie sind »kompetente SprecherInnen« ihrer Sprache.

Große Teile dieser Aneignungsprozesse geschehen in einer erstaunlich kurzen Zeit. Dies hat in einigen Teilen der neueren Linguistik zu der Überzeugung geführt, daß hier ein »natürlicher Reifungsprozeß« vorliegen muß: Nach einer solchen Auffassung verfügt der Mensch sozusagen über eine Art Spracherwerbsmechanismus, der in seinen Genen niedergelegt ist und allenfalls der Anstöße von außen bedarf, um in Gang zu kommen.

In einer solchen Konzeption wird »Sprache« meist auf ein grammatisches System reduziert. Zu seiner Entwicklung treten allenfalls noch lexikalische Erwerbsaufgaben hinzu.

Die grammatischen Strukturen, anhand derer gesagt werden kann, ob eine »Erwerbsstufe« durchlaufen ist, ergeben sich aus diesem grammatischen Grundmodell. Sie betreffen vor allem die Aneignung von Stellungsgesetzen (insbesondere von Subjekt, Verb und Objekt), von Morphologie (z.B. Kasus am Nomen oder die verschiedenen möglichen Veränderungen am Verb), von Kongruenz (z.B. Singular des Subjekts / Singular des Verbs) und vergleichbaren sprachlichen Phänomenen.

Hier wird Sprache sehr eng gesehen; im Grunde ist es ein bestimmter Typus von »Satz«, der im Mittelpunkt des Interesses steht. Auch, was ein Sprecher ist, wird in einer solchen Konzeption sehr eng gesehen. Der Sprecher / die Sprecherin werden nur unter dem Gesichtspunkt wahrgenommen, ob sie die grammatischen Strukturen »erzeugen« können oder nicht.

Aus solcher Forschung, wenn sie denn umfassend durchgeführt wäre, ergäbe sich auf relativ einfache Art ein Verfahren zur »Sprachstandsmessung«. Es würde dann abgeprüft, ob bestimmte »Entwicklungsphasen« im konkreten einzelnen Fall bereits erreicht sind oder noch nicht. Was eine »normale« Sprachentwicklung ist, ergäbe sich als Folgerung aus den allgemeinen Erkenntnissen über den grammatischen Apparat und seine Entfaltung.

Dieser Spracherwerbsprozeß konzentriert sich auf die frühen Phasen der kindlichen Biographie; es steht also die Zeit bis zum dritten oder vierten Lebensjahr hier im Vordergrund.

Im Fall eines *mehrsprachigen* Spracherwerbs stellt sich für eine solche Konzeption die grundlegende Frage nach dem Verhältnis von Einzelsprache und allgemeiner »linguistischer«, das heißt »grammatischer Kompetenz«. In den neueren Versionen des Grundmodells wird dieser Fall systematisch vorgesehen, und eine Reihe von neueren Forschungen haben interessante Ergebnisse erbracht – die freilich auf den eben kurz skizzierten Grundrahmen beschränkt bleiben.

Sprachaneignung als Aneignung von Handlungskompetenz

Das universalistisch-generativistische Modell hat zu einer großen Zahl von zum Teil hochinteressanten Forschungsergebnissen geführt. Dennoch kann es zentrale Anforderungen an eine Modellierung der kindlichen Sprachaneignung nicht erfüllen, und zwar schon wegen seiner grundlegenden Restriktionen. Die konkrete sprachliche Kommunikation ist für dieses Konzept sozusagen prinzipiell uninteressant. Gerade sie aber ist es, innerhalb derer und für die Kinder sich Sprache aneignen. Außerdem ist – bis auf die genannten grammatischen Strukturen – die kognitiv-mentale Dimension von Sprachaneignung weithin ausgeblendet.

Andere, interaktionistische wie kognitivistische, Ansätze der Modellierung von Sprachaneignung haben sich sehr viel stärker mit den zuletzt genannten Phänomenen befaßt – allerdings mit wesentlich weniger Arbeits- (und Finanzierungs-)Einsatz. Entsprechend ist die Kenntnislage in bezug auf das, was eine »normale« Sprachaneignung ist, hier noch mehr durch Desiderate gekennzeichnet. Dennoch müßten derartige Kenntnisse hinreichend vorhanden sein, um für Testinstrumente im weiteren und im engeren Sinne verläßliche Vorgaben machen zu können.

Jedenfalls ist aber bereits jetzt deutlich, daß ein solcher komplexerer Begriff von Sprache diese nicht auf »Grammatik« und »Wortschatz« reduziert, sondern den Handlungscharakter von Sprache als unabdingbar berücksichtigt. Die sprachliche Qualifizierung ist folglich als ein »Qualifikationenfächer« zu fassen. Der Fächer setzt sich aus mehreren *Basisqualifikationen* zusammen, die im Verbund miteinander sprachliche Kompetenz ergeben.

Die *phonische Basisqualifikation* umfaßt die Aneignung der Lautlichkeit von Sprache, sowohl der Segmentalia, der Einzellaute einer Sprache, als auch der Suprasegmentalia, der lautübergreifenden Eigenschaften wie Prosodie und Intonation. Diese Qualifikation setzt sich aus einem rezeptiven (Segmentalia und Suprasegmentalia verstehen) und einem produktiven Anteil (Segmentalia und Suprasegmentalia selbst äußern können) zusammen. Sie ist grundlegend für die Aneignung aller weiteren Qualifikationen einer Lautsprache.

Die Aneignung der *pragmatischen Basisqualifikation I* bedeutet die Aneignung der Handlungsqualität von Sprache in einem elementaren Sinne. Indem einzelne Handlungsmuster in ihrer Grundstruktur angeeignet werden, erfährt das Kind zugleich, daß es mit Sprache etwas tut und daß seine Bezugspersonen mit Sprache etwas tun, das in manchen Fällen ihm, in anderen Fällen anderen Personen gilt. Grundlegend in der Interaktion zwischen Betreuungsperson und Kind ist anfangs zum Beispiel das Handlungsmuster der Aufforderung.

Mit der *semantischen Basisqualifikation* ist die Aneignung dessen gemeint, was alltagssprachlich als »Wortschatz« einer Sprache bezeichnet wird. Die Zuordnung von sprachlichen Ausdrücken zu Wirklichkeitselementen, die konkret vorhanden oder (im Spiel) nur vorgestellt sind, muß sowohl rezeptiv als auch produktiv angeeignet werden. Auch die Begriffsbildung in ihrer ganzen Komplexität ist dieser Basisqualifikation zuzuordnen.

Als *morphologisch-syntaktische Basisqualifikation* läßt sich die Fähigkeit zur Kombination von sprachlichen Elementen zu Ausdrücken und Äußerungen (Sätzen) beschreiben, deren Regularitäten je nach Sprachtyp (flektierend, z. B. Deutsch; agglutinierend, z. B. Türkisch; isolierend, z. B. Chinesisch) sehr unterschiedlich sind und sehr verschiedene Anforderungen an das Kind stellen.

Die *diskursive Basisqualifikation* beinhaltet die Aneignung der Abläufe und Strukturmerkmale von Diskursen. Die Organisation von Sprecherwechsel und Rederecht (Turn-Apparat), diskursbegleitende Phänomene wie Hörerrückmeldungen sind Phänomene, die dieser Basisqualifikation zuzuordnen sind. Aber auch das egozentrische handlungsbegleitende Sprechen, das für den kindlichen Sprachgebrauch typisch und für weitere Aneignungsphasen notwendig ist, und die Fähigkeit zur Narration sind für diese Qualifikation einschlägig.

Bei der *pragmatischen Basisqualifikation II* handelt es sich um den Ausbau der pragmatischen Basisqualifikation I. Mit dem »Kindergartenalter« kommt es zu einem vielfältigen Ausbau der Menge an Handlungsmustern, die einem Kind zur Verfügung stehen. Der Eintritt in diese Institution legt den Grundstein für die Aneignung institutionell je verschiedener Ausprägungen von Handlungsmustern. Damit ist eine Vorbereitung für den Übertritt in die Institution gelegt, deren Besuch verpflichtend ist, in die Schule mit ihren spezifischen sprachlichen Handlungsmustern.

Die Aneignung der *literalen Basisqualifikation I* setzt typischerweise im »Vorschulalter« ein, wenn Kinder sich mit dem Phänomen »Schrift« auseinandersetzen. Dem eigentlichen Lesen- und Schreibenlernen geht eine Prä-Phase voraus, in der Kinder beginnen, sich mit der Funktion von Schrift zu befassen. Sie schreiben »Krixikraxi« und »lesen«, obwohl sie noch nicht lesen können. Mit dem Übertritt in die Institution Schule wird die Aneignung dann institutionell strukturiert: Die Kinder lernen lesen und schreiben. Zentral ist dabei die Zuordnung von Lauten zu Buchstaben und umgekehrt. Aber auch motorische Fähigkeiten gehen in diese Qualifikation mit ein.

Während die Aneignung der literalen Qualifikation I allmählich zu einem Abschluß kommt, setzt die Aneignung der *literalen Basisqualifikation II* ein. Der rezeptive und produktive Umgang mit schriftlichen Texten und ihren Regularitäten, besonders der Orthographie, löst das initiale Lesen- und Schreibenlernen ab und setzt sich bis ins Erwachsenenalter fort.

Mit einer »abgeschlossenen« Sprachaneignung in einem elementaren Sinn kann frühestens im jungen Erwachsenenalter gerechnet werden.

Zur Forschungssituation II

Forschungsarbeiten zur Sprachaneignung verteilen sich nun sehr unterschiedlich auf die verschiedenen Basisqualifikationen: Zu einigen gibt es relativ viele Forschungsergebnisse, andere sind kaum erforscht. Im Vordergrund des Interesses stehen die phonische, die semantische und die morpho-syntaktische Basisqualifikation, während die pragmatischen und diskursiven Basisqualifikationen wenig Forschungsinteresse finden. Beide literalen Basisqualifikationen sind als wissenschaftlicher Gegenstand der Didaktik des Deutschen zugeordnet.

Auch die verschiedenen zeitlichen Phasen (Zeitschnitte) der Sprachaneignung fanden und finden in der Forschung unterschiedliche Aufmerksamkeit. Für die ersten Jahre der Sprachaneignung zeigt sich eine ungleich größere wissenschaftliche Beachtung als für die späteren Phasen. Dies bedeutet, daß wissenschaftlich fundierte Aussagen darüber, welcher Sprachstand in einem bestimmten Alter erwartbar und »normal« ist, nicht für jedes Alter möglich sind. Forschungsperspektiven, die die Sprachaneignung als ganze in den Blick nehmen, sind eher selten.

Mehrsprachigkeit

Mehrsprachigkeit bedeutet eine weitere Stufe der Komplexität in diesem Gefüge. Ist das Deutsche die Zweitsprache eines Kindes, verläuft seine Aneignung nicht einfach so wie die Aneignung des Deutschen als Erstsprache. So viel kann gesagt werden. Welches Aneignungsprofil und welche Veränderungen der Aneignung im Vergleich zur Aneignung als Erstsprache in diesem Fall – unter Berücksichtigung der jeweiligen Erstsprache – aber zu erwarten sind, dazu fehlt systematische Forschung bisher weithin. Die Veränderungen der Aneignung werden häufig nur als Defizite der deutschen Sprachfähigkeiten eines Kindes wahrgenommen. Eine fundierte Beurteilung des Zweitsprachstandes ist sinnvoll jedoch nur möglich, wenn auch der Stand der Erstsprache in diese Einschätzung einfließt. Eine Förderung, so sie für notwendig erachtet wird, sollte sich also sinnvollerweise auch auf die Erstsprache erstrecken.

Soll der Sprachstand eines Kindes, das Deutsch als Zweitsprache spricht, erhoben werden, sind Erhebungsinstrumente erforderlich, die eine umfassende Feststellung der einschlägigen Basisqualifikationen ermöglichen, die der Prozeßhaftigkeit der Sprachaneignung und die der Veränderung dieser Prozesse unter den Bedingungen der Mehrsprachigkeit einen angemessenen Stellenwert einräumen.

Instrumente

Ein Überblick über die derzeit verfügbaren Sprachstandsfeststellungsinstrumente wurde in einer jüngst angefertigten Expertise erstellt (s.u. »Zur weiteren Lektüre«). Neben dem Durchführungszeitpunkt, den Personen, die das Verfahren durchführen, und weiteren Merkmalen wird besonderes Augenmerk darauf gerichtet, ob es sich bei einem Instrument um einen Test im engeren Sinne oder einen Test im weiteren Sinne (oder eine Kombination aus beidem) handelt. Tests im weiteren Sinne erlauben die Berücksichtigung von freier Sprachproduktion. Dies ist aus linguistischer Sicht für ein aussagekräftiges Ergebnis unabdingbar. Wie eben bereits ausgeführt wurde, ist außerdem für die Beurteilung eines Instruments von besonderer Bedeutung, ob es systematisch die Mehrsprachigkeit eines Kindes berücksichtigt.

Im Hinblick auf dieses Kriterium sind die derzeit verfügbaren Instrumente drei Typen zuzuweisen:

(a) Zunächst gibt es Instrumente, die Mehrsprachigkeit gar nicht berücksichtigen, da sie nicht für den Zweck des Nachweises einer verzögerten Sprachaneignung von Kindern mit Migrationshintergrund konzipiert sind, sondern dem Nachweis von Störungen dienen, die gegebenenfalls sprachheilpädagogisch zu therapieren sind.

(b) Davon abzugrenzen sind Verfahren, die primär für das Erheben des Sprachstandes von Kindern mit Migrationshintergrund entwickelt wurden, den Sprachstand in der Erstsprache aber nicht erheben, sondern allenfalls die Abfrage von Informationen über ihren Gebrauch in der Familie und im Kindergarten systematisch vorsehen. Hier ist *Sismik* zu nennen. Auch das *Bayern-Hessen-Screening* gehört diesem

Typ an. Beides sind Tests im weiteren Sinne; sie können dem Typ der Profilanalyse zugeordnet werden.

(c) Derzeit gibt es nur zwei Instrumente, die den Sprachstand in der Zweitsprache Deutsch und in der Erstsprache einbeziehen, *HAVAS-5* und *Cito*. *HAVAS-5* erhebt den Sprachstand in der Zweitsprache Deutsch und der Erstsprache. Es handelt sich um ein Verfahren der Profilanalyse. *Cito* ist ein computergestützter Test im engeren Sinne, der noch durch Module ergänzt wird, bei denen es sich um Tests im weiteren Sinne handelt. Dieser Test wird in der Erstsprache und in der Zweitsprache durchgeführt. (In der »Expertise« konnte *Cito* freilich noch nicht berücksichtigt werden, da der Test zum Zeitpunkt der Erstellung den Verfassern nicht zugänglich war.)

Empfehlungen

Derzeit konzentrieren sich die Aktivitäten auf die Verbesserung des Überganges aus dem Kindergarten in die Grundschule. Damit steht die Feststellung des Sprachstandes von Kindern im Alter von 5–6 Jahren im Mittelpunkt der erhebungsbezogenen Überlegungen. Aus linguistischer Sicht ist jedoch zu betonen, daß die Sprachaneignung in diesem Alter nicht abgeschlossen ist. Weitere Sprachstandsfeststellungen sind nützlich und sollten in sinnvoll gesetzten Abständen erfolgen. Handlungsleitend sollte dafür das Prinzip sein, daß der Sprachstand von der Institution festgestellt wird, in der auch die Förderung durchgeführt wird.

Empfehlenswert ist nach dem gegenwärtigen Kenntnisstand ein zweistufiges Verfahren: Mit einem Screening werden zunächst die Kinder erfaßt, die Anzeichen eines Förderbedarfs aufweisen. Anschließend wird dieser Befund differentialdiagnostisch verifiziert und spezifiziert, so daß sich eine individuelle Förderung anschließen kann. Die differentialdiagnostischen Instrumente können nicht auf Tests im engeren Sinn beschränkt sein, sondern sollen das Erheben freier Sprachproduktion in einem gewohnten Umfeld beinhalten. Sie sollten alle zu diesem Zeitpunkt relevanten Basisqualifikationen erfassen.

Bei mehrsprachigen Kindern soll der Sprachstand in der Erst- und in der Zweitsprache erfaßt werden. Offen ist nach dem bisherigen Kenntnisstand, in welcher Weise die Förderung in der Erstsprache den Ausbau der Kompetenz in der Zweitsprache Deutsch unterstützt. Hinsichtlich dieser Thematik besteht noch erheblicher Forschungsbedarf.

Für die Bedürfnisse der individuellen Sprachstandsfeststellung ist wissenschaftliche Unterstützung für Forschung und Evaluation erforderlich. Der Kenntnisstand bezüglich eines »normalen« Verlaufs der Sprachaneignung ist zu verbessern. Eine solche an den Bedürfnissen der

Praxis orientierte Forschung kommt derzeit erfreulicherweise in Gang. Im Projekt PROSA an der Universität München wird gegenwärtig an der Erstellung eines Referenzrahmens zur altersspezifischen Sprachaneignung gearbeitet. Ein solcher Referenzrahmen soll für die Aneignung des Deutschen als Erstsprache erstellt werden und um (zunächst) zwei weitere Module erweitert werden, in denen die für die Aneignung des Deutschen als Zweitsprache mit den Erstsprachen Russisch und Türkisch charakteristischen Veränderungen in der Aneignung dargestellt werden. Die Ausrichtung von Sprachstandsfeststellungsverfahren an einem solchen Referenzrahmen wird einen präziseren Aufweis von Aneignungsverzögerungen ermöglichen und soll insbesondere auch die Feststellung des jeweiligen individuellen Förderbedarfs gewährleisten.

Zur weiteren Lektüre

Die Ausführungen in diesem Beitrag beziehen sich auf die Expertise K. Ehlich (2005) *»Anforderungen an Verfahren der regelmäßigen Sprachstandsfeststellung als Grundlage für die frühe und individuelle Förderung von Kindern mit und ohne Migrationshintergrund. Eine Expertise für das Bundesministerium für Bildung und Forschung. Bonn/Berlin: BMBF«.* Dort finden sich ausführliche Darstellungen u.a. zu den Themen »Sprachaneignung und deren Feststellung bei Kindern mit und ohne Migrationshintergrund« (K. Ehlich), »Sprachstandsmessung – Eine verlassene Landschaft« (U. Bredel) und »Forschungsstand und Desideratenaufweis zu Migrationslinguistik und Migrationspädagogik für die Zwecke des ›Anforderungsrahmens‹« (H.H. Reich). Weitere Beiträge behandeln Testerfordernisse (T. Mcnamara) sowie Beschreibungen der Testsituation der Sprachstandsbehandlung in Österreich (H.-J. Krumm), in den Niederlanden (H. Van den Bergh und J. ten Thije) und in Schweden (B. Garme). Außerdem ist »Eine Synopse aktueller Verfahren der Sprachstandsfeststellung« (G. Schnieders / A. Komor) enthalten.

Die Expertise kann über das BMBF kostenfrei bezogen werden (http://www.bmbf.de/publikationen/2713.php oder Bundesministerium für Bildung und Forschung, Referat Publikationen, Internetredaktion, Postfach 30 02 35, 53182 Bonn).

Eine kurze Zusammenfassung findet sich in:

Ehlich, K. (2005) *Eine Expertise zu » Anforderungen an Verfahren der regelmäßigen Sprachstandsfeststellung als Grundlage für die frühe und individuelle Förderung von Kindern mit und ohne Migrationshintergrund«*. In: Gogolin, I. / Neumann, U. / Roth, H.-J. (Hrsg.) *Sprachdiagnostik bei Kindern und Jugendlichen mit Migrationshintergrund.* Münster: Waxmann, S. 33–50

İnci Dirim

Deutsch lernen auf der Grundlage der Erstsprache Türkisch

Beim Erwerb einer zweiten Sprache nutzt das Gehirn die Muster von bereits erlernten Sprachen. Das implizite Wissen über den Sinn des Sprachgebrauchs, über die Konstruktion einer sprachlichen Äußerung und die Nutzung des Sprechapparats dient dazu, den zweitsprachlichen Input »einzuordnen«, abzuspeichern und zu nutzen. Auch die im Rahmen des Erstspracherwerbs entwickelten Spracherwerbsstrategien werden genutzt, um das Lernen der zweiten Sprache durch Systematisierung zu erleichtern (vgl. Rösch 2005, S. 17f). Zu diesen Erwerbsstrategien gehören zum Beispiel Sprachschöpfungen, die auch in der Zweitsprache erfolgreich sein können, manchmal aber auch missglücken, oder die Verallgemeinerung von Regeln, die zu Übergeneralisierungen führen können, was auch im Erstspracherwerb häufig beobachtet wird (z.B. wenn Kinder alles, was rund ist, mit dem Wort »Ball« bezeichnen). Eine besondere Strategie beim Erwerb einer zweiten Sprache stellt die Übertragung von Strukturen der Erstsprache auf die Zweitsprache dar, die in Form von *Interferenzen* in Erscheinung treten. Hierbei können positive Transfers stattfinden, aber auch negative Übertragungen, die dem verbreiteten Verständnis des Begriffs »Interferenz« entsprechen. Demnach wird unter Interferenz eine von der Norm einer Sprache abweichende mündliche oder schriftliche Äußerung in dieser Sprache verstanden, deren Zustandekommen mit den Regeln einer anderen Sprache erklärt werden kann (vgl. z.B. die Definition von Juhasz 1973), wobei die Aufmerksamkeit auf die lautliche und grammatikalisch-syntaktische Struktur einer Sprache gerichtet ist; vor allem auf geschriebene Texte der Zweit- bzw. Fremdsprache, in der die Interferenzfehler klar sichtbar in Erscheinung treten. Sprachvergleiche und die Beobachtung von Zweit- und Fremdsprachenlernern ermöglichen es, wiederholt auftretende Interferenzen zu beschreiben, wenn auf der Basis von bestimmten Sprachen eine neue gelernt wird.

Interferenzen beschäftigten insbesondere in den 1970er- und 1980er-Jahren die Sprachlehrforscher, wobei es vorrangig darum ging, durch »Fehlervoraussagen« Spracherwerbsprozesse zu systematisieren und durch »vorbeugende« und bewusstmachende Sprachvergleiche Lerner/innen einer neuen Sprache (schneller) und müheloser zum Erfolg zu verhelfen (vgl. Königs 1995). Grundlegend für Interferenzanalysen ist die Annahme, dass unterschiedliche Sprachstrukturen zu Problemen beim Erwerb einer neuen Sprache führen müssen. Allerdings lassen sich nicht alle Fehler eines Lerners / einer Lernerin beim Deutscherwerb auf Unterschiede zwischen dem Deutschen und der Erstsprache zurückführen. Dies gilt umso mehr für Kinder, die in einer deutschsprachigen Umgebung in früher Kindheit anfangen Deutsch zu lernen, so dass von einem bilingualen Erstspracherwerb gesprochen werden kann. Da sich die Sprachen eines Menschen aber in ihrer Entwicklung gegenseitig beeinflussen, ist es für Lehrerinnen und Lehrer dennoch sinnvoll, sich mit den möglichen Interferenzfehlern zu beschäftigen, die den Kindern unterlaufen können – im Sinne einer Hilfestellung für das Verstehen der Schwierigkeiten der Kinder und als Basis für die didaktische Aufbereitung des Lernmaterials in einem Unterricht, der den Sprachvergleich mit dem Ziel der Bewusstmachung mit einschließt. Für eine Informierung können Lehrer/innen bereits ausgearbeitete Sprachvergleiche zwischen den Migrantensprachen und dem Deutschen verwenden (z. B. Cimilli / Liebe-Harkort 1976, Ministerium für Schule und Weiterbildung, Wissenschaft & Forschung des Landes Nordrhein-westfalen 1982, Niedersächsisches Kultusministerium 1991, 1996).

Bei der Beschäftigung mit den Unterschieden zwischen Erst- und Zweitsprache muss also berücksichtigt werden, dass die Interferenzfehler nicht zwangsläufig auftreten müssen und dass nicht alle Fehler mit Unterschieden zwischen den Sprachen erklärt werden können. Außerdem darf nicht von den Kindern erwartet werden, dass sie selber die Sprachen vergleichen können oder dass sie auf einer höheren Abstraktionsebene Rechenschaft über das Zustandekommen ihrer Fehler ablegen (vgl. hierzu die Kritik von Czok / Radtke 1985, S. 73f).

Die vorhandenen Sprachvergleiche gehen nicht immer auf mögliche Interferenzfehler ein; die Leser/innen müssen daher oft selbst »interferenzträchtige« Phänomene aus dem Sprachvergleich herausfiltern. Nützlich könnten daher Listen sein, die im Hinblick auf bestimmte Sprachenpaare einen Überblick über die Sprachstrukturen bieten, deren Kontrast die Entstehung von Interferenzfehlern nahe legen. Lohnenswert wäre im deutschsprachigen Raum auf der Basis der vorhandenen Grundlagen in jedem Fall die Beschäftigung mit den besonders stark verbreiteten Migrantensprachen. Insbesondere Kindern und Jugendlichen, die eine sehr gute Grundlage in ihren Erstsprachen haben, wie z. B. Seiteneinsteigern, kann beim Deutschlernen mit dem Wissen um mögliche Interferenzen geholfen werden. Die folgende Analyse eines Schülertextes zeigt mehrere Interferenzfehler aus dem Türkischen.

Die Prinzessin spielt mit dem goldenen Ball ist fällt
Die Prinzessin weint meine Ball ist gefallen ein Frosch sagt
ich will aber deine teller essen deine bett schlafen
Die Prinzessin sagt Ja, Ja okey. Die Prinzessin zu Hause
alle zusammen abend essen der Frosch kommt Plack, Plack
König ist, was ist los der Forsch. Ich will goldene Ball gerett
Die Prinzessin sagt du bist meine teller essen und meine
Bett schlafen der Frosch teller essen und der Frosch
Immer gegangen nein nein du bist alte frosch. Die
Prinzessin aus der Börönnen aber kein Frosch. Frosch ist
Prenz oh Prenz komm schlafen nein danke ich nach
Hause gegangen cüs.

(Das Beispiel wurde mir von Frau Monika Jütte, Lehrerin in Hannover, zur Verfügung gestellt.)

Einige für türkischsprachige Lerner/innen typische und zumindest bei Jugendlichen, die eine monolinguale Sozialisation im Türkischen hatten, häufig vorkommende Interferenzen in diesem Text sind – nach verschiedenen Sprachbereichen geordnet – folgende:

1. Orthographie: Viele Substantive beginnen mit einem Kleinbuchstaben (z.B.: *teller* und *bett*, Z. 3) – im Türkischen werden alle Wörter mit Ausnahme des Wortes am Satzanfang und Eigennamen klein geschrieben.
2. Phonologie: In der türkischen Sprache treffen innerhalb einer Silbe i.d.R. zwei oder mehrere Konsonanten *nicht* aufeinander. Um die Konsonantenanhäufungen des Deutschen aufzuweichen, werden manchmal »Sprossvokale« zwischen die Konsonanten geschoben, wie in dem Wort *Börönnen* (Z. 10. Brunnen)
3. Satzbau: Im Türkischen steht das Verb in Prosatexten immer an der letzten Stelle des Satzes, wie in dem Satz *alle zusammen abend essen* (Z. 5).
4. Genusgebrauch: Im Türkischen gibt es keine Genera, sodass die richtige Wahl der Artikel und die korrekte Deklination von Adjektiven Probleme bereiten kann – wie in den folgenden Textstellen: *meine Ball* (Z. 2), *deine teller* (Z. 3.), *deine bett* (Z. 3).

Der Text enthält aber auch Fehler, die nicht mit den Regeln der türkischen Sprache erklärt werden können, z.B.: »der Frosch kommt Plack Plack« (Z. 5).

Da es sich hier um einen Schüler handelt, der sich erst seit einigen wenigen Monaten in Deutschland aufhielt, ist an dieser Stelle der Hinweis angebracht, dass die »Trefferquote« die Fehlerquote bei Weitem übersteigt.

Der folgende Textausschnitt zeigt, dass Kinder, die in Deutschland eingeschult worden sind, im Gebrauch des Deutschen weitaus sicherer sind, dass aber auch in deren Texten Interferenzfehler vorkommen können.

Katze und Vogel

Der Vogel singt auf der Mauer
die Katze kuckt zu *den* Vogel
und die Katze springt auf die
Mauer der Vogel erschrekt sich
die Katze springt. der Vogel
fliegt nach oben zu *den* Baum
der Vogel ist auf *den* Baum
die Katze auch und dan fliegt
der Vogel weg die Katze ist
immer noch auf *den* Baum
Und die Katze weint *der*
Vogel singt.

(Der Ausschnitt entstammt der Textsammlung des Modellversuchs »Bilinguale Grundschule« in Hamburg; weitere Informationen sind unter http://www2.erzwiss.uni-hamburg.de/Personal/Neumann/neumann.htm abrufbar)

Das Kind, Schüler einer türkisch-deutsch bilingualen Klasse, verfasste diesen Text am Ende des zweiten Schuljahres auf die Bitte hin, die ihm vorgelegte Bildergeschichte »Katze und Vogel« zu verschriftlichen. Zu Beginn seiner Schulkarriere hatte der Junge äußerst geringe Deutschkenntnisse, so dass der große Schreiberfolg, nämlich die fast durchgängig korrekte Verwendung der deutschen Orthographie, besonders gewürdigt werden muss – sicherlich auch ein Erfolg seiner Lehrerinnen. Zu der geringen Fehlerquote trägt vermutlich auch die Strategie bei, kurze und einfache Sätze zu verfassen. Sichtbar ist als Interferenzfehler die wirklich schwierige Artikeldeklination (*kursiv* markiert); auch die Reduktion des doppelten Konsonanten <nn> in dem Wort »dan« könnte mit der oben erwähnten Silbenstruktur des Türkischen, die keine Doppelkonsonanten zulässt, erklärt werden. Auch die Schreibung des Wortes »erschrekt« könnte dieselbe Ursache haben – Tatsache ist aber, dass auch muttersprachlich deutschen Kindern diese Fehler unterlaufen können. Eine sehr anschauliche Analyse der bilingualen Schreiblernprozesse beim Erwerb des (Schrift-)Sprachenpaars Türkisch und Deutsch legte Reich (2002) vor. Die Auseinandersetzung mit den Interferenzen zeigt auch, dass geringe (aber systematische) Kenntnisse in einer Sprache ausreichen, um Schüler/innen dieser sprachlichen Herkunft beim Erwerb des Deutschen zu helfen. Kleine Sprachvergleiche könnten die Schüler/innen auf Unterschiede zwischen den Sprachen aufmerksam machen und die Fehlerwahrscheinlichkeit in bestimmten Bereichen reduzieren.

Literatur

Cimilli, N. / Liebe-Harkort, K.: Sprachvergleich Türkisch-Deutsch. Düsseldorf (Schwann) 1976

Czok, H. / Radtke, F.-O.: Regeln und Maßnahmen – die Praxis des Unterrichts mit ausländischen Kindern. In: Deutsch lernen. Zeitschrift für den Sprachunterricht mit ausländischen Arbeitnehmern, 10. Jg., H. 3 / 1985, S. 66–78

Juhasz, J.: Interferenzlinguistik. In: Lexikon der Germanistischen Linguistik 1973, S. 457–462

Königs, F. G.: Fehlerkorrektur. In: Bausch, K.-R. / Christ, H. / Krumm, H.J. (Hrsg.): Handbuch Fremdsprachenunterricht. Tübingen und Basel (Francke) 1995, S. 268–272

Ministerium für Schule und Weiterbildung, Wissenschaft & Forschung des Landes Nordrhein-Westfalen: Handreichung Sprachunterricht mit ausgesiedelten Kindern und Jugendlichen. Polnisch, Russisch 1982

Niedersächsisches Kultusministerium: Hilfen für den Deutschunterricht mit Kindern und Jugendlichen, deren Erstsprache nicht Deutsch ist: Arabisch, Griechisch, Italienisch, Farsi (Persisch), Polnisch, Portugiesisch, Rumänisch, Russisch, Serbokroatisch, Spanisch und Türkisch 1991, 1996

Reich, H. H.: Zweisprachig schreiben lernen. In: Grundschule Sprachen, H. 6 / 2002, S. 38–42

Rösch, H.: Deutsch als Zweitsprache. Sprachförderung in der Sekundarstufe 1. Grundlagen, Übungsideen, Kopiervorlagen. Braunschweig (Schroedel) 2005, Kopiervorlagen, S. 29–30

Vassilia Triarchi-Herrmann

Deutsch lernen auf der Grundlage der Erstsprache Griechisch

Über 41.000 Kinder mit Griechisch als Erstsprache besuchen in Deutschland eine allgemein bildende Schule bzw. eine Berufschule (Statistisches Bundesamt Deutschland). Die meisten von ihnen erwerben die deutsche Sprache als Zweitsprache. Dies hat zur Folge, dass die bereits erworbenen Elemente des Griechischen häufig die Erwerbsprozesse des Deutschen beeinflussen. Sprachstrukturen und -regeln, die im Griechischen und Deutschen identisch sind, werden meistens leicht und fehlerfrei erworben (positiver Transfer), während beim Erwerb von unterschiedlichen Sprachelementen oft Schwierigkeiten auftauchen (negativer Transfer), die zur Erscheinung von Interferenzen führen.

Wenn auch in der Spracherwerbsforschung als gesichert gilt, dass Interferenzen zusammen mit Sprachmischungen und »Interlanguage« zu einem normalen Ablauf einer zweisprachigen Sprachentwicklung bzw. eines Zweitspracherwerbs gehören und mit dem Voranschreiten der Erwerbsprozesse normalerweise stark reduziert werden, steht genauso außer Zweifel, dass die zweisprachigen Kinder in der monolingualen deutschen Schule eine deutsche Sprachkompetenz benötigen, die so wenig wie möglich Sprachmischungen und Interferenzen aufweist. Ansonsten werden sie im Vergleich zu ihren monolingualen Mitschülern ständig mit zusätzlichen »Stolpersteinen« zu kämpfen haben. Die Schule kann den zweisprachigen Kindern bei der Überwindung dieser »Stolpersteine« bedeutend helfen (vgl. Triarchi-Herrmann 2003, Triarchi-Herrmann in Vorbereitung). Dafür braucht sie kompetente Lehrkräfte, Lehrkräfte, die unter anderem auch über spezifische Kenntnisse aus dem Bereich der Kontrastiven Analyse des Deutschen zu den jeweiligen Erstsprachen der zweisprachigen Kinder verfügen.

In diesem Beitrag werden auf der Grundlage einer kontrastiven Analyse der deutschen zur griechischen Sprache Interferenzfälle besprochen, die beim Erwerb des Deutschen von griechischen Kindern am häufigsten auftreten. Dabei wird zwischen den drei Sprachebenen (lautlich, lexikalisch und grammatikalisch-syntaktisch) unterschieden und auf die Problematik, die sowohl im mündlichen als auch im schriftlichen Sprachbereich besteht, eingegangen.[1]

Ziel des Beitrages ist es, den Leserinnen und Lesern Grundlagen zu liefern, um viele der von zweisprachigen griechischen Kindern produzierten Fehler besser verstehen bzw. interpretieren zu können. Dies kann zur Effektivität der Vorbereitung und Durchführung von Sprachförderung und Unterricht beitragen.

Lautliche Interferenzen

Aufgrund der quantitativen und qualitativen Unterschiede, die zwischen dem deutschen und griechischen Phonemsystem bestehen, haben die griechischen Kinder Schwierigkeiten viele der deutschen Phoneme wahrzunehmen bzw. akustisch zu differenzieren. Deshalb ersetzen sie meistens die ihnen unbekannten und akustisch nicht unterscheidbaren Phoneme durch Phoneme des muttersprachlichen Systems, was manchmal auch zu Fehlern auf der semantischen Ebene führen kann.

Beispiele

Wort	Deutsche Aussprache	Realisierungsform	
Tasche	/ta:ʃe/	/tɑsɛ/	Tasse
Küsten	/kÿsten/	/kistɛn/	Kisten
Pfanne	/pfane/	/fɑnɛ/	Fane

An den oben angeführten Beispielen kann man sehen, dass diese Art von Interferenzen auch beim Lesen und Schreiben Fehler verursachen kann, die in der Fachliteratur als ***phonologisch bedingte*** Fehler bekannt sind (Berkemeier 1995, S. 148).

Folgende Probleme können im Einzelnen beim Erwerb der deutschen Sprache von griechischen Kindern auftreten:

Problembereiche bei den Vokalen und Diphthongen

Dadurch dass im Neugriechischen das distinktive Merkmal der ***Vokallänge*** nicht existiert, werden alle fünf Vokale des griechischen Vokalinventars in der Regel ***kurz***, in betonter Stellung jedoch halblang ausgesprochen. Dies hat zur Folge, dass die griechischen Kinder die Längenunterschiede, die im deutschen Vokalsystem bedeutungsunterscheidend wirken, nicht wahrnehmen und alle deutschen Vokale kurz aussprechen. Deshalb haben sie beim Rechtschreiben Schwierigkeiten, einen Kurzvokal durch folgende Doppelkonsonanten zu kennzeichnen.

Beispiele

Zielwort	Deutsche Aussprache	Realisierungsform	
Lied	/li:d/	/lit/	Lit
Ofen	/o:fen/	/ɔfɛn/	ofen
Offen	/ofen/	/ɔfɛn/	ofen
knurrt	/knurt/	/knurt/	knurt

Auch die *Lippenrundung* bei der Aussprache der deutschen Vokale /ÿ/, /œ/, /o/ bereiten den griechischen Kindern Probleme. Sie werden meistens nicht als distinktiv erkannt und deshalb durch die ungerundeten, kurzen Vokale /i/, /u/, /ɛ/, /ɔ/ ersetzt. Dieselben Schwierigkeiten treten auch in der Schriftsprache auf.

Beispiele

Zielwort	Deutsche Aussprache	Realisierungsform	
müde	/mÿ:de/	/mintɛ/	mide
dünner	/dÿner/	/dunɛ/	duner
möchte	/mœçte/	/mɛxtɛ/	mechte
öffnen	/œfnen/	/ɛfnɛn/	efnen

Das Neugriechische kennt keine Diphthonge. Dadurch werden die deutschen Diphthonge eher als aufeinander folgende Vokale wahrgenommen und ausgesprochen bzw. geschrieben.

Beispiele

Zielwort	Deutsche Aussprache	Realisierungsform	
leuchten	/loiçten/	/lɔixtɛn/	loichten
träumt	/troimt/	/trɔimt/	troimt

Problembereiche bei den Konsonanten

Wenn sich auch das deutsche und griechische Konsonantensystem quantitativ nicht stark voneinander unterscheiden (Eideneier 1976), kann man bei einer qualitativen Überprüfung der beiden Systeme feststellen, dass:
a. einige Konsonanten in beiden Systemen gleich sind, wie /m/, /n/, /f/, /w/, /s/, /z/, /l/, /ks/, /ps/, /ts/
b. einige wie /p/, /b/, /t/, /d/, /k/, /g/, /x/, /ç/ ähnlich artikuliert werden
c. und wieder andere wie /ʃ/, /n/, /R/, /pf/ nur im deutschen Phoneminventar zu finden sind.

Der Erwerb und die Artikulation der gleichen Konsonanten (erste Gruppe) bereiten den griechischen Kindern normalerweise keine Schwierigkeiten. Deshalb sind hier kaum Interferenzen zu beobachten. Allerdings treten aufgrund unterschiedlicher Phonem-Graphem-Korrespondenz-Regeln der beiden Sprachen in der Schreibung dieser Laute häufig Schwierigkeiten auf.

Die deutschen Laute der zweiten Gruppe werden in Kongruenz mit dem griechischen Konsonantensystem wahrgenommen bzw. artikuliert: Die stimmlosen Plosive /p/, /t/, /k/ werden unaspiriert, während die stimmhaften /b/, /d/, /g/ häufig pränasaliert ausgesprochen werden. Häufig wird der Unterschied zwischen stimmlosen und stimmhaften Plosiven als gering wahrgenommen, was zur Verwechselung der stimmhaften und stimmlosen Plosive führt, sowohl im mündlichen als auch im schriftlichen Sprachgebrauch.

Beispiele

Zielwort	Deutsche Aussprache	Realisierungsform	
kaputt	/ka:put/	/kɑbut/	kabut
Pullover	/pulo:wa/	/bulɔwɑ/	Bulova
Gleich	/glaiç/	/klɑix/	klaih, klaich

Im Deutschen werden Plosive und Frikative im Auslaut verhärtet, was bei der Rechtschreibung nicht berücksichtigt wird.

Beispiel

Zielwort	Deutsche Aussprache	Realisierungsform	
Bild	/bilt/	/bilt/	Bilt
Zwerg	/zwerk/	/zwɛrk/	Zwerk

Laute, die im griechischen Konsonantensystem nicht enthalten sind, werden durch benachbarte bekannte Laute ersetzt, was auch in den Lese- bzw. Rechtschreibleistungen der griechischen Kinder festzustellen ist.

So werden die Laute /ʃ/, /tʃ/, /dsch/ und /ʒ/ durch die in beiden Inventaren vorhandenen Laute /s/, /ts/, /z/, /dʒ/ ersetzt.

Beispiel

Zielwort	Deutsche Aussprache	Realisierungsform	
schreibt	/ʃraibt/	/srɑipt/	sraipt
Schokolade	/ʃo:ko:la:de/	/sɔkɔlɑdɛ/	sokolade
Garage	/ga:ra:ʒe/	/gɑrɑz/	Garaz

Der Laut /h/ ist dem neugriechischen Konsonanteninventar unbekannt und wird in der Aussprache meist wie /ç/ oder /x/ wahrgenommen und artikuliert. Beim Erwerb der deutschen Phonem-Graphem-Korrespondenz-Regeln treten ebenfalls Schwierigkeiten auf, weil für die griechischen Kinder häufig alle drei deutschen Phoneme /h/, /ç/, /x/ zusammen einen Laut bilden, der im Neugriechischen durch das Graphem x wiedergegeben wird (vgl. Radisoglou 1986).

Beispiel

Zielwort	Deutsche Aussprache	Realisierungsform	
Hand	/hand/	/xɑnt/	xant, chant
behindert	/be:hindert/	/bɛçintɛrt/	bechindert
gebrochen	/gebro:xe:n/	/gɛbrɔçɛn/	gebrohen
Buch	/bu:x/	/bux/	Buh

Auch der Laut ng /ŋ/ wird häufig von den griechischen Kindern weder richtig akustisch wahrgenommen noch richtig artikuliert. Er wird meistens durch den Laut /k/ ersetzt, wobei auch pränasaliert ausgesprochen wird.

Beispiel			
Zielwort	Deutsche Aussprache	Realisierungsform	
Bedingung	/bediŋuŋ/	/bɛntinkunk/	Bedinkunk
singen	/siŋen/	/sinkjɛn/	sinken

Das Affrikat /pf/ wird oft durch das einfache Phonem /f/ substituiert.

Beispiel			
Zielwort	Deutsche Aussprache	Realisierungsform	
Pfanne	/pfane/	/fɑne/	fane
Pferd	/pfert/	/fɛrt/	fert

Phonotaktische Unterschiede

Wenn auch in der neugriechischen Schrift Konsonantencluster geläufig sind, stehen sie in keinem Zusammenhang mit der Funktion der Kennzeichnung der Vokalkürze wie im Deutschen.

Beispiel			
Zielwort	Deutsche Aussprache	Realisierungsform	
Zucker	/zuka/	/zukɑ/	Zuka
Schlitten	/ʃliten/	/sliten/	Sliten

Die Frikative /ç/ (ich-Laut) und /x/ (ach-Laut) haben in beiden Sprachen eine unterschiedliche Distribution innerhalb eines Wortes: Während im Deutschen die Entscheidung nach dem vorangehenden Vokal getroffen wird, ist im Griechischen der darauf folgende Vokal von Bedeutung.

Beispiel			
Zielwort	Deutsche Aussprache	Realisierungsform	
nicht	/ni:çt/	/nixt/	nixt
machen	/maxen/	/mɑçɛn/	mahen

Lexikalische Interferenzen

Die lexikalischen Interferenzen entstehen bei semantischen Ähnlichkeiten zwischen den Wörtern beider Sprachen. Meistens sind es Fälle, bei denen die Bedeutungen, die die Wörter in beiden Sprachen repräsentieren, nicht voll identisch sind. Dies kann bei der Bedeutung von Substantiven, Verben, Adjektiven, Adverbien oder auch Präpositionen auftreten.[2] Die Anwendung von Präpositionen bereitet den griechischen Kindern besondere Schwierigkeiten, weil das Griechische über viel weniger Präpositionen als das Deutsche verfügt. Äquivalent für die deutschen Präpositionen *von, durch, aus, seit, her* wird die Präposition apo (aus) verwendet und für die Präpositionen *in, nach, zu, an, bei, auf* die Präposition *se* (in).

Beispiele

Deutsch	Griechisch
Präpositionen	
in – nach – zu – an – bei – auf	*se* (in) – mit
Ich gehe in die Schule	ich gehe in die Schule
Ich gehe nach Hause	ich gehe in Haus
Ich gehe zu meinen Freunden	ich gehe in meinen Freunden
Du kannst bei uns schlafen	du kannst in uns schlafen
ich gehe zu Fuß	ich gehe mit Fuß
von, durch, aus, seit, her	*apo* (aus)
viele Grüße von Erik	Viele Grüße aus Erik
Substantive	
Hand-Arm	*Hand-Hand*
Fuß-Bein	*Fuß-Fuß*
Finger-Zehe	*Finger-Finger*
Die Finger meiner Hand	Die Finger meiner Hand
Die Zehe meines Fußes	Die Finger meines Fußes
Verben	
gehen – fahren	
Ich *gehe* nach Hause	*gehe* nach Hause
Ich *fahre* nach Griechenland	*gehe* nach Griechenland
aufmachen – öffnen	
Ich öffne die Flasche	öffne die Flasche
Ich *mache* das Licht an	*öffne* das Licht
waschen – putzen – abspülen	
Ich wasche den Pullover	wasche den Pullover
Ich *putze* die Zähne	*wasche* die Zähne
Ich *spüle* die Teller ab	*wasche* die Teller
ich bin- es geht mir	*ich bin – ich bin*
ich *bin* gut in Mathematik	*bin* gut in Mathematik
Es *geht* mir gut	*bin* gut
Adjektive	
jung – neu	*neu – neu*
Dieser Lehrer ist neu in der Schule	Dieser Lehrer ist neu in der Schule
Dieser Lehrer ist sehr jung	Dieser Lehrer ist sehr neu
groß – groß	*groß – hoch*
ein großes Paket	ein großes Paket
Ein großer Mann	ein hoher Mann
braun – schwarz	*schwarz – schwarz*
schwarzes Haar	*schwarzes* Haar
Ich bin von der Sonne *braun* geworden	bin von der Sonne *schwarz* geworden
Adverbien	
sehr – viel	
es ist *sehr* kalt	ist *viel* kalt

Konjunktion

warum – weil	*warum – warum*
warum weinst du	*warum* weinst
weil ich traurig bin	warum ich bin traurig

Ersetzung der **Relativpronomina** durch *wo*
Beispiele: das Spielzeug, *wo* hat das Kind/
so große Füße hat der Hund, *wo* hab ich gesehen

Grammatikalisch-syntaktische Interferenzen

Obwohl die neugriechische Grammatik und Syntax viele Übereinstimmungen mit der deutschen aufweisen, bereitet der Erwerb der deutschen grammatischen bzw. syntaktischen Regeln und Strukturen den griechischen Kindern häufig Schwierigkeiten. Ein großer Teil der dabei auftretenden Fehler ist auf grammatikalische bzw. syntaktische Interferenzen zurückzuführen. Sie können die Wortstellung innerhalb eines Satzes sowie die Verbbildung, den Gebrauch von Artikeln, Präpositionen, Adjektiven, Adverbien, Bestimmungswörtern und der Tempora beeinflussen.

➢ Im Griechischen stellt das Personalpronomen kein obligatorisches Element in der Satzstruktur dar, weil Person und Numerus durch das Verbflexiv eindeutig markiert sind. Deshalb wird das Pronomen als Subjekt häufig weggelassen.
Beispiele:
(ich) *habe gegessen/(wir) müssen es anders bauen/wie viel kostet (es)*

➢ Bei Objekten eines Satzes wird die schwache Form des Personalpronomens manchmal doppelt gebraucht.
Beispiele:
sie hat *die* runtergefallt, *die andere Katze*/*so* machst du *es, das Dach*

➢ Den deutschen bestimmten und unbestimmten Artikeln entsprechen nicht immer die griechischen Artikeln
Beispiel:
das Hund, *das* Tisch/*eine* Tiger/*eine* Mercedes/*ein* Hand/*die* Bild

➢ Bei der Kasusmarkierung tauchen häufig Interferenzen auf, auch deshalb, weil das Neugriechische keine Dativmarkierung kennt.
Beispiel: sag ich *ihn*/Mama hat *das Kind* gehilft/das Kind esst mit *sein* Hand

➢ Der deutschen Kombination unbestimmter Artikel + Adjektiv + Substantiv in prädikativer Stellung entspricht im Griechischen in der Regel nur Adjektiv + Substantiv
Beispiel: es ist *gutes* Kind/ich habe *schönes* Auto

- ➢ Das Griechische kennt die Differenzierung nach Ort und Richtung bei den Lokalrelationen nicht. Wo ist gleich wohin.
  Beispiel: ich fahre in die Stadt – ich bin in die Stadt/ich setze mich auf die Couch – ich setze auf die Couch/wo fährt das Auto – wo ist das Auto
- ➢ Die Verneinung steht im Neugriechischen vor dem Verb bzw. Verbkomplex
  Beispiel: Papa *nicht* geht, *nicht* will schlafen
- ➢ Im Deutschen wird die Verneinung mit unbestimmtem Artikel zusammengefasst, wohingegen im Griechischen die Verneinung mit nicht bestehend bleibt.
  Beispiel: will nicht ein Buch/ eine nicht schöne Reise/
- ➢ Im Griechischen schließt das Modalverb im Nebensatz unmittelbar an das regierende Verb des Hauptsatzes an. Dadurch entstehen Fehler wie:
  Beispiel: er muss gehen *nachhause*, sie will essen *alles*
- ➢ Da das Griechische weder eine differenzierte Stellung des Verbs im Haupt- und Nebensatz noch eine Trennung von Verbbestandteilen bei trennbaren Verben und bei zusammengesetzten Zeiten kennt, treten hierbei immer wieder Interferenzen auf.
  Beispiel: Mama ausgeht mit Papa/als meine Freundin war krank/

Interferenzen und Förderung des Zweitspracherwerbs

Es liegt auf der Hand, dass nicht alle griechischen Kinder, die Deutsch als Zweitsprache erwerben, die oben besprochenen Interferenzen in gleicher Häufigkeit aufweisen müssen. Während manche Interferenzen ganz selten auftreten, wie z.B. lexikalische Interferenzen: *viele Grüße vom Griechenland*, tauchen andere sehr häufig auf, wie z.B. die Ersetzung des Lautes /ʃ/ durch den Laut /s/:/sokolɑde/, des Lautes /h/ durch den Laut /x/: (/xɑʊs/, die falsche Anwendung von Präpositionen: *Ich gehe in Griechenland*, oder auch Auslassung des Personalpronomens: *Wie viel kostet.*

Viele der griechischen Kinder überwinden die erwerbsbedingten »physiologischen« Interferenzen relativ schnell. Es gibt jedoch einige Kinder, die beim Erwerb des Deutschen über längere Zeit Sprachlernschwierigkeiten aufweisen, die auf einen negativen Transfer der griechischen auf die deutsche Sprache zurückzuführen sind. Es gelingt diesen Kindern offensichtlich nicht so einfach, die Unterschiede, die zwischen den beiden Sprachen auf der lautlichen, lexikalischen und grammatikalisch-syntaktischen Ebene bestehen, akustisch zu differenzieren, sie wahrzunehmen oder richtig zu verarbeiten. Sie benötigen hierbei eine Hilfestellung aus ihrer Umgebung, die im Rahmen des täglichen Unterrichts bzw. der DaZ-Förderung in Form von Spielen, Übungen oder auch kurzen Hinweisen angeboten werden.

Literatur

BERKEMEIER, A.: Kognitive Prozesse beim Zweitschrifterwerb: Zweitalphabetisierung griechisch-deutsch-bilingualer Kinder im Deutschen. Inaugural-Dissertation, Dortmund 1995

EIDENEIER, H.: Sprachvergleich Griechisch-Deutsch. Düsseldorf. Pädagogischer Verlag Schwan 1976

RADISOGLOU, Th.: Deutscher Aussprache- und Orthographietest: Ergebnisse einer Untersuchung bei griechischen Schülern an zweisprachigen Klassen in der Bundesrepublik Deutschland. In: Info DaF, H. 12 (2) / 1986, S. 99–121

REICH, H.: Nachwort in: Sprachvergleich Griechisch-Deutsch. Düsseldorf. Pädagogischer Verlag Schwan 1976, S. 80–81

STATISTISCHES BUNDESAMT DEUTSCHLAND www.destatis.de/basis/d/biwiku/schultab.13php

TRIARCHI-HERRMANN, V.: Mehrsprachige Erziehung: Wie Sie Ihr Kind fördern. Basel, Reinhardt 2003

TRIARCHI-HERRMANN, V.: Zur Problematik der Rechtschreibfertigkeit von Schülern mit nichtdeutscher Erstsprache. In: TRIARCHI-HERRMANN, V. / GANSER, B. (Hrsg.): Rechtschreibklippen, spielend meistern. Donauwörth. Auer Verlag (in Vorbereitung)

Anmerkungen

[1] Die angeführten Beispiele stammen einerseits aus vier Untersuchungen, die ich mit Studierenden des Lehrstuhls Sprachbehindertenpädagogik der Münchner Universität bei griechischen in München lebenden Kindern durchgeführt habe, andererseits aus meiner über zwanzigjährigen Tätigkeit als Lehrerin und Sprachtherapeutin zweisprachiger griechischer Kinder.

[2] Eine ausführliche Darstellung von Beispielen findet man bei EIDENEIER 1976, S. 64–79

ANGELA GUADATIELLO

Leitgedanken zur vorschulischen DaZ-Förderung

Ausgangslage

Sprache ist zum gegenwärtigen Zeitpunkt ein prominentes Thema im Rahmen von bildungspolitischen, auf Elementarpädagogik bezogenen Debatten. In einigen Bildungs- und Erziehungsplänen finden sich sprachliche Bildung und Sprachkompetenz als explizite elementarpädagogische Lernziele formuliert. Einen herausragenden Stellenwert erhalten dabei die Deutschkenntnisse und sprachlichen Fähigkeiten von Kindern nichtdeutscher Erstsprachen, besonders in Hinblick auf ihre schulischen Leistungen. Fast alle Bundesländer haben für diese Kinder Maßnahmen der vorschulischen Sprachförderung ergriffen. Meist ein Jahr vor der Einschulung sollen Kinder nichtdeutscher Erstsprache eine Art »Vorkurs« Deutsch belegen. In Bayern beispielsweise sind 160 Stunden Deutsch im letzten Jahr vor der Einschulung vorgesehen; diese sollen zur Hälfte durch die ErzieherInnen im Kindergarten angeboten werden und zur Hälfte in der Grundschule durch die LehrerInnen vor Ort. Wie dies am besten konzeptuell geschehen soll, ist unklar. Lediglich, dass die Kinder bezüglich ihrer Deutschkenntnisse getestet werden sollen, ist politischer Konsens. Die Zukunft wird zeigen, inwieweit solche Vorkurse Erfolg haben werden. Interessant zu beobachten ist jedenfalls, dass politische Maßnahmen dieser Art oft neben einer Reihe von Förderprogrammen existieren, die wiederum von ganzheitlichen Ansätzen bis hin zu sprachdidaktisch durchdachten und sprachwissenschaftlich klar definierten Programmen reichen (eine Übersicht über Förderprogramme findet sich in JAMPERT / BEST / GUADATIELLO / HOLLER / ZEHNBAUER 2005).

Die Implementierung von sprachdidaktisch und sprachwissenschaftlich dominierten Programmen in Kindertagesstätten, die einen ganzheitlichen elementarpädagogischen Ansatz verfolgen, ist im Fachkollegium umstritten. Die unterschiedlichen Lager scheinen eine unterschiedliche Auffassung darüber zu haben, wie Kinder sich Wissen und vor allem Sprache aneignen. Die Art und Weise des Sprach-Aneignungsprozesses wird von den Einen als ein Prozess begriffen, der gesteuert werden muss. Hier wird also genau überlegt, welche sprachlichen Ziele den Kindern wann und in welcher Reihenfolge angeboten werden sollen, damit das Kind die optimale Lern- und Übungsumgebung bekommt. Die Anderen begreifen den Sprachaneignungsprozess als einen Prozess, der völlig ungesteuert ablaufen kann. Demnach führt allein die Motivation des Kindes, Sprache zu lernen, zum Lernziel; es gilt lediglich, genügend motivierende Sprechanlässe zu schaffen.

Lernen vs. Erwerben

Diese gegensätzlichen Auffassungen bündeln sich schließlich in den Begriffspolen *Lernen* vs. *Erwerben*. Das Lernen als ein gesteuerter Prozess, der oftmals auch als »unterrichtlich« oder gar »unnatürlich« etikettiert wird, steht dem Erwerben gegenüber, das als »ungesteuert«, »außerunterrichtlich« und »natürlich« aufgefasst wird. In KÖNIGS (2003[4]) findet sich eine wissenschaftshistorische Ableitung darüber, wie es im Rahmen der Fremdsprachenvermittlung – und die Deutschvermittlung für Kinder nichtdeutscher Erstsprachen ist als eine solche zu begreifen – dazu kam, dass sich diese gegensätzlichen Pole etablieren konnten. Die Forschungsarbeiten zum Zweitspracherwerb haben wesentlich zu dieser divergenten Interpretation von Wissens- und Sprachaneignungsprozessen im Rahmen des Fremdsprachenunterrichts beigetragen. Einige Forschungsarbeiten betrachteten den Zweitspracherwerb als einen Prozess mit festen Erwerbssequenzen und insofern von externen Faktoren, wie situative Bedingungen, unabhängig (s. z.B. FELIX 1977). Im Fremdsprachenunterricht suchte man dementsprechend für Belege, die zeigen sollten, dass das Sich-Aneignen einer fremden Sprache unabhängig von einer systematischen Unterweisung sei. Andere Forschungsansätze zum Zweitspracherwerb kamen dagegen zum Schluss, dass externe Faktoren den Aneignungsprozess einer fremden Sprache sehr wohl beeinflussen (s. z.B. CLAHSEN / MEISEL / PIENEMANN 1983). Nach einer ganzen Reihe von Kritikpunkten, die bei KÖNIGS (2003[4]) nachzulesen sind, kommt man zum Schluss, dass die begrifflichen Pole Lernen und Erwerben nach dem heutigen Stand der Lehr- / Lernforschung als Gegensätze nicht aufrechtzuerhalten sind. In der Praxis zeigt sich vielmehr, dass beide Formen im Aneignungsprozess vorkommen und sie sich gegenseitig befruchten. Erst im Wechselverhältnis führen sie dazu, dass ein Kind sich Sprache aneignet; Sprache wird also sowohl erworben als auch erlernt.

Dies liegt inzwischen im Rahmen der Lehr- / Lernforschungserkenntnisse auf der Hand. Doch diese Tatsache wird nicht so ohne Weiteres in Zusammenhang mit dem Aneignungsprozess des Deutschen bei Kindern nichtdeutscher Erstsprache gesehen und akzeptiert. Zumindest für ihre Lebensphase in der Institution Kindergarten geht man meist weiterhin davon aus, dass die Kinder Deutsch im »Sprachbad«, im Alltag »nebenbei« *erwerben* und es dafür keinerlei systematischen Unterweisung bedarf. Wenn die Einschulung bevorsteht, scheint sich alles auf den Kopf zu stellen. Plötzlich müssen diese Kinder möglichst schnell Deutsch *lernen*. Wie lässt sich nun dieses Paradoxon überwinden, so dass den Kindern nichtdeutscher Erstsprachen am besten geholfen ist?

Ich möchte im Folgenden fünf Leitgedanken einer Sprachförderung für Kinder nichtdeutscher Erstsprachen formulieren, die zum einen die Wichtigkeit einer ausbalancierten Vermittlung, eines Wechselverhältnisses zwischen Deutschlernen und Deutscherwerb, zum anderen aber auch die Wichtigkeit einer Förderung der Mehrsprachigkeit, die diese Kinder als Ressource mitbringen, verdeutlichen. Obwohl hier für den vorschulischen Bereich formuliert, gelten doch wenigstens die beiden letztgenannten Prinzipien auch für die Sprachförderung in der Schule.

1. Leitgedanke: Erst fördern, dann testen.

Als gemeinsames Ziel jeder politischen Maßnahme und eines jeden Förderprogramms kann festgehalten werden: Kinder nichtdeutscher Erstsprachen sollen soweit über Deutschkenntnisse verfügen, dass sie an ihrem Kindergartenalltag und späteren Schulalltag aktiv partizipieren können. Oftmals, so zeigt es die Praxis, verfügen jedoch diese Kinder nicht über solche Kenntnisse. Es besteht also eine »Sprach-Wissensdifferenz«; eine Differenz, die sich auftut zwischen den – nicht genau definierten – Erwartungen vor allem aufseiten der Institution Schule bezüglich eines bestimmten Sprachwissens im Deutschen, das die Kinder haben sollten, und dem Sprachstand, den die Kinder tatsächlich haben.

Diese Wissensdifferenz tut sich auch auf, wenn man monolingual deutsch aufwachsende Kinder mit Kindern nichtdeutscher Erstsprachen vergleicht. Eine empirische Tatsache, die relativ trivial anmuten mag, tritt interessanterweise dabei immer wieder in den Hintergrund: Monolingual aufwachsende Kinder wachsen in ihren ersten Lebensjahren in der Regel in einer intensiven kommunikativen Interaktion im Deutschen mit erwachsenen kompetenten Sprechern des Deutschen auf; Kinder nichtdeutscher Erstsprachen dagegen wachsen in einer ähnlichen intensiven kommunikativen Interaktion auf, allerdings in ihren jeweiligen Erstsprachen. Genau darin liegt ein Grund für die sich später auftuende sprachliche Wissensdifferenz. Nun müsste man sich einig darüber sein, dass eine solche intensive Interaktion im Deutschen Kindern nichtdeutscher Erstsprachen gewissermaßen »nachgeliefert« werden muss. Monolingual aufwachsende Kinder sollten dementsprechend Kenntnisse über andere Sprachen erwerben und andere Sprachen kennen lernen. Interkulturelle Erziehungskonzepte verfolgen das zuletzt genannte Ziel zu Recht. Eine systematische Deutschvermittlung als elementarpädagogisches Ziel wird dagegen kontrovers diskutiert. Für Kinder nichtdeutscher Erstsprachen sind gesteuerte, strukturierte Förderangebote im Deutschen parallel zum ungesteuerten Kindergartenalltag jedoch unumgänglich. Diesen Kindern muss meines Erachtens eine systematische Regelförderung zukommen, da ihnen die häusliche Kommunikation in der deutschen Sprache zwangsläufig fehlt. Sprachstandserhebungen können dabei zunächst einmal getrost in den Hintergrund treten. Denn sie machen dann Sinn, wenn es auch etwas zu erheben gibt. Wichtiger ist es vielmehr, eine institutionell verankerte, ausbalancierte, im Wechselverhältnis gesteuerte und ungesteuerte Vermittlung des Deutschen zu realisieren.

2. Leitgedanke: Die gezielte Deutschförderung sollte mit dem vierten Lebensjahr beginnen.

Dabei ist es wichtig, zu den »situativen«, ganzheitlichen Angeboten, die sich an die gesamte Gruppe richten, zusätzliche Förderangebote zu machen, die in der Kleingruppe umgesetzt werden. Eine gesteuerte, strukturierte Sprachförderung sollte also in diesem Sinn explizit als eine Lehr-Lern-Situation begriffen werden, in der erwachsene und kompetente Deutschsprecher innerhalb einer intensiven kommunikativen Interaktion die sprachlichen Wissenslücken bewusst auffüllen, die Kinder nichtdeutscher Erstsprachen im Deutschen haben – vergleichbar mit der intensiven kommunikativen Interaktion zwischen kompetenten erwachsenen Sprechern und monolingual aufwachsenden Kindern zwischen 0 und 3 Jahren. Je früher Kindern nichtdeutscher Erstsprachen eine solche Förderung zukommt, umso weniger müssen sie im Vergleich mit den monolingual deutsch aufwachsenden Kindern aufholen, umso mehr Lernzeit steht ihnen zur Verfügung, umso besser können die Deutschkenntnisse in einem Wechselverhältnis zwischen gesteuertem Lernen in spezifischen Fördersituationen und ungesteuertem Erwerb im Alltag gefestigt werden und umso besser gelingt damit insgesamt ihr Schulstart. Ein Schulversagen bereits vor Schuleintritt kann gänzlich ausgeschlossen werden. Denn bei Schuleintritt sind ihre Deutschkenntnisse dann tatsächlich vergleichbar mit denen von Kindern deutscher Erstsprache; eine Chancengleichheit kann ernsthaft in Betracht gezogen werden. Eine Deutschförderung im letzten Jahr vor der Einschulung ist angesichts dieser Überlegungen zu kurz. Denn aus lernpsychologischer Perspektive lässt sich formulieren: 100 Stunden kontinuierlicher Sprachförderung über drei Jahre verteilt sind wesentlich effektiver als ein »100-Stunden-Crashkurs«.

3. Leitgedanke: Es muss ein Paradigmenwechsel und eine institutionelle Öffnung gegenüber Mehrsprachigkeit eintreten.

Kinder nichtdeutscher Erstsprachen bringen zwar Defizite in ihren Deutschkenntnissen mit, haben aber eine, nicht selten auch mehrere Erstsprachen, in denen sie handelnd interagieren können. Nachdem in Deutschland eine große Anzahl an Kindern in einer mehrsprachigen Umgebung aufwächst, sollte diese mehrsprachige Realität nicht länger übergangen werden. Anders ausgedrückt: Es muss eine bildungspolitische, institutionelle Öffnung gegenüber Mehrsprachigkeit stattfinden, vor allem im Hinblick auf Kinder, denen eine Förderung ab dem 4. Lebensjahr nicht zukommen kann, weil sie zum Zeitpunkt des Zuzugs nach Deutschland bereits älter sind. Diese Kinder müssen das Recht haben, an ihrem Sprachwissen und an ihrem schulischen Wissen sowie an ihren bereits erworbenen kognitiven Fähigkeiten anzuknüpfen. Dies ist umso weniger von der Hand zu weisen, wenn man klar vor Augen hat, dass das Recht auf Bildung zu den grundlegenden UN-Kinderrechten gehört. Denkt man an Kinder, die während des Schuljahres nach Deutschland ziehen und die so schnell wie möglich beschult werden müssen, ist diese Forderung umso dringlicher. Hier ist an eine Übergangsregelung zu denken, nach der die Kinder in ihren schulischen Leistungen nicht benotet werden und sie eine systematische Förderung im Deutschen durch eine Lehrperson bekommen, die zumindest Grundkenntnisse in ihrer Erstsprache hat. Dies würde ein bewusstes Sprachen-Lernen und eine Entwicklung des Sprachbewusstseins überhaupt in den Vordergrund stellen. Damit sind wir jedoch schon mitten in einer nicht nur bildungspolitischen und elementarpädagogischen, sondern auch einer allgemein politischen Diskussion und Betrachtungsweise. Es geht letztendlich um die Frage, wie ein Nationalstaat am besten mit Minderheiten umgeht und inwieweit er in diesem Zusammenhang Mehrsprachigkeit innerhalb des politischen Systems zulässt.

Anhand der Staatenbildung Moldawiens, eines Landes, in dem eine Reihe von Sprachen nebeneinander existieren, leitet Kiel (2005) den Gedanken ab, dass es in der Diskussion um Mehrsprachigkeit innerhalb eines bestimmten (bildungs-)politischen Systems auch immer darum geht, inwieweit Mehrsprachigkeit eine Nation stabilisiert oder destabilisiert. Es geht also um die Frage: »Wieviel Heterogenität darf [in einem Erziehungssystem; A.G.] sein, wieviel Homogenität muss sein?« Und Kiel weiter:

»[Es] ist in jedem Bildungssystem eine Frage des Aushandelns und keine Wissenschaft kann eine ultimative wahre Antwort geben. Es gibt nur mehr oder weniger an die Situation angemessene Entscheidungen, in denen wissenschaftliche Aspekte flankierend und begründend eingesetzt werden« (KIEL 2005, S. 116).

In Bezug auf das Bildungssystem Deutschlands begrüßt KIEL alle Maßnahmen, die eingefahrene Vorstellungen von Mehrsprachigkeit destabilisieren und eine Auseinandersetzung mit dem Thema fördern. Er fordert eine Öffnung des deutschen Bildungssystems gegenüber Mehrsprachigkeit. Mit dieser Forderung steht KIEL nicht allein. Die Forschergruppe um Gogolin in Hamburg untersucht den Erfolg zweisprachiger Beschulung – eines der wenigen Forschungsvorhaben, die die Wirkung unterschiedlicher Beschulungsmodelle in Deutschland unter die Lupe nimmt; sonst gibt es hierzu keine Studien (s. REICH / ROTH 2002, S. 21). Selbst Wissenschaftler, die das Erlernen des Deutschen als zentral für das Erzielen guter Schulleistungen betrachten, negieren nicht den Wert der Erstsprachen, und dies letztlich nicht nur für Kinder nichtdeutscher Erstsprachen, sondern für alle Kinder. Als Stellvertreter hierfür sei HOPF zitiert:

»[Es] wird nicht der Wert der *Herkunftssprachen und der Herkunftskulturen* verkannt, die bei vielen Kindern und Jugendlichen eng und emotional mit ihrer Lebenssituation verbunden sind. [...] Auch ist unstrittig, dass Zwei- oder Mehrsprachigkeit ein Gewinn für den Einzelnen, die Schule und die Gesellschaft darstellt. [...] Den hohen Stellenwert der Herkunftssprachen und -kulturen explizit und auch für die Schüler ohne Migrationshintergrund sichtbar herauszustellen, gehört deshalb durchgängig zu den zentralen Aufgaben von Schule und Unterricht. [...] Auch die Fortentwicklung der Sprachbewusstheit aller Schüler kann dann eine zunehmend wichtige Aufgabe der Schule werden« (HOPF 2005, S. 248–249).

Eine Übergangsregelung, wie oben gefordert, und eine Förderung der Mehrsprachigkeit würde also den Unterrichtsfortschritt der gesamten Klasse gewährleisten. Die zur Verfügung stehende Lehrzeit könnte durch eine Binnendifferenzierung für jedes Kind effektiv genutzt werden, also auch für die monolingual deutschen Kinder.

Insgesamt kann also festgehalten werden: Es muss ein Paradigmenwechsel im Umgang mit Zwei- und Mehrsprachigkeit stattfinden; das deutsche Bildungssystem muss mehr Offenheit dem Thema gegenüber entwickeln und aufbringen. Mehrsprachigkeit muss als ein normaler Zustand begriffen werden, mit und in dem der Kindergarten und die Schule zu arbeiten lernen und professionell umzugehen wissen.

4. Leitgedanke: Die Förderung der Mehrsprachigkeit führt zur Integration von Kindern und Eltern.

Was bedeutet aber die Förderung der Mehrsprachigkeit für den Integrationsprozess in die hiesige Gesellschaft? Um diesen Zusammenhängen nachzugehen, greife ich auf Erfahrungen zurück, die ich im Rahmen meiner Sprachfördertätigkeit im Münchner Sprachförderprogramm KIKUS immer wieder mache. KIKUS arbeitet konzeptionell mit einer angeleiteten Eltern-Kind-Zusammenarbeit. Über eigens entwickelte Arbeitsblätter sollen in der häuslichen Interaktion zwischen Eltern und Kind die Erstsprachen gefördert werden. In einer Elterninformationsveranstaltung werden die Eltern über die Eigenverantwortung, die sie bei der Förderung der Erstsprachen ihrer Kinder haben, regelrecht aufgeklärt. Darüber hinaus wird ihnen das Prinzip der KIKUS-Arbeitsblätter erklärt (s. auch Grimm / Guadatiello in diesem Band). Sobald die Eltern begreifen, dass neben den Kenntnissen des Deutschen auch Kenntnisse der jeweiligen Erstsprachen gewünscht sind, entstehen Brücken zwischen ihnen und den pädagogischen Fachkräften. Der Einbezug der Erstsprachen in den kindlichen Aneignungsprozess des Deutschen bewirkt also oftmals eine emotionale Öffnung der Eltern in Bezug auf das Deutsche und die hiesige Gesellschaft. Die Erstsprachen erfahren eine systematische und konsequente Wertschätzung und Anerkennung. Auf dieser Grundlage kann auch die Integration der Eltern voranschreiten. Denn sobald mit Sprache bewusst gehandelt wird, bedeutet dies auch immer, peu à peu ein Bewusstsein darüber zu entwickeln. In einer interkulturell anderen Umgebung wird dann in der Auseinandersetzung über Sprache eine bewusste Haltung eingenommen, die Kommunikation und Interaktion zwangsläufig nach sich zieht; und Kommunikation ist immer auch Teil eines Integrationsprozesses.

Der wesentliche Integrationsbeitrag der Eltern für ihre Kinder besteht also meines Erachtens darin, sie dazu zu bringen, ihre jeweiligen Erstsprachen in den Lernprozess ihrer Kinder einzubinden. Über diesen (Um-)Weg wird der Integrationsprozess von Eltern und Kinder maßgeblich angestoßen.

5. Leitgedanke: Deutschland sollte als Einwanderungsland auf die gemeinsame Beschulung aller Kinder setzen.

Für die Darstellung dieses Leitgedankens seien mir provokative Worte gewährt. PISA und der internationale Vergleich schulischer Leistungen hat gezeigt, dass Einwanderungsländer, die auf eine gemeinsame Beschulung aller Kinder setzen, auch Erfolg damit haben. Alle Schulabgänger erreichen einen Schulabschluss und eine berufliche Qualifizierung, mit der sie einen volkswirtschaftlich produktiven Beitrag leisten können. Politische Statements kursieren zu lassen, dass Kinder ohne Deutschkenntnisse nicht eingeschult werden, also den Jüngsten Schulversagen bereits vor Schuleintritt mit auf den Weg zu geben, ist meines Erachtens Verantwortungslosigkeit gegenüber der Zukunft dieser Kinder. Schulabgänger ohne Schulabschluss zu haben, ist ein bildungspolitisches Fiasko im großen Stil. Eine alternde Gesellschaft wie die deutsche wird auf Maßnahmen setzen müssen, die eine Einwanderung menschen- und gastfreundlich gestaltet. Sie kann es sich nicht leisten, das Potential vieler zugewanderter Kinder nichtdeutscher Erstsprachen ungenutzt zu lassen. Jedes gesellschaftliche Individuum muss vielmehr in den Voraussetzungen, die es mitbringt, wertgeschätzt werden und in seiner Weiterentwicklung auf optimale Art und Weise unterstützt werden. Denn erst die Wertschätzung eines jeden Individuums bedeutet eine Wertschöpfung für die gesamte deutsche Gesellschaft. Für den Kindergarten und die Schule bedeutet dies also eine individuelle Förderung und ein binnendifferenziertes pädagogisches Vorgehen von Anfang an. Kleinere Lerngruppen, methodische Öffnung und Abwechslung und nicht zuletzt mehr pädagogisches Fachpersonal, das in Bezug auf eine ausbalancierte Vermittlung des Deutschen fundiert ausgebildet ist, wären erste Schritte in eine andere, ja bessere, bildungspolitische Zukunft dieses Landes.

Literatur

Clahsen, H. / Meisel, J. M. / Pienemann, M.: Deutsch als Zweitsprache. Der Spracherwerb ausländischer Arbeiter. Tübingen, Narr 1983

Felix, S. W.: Natürlicher Zweitspracherwerb. Ein Überblick. In: Studium Linguistik, H. 4 / 1977, S. 25–40

Hopf, D.: Zweisprachigkeit und Schulleistung bei Migrantenkindern. In: Zeitschrift der Pädagogik, 51. Jg., H. 2 / 1005, S. 236–251

Jampert, K. / Best, P. / Guadatiello, A. / Holler, D. / Zehnbauer, A.: Schlüsselkompetenz Sprache. Sprachliche Bildung und Förderung im Kindergarten. Konzepte – Projekte – Maßnahmen. Weimar, Berlin, verlag das netz 2005

Kiel, E.: Mehrsprachigkeit und Identität als politisch-pädagogisches Problem. In: Grohnfeldt, M. / Triarchi-Herrmann, V. / Wagner, L. (Hrsg.): Mehrsprachigkeit als sprachheilpädagogische Aufgabenstellung. Würzburg, edition von freisleben 2005, S. 107–125

Königs, F. G.: Die Dichotomie Lernen / Erwerben. In: Bausch, K.-R. / Christ, H. / Krumm, H. -J. (Hrsg.): Handbuch Fremdsprachenunterricht. Tübingen und Basel, A. Francke Verlag 2003[4], S. 435–439

Reich, H. H. / Roth, H. -J. et al.: Spracherwerb zweisprachig aufwachsender Kinder und Jugendlicher. Ein Überblick über den Stand der nationalen und internationalen Forschung. Hamburg, Freie und Hansestadt Hamburg. Behörde für Bildung und Sport. Amt für Schule 2002

Heidi Rösch

DaZ-Förderung in der Grundschule – ein Überblick

In allen Bundesländern gilt das Prinzip der gemeinsamen Beschulung von SchülerInnen mit und ohne Migrationshintergrund. Betrachtet man diese SchülerInnen allerdings hinsichtlich ihrer spezifischen Spracherwerbssituation, so ist das Prinzip der gemeinsamen Beschulung von SchülerInnen mit Deutsch als Erst- und Zweitsprache schon schwieriger umzusetzen – zumindest bezogen auf diejenigen, deren Deutschkompetenz nicht ausreicht, um dem Unterricht in deutscher Sprache problemlos zu folgen. Für diese Gruppe gibt es mittlerweile in allen Bundesländern, vor allem in denjenigen mit einem hohen Anteil von SchülerInnen mit Migrationshintergrund, Angebote zum Erwerb der deutschen Sprache (vgl. Übersicht 1 mit Informationen aus den aktuellen Richtlinien der jeweils für Schule zuständigen Ministerien):

Übersicht 1:	Angebote für DaZ-SchülerInnen zum Erwerb der deutschen Sprache
Baden-Württemberg	Vorbereitungs- und Förderklassen: Größe: ab 10 SuS (= Schüler und Schülerinnen) Umfang: Grundschule bis zu 18, Hauptschule bis zu 25 WoStd. (= Wochenstunden)
Bayern	Vorkurs Deutsch für Kindergartenkinder Sprachlernklassen für Schulanfänger und für Späteinsteiger: Übergangs- oder Eingliederungsklassen an Schulorten mit hoher Fluktuation Größe: 12–15 SuS – Dauer: 1–2 Jahre Konzept: 14 WoStd. DaZ, musische und praktische Fächer zusammen mit deutschen Kindern Förderkurse zur Weiterführung und Nachsorge der Sprachlernklassen Intensivkurse (parallel zum Unterricht) Übergangs-/Eingliederungsklassen Weitere Förderangebote: Ganztagesangebote/Ganztagesschulen, damit die Kinder auch am Nachmittag mit deutschsprachigen Kindern zusammen sind
Berlin	Sprachförderkurse für Kinder mit Förderbedarf im vorschulischen Alter: Dauer: 6 Monate Temporäre Kleingruppen (bei Bedarf in Klasse 1+2) und Kleinklassen (bei Bedarf ab Jahrgangsstufe 3 – 10) Größe: 12 – 15 SuS – Dauer: 36 + höchstens 12 Wochen ≅ 1 Schuljahr Konzept: möglichst nach Sprach- und/oder Bildungsstand differenziert, individuelle Förderung Eingliederungslehrgänge für Seiteneinsteiger von 14 bis unter 16 Jahren Intensive Förderangebote: Größe: 10 – max. 12 SuS für SuS mit geringem bzw. mittlerem Förderbedarf 5, mit hohem Förderbedarf: 8 WoStd. DaZ Konzept: prozessbegleitende Diagnose der Wirkung der Förderung

Brandenburg	Vorbereitungsgruppen (ab Klasse 2, ggf. jahrgangs- / schulübergreifend) Größe: ab 17 SuS – Dauer: bis Kl. 4 in der Regel 6 Monate, ab Kl. 5 bis zu 12 Monaten Konzept: Teilintegration in Sport, Musik, Kunst, Arbeitslehre und Sachunterricht Förderunterricht ab Kl. 2 (ggf. jahrgangs- / schulübergreifend), 2 Std. täglich bei mindestens 5 SuS, 1 Std. bei weniger als 5 SuS
Bremen	Vorbereitungskurse: Dauer: 1–2 Jahre – Konzept: 10 WoStd., sonst Teilnahme am Regelunterricht
Hamburg	Teilzeitklassen für die Jahrgangsstufen 1 + 2: Konzept: täglich eine Doppelstunde Förderunterricht Alphabetisierungsklassen: Größe: 10 SuS – Dauer: 27–30 Std., 2 Jahre Vorbereitungsklassen für die Jahrgangsstufen 3–8: Größe: 15 SuS Dauer: Primarstufe: 27 Std., Sekundarstufe I 30 Std., 2 Jahre (Hauptschule), 1 Jahr (Realschule) weitere Fördermaßnahmen: – Lernbeobachtungen durch DaZ- Fachkräfte – täglich eine Doppelstunde Förderunterricht in der 1. und 2. Klasse – kontinuierliche Dokumentation des Förderunterrichts – Lehrkräfte müssen spezifische Qualifikation im Bereich DaZ vorweisen
Hessen	Vorlaufkurs für Kinder nach der Schulanmeldung (Teilnahme ist freiwillig) Größe: 10–15 Kinder – Dauer: 10–15 WoStd., 9 Monate Sprachkurs für zurückgestellte Kinder: Größe: mind. 8 SuS – Umfang: 15–20 WoStd. Intensivklassen oder -gruppen Größe: I-Gruppen 12 SuS, I-Klassen 16 SuS, ggf. jahrgangs- / schulübergreifend Dauer: I-Klassen: Grundschule mind. 20, andere Schulstufen mind. 28 WoStd., höchstens 1 Jahr I-Kurse: mind. 12 WoStd., höchstens 2 Jahre Konzept: I-Klassen: Teilnahme z. B. am Musik- und Sportunterricht der Regelklasse I-Gruppen: SuS sind vorläufig einer Regelklasse zugeordnet Alphabetisierungskurse im Rahmen von Intensivklassen oder -gruppen Deutsch-Förderkurse – Grundschule: 2 zusätzliche WoStd. und / oder als lehrplanbezogenes Angebot zum Deutschunterricht – weiterführende Schulen: bis zu 4 zusätzliche WoStd.
Mecklenburg-Vorpommern	Förderklassen für Aussiedler, ggf. klassen- oder schulübergreifend Größe: ab 15 SuS – Dauer: höchstens 1 Jahr Förderunterricht in den ersten Jahren des Besuchs einer deutschen Schule (je 1000 SuS 15 WoStd.)
Niedersachsen	Einschulungshilfen für Kinder nach der Schulanmeldung (Teilnahme freiwillig): Größe: 12 SuS Förderklassen: Größe: 10 – 16 SuS, ggf. jahrgangsübergreifend – Dauer: 1 – höchstens 2 Jahre Konzept: mind. 16 WoStd. für Kl. 1–4, mind. 22 WoStd. für Kl. 5–10; Teilnahme an musisch-kulturellen und praxisbezogenen Fächern sowie Sport der Regelklasse, schrittweiser Übergang in die Regelklasse Förderkurs DaZ parallel zum Deutschunterricht in der Regelklasse Größe: mind. 4 SuS, ggf. jahrgangsübergreifend – Umfang: 6 (Kl. 1–4), 8 WoStd. (Kl. 5–10) Dauer: in der Regel 1 Jahr
Nordrhein-Westfalen	Vorbereitungsklassen: Umfang: 10–12 WoStd Förderkonzepte an Schulen mit SuS aus Migrantenfamilien mit mangelnden Deutschkenntnissen – seit 2004 nicht mehr schülerzahlabhängig, sondern bedarfsorientiert

	– z. B.: Zusätzl. Förderung in der deutschen Sprache in Kl. 5 + 6 an Haupt- & Gesamtschulen – Einsatz sozialpädagogischer Fachkräfte – Wirksamkeit der Förderkonzepte wird ab 2006 evaluiert
Rheinland-Pfalz	Eingliederungslehrgänge für Seiteneinsteiger und Schulanfänger: Größe: 8 – 20 SuS Konzept: gleichzeitige Zuweis. an eine Regelklasse, Teilnahme an den übrigen Stunden (gleitend) Sprachvorkurse: Größe: mind. 8 SuS – Konzept: Grundschule 15 Std., Sekundarschule: 20 Std. Förderung: Größe: 4 – 10 SuS – Umfang: 2 WoStd. bei geringen, 4 WoStd. bei erheblichen Defiziten
Saarland	Vorkurse im letzten Halbjahr vor der Einschulung (Pilotprojekt in Kooperation mit dem Paritätischen Bildungswerk) (Teilnahme freiwillig): Konzept: 10 WoStd. Intensivkurs für Schulanfänger, die nicht in die Regelklassen kommen: Dauer: 1 Jahr Vorbereitungsklassen oder Intensivkurse an Schulen, die am Projekt nicht teilnehmen Größe: V-Klassen ab 15 SuS, Intensivkurse unter 15 SuS – Dauer: bis zu 2 Jahren Förderstunden
Sachsen	Vorbereitungsklassen / -gruppen: Dauer: Grundschule 15, Mittelschule 25 WoStd. Konzept: Integration in die Regelklasse in 3 Etappen – 1. Etappe: Grundschule: 4 – 8 Wochen, Mittelschule / Gymnasium: 6 – 10 Wochen – 2. Etappe: Grundschule: 6 – 10 Monate, Mittelschule / Gymnasium: 9 – 18 Monate – 3. Etappe: keine feste Zeitspanne
Sachsen-Anhalt	Vorbereitungsgruppen / -klassen Größe: für V-Gruppen mind. 8 SuS, für V-Klassen mind. 15 SuS, ggf. jahrgangs- / schulübergreifend Dauer: höchstens 1 Jahr Konzept: Deutschintensivkurs (V-Gruppe: 10, V-Klasse: 20 WoStd.), Mathe, Sport und Kunst gemeinsam mit deutschen SuS Förderunterricht in Deutsch für SuS, die höchstens 2 Jahre eine Schule in Deutschland besucht haben (für jeweils 5 zu fördernde SuS 2 zusätzliche Lehrerwochenstunden)
Schleswig-Holstein	Sprachintensivförderkurse zwischen Schulanmeldung und Einschulung, v. a. für Kinder aus Migrationsfamilien: Dauer: 10 WoStd., verteilt auf mind. 20 Wochen – Konzept: Programm SPRINT DaZ-Zentren für spezielle Deutschkurse; landesweit 220 Planstellen an Grund-, Haupt- u. Realschulen
Thüringen	Vorbereitungsklassen: Größe: mind. 12 SuS – Dauer: bis zu 1 Jahr Konzept: stufenweise Integration in die Regelklassen Förderunterricht parallel zum Klassenunterricht mit wöchentlich 10 Std., nach erfolgreichem Besuch des Grundkurses wird in einem Aufbaukurs auf den Unterricht in der Regelklasse vorbereitet (Dauer: 1 Jahr, 4 WoStd.), gemeinsamer Unterricht in den nicht sprachbetonten Fächern

Die DaZ-Lernangebote der einzelnen Bundesländer zeigen grob drei unterschiedliche Organisationsformen: Vorbereitungsklassen, Deutschkurse und Förderstunden.

Vorbereitungsklassen bzw. DaZ-Lernklassen

In diesen Klassen sollen DaZ-SchülerInnen mit geringer oder ohne Deutschkompetenz sprachlich auf den Unterricht in der Regelklasse vorbereitet werden und gleichzeitig den Schulstoff der einzelnen Fächer vermittelt bekommen. Gedacht sind diese Klassen für Seiteneinsteiger, d.h. Kinder und Jugendliche im schulpflichtigen Alter, die ohne Deutschkenntnisse nach Deutschland kommen und/oder in der deutschen Sprache und Schrift alphabetisiert werden müssen oder Schulanfänger, die ohne angemessene Deutschkenntnisse eingeschult werden. Da die Einrichtung solcher Klassen dem Prinzip der gemeinsamen Beschulung von DaZ- und DaM-SchülerInnen widerspricht, ist die Verweildauer in solchen Klassen zeitlich (in der Regel auf 1–2 Jahre) befristet. Sie haben lediglich die Funktion, die SchülerInnen auf den Übergang in die Regelklasse vorzubereiten. Entsprechend gestalten einzelne Bundesländer (Sachsen, Thüringen, Bremen) den Übergang so, dass eine sukzessive Integration in die Regelklasse unterstützt wird.

Hinweise auf Möglichkeiten, diese Klassen jahrgangs- oder gar schulübergreifend einzurichten, deuten auf eine geringe Anzahl von DaZ-SchülerInnen in dem Bundesland. Die Stadtstaaten mit ihren hohen Minderheitenanteilen haben solche ›Probleme‹ nicht, dort gilt es weniger die Mindest- als vielmehr die Obergrenze der Schülerzahl festzulegen und aufgrund der demografischen Bevölkerungsstruktur dafür Sorge zu tragen, dass die SchülerInnen, die solche Klassen besuchen, auch tatsächlich in eine ›gemischte‹ Regelklasse überführt werden können. In diesem Zusammenhang sind auch die Abschaffung von Förderklassen und die Einrichtung von Kleinklassen mit deutlich geringerer Schülerzahl wie in Berlin seit dem Schuljahr 2005/06 zu sehen. Allerdings bleibt hier – auch konzeptionell – weitgehend offen, welche besonderen Aufgaben diese Kleinklassen haben – sie können für DaZ-SchülerInnen oder für Schülergruppen mit anderem Förderbedarf gebildet werden und sind deshalb – genau wie die Regelklassen – oftmals bezogen auf die Spracherwerbssituation heterogen zusammengesetzt, was dazu führt, dass in diesen Kleinklassen – genau wie in den Regelklassen – nicht wirklich abgesichert ist, dass hier DaZ-Förderung stattfindet. Die bayerische Bezeichnung »Sprachlernklassen« bezeichnet dagegen die spezifische Aufgabe – nämlich die Vermittlung und Festigung der deutschen Sprache – sehr viel treffender und es ist zu hoffen, dass dort entsprechend ausgebildete DaZ-Lehrkräfte zum Einsatz kommen.

Um die spezifische Sprachlernsituation der betroffenen Kinder und die entsprechende Vermittlungsaufgabe ihrer Lehrkräfte genauer zu beschreiben, plädiere ich für die Bezeichnung DaZ-Lernklassen als vorbereitende Maßnahme für SchülerInnen, die ohne angemessene Deutschkompetenz als Schulanfänger oder als Seiteneinsteiger in die deutsche Schule eingeschult werden. Sie auf ein Jahr zu begrenzen erscheint ausreichend, vorausgesetzt der Schwerpunkt der Maßnahme liegt auf der Vermittlung der deutschen Sprache und wird begleitet durch vielfältige Integrationsmaßnahmen wie die Teilnahme am gemeinsamen Regelunterricht der nicht-sprachbetonten Fächer, gemeinsame Projekte sowie vielfältige inner- und außerschulische Kontaktmöglichkeiten mit Gleichaltrigen, die Deutsch als Erstsprache sprechen. DaZ-Lernklassen sollten bezogen auf den DaZ-Sprachstand möglichst homogen, bezogen auf die mitgebrachten Erstsprachen möglichst heterogen zusammengesetzt werden, damit sich auch in der Klasse eine natürliche Notwendigkeit ergibt, miteinander deutsch zu sprechen. Sind all diese Bedingungen nicht erfüllt, so muss dies durch didaktische Maßnahmen ausgeglichen werden.

Deutschkurse bzw. DaZ-Kurse

Deutschkurse haben dieselbe Funktion wie Sprachlernklassen und sollen in möglichst kompakter Weise die Deutschkompetenz der SchülerInnen absichern. Sie werden zum Teil als Fortführung der in Vorbereitungsklassen begonnenen Sprachförderung konzipiert oder sie richten sich an SchülerInnen mit einem höheren Sprachniveau als diejenigen, die DaZ-Lernklassen besuchen. Aufgrund des geringeren Stundenumfangs und der Tatsache, dass die dort beschulten DaZ-SchülerInnen eine Regelklasse besuchen, wird die Verbindung zum Fachlernen verstärkt und es geht mehr oder weniger gleichberechtigt um die Entfaltung der deutschen Sprachkompetenz und die Festigung der fachlichen Kompetenz.

Während der Grund- und bei Bedarf auch noch in der Sekundarschule werden Deutschintensivkurse zum Teil ergänzend, zum Teil auch parallel zum Regeldeutschunterricht angeboten. Während in Nordrhein-Westfalen sozialpädagogische Fachkräfte eingesetzt werden, wird in Sachsen-Anhalt Wert darauf gelegt, dass die dort arbeitenden Lehrkräfte herkunftssprachliche oder DaF-didaktische Kompetenzen haben – was einerseits auf eine unterschiedliche Einschätzung der Problemlage (Sprach- versus soziale Probleme) und andererseits auf sehr unterschiedliche Interventionskonzepte (Sprachunterricht versus sozialpädagogische Maßnahmen) verweist. Die Initiative einzelner Bundesländer wie Nordrhein-Westfalen, die Kurse zu evaluieren, sind sehr begrüßenswert, denn sie werden zum Teil schon seit vielen

Jahren angeboten, ohne dass sich die Probleme merklich verändern. Die Einrichtung von DaZ-Zentren wie in Schleswig-Holstein oder Regionale DaZ-Fachkonferenzen wie in Berlin zielen u.a. auf die Vernetzung und Professionalisierung der DaZ-Lehrkräfte sowie die Fundierung (möglichst evaluierter) Konzepte.

Deutschkurse gibt es nicht nur in, sondern auch außerhalb der Schule. In Folge der PISA-Ergebnisse werden z.B. in Berlin, Schleswig-Holstein und Niedersachsen Deutschkurse für zukünftige Schulanfänger angeboten. Sie finden oftmals in Kooperation mit freien Trägern wie dem Paritätischen Bildungswerk im Saarland statt. Die Teilnahme ist freiwillig, da diese Kinder der Schulpflicht noch nicht unterliegen. Begrüßenswert ist, dass diese vorschulischen Deutschkurse zumindest in einzelnen Bundesländern (z.B. im Saarland) wissenschaftlich begleitet werden, in aller Regel auf einer Diagnose der Sprachkompetenz basieren (wie in Baden-Württemberg, Bayern, Berlin, Niedersachsen, Nordrhein-Westfalen u.a.) und z.B. in Schleswig-Holstein mit einem ausgearbeiteten Konzept arbeiten, dessen Leistungsfähigkeit auch evaluiert wird. Des Weiteren sind Feriensprachcamps für GrundschülerInnen auf den Plan getreten, die die Förderung von deutschen Sprachkompetenzen bei Kindern aus zugewanderten Familien anstreben. Das erste Camp dieser Art, das Jacobs-Sommercamp, wurde vom Max-Planck-Institut für Bildungsforschung Berlin in Kooperation mit der Bremer Schulbehörde mit Bremer GrundschülerInnen durchgeführt und von der Jacobsstiftung finanziert (siehe hierzu den Beitrag von PETRA STANAT/ANDREA G. MÜLLER in diesem Band, bes. S. 26ff). Die Bremer Schulbehörde führt dieses Projekt weiter; andere Bundesländer (z.B. Nordrhein-Westfalen und Bayern) haben dieses erfolgreiche Modell aufgegriffen. Ein jüngst gestartetes Projekt der Bund-Länder-Kommission zur Förderung von Kindern und Jugendlichen mit Migrationshintergrund setzt ebenfalls auf außerschulische Sprachkurse für SchülerInnen der Sekundarstufe, die allerdings nicht nur in den Ferien, sondern auch während des Schuljahres am Nachmittag stattfinden sollen. Gemeinsam ist diesen außerschulischen Deutschkursen, die in Kooperation mit der Schule, aber unter anderer Trägerschaft und als schulergänzende Maßnahme stattfinden, dass sie frei vom Primat der schulischen Lehrpläne und ohne sich um Fachlernen kümmern zu müssen, den Fokus auf die Vermittlung der deutschen Sprache legen und daher auch im engeren Sinne als DaZ-Kurse konzipiert werden können. Ich habe mein Konzept für das Jacobs-Sommercamp DaZ-Reise genannt und als ›Reise in das Land der Sprache‹ konzipiert. Auf dieser Reise wurde natürlich auch gelesen und geschrieben, manchmal wurden Tiere beobachtet, ab und zu wurde auch ein bisschen gerechnet – aber es ging nicht darum, den Stoff des Deutsch-, Mathe- oder

Sachkundeunterrichts nachzuarbeiten, sondern darum, in die Struktur der deutschen Sprache einzutauchen und sich darin – unter Anleitung der Lehrkraft – zurecht zu finden. Dadurch werden basale Kompetenzen und Lernstrategien ausgebildet, die sich dann in allen Lernbereichen konstruktiv nutzen lassen.

Die Qualität und damit der Erfolg solcher außerschulischer DaZ-Kurse muss zunächst in Relation zum zeitlichen Aufwand gesehen werden. Konkret: ein zweiwöchiges Sprachcamp kann die Versäumnisse mehrerer Schuljahre sicher nicht aufheben, selbst ein sechsmonatiger Crashkurs vor Schuleintritt kann nicht aufholen, was Kinder normalerweise in 6 Lebensjahren und unter günstigen externen Bedingungen an Spracherfahrung sammeln. Aber diese Kurse können – so kurz sie auch sein mögen – die Kinder für Sprache sensibilisieren, Sprachlernprozesse aktivieren und entfalten – vorausgesetzt sie folgen einem durchdachten Konzept. Idealerweise wird die in den Kursen gelegte Basis in der Schule aufgegriffen und in innerschulischen Kursen weiterentwickelt.

Auch innerschulische DaZ-Kurse sollten SchülerInnen Sprachräume eröffnen – konkret das zu tun, was im Regelunterricht in aller Regel zu kurz kommt: den Fokus auf Sprache/n zu richten, die Sprache nicht nur als Kommunikationsmittel zu verwenden, sondern Sprache als Lerngegenstand zu sehen, den die DaZ-SchülerInnen für sich entdecken müssen. Das heißt auch, sie im DaZ-Kurs von schulischen Lernfeldern zu befreien bzw. diese Lernfelder der Sprache nachzuordnen.

Förderstunden bzw. Integrative DaZ-Förderung

Was für die innerschulischen Deutschkurse gesagt wurde, gilt in noch stärkerem Maße für die Förderstunden, die für DaZ-SchülerInnen bereitgestellt werden: Sie richten sich an SchülerInnen mit einem höheren Sprachniveau als diejenigen, die DaZ-Kurse oder DaZ-Lernklassen besuchen. Aufgrund des noch geringeren Stundenumfangs und der Aufgabe, den Anschluss an den Stoff und die erwartete Kompetenz im Regelunterricht zu gewährleisten, wird Förderunterricht oftmals als eine Art Nachhilfeunterricht mit einem mehr oder weniger hohen DaZ-Anteil konzipiert, d.h. es geht darum, fachliche Inhalte, die aufgrund sprachlicher Defizite nicht erworben werden konnten, im Förderunterricht nachzuholen.

Diese Aufgabe stellt die Lehrkräfte vor die Aufgabe Sprach- und Sachlernen so weit wie möglich zu verbinden und damit ein Konzept zu entwickeln, das bei Gelingen idealerweise auch sukzessive in den Fachunterricht überführt werden könnte.

Obwohl das Konzept auf große Resonanz stößt, werden Konkretisierungen dafür erst sehr zögerlich entwickelt, denn die Umsetzung dieses Konzepts setzt ein Umdenken voraus, das die Delegation von DaZ (in dafür vorgesehene Sprachlernräume) zugunsten einer Integration von DaZ als Prinzip jeden Unterrichts verschiebt. Einzelne Bundesländer versuchen diesem Ansatz durch Vorgaben und Handreichungen gerecht zu werden (vgl. Übersicht 2):

Übersicht 2:	Maßnahmen zur Integration von DaZ in die Fächer (gemäß der Richtlinien der Bundesländer)
Berlin	DaZ soll nicht nur als separate Fördermaßnahme, sondern als Teilaspekt von Planung und Durchführung jeder Unterrichtsstunde begriffen werden. Alle Lehrkräfte sind im Fachunterricht dazu verpflichtet Sprachkompetenz – nicht nur in Bezug auf Fachsprache – planmäßig zu erweitern.
Hamburg	Der Regel-Deutschunterricht soll DaZ integrieren und vielfältige Übungsmöglichkeiten für DaZ-Kinder bieten.
Nordrhein-Westfalen	Die 1999 erschienenen Empfehlungen »Förderung in der deutschen Sprache als Aufgabe des Unterrichts in allen Fächern« zeigen eine Vielzahl von Möglichkeiten auf, wie die sprachlichen Kenntnisse auch in den Fächern verbessert werden können.
Saarland	Auch innerhalb des Regelunterrichts wird den spezifischen Förderbedürfnissen im Rahmen der inneren Differenzierung Rechnung getragen.
Sachsen	In den verschiedenen Lernbereichen des Rahmenplans werden Möglichkeiten zur Zusammenarbeit zwischen DaZ und Fachunterricht aufgezeigt.
Schleswig-Holstein	Die Broschüre »Interkulturelles Lernen in den Lehrplänen. Anregungen für Schule und Unterricht« enthält Vorschläge und Hilfen für die pädagogische Praxis – unter anderem gibt es nach jedem Beispiel für die Einbeziehung interkulturellen Lernens in den Fachunterricht einen Hinweis darauf, wie dies mit dem DaZ-Unterricht verzahnt werden kann.
Thüringen	Der Regelunterricht muss die Aufgaben des Förderunterrichts – insbesondere durch gezielte fachsprachliche Arbeit – unterstützen.

In einem integrativen DaZ-Unterricht geht es um die Vermittlung von Fachsprache sowie Fachkommunikation (z.B. durch die Verwendung bestimmter Textsorten), um die Bewusstmachung von Wortbildungsregeln (statt bloßer Wortschatzvermittlung), Satzmustern, Registergebrauch und vor allem auch um die Vermittlung von DaZ-Lerntechniken, die die SchülerInnen in die Lage versetzt, Wortbedeutungen aus dem Kontext zu erschließen, Sprachstrukturen zu erkennen, Selbstlernverfahren anzuwenden oder Selbstkorrekturen vorzunehmen (weitere Anregungen dazu finden sich in diesem Band, S. 113ff). Idealerweise wird dies in den DaZ-Förderstunden bereits verzahnt mit Fachinhalten vermittelt und kommt im Fachunterricht nicht nur zum Einsatz, sondern wird dort aufgegriffen und entfaltet. Da eine solche Verbindung für Fachlehrkräfte genauso schwierig und neu ist wie für DaZ-Lehrkräfte, könnte Teamteaching im Unterricht, aber auch bei der Erstellung von Unterrichtsmaterialen ein erster, wichtiger Schritt sein.

DaZ-Rahmen(lehr-)pläne und Handreichungen

Es ist deutlich geworden, dass DaZ im deutschen Schulwesen nicht den Status eines Unterrichtsfaches hat, sondern in DaZ-Lernklassen, in DaZ-Kursen und / oder im integrativen DaZ-Förderunterricht angeboten wird. Dennoch liegen in einigen Bundesländern DaZ-Rahmenpläne und -Handreichungen vor – und zwar bereits in der zweiten Generation (vgl. Übersicht 3):

Übersicht 3: DaZ-Rahmenpläne und Handreichungen im Vergleich

1. Generation	**NRW 1983**	**Bayern 1984**	**Berlin 1987**	**Hamburg 1992**	**Sachsen 1995**
	kontrastiv grammatische Progression als Planungshilfe (für Ausländer + Aussiedler) ebenfalls kontrastiv: Niedersachsen 1991 Thüringen 1995 Sachsen 1995 Sachsen-Anhalt '97	DaF-orientiert klare Progression übernommen von: Niedersachsen, Sachsen-Anhalt, Thüringen, Sachsen	orientiert an Schülern aus der Türkei, kommunikativ orientiert, Einbeziehung der türkischen Sprache (ohne Sprachvergleich) übernommen von: Niedersachsen (zus. mit dem Bayerischen LP)	DaZ-orientiert, Öffnung gegenüber der Erstsprache Ziel: Zweisprachigkeit	3 Etappen der Integration orientiert an Bayern und NRW + Beobachtungsbogen + Hinweise zu Aussiedlern
2. Generation	**NRW 1999+2002**	**Bayern 2001**	**Berlin 2001**	**Hamburg 2004**	**Sachsen 2000**
	Handreichungen – Förderung der deutschen Sprache in allen Fächern (1999) – Förderung der Schreibkompetenz von DaZ-Schülern (2002)	orientiert am natürlichen L2-Erwerb thematische Lernfelder übernommen von: Berlin 2002, Niedersachsen 2002	Handreichung DaZ 2001: – spiralcurriculare, sprachliche Progression, – Synchronisation von natürlichem und gesteuertem L2-Erwerb	DaZ in der Regelklasse (als Anhang zum RP Deutsch Grundschule) Mediation (als Vermittlung zwischen Sprachen)	3 Etappen der Integration zielt auf aktive Zweisprachigkeit DaZ verbunden mit Fachunterricht

An den vorhandenen Rahmenplänen und Handreichungen zeigt sich die Spannbreite und Diskrepanz der verschiedenen Ansätze: Die kontrastive Orientierung wurde in der zweiten DaZ-Rahmenplangeneration weitgehend aufgegeben bzw. in die Zielformulierung Zweisprachigkeit (Hamburg bereits 1992) überführt und durch eine Orientierung am natürlichen Zweitspracherwerb (Bayern 2001) ersetzt. Hier zeigen sich durchaus Unterschiede zwischen der Berliner Handreichung und dem Bayerischen Lehrplan in dem Bestreben nach Synchronisation von gesteuertem und ungesteuertem Zweitspracherwerb, d. h. die Stärkung der Sprachvermittlung versus die Schaffung von sprachintensiven Lernsituationen mit dem Ziel des Sprachgebrauchs.

Interessant sind auch die schon genannten Ansätze, DaZ mit dem Fachunterricht zu verbinden (Sachsen 2000) und DaZ in die Fächer zu integrieren (NRW 1999). Am weitesten fortgeschritten ist dabei der Hamburger Grundschullehrplan Deutsch (2004): Auch wenn der DaZ-Teil nur als Anhang fungiert, weist dieser Versuch in die richtige Richtung: DaZ ist eine Querschnittsaufgabe aller Fächer und sollte so umgesetzt werden, dass alle Fachrahmenpläne explizite DaZ-didaktische Schleifen nennen und – im Blick auf die pädagogischen Erkenntnisse – die Fachinhalte vor dem Hintergrund von Migrationen und Globalisierung revidieren und interkulturelle Kompetenz als eine zu entfaltende Kompetenz ins Zentrum stellen.

DaZ-Klassen in Ballungsgebieten als Regelklassen

Auch ohne dass dies bildungspolitisch gewollt wäre, entstehen an Schulen mit einem hohen Anteil an SchülerInnen mit Migrationshintergrund ohne ausreichende Deutschkenntnisse DaZ-Klassen – und zwar in Dauereinrichtung. Unterstützt wurde die Bildung solcher Klassen in Berlin durch die erst zum Schuljahr 2005/06 abgeschaffte Quotenregelung, die verhindern sollte, dass in Regelklassen der Anteil von DaZ-SchülerInnen, die dem Unterricht aufgrund mangelnder Deutschkompetenz nicht folgen können, über 25 % beträgt. Dadurch entstanden und entstehen nicht nur in Berlin und auch ohne offizielle Quotenregelung DaZ-Klassen, in denen vor allem SchülerInnen aus großen Minderheitengruppen und oft auch einer Herkunftssprache einen Großteil, oftmals sogar ihre gesamte Schulzeit verbringen. Die in Berlin in den 1980er-Jahren üblichen Bezeichnungen (»Ausländerregelklassen« bzw. »Besondere Klassen«) wirken zwar diskriminierend und sind deshalb abzulehnen, dennoch deutet eine besondere Bezeichnung auch auf eine besondere Beschulung hin, über deren Ausgestaltung dann zu diskutieren wäre, während die Nicht-Bezeichnung die besondere Situation in der Klasse und damit letztendlich auch die entstandene, bildungspolitisch zu klärende Besonderheit verschweigt.

Auch wenn die Einrichtung solcher Klassen aufgrund der Segregation von DaZ-SchülerInnen negativ zu beurteilen ist, bieten sie auch Chancen: Die Lerngruppen sind durch den gemeinsamen DaZ-Hintergrund relativ homogen, oftmals sprechen sie eine gemeinsame Herkunftssprache. Sie erhalten nicht nur Deutschfach-, sondern auch Deutschsprachunterricht. Idealerweise wird in allen Fächern, die nach dem geltenden Lehrplan unterrichtet werden, auf die spezifische Sprachlernsituation eingegangen. Damit wäre im Prinzip ein zielgruppenorientierter Unterricht möglich, der sich am deutschen Auslandsschulwesen orientieren könnte, um die entsprechenden Schulleistungen auch bei einer Klientel zu ermöglichen, die Deutsch erst noch lernen bzw. parallel zum Unterricht vervollkommnen muss. Eine andere Variante wäre, diese Klassen – bei entsprechender Zusammensetzung – zweisprachig zu unterrichten, um ihnen einen angemessenen deutschen oder – auch drüber ließe sich nachdenken – deutsch-türkischen (bzw. deutsch-russischen etc.) Schulabschluss zu ermöglichen.

Doch davon ist die Realität in DaZ-Klassen weit entfernt, denn sie waren und sind – vor allem wenn sie über mehrere Schuljahre existieren – ein Auffangbecken für DaZ-SchülerInnen mit Schulproblemen nicht nur im sprachlichen Bereich. Dort wird die Zielgruppenspezifik oft durch eine Art Schonpädagogik realisiert, d. h. die mangelnde Sprachkompetenz wird kompensiert, indem die Fachinhalte dem Sprachniveau entsprechend niedriger angesetzt werden: Der Lehrplan wird faktisch außer Kraft gesetzt bzw. durch den Lehrplan einer niedrigeren Klassenstufe ersetzt statt Sprach- und Fachlernen systematisch miteinander zu verzahnen.

Die demografische Entwicklung zeigt längerfristig, dass die Bildung solcher DaZ-Klassen nicht wirklich verhindert werden kann – es sei denn, es werden bildungspolitische Maßnahmen ergriffen, die die oben genannte Quotenregelung im Sinne der DaZ-SchülerInnen positiv umsetzen und dafür Sorge tragen, dass kein DaZ-Kind in einer Lerngruppe verbleibt, in der mehr als 25 % der Kinder dem Unterricht aufgrund sprachlicher Probleme nicht folgen können. Da dieser – meines Erachtens ausgesprochen wünschenswerte – Fall nicht eintreten wird, werden an Schulen in bestimmten Ballungsgebieten unweigerlich solche DaZ-Klassen entstehen und zwar in Langform und in allen Schulstufen, vor allem in den Sekundarschulen, konkret den Hauptschulen. Statt sie in der Tradition der bisherigen DaZ-Klassen als Auffangbecken für DaZ-ProblemschülerInnen zu dulden oder ihre Existenz gar – weil sie dem Prinzip der gemeinsamen Beschulung zuwiderlaufen – zu vertuschen, sollten wie oben skizziert zielgruppenspezifische Konzepte erstellt, erprobt und evaluiert werden, damit auch diese Schülerklientel die Chance hat, erfolgreich an unserem Bildungssystem zu partizipieren. Dabei ist es ein Unterschied, ob solche, bildungspolitisch unerwünschten Gruppenzusammensetzungen durch bildungspolitische Maßnahmen (wie der Quotenregelung, die bislang zum Schutz der DaM-SchülerInnen gegen die DaZ-Schülerinnen ausgelegt wurde und diese ausgesondert hat, damit die DaM-SchülerInnen weitgehend ungestört lernen können) erst geschaffen werden oder ob sie aufgrund der demografischen Entwicklung vor allem in Großstadt- oder Ballungsraumschulen durch das Einzugsgebiet (in der Grundschule) und die Schulwahl (in der Sekundarschule) ›urwüchsig‹ entstehen, weil die Schule ihre SchülerInnen gar nicht mehr so verteilen kann, dass keine DaZ-Klassen entstehen. Deshalb brauchen wir für diese DaZ-Klassen (oder in absehbarer Zeit vielleicht sogar für ganze DaZ-Schulen) konstruktive Konzepte, die nicht nur einer Kompensationsdidaktik folgen, sondern das Ziel angemessener Schulabschlüsse ins Zentrum ihrer Bemühungen stellen.

Zweisprachige Angebote

Neben den Angeboten zum Erwerb der deutschen Sprache gibt es in einzelnen Bundesländern auch zweisprachige Angebote (vgl. Übersicht 4). Während DaZ-Förderangebote mittlerweile in allen Bundesländern angeboten werden, wird zweisprachige Erziehung nur in wenigen Bundesländern angeboten und auch dort kann nur ein geringer Teil der SchülerInnen mit Migrationshintergrund daran partizipieren.

Übersicht 4: Zweisprachige Angebote für DaZ-SchülerInnen in einzelnen Bundesländern	
Bayern	Für SuS mit gleicher Herkunftssprache ggf. zweisprachige Klassen (2004/2005: 28 zweisprachige Klassen (Griechisch und Türkisch) mit 574 SuS)
Berlin	Deutsch-türkische Alphabetisierung und Erziehung (527 Stunden), Staatliche Europaschule mit bilingualem Programm in der Grund- und Sekundarschule
Brandenburg	Kl. 1 + 2: Lesen und Schreibenlernen ggf. koordiniert zweisprachig
Hamburg	Bilinguale Vorbereitungsklassen für SuS einer Herkunftssprache, die altersgemäß den Klassenstufen 5/6 und 7/8 angehören. Ziel ist es, die SuS zu befähigen, so schnell wie möglich Deutsch zu lernen und ihnen die Vermittlung des Unterrichtsstoffes mit Hilfe der Herkunftssprache zu erleichtern.
Niedersachsen	Lesen und Schreibenlernen ggf. koordiniert zweisprachig
Nordrhein-Westfalen	Muttersprachlicher Unterricht in der Primar- und Sekundarstufe I endet mit einer Sprachprüfung (gute Leistungen können mangelhafte Leistungen in einer Pflichtfremdsprache ausgleichen)

Die Möglichkeit (z.B. in Berlin, Brandenburg und Niedersachen), SchülerInnen mit Migrationshintergrund zweisprachig zu alphabetisieren, zweisprachige Klassen einzurichten wie in Bayern, zweisprachige Vorbereitungsklassen anzubieten wie in Hamburg oder verstärkt dort Lehrkräfte mit Herkunftssprachenkompetenz einzusetzen wie in Sachsen und Sachsen-Anhalt, ist dem Tatbestand geschuldet, dass das Lernen in der Zweitsprache für SchülerInnen, die diese Sprache erst erwerben, vor allem in so sensiblen Spracherwerbsphasen wie der Alphabetisierung, eine enorme Herausforderung für SchülerInnen und deren Lehrkräfte ist, und stellt damit eine geeignete Form dar, den schulischen Lernerfolg durch die Einbeziehung der Erstsprache zu sichern. Doch solche Angebote sind noch kein Garant dafür, dass auch die deutsche Sprache erworben wird, dafür bedarf es weiter gehender Angebote, z.B. zweisprachige Erziehung, in der beide Sprachen als Kommunikations- und Unterrichtssprache gleichermaßen vermittelt werden.

Literatur

Bayerisches Staatsministerium für Unterricht und Kultus (www.servicestelle.bayern.de / bayern_recht): § 11 und 12 in der Schulordnung für die Volksschulen in Bayern (VSO), Zuletzt geändert am 18.11.2002

Bayerisches Staatsministerium für Unterricht und Kultus (www.servicestelle.bayern.de / bayern_recht): Statistik zum Unterricht für Schülerinnen und Schüler nichtdeutscher Muttersprache an Grund- und Hauptschulen in Bayern. Quelle: Zahlenangaben der Regierungen (Stand 01.10.2004)

Bayerisches Staatsministerium für Unterricht und Kultus (www.servicestelle.bayern.de / bayern_recht): Themen-Kurzbeschreibung: Neuer Lehrplan Deutsch als Zweitsprache.

Bayerisches Staatsministerium für Unterricht und Kultus (www.servicestelle.bayern.de / bayern_recht): Sprachlernklassen.

Bayerisches Staatsministerium für Unterricht und Kultus (www.servicestelle.bayern.de / bayern_recht): Themen-Kurzbeschreibung: Sprachstandsdiagnose.

Bayerisches Staatsministerium für Unterricht und Kultus (www.servicestelle.bayern.de / bayern_recht): Themen-Kurzbeschreibung: Vorkurs Deutsch

Bayerisches Staatsministerium für Unterricht und Kultus (www.servicestelle.bayern.de / bayern_recht): Lehrplan Deutsch als Zweitsprache. 2001

Behörde für Bildung, Jugend und Sport (http://www.bildungsplaene.bbs.hamburg.de): Deutsch als Zweitsprache in der Regelklasse (Teil des Rahmenplans Deutsch für die Grundschule). Hamburg, 2003

Der Senator für Bildung und Wissenschaft Bremen: Deutsch als Zweitsprache. Handreichungen für die Sekundarstufe I. Bremen 2001

Gogolin, I. / Neumann, U., Reuter, L. (Hrsg.): Schulbildung für Kinder aus Minderheiten in Deutschland 1989-1999. Schulrecht, Schulorganisation, curriculare Fragen, sprachliche Bildung. Münster, Waxmann 2001

Göldner, H.D. / Moser, A.: Ausländische Schüler, Aussiedlerschüler und Kinder von Asylbewerbern an bayerischen Schulen. Pädagogische und schulrechtliche Handreichung für Lehrkräfte. München, Maiss 2003

Hessisches Kultusministerium (www.kultusministerium.hessen.de): Deutsch-Frühförderung in Vorlaufkursen. Eine Handreichung für Grundschulen. Informationen, Anregungen, Praktische Hilfen. 2002

Hessisches Kultusministerium (www.kultusministerium.hessen.de): Verordnung zum Schulbesuch von Schülerinnen und Schülern nichtdeutscher Herkunftssprache vom 9. April 2003

Kultusministerium: Deutsch als Zielsprache. Grundsätze und Anregungen für die unterrichtliche und außerunterrichtliche Praxis in den Sekundarstufen I und II sowie in der Erwachsenenbildung. Sachsen-Anhalt 1997

Kultusministerium: Empfehlungen für den Deutschunterricht mit Schülerinnen und Schülern, deren Erstsprache nicht Deutsch ist. Thüringen 1995

Kultusministerium: RdErl. des MK vom 26. 7. 2001: Beschulung von Kindern deutscher Spätaussiedlerinnen und Spätaussiedler sowie ausländischer Bürgerinnen und Bürger. Sachsen-Anhalt 2001

Kultusministerium: Verwaltungsvorschrift: »Schulbesuch ausländischer Kinder in Thüringen«. Thüringen 14. Juni 1998

Kultusministerium: – Institut für Lehrerfortbildung, Lehrplanentwicklung und Medien: Deutsch als Zweitsprache. Thüringen, Materialien H. 32 / 2000

Landesinstitut für Erziehung und Unterricht Stuttgart: Bildungspolitik Trendbericht 4 / 2000. Integration von nicht oder mangelhaft Deutsch sprechenden Schülern in das allgemein bildende Schulwesen im Ländervergleich 2001.(www.leu.bw.schule.de)

Landesinstitut für Lehrerbildung und Schulentwicklung Hamburg: Neuorganisation zur schulischen Integration zugewanderter Kinder und Jugendlicher in der Regelschule. Hamburg, März 2004

Ministerium für Bildung, Jugend und Sport: Verordnung über die Eingliederung von fremdsprachlichen Schülerinnen und Schülern in die allgemein bildenden und beruflichen Schulen. Brandenburg 2001

Ministerium für Bildung, Kultur und Wissenschaft: Früh Deutsch lernen. Ein Ratgeber für Lehrer und Eltern von Vorschulkindern. Saarland 2004

Ministerium für Bildung, Kultur und Wissenschaft: Unterricht für ausländische Kinder. Erlass betreffend den Unterricht für Kinder ausländischer Arbeitnehmer und für jugendliche ausländische Arbeitnehmer. Saarland 10. Oktober 1977

Ministerium für Bildung, Wissenschaft und Kultur: Verordnung über die Unterrichtsversorgung an den allgemein bildenden Schulen und beruflichen Schulen für das Schuljahr 2005 / 2006. Mecklenburg-Vorpommern 2005

Ministerium für Bildung, Wissenschaft, Forschung und Kultur: Interkulturelles Lernen in den Lehrplänen. Anregungen für Schule und Unterricht. Schleswig-Holstein 1997

Ministerium für Kultus, Jugend und Sport: Handreichung zur Sprachförderung in der Grundschulförderklasse unter besonderer Berücksichtigung des Migrantenhintergrundes. Baden-Württemberg 2003

Ministerium für Schule, Jugend und Kinder: Förderung in der deutschen Sprache als Aufgabe des Unterrichts in allen Fächern. Empfehlungen. Nordrhein-Westfalen 1999

Ministerium für Schule, Jugend und Kinder: Förderung von Kindern und Jugendlichen mit Migrationshintergrund. (Erlass-Entwurf) Nordrhein-Westfalen

Ministerium für Schule, Jugend und Kinder: Konzept für die Förderung von Kindern und Jugendlichen mit Migrationshintergrund. Nordrhein-Westfalen 2004

Niedersächsisches Kultusministerium (www.schure.de): Erl. d. MK vom 3.2.1993: Unterricht für Schülerinnen und Schüler ausländischer Herkunft.

Niedersächsisches Kultusministerium (www.schure.de): Hilfen für den Unterricht mit Kindern und Jugendlichen, deren Erstsprache nicht Deutsch ist. 1991

Sächsisches Staatsministeriums für Kultus (www.sachsen-macht-schule.de): Verwaltungsvorschrift zur Klassen- und Gruppenbildung, zur Bedarfsrechnung für die Unterrichtsversorgung und zum Ablauf des Schuljahres 05/06.

Sächsisches Staatsministeriums für Kultus: Lehrplan Deutsch als Zweitsprache. 2000

Senatsverwaltung für Bildung, Jugend und Sport: Förderung Deutsch als Zweitsprache (DaZ) für Schüler/innen nichtdeutscher Herkunftssprache. Berlin 2005

Senatsverwaltung für Bildung, Jugend und Sport: Organisationsvorgaben für die Grundschule. 2005 + Organisationsrichtlinien 2005/06. Rundschreiben II Nr. 54/2005 o.D. Veränderungen zum Vorjahr. Berlin

Senatsverwaltung für Bildung, Jugend und Sport: Rahmenplan Deutsch als Zweitsprache für Schüler/innen im Alter von 6 bis 15 Jahren unterschiedlicher Niveaustufen in allen Schularten. Berlin 2002

Senatsverwaltung für Bildung, Jugend und Sport: Richtlinien für die Lehrerstundenzumessung und die Organisation der öffentlichen Berliner Schulen ab dem Schuljahr 2005/2006. Berlin 2005

Stanat, P./Baumert, J./Müller, A. (eingereicht): Förderung von deutschen Sprachkompetenzen bei Kindern aus zugewanderten und sozial benachteiligten Familien: Das Jacobs-Sommercamp-Projekt

Lilian Fried

Sprachstand erheben und beobachten – sprachpädagogisch gesehen

Sprache und Bildung hängen eng miteinander zusammen. So wird Weltaneignung wesentlich durch Sprache ermöglicht, werden Bildungsgüter vor allem mittels Sprache tradiert usw. Trotz dieser hohen Bedeutsamkeit hat sich die Pädagogik in der Vergangenheit zu selten mit dem engen Zusammenhang von Sprache und Bildung beschäftigt. Ausgelöst durch den sogenannten PISA-Schock ist man sich dessen in den letzten Jahren aber zunehmend bewusst geworden. Inzwischen scheint weithin anerkannt, dass Sprache eine der wesentlichen Schlüsselkompetenzen für Bildung ist. Dementsprechend ist man bemüht, pädagogische Ansätze zu entwickeln, die diesem Zusammenhang – möglichst schon vor der Schule – angemessen Rechnung tragen.

Unterstützt wird dieses Bemühen noch durch Ergebnisse empirischer Studien, in denen man den Sprachentwicklungsstand sowie die Sprachentwicklungsprobleme von Kindern im Kindergartenalter und zu Schulbeginn erhoben hat. In der Regel handelt es sich dabei um regional begrenzte Untersuchungen, die aber – wie z.B. in Berlin, Bielefeld, Mannheim, Recklinghausen – insofern aussagekräftig sind, als jeweils Altersjahrgänge möglichst vollständig erfasst wurden. Diese Erhebungen haben, je nach Erfassungsinstrument und -strategie, zu dem (auch durch internationale Studien belegten) Schluss geführt, dass ein erheblicher Teil jedes Altersjahrgangs, nämlich etwa 15 bis 30 Prozent, temporär oder strukturell mit Sprachentwicklungsproblemen kämpft. Der größere Teil der davon betroffenen Kinder überwindet diese Schwierigkeiten im Laufe der Zeit; aber immerhin etwa sieben bis zehn Prozent bilden eine dauerhafte Sprachentwicklungsstörung (einschließlich Lese-Rechtschreib-Schwäche) aus. Das gilt verstärkt, wenn Kinder einen Migrationshintergrund haben, also zwei- oder mehrsprachig aufwachsen (vgl. Fried 2004).

Sprachentwicklungsstörungen bzw. Lese-Rechtschreib-Schwächen, die nicht behandelt werden, persistieren häufig bis in die spätere Kindheit und Jugend und ziehen nicht selten Folgeprobleme nach sich, wie z.B. sozial-emotionale Schwierigkeiten, Lernschwierigkeiten, Handicaps beim Schriftspracherwerb, Schulprobleme usw. (vgl. z.B. Halle et al. 2003). Kinder, die mit derartigen Entwicklungs- bzw. Bildungsrisiken belastet sind, bedürfen daher besonderer Beachtung und Förderung, um zu gewährleisten, dass sie möglichst optimale Bildungschancen eröffnet bekommen. Bereits im Kindergarten und nicht erst in der Schulzeit sollte daher genau erfasst werden, bei welchen Kindern die Sprachentwicklungsprozesse bzw. die Entwicklung der Vorläuferfähigkeiten des Schriftspracherwerbs temporär und / oder strukturell bedeutsam abweichen.

Entwicklung und Lernen junger Kinder – die pädagogisch-diagnostische Perspektive

In Theorie und Praxis besteht weitgehend Konsens, dass die Entwicklungs- und Bildungsprozesse vor allem dann wirksam gestützt und herausgefordert werden können, wenn man »das Kind dort abholt, wo es gerade steht«: Wenig Einigkeit und Klarheit bestehen demgegenüber, welche Voraussetzungen gegeben sein müssen und was genau man tun muss, um just dies leisten zu können. Das Problem ist nämlich, dass sich im Alltag keineswegs immer oder ohne weiteres erschließt, in welcher Entwicklungs- und Bildungsphase sich ein Kind gerade befindet.

Unsere alltäglichen, also eher ziellosen, ungeplanten, beiläufigen Wahrnehmungen und Beobachtungen von Kindern werden durch verschiedene Einflüsse gefärbt und dadurch verfälscht. Das hängt damit zusammen, dass wir Informationen aus der Umwelt nicht unmittelbar verwerten können, sondern immer nur selektiv und gefiltert durch unsere Stimmungen, Erfahrungen, Einsichten, Erinnerungen usw. Deshalb ist die alltägliche Wahrnehmung und Beobachtung eines Kindes kein wirklichkeitsgetreues Abbild der Realität. Vielmehr handelt sich dabei um eine subjektive Rekonstruktion, welche Wahrnehmungstäuschungen beinhaltet, die verhindern können, dass wir unmittelbar und präzise registrieren, welche Entwicklungs- und Bildungsschritte ein Kind gerade vollzieht und welche Unterstützung und Herausforderung ihm demzufolge angemessen wären.

Typische Wahrnehmungstäuschungen – häufig auch Wahrnehmungsfehler genannt – sind seit den siebziger Jahren des letzten Jahrhunderts immer wieder untersucht und beschrieben worden (vgl. Ingenkamp 1995). Dazu ganz wenige Beispiele: Der »Halo- oder Hofeffekt« besagt, dass wir ein herausstechendes Merkmal generalisieren, also z. B. ein Mädchen als sehr intelligent einschätzen, weil es sich sprachlich flüssig und korrekt ausdrücken kann. Mit »zentrale Tendenz« ist die Neigung gemeint, hervorstechende Merkmale zu nivellieren, so z. B. die herausragenden mathematischen Fähigkeit eines Jungen mit ansonsten durchschnittlichen Leistungen zu unterschätzen. Von »Kontrastfehler« spricht man, wenn die wahrgenommenen Merkmale durch den Kontext beeinflusst werden, z. B. wenn die Fähigkeiten eines jungen Kindes in einer Gruppe älterer Kinder niedriger eingeschätzt werden, als es in einer Gruppe gleichaltriger Kinder der Fall wäre. Mit »logischen Fehlern« ist gemeint, dass wir (u. a. aufgrund von Vorurteilen) falsche Schlüsse ziehen, wie z. B. die Folgerung, dass ein Kind, das häufig lächelt, sehr sozial kompetent ist. Der »Ähnlichkeitsfehler« wiederum erwächst daraus, dass wir vor allem die Merkmale wahrnehmen, die uns besonders vertraut sind, also z. B. aufgrund von geschlechtsspezifischen Stereotypen keinen Blick dafür haben, dass ein Mädchen besonders ausgeprägte naturwissenschaftliche Interessen zeigt usw.

Fatal an diesen (und anderen) Wahrnehmungstäuschungen ist: 1.) dass wir sie nur bemerken können, wenn wir eine skeptische Haltung gegenüber unseren eigenen Wahrnehmungen und Beobachtungen entwickeln, und 2.) dass wir sie nur überwinden können, wenn wir Anstrengungen unternehmen, mit deren Hilfe wir Wahrnehmungstäuschungen ausschalten oder minimieren können. Dem hat sich die Pädagogische Diagnostik verschrieben. Sie strebt danach, u. a. ErzieherInnen und LehrerInnen in die Lage zu versetzen, die Entwicklungs- und Bildungsprozesse (u. a. Fähigkeiten, Fertigkeiten, Einstellungen, Verhaltensgewohnheiten) von Kindern möglichst akkurat einzuschätzen, um so zu besseren Prognosen sowie wirksameren pädagogischen Maßnahmen zu gelangen (vgl. Wild / Krapp 2001). Dabei geht es keineswegs darum, die alltägliche oder systematische Wahrnehmung und Beobachtung auf pädagogisch-diagnostische Strategien und Instrumente zu reduzieren. Das ist auf der Basis des begrenzten Angebots weder möglich noch sinnvoll oder verantwortbar. Aber die vorliegenden Verfahren können genutzt werden, um subjektive Wahrnehmungen und Beobachtungen durch objektive Einsichten zu erweitern bzw. zu relativieren. Nationale und internationale Evaluationsstudien belegen nämlich, dass der Einsatz solcher Verfahren dazu beitragen kann, Kindern mittels darauf aufbauender gezielter systematischer Fördermaßnahmen kurz-, mittel- und langfristig zu helfen (vgl. Fried et al. 2003).

Sprachentwicklung junger Kinder – die sprachpädagogische Diagnostik

Ein Teil dieser Bemühungen liegt inzwischen in Form von Sprachstandserfassungsverfahren vor. In Deutschland werden diese aber nicht in dem Maße eingesetzt, wie es möglich und wünschenswert wäre. Dies deutet auf Widerstände, die am ehesten überwunden werden können, wenn man sie zu verstehen trachtet. Dazu bedarf es eines kurzen Blicks zurück. Konzentriert man sich dabei auf den Kindergartenbereich, so wird deutlich, dass man dort den Sprachentwicklungsstand von Kindern lange Zeit vor allem mittels alltäglicher Beobachtung erfasst hat. Das geht bis auf FRÖBEL (1986, S. 199) zurück, der betonte, dass man bei der Bildung im Kindergarten nicht ohne »erziehende Beachtung« des »Wachstums des Kindes« auskommt. Das hat er damit begründet, dass ErzieherInnen ihr »Vermittlungsgeschäft«, also ihre Erziehungs- und Bildungsarbeit an den beim Kind »beobachteten Gesetzmäßigkeiten« ausrichten sollen. Aus dieser Perspektive scheinen ErzieherInnen ohne weiteres bereit und fähig, ein Kind intuitiv zu erfassen; und zwar so, dass sich ihnen dabei erschließt, wie sie es am besten fördern können (vgl. z.B. KAZEMI-VEISARI 1999).

In den letzten Jahren hat man aber immer deutlicher erkannt, dass diese Haltung zu optimistisch bzw. naiv ist. In jüngster Zeit durchgeführte Befragungen (FRIED 2005) machen z.B. deutlich, dass ErzieherInnen es für notwendig halten, mehr über wissenschaftlich fundierte, also professionelle Verfahren zur Erfassung des Sprachentwicklungsstands von Kindern zu erfahren. Außerdem sind sie der Meinung, dass sie mehr Möglichkeiten eröffnet bekommen sollten, den angemessenen Umgang mit diesen Verfahren einzuüben. Nicht zuletzt möchten sie mehr Angebote gemacht bekommen, die ihnen helfen, Verfahren herauszufinden, die tatsächlich dazu taugen, Wahrnehmungstäuschungen zu vermeiden oder zu minimieren. Dies können aber nur Verfahren leisten, die bestimmten messtheoretischen Qualitätskriterien genügen.

Qualität pädagogisch-diagnostischer Verfahren – Kriterien und Standards

Bei der Entwicklung von Verfahren knüpft man zwar grundsätzlich an Denk- und Vorgehensweisen der Alltagsdiagnostik an (z.B. Beobachtung), aber man versucht, diese durch die Nutzung messwissenschaftlicher Erkenntnisse in zweifacher Hinsicht zu verbessern: 1.) Es wird bei der Konstruktion von Verfahren darauf hingearbeitet, Mess- und Prognosefehler substantiell zu verringern; 2.) Verbleibende Mess- und Prognosefehler werden transparent gemacht, so dass sie genauer eingeschätzt und angemessen berücksichtigt werden können.

Wieweit dies bei konkreten Verfahren gewährleistet ist, kann mit Hilfe von veröffentlichten pädagogisch-diagnostischen Standards festgestellt werden (COMMITTEE TO DEVELOP STANDARDS FOR EDUCATIONAL AND PSYCHOLOGICAL TESTING 1998). Diese benennen Qualitätskriterien (Minimalstandards), denen bei der Verfahrenskonstruktion und -durchführung entsprochen werden muss, weil sonst nicht gewährleistet werden kann, dass ein Verfahren mögliche Wahrnehmungstäuschungen ausschließt oder minimiert.

In der pädagogischen Diagnostik besteht schon seit den siebziger Jahren des letzten Jahrhunderts Einigkeit, wie die Minimalstandards (Hauptgütekriterien) aussehen. Danach ist von entscheidender Bedeutung, dass die Validität (Gültigkeit) geprüft worden ist; also empirisch abgesichert ist, dass man mit einem Verfahren tatsächlich diejenigen Merkmale eines Kindes erfasst, die am ehesten eine gut entwickelte Sprachfähigkeit anzuzeigen vermögen. Demzufolge sollte ein Verfahren immer auf einer möglichst elaborierten (genau definierten, empirisch gut abgesicherten) Sprachentwicklungstheorie basieren. Das allein reicht aber nicht. Es muss darüber hinaus möglichst mehrfach empirisch geprüft worden sein, ob und wieweit die Aufgaben eines Verfahrens tatsächlich die Reaktionen beim Kind hervorrufen, die laut der zugrundegelegten Sprachentwicklungstheorie als die wesentlichsten Indikatoren eines gut entwickelten Sprachstands gelten können. Dies kann vor allem dann gewährleistet werden, wenn die Validität eines Verfahrens unter folgenden Gesichtspunkten geprüft worden ist:

- *Inhaltsvalidität*, dass die Testaufgaben tatsächlich die wichtigsten Sprachfähigkeiten repräsentieren,
- *Kriteriumsvalidität*, dass die Testaufgaben tatsächlich angemessene Voraussagen auf den Stand und den weiteren Verlauf der Sprachentwicklung ermöglichen und
- *Konstruktvalidität*, dass die Testaufgaben tatsächlich das Sprachentwicklungsmodell (Konstrukt), an dem sich die Testentwicklung orientiert hat, abzubilden vermögen.
- Wie es um die Gültigkeit eines Verfahrens bestellt ist, lässt sich also daran ablesen, ob die Validität *empirisch geprüft* wurde und wie viele unterschiedliche *Methoden* dabei angewandt wurden.

Ein weiteres wichtiges Gütemerkmal der Testkonstruktion ist die *Reliabilität* (Genauigkeit bzw. Zuverlässigkeit), also das Ausmaß, in dem die Testwerte frei von Messfehlern sind. Wie genau es darum steht, kann man den empirisch ermittelten Reliabilitätskoeffizienten entnehmen. Dabei ist zu beachten, dass die Ausprägung der Koeffizienten von Testskala zu Testskala bzw. von Testaufgabe zu Testaufgabe variiert. Außerdem spielt die Methode, mit der man die Genauigkeit geprüft hat, eine wichtige Rolle. So erlangt man mit der Methode der Testwiederholung meist geringere Koeffizienten (Gesamttest minimal: r =.70) als mit der Methode der internen Konsistenzschätzung (Gesamttest minimal: r =.80; gut: r =.90).

Des Weiteren manifestiert sich die Qualität der Testkonstruktion darin, dass genau expliziert wird, wie der Konstruktionsprozess wissenschaftlich fundiert und evaluiert wurde. Das umfasst zum einen die *Aufgabenkonstruktion* und *-analyse*; zum anderen die Skalierung oder *Normierung* (Normwerttabellen), mit deren Hilfe es möglich wird, individuelle Testresultate zu vergleichen bzw. einzuordnen.

Schließlich hängt die Güte der Testdurchführung davon ab, dass man sich darüber im Klaren ist, welche Funktion der Einsatz eines bestimmten Verfahrens in einem bestimmten Beurteilungs- bzw. Entscheidungsprozess haben kann bzw. soll und welche nicht. Daraus ergibt sich nämlich, welchen *Nutzen* es bringen kann und wie viel *Ressourcen* dafür aufgewendet werden können (Ökonomie).

Ausgewählte Ergebnisse einer Expertise

Vor diesem Hintergrund habe ich im Rahmen des vom Bundesministerium für Familie, Senioren, Frauen und Jugend unterstützten Projekts des Deutschen Jugendinstituts DJI *»Schlüsselkompetenz Sprache – Bundesweite Recherche zu Maßnahmen und Aktivitäten im Bereich der sprachlichen Bildung und Sprachförderung in Tageseinrichtungen für Kinder«* (01.08.2003 – 30.06.2004) eine *»Expertise zu Sprachstandserhebungen für Kindergartenkinder und Schulanfänger – eine kritische Betrachtung«* durchgeführt. Zweck dieser Maßnahme war, die derzeit auffindbaren Spracherhebungsverfahren für Kindergartenkinder und Schulanfänger aufzuspüren, einzuordnen und in Bezug auf die o.g. Qualitätskriterien kurz zu charakterisieren (Fried 2004).

Dabei kam heraus, dass eine ganze Reihe von Verfahren existiert, die dazu dienen sollen, die Sprachentwicklung von Kindergartenkindern bzw. SchulanfängerInnen zu erfassen. Wenn man diejenigen Verfahren vernachlässigt, die eigens für die Hand von Spezialisten (z.B. Sprachheilpädagogen) entwickelt worden sind, und die Instrumente ausschließt, die lediglich einzelne Aufgaben zur Erfassung der Sprachentwicklung beinhalten, so kommt man zur folgenden Verfahrensliste (http://www.cgi.dji.de//bibs/271_2232_ExpertiseFried.pdf)

Angermaier, M.J.W. (1977²): Psycholinguistischer Entwicklungstest (PET). Weinheim: Beltz.

Breuer, H. / Weuffen, M. (2002): Lernschwierigkeiten am Schulanfang. Schuleingangsdiagnostik zur Früherkennung und Frühförderung. Erweiterte Neuausgabe. Weinheim: Beltz.

Brunner, M. / Schöler, H. (2002): HASE – Heidelberger Auditives Screening in der Einschulungsuntersuchung (auch zum Einsatz in der Untersuchung U9). Wertingen: Westra.

CITO (2005): CITO Sprachtest zur Sprachstandsfeststellung bei Kindern im Vorschulalter. Butzbach: CITO Deutschland.

Fried, L. (1997[2]): LBT. Lautbildungstest für Vorschulkinder (4 – 7 Jahre). Weinheim: Beltz.

Fried, L. (1995[2]). LUT. Lautunterscheidungstest für Vorschulkinder (4 – 7 Jahre). Weinheim: Beltz.

Grimm, H. (2001): SETK 3–5. Sprachentwicklungstest für drei- bis fünfjährige Kinder. Diagnose von Sprachverarbeitungsfähigkeiten und auditiven Gedächtnisleistungen. Göttingen: Hogrefe.

Grimm, H. (2003): Sprachscreening für das Vorschulalter (SSV). Kurzform des SETK 3–5. Göttingen: Hogrefe.

Grimm, H. / Schöler, H. (1998[2]): Heidelberger Sprachentwicklungstest (HSET). Göttingen: Hogrefe.

Häuser, D. / Kasielke, E. / Schneidereiter, U. (1994): KISTE. Kindersprachtest für das Vorschulalter. Weinheim: Beltz.

Heinemann, M. / Höpfner, C. (1999): Screening-Verfahren zur Erfassung von Sprachentwicklungsverzögerungen (SEV) bei Kindern im Alter von 3 1/2 bis 4 Jahren bei der U8. Weinheim: Beltz.

Hobusch, A. / Lutz, N. / Wiest, U. (2002): Sprachstandsüberprüfung und Förderdiagnostik für Ausländer- und Aussiedlerkinder (SFD). Horneburg: Persen.

Holler-Zittlau, I. / Dux, W. / Berger, R. (2003): Marburger Sprach-Screening für 4- bis 6-jährige Kinder (MSS). Ein Sprachprüfverfahren für Kindergarten und Schule. Horneburg: Persen.

Jansen, H. / Mannhaupt, G. / Marx, H. / Skowronek, H. (2002[2]): Bielefelder Screening zur Früherkennung von Lese-Rechtschreibschwierigkeiten (BISC). Göttingen: Hogrefe.

Kiese, Ch. / Kozielski, P.M. (1996[2]): Aktiver Wortschatztest (AWST 3-6). Göttingen: Hogrefe.

Krampen, G. (2001): Test zur Komparativen Sprachentwicklungs- und Förderdiagnostik – Version IV (TKS-IV). Trier: Universität, Fachbereich I: Psychologie.

Kolonko, B. / Krämer, K. (1993): Beobachtungshilfe. Zur Beobachtung von Kommunikation in Kindergarten und Schule. Ulm: Kinders.

Maier, A. / Weinrich, D. (2003[2]): Beobachtungsbogen für Erzieher/innen zur Vorlage bei den Vorsorgeuntersuchungen U8 und U). Recklinghausen: Kreisgesundheitsamt, Kinder- und Jugendgesundheitsdienst.

Martschinke, S. / Kirschhock, E.-M. / Frank, A. (2002[2]): Diagnose und Förderung im Schriftspracherwerb. Der Rundgang durch Hörhausen. Erhebungsverfahren zur phonologischen Bewusstheit. Donauwörth: Auer.

Niedersächsisches Kultusministerium (2003): Fit in Deutsch – Feststellung des Sprachstandes 10 Monate vor der Einschulung. Hannover: Autor.

Pochert, A. et al. (2002): Bärenstark. Berliner Sprachstandserhebung und Materialien zur Sprachförderung für Kinder in der Vorschul- und Schuleingangsphase. Berlin: Senatsverwaltung für Schule, Jugend und Sport, 2. überarb. Version.

Reich, H. / Roth, H.-J. (2003): Hamburger Verfahren zur Analyse des Sprachstandes bei 5-Jährigen HAVAS. Landau: Universität Koblenz-Landau, Institut für Interkulturelle Bildung.

Schäfer, H. (1986): Bildwortserie zur Lautagnosieprüfung und zur Schulung des phonematischen Gehörs. Weinheim: Beltz.

Staatsinstitut für Schulpädagogik und Bildungsforschung (Hrsg.). (2002): Kenntnisse in Deutsch als Zweitsprache erfassen. Screening-Modell für Schulanfänger. München: Autor.
Ulich, M. / Mayr, T. (2003): SISMIK. Sprachverhalten und Interesse an Sprache bei Migrantenkindern in Kindertageseinrichtungen. Freiburg: Herder.

Später erschienen:
Martschinke, S. / Kammermeyer, G. / King, M. (2005): Anlaute hören, Reime finden, Silben klatschen, m. Audio-CD / Diagnose und Förderung im Schriftspracherwerb. Erhebungsverfahren zur phonologischen Bewusstheit für Vorschulkinder und Schulanfänger. Donauwörth: Auer.

Diese Verfahren sind in unterschiedlichen Kontexten entwickelt worden. Dementsprechend sollen sie unterschiedlichen Zwecken dienen: 1.) Politischen Zwecken (gesundheitspolitisch motivierte, bildungspolitisch motivierte); und 2.) Pädagogischen Zwecken (allgemeine und spezielle Sprachentwicklungstests, sprachheilpädagogische sowie vorschul- und schulpädagogische Sprachförderdiagnostik). Letztere können insbesondere bei folgenden Aufgaben hilfreich herangezogen werden:

- Kinder mit drohenden Sprachentwicklungs- und / oder Schriftsprachentwicklungsstörungen frühzeitig aufspüren;
- Kinder mit drohenden Sprachentwicklungs- und / oder Schriftsprachentwicklungsstörungen gezielt vorbeugend fördern und
- Kinder mit Schwierigkeiten beim Erlernen der Erst- oder / und Zweit- / Dritt- usw. -Sprache frühzeitig aufspüren.

Diese Verfahren sind insofern praxisrelevant, als man damit Sprachfähigkeiten erfassen kann, die im Alltag nicht ohne weiteres zugänglich sind, weil man sie nur indirekt und deshalb nur mit speziellen Strategien erfassen kann. Das gilt insbesondere für vier Verfahren (CITO, HAVAS, SISMIK und TKS-IV), deren Ziel es ist, das gesamte Sprachvermögen von zwei- oder mehrsprachig aufwachsenden Kindern zu erfassen. Drei dieser Verfahren werden im vorliegenden Band ausführlicher behandelt (S. 132ff).

Validität von Verfahren zur Erfassung von Zwei- und Mehrsprachigkeit

Es wurde bereits betont, dass man Täuschungen, welche die alltägliche Wahrnehmung und Beobachtung trüben, vor allem mit Verfahren überwinden oder minimieren kann, deren Validität profund empirisch belegt ist. Wie steht es nun damit bei den oben angesprochenen vier Verfahren?

Was die sprachtheoretische Basis betrifft, so bestehen erhebliche Qualitätsunterschiede. Die Bandbreite reicht nämlich von Verfahren mit eher willkürlich »ausgewählten Entwicklungs- und/oder Sprachkomponenten« bis hin zu Verfahren, die sich konsequent »am aktuellen Theoriestand der Zweitspracherwerbsforschung« orientieren. Danach verständigen sich Kinder mit nichtdeutscher Muttersprache im Alltag mittels geschickter (sprech-)strategischer Kombination von Mitteln der Erst-, Zweit- (evtl. auch Dritt-)Sprache ihres gesamten multilingualen Sprachrepertoires (vgl. z.B. Gogolin / Nauck 2000). Deshalb ist es nicht angebracht, den Sprachentwicklungsstand eines Kindes allein daran zu messen, ob und wieweit es die linguistischen Mittel schon beherrscht. Wesentlicher ist, darauf zu achten, was sie mit ihren Sprachfähigkeiten bereits anfangen können. »Eine sprachliche Leistung zu verstehen und sich sprachlich entsprechend zu verhalten, ist eine grundlegende Leistung der Kinder, die in der Schule später weitgehend vorausgesetzt wird. In der wirklichen alltäglichen Kommunikation entspricht dem die Fähigkeit, eine Situation angemessen zu erfassen und darin sprachlich zu handeln« (Reich 2001, S. 80).

In Bezug auf die *Inhaltsvalidität* finden sich keine zufriedenstellenden Aussagen. Das hat u.a. mit der Tatsache zu tun, dass wir nur bedingt über hinreichend explizierte Sprachentwicklungstheorien verfügen.

Was die Prüfung der *Konstruktqualität* betrifft, so hat man zwar erhebliche Anstrengungen unternommen, steht aber letztlich noch am Anfang, weil die dadurch gewonnenen Erkenntnisse nicht besonders weit reichen. Zum Beispiel wurde ermittelt, ob und wieweit sich Kinder, die zu Hause nur Deutsch oder nur eine andere Sprache (außer oder anstatt Deutsch) sprechen, in ihren »Kognitiven Begriffen« unterscheiden. Außerdem wurde berechnet, ob sich die Struktur des zugrundegelegten Sprachmodells faktorenanalytisch weitgehend nachzeichnen bzw. bestätigen oder weiter präzisieren lässt.

In Bezug auf die *Kriteriumsvalidität* wurde zum Teil geprüft, wieweit die mit dem Verfahren ermittelten Ergebnisse mit den Ergebnissen anderer, grob das Gleiche messenden Verfahren, übereinstimmt. So wurde geprüft, wieweit eingeholte Expertenurteile (Erziehereinschätzungen) dafür sprechen, dass man mit dem Verfahren zu gültigen Ergebnissen kommt.

Alles in allem machen schon diese wenigen Aussagen klar: Wir stehen in Bezug auf die Qualitätsprüfung (Minimalstandards) von Verfahren noch am Anfang. Hier scheinen Neu- und Weiterentwicklungen notwendig und wünschenswert. Natürlich sollten diese an aktuellen sprachtheoretischen Erkenntnissen orientiert sein. Aber das ist nur eine notwendige und keine hinreichende Bedingung. Entscheidend ist, dass es in

Zukunft noch besser gelingt, aktuelle sprachtheoretische Erkenntnisse so zu übersetzen, dass man mit Hilfe hochentwickelter empirischer Verfahren diejenigen Aufgaben aus einem Aufgabenpool auswählen kann, die sich zu einem hochvalide messenden Verfahren zusammenfügen lassen. Denn nur Instrumente, die diesem Anspruch genügen, bieten auch wirklich Gewähr dafür, dass wir unseren Wahrnehmungstäuschungen zu entrinnen vermögen. Vor diesem Hintergrund möchte ich alle in der Praxis Tätigen ermutigen, sich nur mit den besten Verfahren zufrieden zu geben und keine Zeit mit schlechten Verfahren zu vertun.

Literatur

Committee to Develop Standards for Educational and Psychological Testing: Standards für pädagogisches und psychologisches Testen. Göttingen, Hogrefe 1998 (Diagnostica; 1998, Suppl. 1)

Fried, L.: Expertise zu Sprachstandserhebungen für Kindergartenkinder und Schulanfänger – Eine kritische Betrachtung 2004 (http://cgi.dji.de/bibs/271_2232_ExpertiseFried.pdf)

Fried, L.: Die Wissensbasis der Sprachförderkompetenz von ErzieherInnen – ein Forschungsbericht. Dortmund, Universität, Lehrstuhl Pädagogik der frühen Kindheit 2005 (mimeo)

Fried, L. / Dippelhofer-Stiem, B. / honig, M.-S. / Liegle, L.: Einführung in die Pädagogik der frühen Kindheit. Weinheim, Beltz 2003

Fröbel, F.W.A.: Kommt, lasst uns unseren Kindern leben!. Bd. 3. Berlin, Volk und Wissen 1986

Gogolin, I. / Nauck, B. (Hrsg.).: Pluralität, gesellschaftliche Differenzierung und Bildung. Opladen, Leske + Budrich 2001

Halle, T. / Calkins, J. / Berry, D. / Johnson, R. / Trends, C.: Promoting language and literacy in early childhood care and education settings. Literature review.New York, Child Care & Early Education Research Connections (CCEERC) 2003 (www.childcareresearch.org)

Ingenkamp, K.: Die Fragwürdigkeit der Zensurengebung. Weinheim, Beltz 1971

Kazemi-Veisari, E.: Die Grundhaltung ist entscheidend. Differenzierte Beobachtung von Kindern. In: Kiga heute H. 7–8 / 1999, S. 6–13

Reich, H.: Verfahren zur Beschreibung der Sprachentwicklung zweisprachiger Kinder. In: Projekt Kulturenvielfalt aus der Perspektive von Kindern (Hrsg.): Treffpunkt deutsche Sprache (S. 77–82). München, DJI 2001

Wild, K.-P. / Krapp, A.: Pädagogisch-psychologische Diagnostik. In: A. Krapp / B. Weidenmann (Hrsg.): Pädagogische Psychologie. Weinheim, Beltz PVU 2001

ANGELIKA SPECK-HAMDAN

Nahtstelle Übergang vom Elementar- zum Primarbereich

Der mangelnde Bildungserfolg von Kindern mit Migrationshintergrund kann u. a. mit der geringen Anschlussfähigkeit der Bildungserfahrungen an den so genannten Nahtstellen des Bildungssystems erklärt werden. Eine entscheidende Nahtstelle stellt der Übergang vom Elementar- in den Primarbereich dar. Die Kinder wechseln in eine für alle verbindliche Bildungsinstitution, die in hohem Maße über den weiteren Lebensweg entscheidet. Für den Erfolg in der Schule gibt es nicht nur eine Ursache: Es kommt auf den Kindergarten, die Schule und vor allem die Familie an, ob ein Kind seine Potenziale auch in schulische Leistungen umsetzen kann. Für Kinder aus Familien mit Migrationserfahrungen stellt sich das Problem der Anschlussfähigkeit der Bildungsangebote und -anforderungen in besonderer Weise. Die Schule stellt Anforderungen, die von einem fiktiven Durchschnittskind mit deutscher Erstsprache erwartet werden. Dass durch dieses Raster auch viele Kinder ohne Migrationshintergrund fallen, muss hier nicht eigens betont werden. Vor allem Kinder aus so genannten »bildungsfernen« Familien erleben eine Kluft zwischen diesen Anforderungen und ihren mitgebrachten Kompetenzen. Bei Kindern nicht-deutscher Erstsprache kann das Moment der »Bildungsferne« erschwerend hinzukommen, muss aber nicht gegeben sein. Allein die Schwelle, die durch die selbstverständlich gesetzten sprachlichen Anforderungen entsteht, ist ausreichend, um ein Risiko für die weitere Bildungsbiografie zu werden.

Die Schule in Deutschland ist traditionellerweise einsprachig. Das monolinguale Selbstverständnis der Schule wird weder von Lehrerinnen und Lehrern noch von Eltern in Frage gestellt (vgl. GOGOLIN/NEUMANN 1997). Es wird zwar subversiv unterlaufen, indem Nebengespräche durchaus in anderen Sprachen als der deutschen geführt werden. Aber gerade in der Unterscheidung zwischen Nebengesprächen in der Herkunftssprache und Unterrichtsgesprächen in der Verkehrssprache Deutsch liegt auch eine Akzeptanz dieses Bedeutungsgefälles zwischen den Sprachen. Dies muss nun nicht als Ausdruck arroganter Macht der deutschen Sprache oder ihrer Sprecherinnen und Sprecher gedeutet werden. Es entspricht auch der pragmatischen Einsicht, dass Deutsch im schulischen Umfeld die wichtigste Sprache und angesichts von über hundert verschiedenen Sprachen, die von Grundschülerinnen und -schülern in Deutschland (siehe Beitrag Chlosta / Ostermann in diesem Band) gesprochen werden, wohl auch die mit der größten Verbreitung ist. Sie ist Verkehrssprache im Alltag und Unterrichtssprache in der Schule. Will die Schule einen Beitrag zur Integration (im Sinne einer partizipativen Teilhabe) leisten, so tut sie gut daran, die Sprachkompetenz der Kinder mit anderer Erstsprache im Deutschen besonders zu fördern, ohne die mitgebrachte Ressource der Zwei- oder Mehrsprachigkeit zu vernachlässigen. Darin liegt eine schwierige Balance, da die Bedingungen zur Förderung der anderen Sprache als Deutsch äußerst unterschiedlich sind.

Zu den unhinterfragten Selbstverständlichkeiten in Bezug auf die Sprache gehören vor allem zwei Anforderungen, die an der Nahtstelle Schuleintritt besondere Beachtung verdienen sollten.

Die Anforderung des Schriftspracherwerbs

Der Übergang vom Elementar- zum Primarbereich ist insbesondere durch den nun einsetzenden systematischen Erwerb der Schriftsprache gekennzeichnet. Die Schule beginnt jedoch nicht bei einem Nullpunkt, sondern baut auf spezifische Vorerfahrungen, Vorkenntnisse und Vorläuferfertigkeiten auf. Der Schriftspracherwerb führt zu einer Erweiterung der bis dahin entfalteten sprachlichen Fähigkeiten. Zur bisher verwendeten Mündlichkeit tritt nun die Schriftlichkeit als eine eigene sprachliche Form. Sie setzt jedoch nicht exakt mit der systematischen Einführung in das alphabetische Prinzip unserer Schrift ein, sondern wird durch vielfältige literale Erfahrungen allmählich aufgebaut. In der Entwicklung vollzieht sich ein Übergang von der reinen Mündlichkeit, die an die unmittelbare Erfahrung mit Objekten und Situationen gebunden ist, bis hin zu einer Verschränkung von Mündlichkeit und Schriftlichkeit, die sich in vielfältigen konzeptionellen und medialen Formen zeigt und schließlich zu einem von Gegenstand, Situation und Person losgelösten, abstrahierten und instrumentellen Umgang mit der Sprache führt. Das Vorlesen kann dabei als eine Art »Scharnier zwischen mündlichen und schriftlichen Welten gesehen werden, denn es schafft Übergänge, differenziert Sprache und löst sie vor allem um einen bedeutenden Schritt weiter aus ihrer konkreten, aktuellen Eingebundenheit ab« (Bertau / Speck-Hamdan 2004, 106). Es bedient sich einer schriftlichen Sprache, die beim Mitlesen auch sichtbar ist. Es bezieht sich inhaltlich nicht auf unmittelbar Vorhandenes, sondern auf Vorgestelltes, das in Sprache gefasst – teilweise durch Illustration unterstützt – zu selbstständigen Sinnkonstruktionen führt. Damit wird der Prozess des eigenständigen Lesens bereits angebahnt. Das Kind erfährt, dass die Schrift Sprache gewissermaßen verfestigt oder verdauert. Mit der Schrift erwirbt das Kind nicht nur ein neues Medium für seine Sprache, sondern auch eine andere Konzeption der Sprache und mit ihr eine neue Möglichkeit die Sprache zu reflektieren (vgl. GÜNTHER 1998). Dieser Prozess der fortgesetzten Entwicklung von Sprache und Schriftsprache ist als Kontinuum zu begreifen, der allerdings immer wieder passender Impulse bedarf, um jeweils eine neue Qualität zu erlangen.

Als entscheidender Punkt in dieser Entwicklung gilt die Einsicht in die Phonem-Graphem-Beziehung. Die ihr zugrunde liegende Fähigkeit zur phonologischen Analyse gilt nach übereinstimmender Meinung als unabdingbar für den Schriftspracherwerb. Sie entwickelt sich aus einem bewussten Gebrauch der mündlichen Sprache. Reime oder Sprechspiele mit Silben beispielsweise führen dazu, dass der Lautcharakter der Sprache beachtet und damit der phonologische vom semantischen Aspekt getrennt wird. Dies ist der Ausgangspunkt für das Lesen und das Schreiben. Durch eine weitere Verfeinerung der lautlichen Wahrnehmung – in der Regel forciert durch den Schriftspracherwerb – gelingt es, Buchstabenketten zu Lautketten werden zu lassen und sie im Aneinanderreihen auch noch mit Sinn zu versehen. Für das Schreiben ist das Abhören der gesprochenen Wörter grundlegende Voraussetzung. Hören und Sprechen, Lesen und Schreiben sind in diesem Prozess aufeinander bezogen und miteinander verwoben.

In monolingualen Situationen gelingt dieser Entwicklungsprozess in der Regel in der beschriebenen Weise. Die gesprochene Erstsprache wird in den Schriftspracherwerb hineingenommen. Die Schrifterfahrungen können auf mündliche Erfahrungen in derselben Sprache aufbauen. Kinder, deren mündliche Erfahrungen sich aber vor allem auf eine Sprache beziehen, die nicht Ausgangspunkt des schulischen Schriftspracherwerbs ist, erleben an diesem Punkt eine Lücke. Sie klafft zwischen den vorhandenen Sprachkenntnissen in der Erstsprache und den Anforderungen des Schriftspracherwerbs auf Deutsch. Vor allem die für den Schriftspracherwerb so entscheidende phonologische Analyse kann von Sprecherinnen und Sprechern anderer Erstsprache nicht selbstverständlich erwartet werden. Sie bedarf im Fall des Zweitspracherwerbs einer systematischen Unterstützung (vgl. RÖBER-SIEKMEYER 1998). Erfahrungen von Lehrerinnen und Lehrern nach ist bei vielen Migrantenkindern die Zweitsprache nicht in gleicher Weise entwickelt wie bei Gleichaltrigen mit deutscher Erstsprache. Das betrifft das Lexikon in gleicher Weise wie die Grammatik. Viele Probleme beim Schriftspracherwerb werden darauf zurückgeführt. Ob diese nicht auch damit zusammen hängen, dass von einer unangemessenen Erwartung ausgegangen wird? Es ist Aufgabe des Anfangsunterrichts, Begriffe zu klären, zu ordnen und zu differenzieren. Das begriffliche Wissen von Schulanfängern differiert je nach Erfahrungshintergrund. OSBURG (2002) konnte zeigen, dass »singuläres begriffliches Wissen« sich negativ auf den Schriftspracherwerb wie auf den Schulerfolg auswirkt, »reguläres begriffliches Wissen« jedoch das schulische Lernen erleichtert. Schriftspracherwerb in der Zweitsprache beinhaltet zu einem erheblichen Anteil den Aufbau konventionellen (»regulären«) begrifflichen Wissens. Diesem Aspekt muss allerdings auch besondere Aufmerksamkeit geschenkt werden, damit Sinnkonstruktionen beim Lesen und beim Schreiben anschlussfähig sind. Zum Beispiel bereitet das Wort »einladen« wahrscheinlich kaum einem Kind mit deutscher Erstsprache Schwierigkeiten; es kann zuordnen, ob es sich um eine Geste der Gastfreundschaft oder um einen Vorgang der Lastenbeförderung handelt. Ein Kind mit anderer Erstsprache kann durchaus ins Grübeln kommen, wenn es mit der Aufforderung konfrontiert wird: »Ich will dich einladen.« Dieses einfache Beispiel, das ich der Kindheitserinnerung einer Studentin verdanke, zeigt deutlich, wie versteckt Verstehensprobleme sein können und wie wichtig die Klärung der selbstverständlichsten Begriffe für einzelne Kinder ist.

Als hoch bedeutsame Voraussetzung für einen erfolgreichen Schriftspracherwerb gilt neben der phonologischen Bewusstheit die Erfahrung mit der Schrift, d.h. die aktive Auseinandersetzung mit der schriftbezogenen Umwelt. Der englische Begriff »literacy«, für den es im Deutschen keine passende Entsprechung zu geben scheint, »beschreibt weit mehr als die Grundfertigkeit des Lesens und Schreibens, er umfasst Kompetenzen wie Textverständnis und Sinnverstehen, sprachliche Abstraktionsfähigkeit, Lesefreude, Vertrautheit mit Büchern, die Fähigkeit sich schriftlich auszudrücken, Vertrautheit mit Schriftsprache oder mit ›literarischer‹ Sprache, oder sogar Medienkompetenz« (ULICH 2003). All dies beginnt nach übereinstimmender fachlicher Meinung weit vor dem Schuleintritt. Kinder kommen mit unterschiedlichen Literacy-Erfahrungen in die Schule. Sie haben ungleiche Teilhabe an der Buch-, Reim-, Erzähl- und Schriftkultur genossen. ULICH spricht in diesem Zusammenhang von einer »großen Schere« zwischen »privilegierten« und so genannten »unterprivilegierten« Kindern, die sich auf den Bildungserfolg auswirkt.

KNOPF und LENEL konnten in einer Trainingsstudie nachweisen, dass die intensive Erfahrungsmöglichkeit mit der »verschrifteten Welt« im letzten Kindergartenjahr zu besseren Erfolgen im anschließenden Schriftspracherwerb führte (vgl. KNOPF/LENEL 2005). Das Trainingsangebot umfasste eine »Leseecke« mit Bilderbüchern, eine »Büroecke« mit vielfältigen Schreibutensilien, tägliches Vorlesen durch die Erzieherin und schließlich ein achtstündiges Projekt zur Frühgeschichte der Schrift, in dessen Verlauf sich die Kinder u. a. mit Hieroglyphen und mit chinesischen Schriftzeichen befassten. Schrift war bedeutsamer Bestandteil des Kindergartenalltags, ohne dass eine systematische Unterweisung in die Schrift erfolgte. Die Kinder konnten in der Schule nahtloser an diese Schrifterfahrungen anknüpfen. Die Verfasserinnen folgern, dass ein entsprechendes Training vor allem solchen Kindern zugute komme, denen solche Erfahrungen im Elternhaus nicht möglich sind. Auf derselben theoretischen Basis arbeiten Programme zur »home literacy« bzw. »family literacy«. Sie setzen lebenszeitlich noch früher an und nutzen als Erfahrungsraum die Familie. Sie setzen auf eine möglichst frühe und intensive Förderung von Sprache und Schriftkultur im vertrauten Umfeld der Familie. Der Ansatz ist generationenübergreifend: Die Kinder sollen sprachlich gefördert werden, das Bewusstsein der Eltern für Literacy-Aktivitäten soll erhöht werden. Beispielsweise lernen Mütter Bilderbücher in dialogischer Weise mit ihrem Kind zu lesen (vgl. NICKEL 2004, 2005).

Es ist anzunehmen, dass ein Großteil der Kinder mit Migrationshintergrund keine reichhaltigen Literacy-Erfahrungen in die Schule mitbringt. Darauf deutet die Tatsache hin, dass sie sehr viel häufiger unter prekären materiellen Bedingungen leben. Außerdem scheint es unter Migrationsbedingungen schlechter zu gelingen, »kulturelles Kapital« zwischen den Generationen weiterzugeben (GOGOLIN / NEUMANN / ROTH 2003, 18). Nicht zu vergessen ist auch der Umstand, dass es Gruppen von Migranten gibt, die aus rein mündlich geprägten Sprachgruppen kommen, wie z. B. marokkanische Berber. Die Wahrscheinlichkeit, dass Kinder mit Migrationshintergrund durch reduzierte Erfahrungen mit der Schriftkultur einen schlechteren Start in den schulischen Schriftspracherwerb haben, ist relativ hoch. Der Schule scheint es oft nicht zu gelingen, die Kluft zwischen den mündlich orientierten Spracherfahrungen und der Schriftkultur der Schule zu überbrücken (vgl. SIEBERT-OTT 1998). Entscheidend ist die Eröffnung eines Zugangs zur konzeptionellen Schriftlichkeit, am besten vor der Schule und im Sinne einer geglückten Zweisprachigkeit auch in beiden Sprachen.

Der Schriftspracherwerb erfordert die Fähigkeit zur Sprachreflexion. Schreiben und Lesen lässt sich erst dann erlernen, wenn die Sprache zum Gegenstand gemacht werden kann, wenn sich also die Bedeutung von der Bezeichnung ablösen lässt. Ein Kind, das gelernt hat, sich in zwei Sprachen zu verständigen – auf welchem Niveau auch immer – hat eine wichtige Einsicht in die Struktur der Sprache gewonnen. Es weiß, dass derselbe Gegenstand unterschiedlich bezeichnet werden kann. Derselbe runde Spielgegenstand zum Beispiel heißt auf Deutsch »Ball« und auf Arabisch »tabi«. Das Kind kennt beide Namen und kann die Bezeichnung je nach Kommunikationspartner oder -situation wechseln. Es kann zwischen Bezeichnung und Bedeutung unterscheiden. Viele monolinguale Sprecherinnen und Sprecher erwerben diese Einsicht erst mit der Schriftsprache. Sie wächst mit Fortgang des Schriftspracherwerbs, der die Sprache sichtbar werden lässt. Ein Schriftspracherwerb, der auf die besondere Ausgangssituation von zweisprachigen Kindern zugeschnitten ist, könnte sehr gut an dieser den Kindern geläufigen Erfahrung anknüpfen.

Übereinstimmend geht man heute davon aus, dass die Zweisprachigkeit an sich kein Hindernis für einen gelungenen Schriftspracherwerb ist. Zu Problemen kommt es dann, wenn die besondere Situation der Zweisprachigkeit in ihrer jeweiligen Ausprägung keine Berücksichtigung in den unterrichtlichen Bemühungen findet.

Die Anforderungen der Unterrichtssprache

Die Unterrichtssprache der Schule ist Deutsch, ein besonderes Deutsch, das sich von der Alltagssprache unterscheidet. Diese Sprache ist durch eine höhere Abstraktion sowie durch größere Formalität gekennzeichnet. Sie ist situationsentbunden und komplexer in ihrer Struktur. Sie weist eine höhere Informationsdichte auf und ist hochgradig elaboriert. Insgesamt entspricht sie mehr den Merkmalen konzeptioneller Schriftlichkeit (vgl. KOCH / OESTERREICHER 1985). Um in der Schule erfolgreich zu sein, ist es unerlässlich diese Art der Sprache zu verstehen und zu sprechen. In der Grundschule kann beispielsweise schon die Aufforderung »Geht jetzt still an eure Arbeit!« Verwirrung stiften; denn man geht in der Erfahrung der Kinder entweder »in die Arbeit« oder »zur Arbeit«, und dann geht man wirklich an einen anderen Ort, an dem diese Arbeit stattfindet – so wie es Vater und Mutter tun. Es sind nicht nur Fachausdrücke, vor allem sind es auch sprachliche Formen, die ein hohes Maß an sprachlicher Kompetenz verlangen. Im Lauf der Schulzeit wächst der Anspruch an die sprachliche Abstraktion immer weiter.

Kann nun ein Kind auf ein sicheres Fundament an schriftlicher und mündlicher Sprachfähigkeit zurückgreifen, bereitet ihm diese Anforderung weniger Schwierigkeiten. Bei Kindern mit Migrationshintergrund, besonders wenn sie aus eher bildungsfernen Familien stammen, kann dieses Fundament aber nicht vorausgesetzt werden. Da sich die meisten dieser Kinder, die in Deutschland geboren und aufgewachsen sind, zumal wenn sie einen Kindergarten besucht haben, in alltagssprachlichen Situationen mündlich gut verständigen können, wird eine spezifische Förderung dieser abstrakteren Sprachfähigkeit oft vernachlässigt. Es gibt jedoch keinen geeigneteren Lernort für diese Fähigkeit als die Schule, denn sie ist der Ort der Wissensvermittlung, die auf Kommunikation und damit den adäquaten Gebrauch der Sprache angewiesen ist. Erfahrungsgemäß zeigen sich die Schulprobleme vieler Migrantenkinder erst im Verlauf der Schulzeit; sie scheitern an den zunehmenden Anforderungen der Unterrichtssprache. Sie entfernt sich immer weiter von der alltagssprachlich verwendeten Sprache. Die begleitende Unterstützung durch eine reichhaltige literale Umgebung ist jedoch in vielen Migrantenfamilien nicht gegeben. Es ist daher Aufgabe der Schule, dafür Sorge zu tragen, dass alle Kinder »mit den sich steigernden Anforderungen an die Schriftförmigkeit der Unterrichtskommunikation Schritt halten können« (Gogolin / Neumann / Roth 2003, 51). Die sprachliche Förderung hat diesen Aspekt in besonderer Weise zu berücksichtigen. Sinnvollerweise muss sie daher auch die gesamte Bildungszeit hindurch andauern.

Zu Schulbeginn ist es wichtig, die neue Sprache bewusst einzuführen. Das geschieht zum einen durch den Schriftspracherwerb, der den Zugang zur konzeptionellen Schriftlichkeit erweitert und ausdifferenziert; es geschieht aber auch durch eine sorgsame und bewusste Pflege der Sprache im Unterricht, die nicht nur den Kindern mit anderer Erstsprache zugute kommt. Der Lehrersprache, in den letzten Jahren kaum thematisiert, dürfte eine Schlüsselrolle zufallen. Lehrerinnen und Lehrer sind Sprachvorbilder. Wie sie mit den Kindern kommunizieren, schlägt sich auch in der Sprache der Kinder nieder. Sprache wird in und durch Kommunikation erworben. Selbstverständlich sollte sich das Vorbild der Lehrersprache auf eine deutliche Artikulation und eine verständliche, korrekte Ausdrucksweise (vgl. Engin u.a. 2004, 21) beziehen, darüber hinaus aber sollte sich das Vorbild auch auf die Funktion des lauten Denkens erstrecken.

Lautes Denken kann als Fortsetzung des handlungsbegleitenden Sprechens angesehen werden. Das handlungsbegleitende Sprechen ist für den Spracherwerb – ob in der Erstsprache oder in der Zweitsprache – ein wertvolles und kaum zu überschätzendes Mittel, um das sprechen lernende Kind mit Begriffen und mit sprachlichen Strukturen vertraut

zu machen. Denken ist kognitives Handeln, das sozusagen nach innen verlagert wird. Seine sprachliche Begleitung erfordert neben der exakten grammatischen Struktur Begriffe mentaler Art, wie sie in der Unterrichtssprache in großer Zahl zu finden sind. Sie erleichtern es, die Sprache als Werkzeug des Denkens zu benutzen. Typische mentalistische Begriffe im Grundschulalter sind zum Beispiel: nachdenken, meinen, schätzen, erraten, nachfragen, sich informieren, zustimmen, glauben, lernen. Erst durch situationsangemessene und wiederholte Verwendung können solche Begriffe mit Inhalt gefüllt und ins aktive Repertoire der Sprache aufgenommen werden. Es ist nicht zu erwarten, dass alle Kinder bereits vor der Schule Erfahrung mit der sprachlichen Beschreibung des Denkens gemacht haben. Wenig Erfahrung damit dürften all jene Kinder gemacht haben, in deren häuslicher Umgebung die Sprache eine sehr konkrete und situationsverschränkte Funktion hat. Das trifft wiederum nicht nur für Kinder mit anderer Erstsprache und auch nicht für alle Kinder mit anderer Erstsprache zu. Auch hier spielt die literale Erfahrung eine Rolle. Dass die Redewendung »Stellt euch vor ...« eine Aufforderung zur Imagination ist, wird zum Beispiel den Kindern geläufig sein, die Erfahrungen mit dem Märchenerzählen machen konnten. Es gehört zur oben genannten Aufgabe der Schule, Gelegenheiten und Anlässe zu schaffen, eine Erweiterung der sprachlichen Kompetenz gerade im Blick auf die Sprache als Denkwerkzeug zu schaffen. Eine entscheidende Rolle spielt hierbei der Lehrer oder die Lehrerin als Modell und als Helfer, im Sinne des von Bruner (2002) für den frühen Spracherwerb so eindrücklich beschriebenen Hilfssystems (Language Acquisition Support System, LASS).

Damit rückt das Sprechen im Unterricht in den Mittelpunkt. Das traditionelle, fragend-entwickelnde Unterrichtsgespräch kann nur bedingt diese Funktion erfüllen, weil es sich zu allgemein an die Klasse als Ganzes richtet. Angemessener sind Gesprächsformen, die ein intensives Sprechen in kleinen Gruppen vorsehen. Die Lehrkraft als Dialogpartner, als sprachliches Vorbild und als Auskunftspartner für Verstehensfragen muss für diejenigen zur Verfügung stehen, die besonders gefördert werden sollen. Im Konzept zur Förderung von Literacy (»geletterdheid«), das vom »Expertisecentrum« der Universität Nijmegen erarbeitet wurde, ist das intensive kleine Kreisgespräch eine zentrale Größe. Es gibt den beteiligten Kindern (Gruppengrößen von vier bis fünf konnte ich bei einem Besuch im Oktober 2005 beobachten) ausreichend Gelegenheit, sich an der Kommunikation zu beteiligen. Sie sprechen über Themen, die für sie bedeutsam und spannend sind. Die Lehrkraft beobachtet im Gespräch sehr genau und geht auf jedes einzelne Kind ein. Damit gewinnt sie auch eine zuverlässige Grundlage zur Einschätzung der sprachlichen Kompetenz jedes einzelnen Kindes. Die Erfahrungen in den Schulen sind laut Auskunft der für das Konzept Verantwortlichen sehr positiv.

Der Übergang in die Schule – eine Nahtstelle zwischen Mündlichkeit und Schriftlichkeit

Die beiden genannten Anforderungen entscheiden maßgeblich über den Erfolg in der weiteren Bildungskarriere. Der Schriftspracherwerb stellt die Grundlage für die Arbeit in der Schule dar. Jeder Unterricht setzt die Beherrschung des Lesens und Schreibens voraus. Die Lesekompetenz ist Schlüsselkompetenz für das Lernen in der Schule. Die Unterrichtssprache ist zwar medial mündlich, aber konzeptionell ebenfalls schriftlich. Sie erschließt Gegenstände und ermöglicht das Verstehen. Sie unterstützt das Denken, trägt also wesentlich zum eigenständigen Lernen bei. Angelpunkt ist die Schriftlichkeit, welche die bisher gebräuchliche Mündlichkeit ergänzt und qualitativ verändert. Gelingt dieser Prozess, der sich über eine geraume Zeit hinweg erstreckt, sind die Voraussetzungen für das weitere Lernen gut. Eine Umgebung, in der Schriftlichkeit bereichernde Selbstverständlichkeit ist, bietet dazu die notwendigen Bedingungen. Im günstigen Fall – und dies wird von der Schule auch als Normalfall angesehen – kann die Schule auf eine beginnende Schriftlichkeit aufbauen. Sie hat sich aufgrund vielfältiger literaler Erfahrungen wie zum Beispiel des Vorlesens entwickelt. Im ungünstigen Fall – und das scheint bei vielen Kindern mit Migrationshintergrund der Fall zu sein – fehlen diese literalen Erfahrungen, und es entsteht in der Tat eine Kluft zwischen Möglichkeit und Anforderung. Es wird eine Zukunftsaufgabe für alle an dieser Nahtstelle zusammen treffenden Institutionen sein, diese Kluft zu schließen.

Literatur

BERTAU, MARIE-CÉCILE / SPECK-HAMDAN, ANGELIKA: Förderung der kommunikativen Fähigkeit im Vorschulalter, in: FAUST, GABRIELE u. a. (Hrsg.) Anschlussfähige Bildungsprozesse im Elementar- und Primarbereich. Bad Heilbrunn: Klinkhardt 2004, S. 105–118

BRUNER, JEROME: Wie das Kind sprechen lernt. Bern u. a.: Verlag Hans Huber 2002

ENGIN, HAVVA u. a.: Kinder lernen Deutsch als zweite Sprache. Prinzipien, Sequenzen, Planungsraster, Minimalgrammatik. Berlin: Cornelsen Verlag Scriptor 2004

GOGOLIN, INGRID / NEUMANN, URSULA (Hrsg.) Großstadt-Grundschule. Eine Fallstudie über sprachliche und kulturelle Pluralität als Bedingung der Grundschularbeit. Münster u. a.: Waxmann 1997

GOGOLIN, INGRID / NEUMANN, URSULA / ROTH, HANS-JOACHIM: Förderung von Kindern und Jugendlichen mit Migrationshintergrund. Gutachten für die BLK, Heft 107, Bonn 2003

GÜNTHER, HARTMUT: Die Sprache des Kindes und die Schrift der Erwachsenen. In: HUBER, LUDOWIKA / KEGEL, GERD / SPECK-HAMDAN, ANGELIKA (Hrsg.) Einblicke in den Schriftspracherwerb. Braunschweig: Westermann 1998, S. 21–30

KNOPF, MONIKA / LENEL, ALINE: Schriftspracherwerb und dessen mögliche Frühförderung. In: GULDIMANN, TITUS / HAUSER, BERNHARD (Hrsg.) Bildung 4- bis 8-jähriger Kinder. Münster: Waxmann 2005, S. 41–57

KOCH, PETER / OESTERREICHER, WULF: Sprache der Nähe – Sprache der Distanz. Mündlichkeit und Schriftlichkeit im Spannungsfeld von Sprachtheorie und Sprachgeschichte. In: Romanistisches Jahrbuch 36, 1985, S. 15–43

NICKEL, SVEN: Family Literacy- Familienorientierte Literalisierung zur Förderung des Schriftspracherwerbs. In: CARLE, URSULA / PANAGIOTOPOULOU, AGYRO (Hrsg.) Sprachentwicklung und Schriftspracherwerb. Beobachtungs- und Fördermöglichkeiten in Familie, Kindergarten und Grundschule. Baltmannsweiler: Schneider Verlag Hohengehren, 2004, S. 71–83

NICKEL, SVEN: Literacy beginnt in der Familie. Familiy Literacy – eine Aufgabe für die Schule? In: HOFMANN, BERNHARD / SASSE, ADA (Hrsg.) Übergänge. Kinder und Schrift zwischen Kindergarten und Schule. Berlin: Deutsche Gesellschaft für Lesen und Schreiben 2005, S. 179–188

OSBURG, CLAUDIA: Begriffliches Wissen am Schulanfang. Schulalltag konstruktivistisch analysiert. Freiburg/Br.: Fillibach 2002

RÖBER-SIEKMEYER, CHRISTA: Die Bedeutung der Schrift für die phonologische Analyse im Zweitspracherwerb. In: APELTAUER, ERNST / GLUMPLER, EDITH / LUCHTENBERG, SIGRID (Hrsg.) Erziehung für Babylon. Baltmannsweiler: Schneider Verlag Hohengehren 1998, S. 68–77

SIEBERT-OTT, GESA: Probleme des Schriftspracherwerbs bei Kindern aus zugewanderten Sprachminderheiten. In: WEINGARTEN, RÜDIGER / GÜNTHER, HARTMUT (Hrsg.) Schriftspracherwerb. Baltmannsweiler: Schneider Verlag Hohengehren 1998, S. 151–182

ULICH, MICHAELA: Sprachliche Bildung und Literacy im Elementarbereich. http://www.ifp-bayern.de/cmain/a_Bildungsplan_Materialien/s_160 (erschienen 2003, Fund November 2005)

Heidi Rösch

Nahtstelle Übergang vom Primar- zum Sekundarbereich

DaZ-Prinzipien in der Primar- und Sekundarstufe I im Vergleich

DaZ-Unterricht in der Primar- und Sekundarstufe I zeigt viele Gemeinsamkeiten und wenige Unterschiede der Prinzipien für die Förderung von DaZ, wie an folgender Gegenüberstellung deutlich wird. Sie bezieht sich auf die Grundlagenbände DaZ für die Grundschule und die Sekundarstufe I (vgl. Rösch 2003, 2005):

Grundschule (Primarstufe)	Sekundarschule (Sekundarstufe I)
• Handlungsorientierung	• Sprachhandlungsorientierung
• flexible Sozialformen – kindgerechte Themen	• flexible Sozialformen – altersgerechte und unterrichtsrelevante Themen
• Prinzip der Sprachentfaltung – Hypothesenbildung im Zweitspracherwerb nutzen	• Prinzip der Sprachentfaltung – Zweitspracherwerb lebendig halten / wieder beleben
• Akzeptanz der Herkunftssprache	• (Akzeptanz der Herkunftssprache)
• Hören – Verstehen – Sprechen – Schreiben	• Hören – Lesen – Sprechen – Schreiben – sprachlich Interagieren – Sprachlernbewusstheit
• Verbindung von Sprach- und Fachlernen	• Verbindung von DaZ- und Fachlernen
• stabile sprachliche Strukturen aufbauen – Selbstkompetenz stärken	• stabile sprachliche Strukturen aufbauen – Sprachlernbewusstheit stärken
• Sprachentwicklung beobachten – Lernprozess dokumentieren	• Sprachentwicklung beobachten – Lernprozess dokumentieren

Gemeinsam ist das Prinzip des integrativen Sprachunterrichts, d.h. dass DaZ- und DaM-SchülerInnen gemeinsam unterrichtet werden und Integration als gegenseitiger Annäherungsprozess gestaltet wird, dass DaZ wie jede andere Sprache im situativen Kontext vermittelt und in den Fachunterricht integriert wird, dass Sprache und Literatur verbunden werden und Sprachbetrachtung in allen Fächern sowie im fächerverbindenden Unterricht stattfindet, dass alle sprachlichen Fertigkeiten integrativ behandelt werden. Die Unterschiede liegen in der Akzentuierung der einzelnen Prinzipien:

- Handlungsorientierung wird in der Primarstufe weiter gefasst als in der Sekundarstufe I. In der Primarstufe geht es um die Verbindung von Sprache und anderen Formen der Handlung, während in der Sekundarstufe das Handeln mit und durch Sprache im Vordergrund steht.
- Flexible Sozialformen und altersentsprechende Themen sind allgemeine Unterrichtsprinzipien, die natürlich auch im DaZ-Unterricht gelten. DaZ-spezifisch ist, dass sich die Themenwahl – im Unterschied zum Fremdsprachenunterricht – frühzeitig von Alltagssituationen (Einkaufen, Freundschaft, Familie etc.) lösen und auf unterrichtsrelevante Themen beziehen sollte. Je älter die SchülerInnen werden, desto wichtiger ist die thematische Anbindung an den Fachunterricht.
- Sprachentfaltung bezieht sich in beiden Stufen auf die Synchronisation von gesteuertem und ungesteuertem Zweitspracherwerb. Während in der Primarstufe der Akzent auf die Nutzung der Kompetenz zur Hypothesenbildung und damit die kognitiven Strategien der Lernenden gelegt wird, geht es in der Sekundarstufe darum, den Zweitspracherwerb lebendig zu halten und – zumal bei SchülerInnen, die bereits die Grundschule in Deutschland besucht haben und immer noch Probleme in DaZ haben – wieder zu beleben. Letzteres ist sehr viel schwieriger.
- DaZ-SchülerInnen sollten in beiden Stufen erfahren, dass ihre Erstsprache auch in der deutschen Schule akzeptiert wird, indem sie zumindest punktuell zugelassen und auch einbezogen wird. Dass dieses Prinzip in der Sekundarstufe eingeklammert wurde, weist auf eine unterschiedliche Gewichtung hin. Nicht zuletzt aufgrund einer in Sekundarschulklassen häufig höheren Konzentration einer herkunftssprachlichen Gruppe müssen Regeln für den Gebrauch der verschiedenen Sprachen gefunden werden. Durch die höhere Fachlichkeit in der Sekundarstufe geht es weniger um das Zulassen und Einbeziehen der Herkunftssprache/n, sondern vielmehr darum, die SchülerInnen anzuregen, Fachtermini auch in der/den Herkunftssprache/n nachzuschlagen, Sprachsysteme zu vergleichen etc.
- Die sprachlichen Fertigkeiten (Hören, Lesen / Verstehen, Sprechen und Schreiben) sind in der Sekundarstufe ergänzt worden um die Bereiche sprachliches Interagieren und Sprachlernbewusstheit, denn die sprachliche Interaktion (mündlich wie schriftlich) ist mehr als die Addition von rezeptiven und produktiven Fertigkeiten und liefert als interaktive Fertigkeit eine wichtige Grundlage für kommunikative Kompetenz, die mit zunehmender Schullaufbahn immer wich-

tiger wird. Da vor allem DaZ-SchülerInnen, die in Deutschland aufwachsen, oftmals nur ein gering ausgeprägtes Bewusstsein für ihre sprachlichen Schwierigkeiten, Sprachlernstrategien und ihre Effektivität zeigen, sollten diese bewusst gemacht und trainiert werden.

- Die Verbindung von Sprach- und Fachlernen in der Grundschule und von DaZ- und Fachlernen in der Sekundarschule wurde bereits als Prinzip des integrativen Sprachunterrichts genannt und wird weiter unten noch einmal ausführlich aufgegriffen.
- Während in der Primarstufe das Ziel der DaZ-Förderung ganzheitlich (›Selbstkompetenz stärken‹) und damit gleichzeitig sehr allgemein formuliert wird, wird in der Sekundarstufe I das Stärken der Sprachlernbewusstheit betont, was sicher auch zur Stärkung der Selbst- und auch der Sozialkompetenz beiträgt, aber expliziter formuliert, in welchem Bereich diese Kompetenz zu erwerben ist.
- In jeder Schulstufe sollte die Sprachentwicklung beobachtet und der Lernprozess dokumentiert werden – und zwar von den Lehrkräften und mit zunehmendem Alter von den Lernenden selbst.

Stolperstein	Einzelphänomen	Beispiel für die Beobachtung (wird von Lehrkraft ausgefüllt)	Seitenangabe für Information und gezielte Förderung	Erreichter Erfolg (wird von Lehrkraft ausgefüllt)
Formenbildung	Pluralbildung	*Fingers*	29, 51, 140–143	*viele Autos, die Finger, drei Jacken*
	Adjektivdeklination	*der blauer Ball*	29–51, 113, 143–148	*der blaue Ball ein blauer Ball*
Wortschatz Wortbedeutung Wortbildung	Adjektive, Adverbien	*Der Mann ist noch groß (statt dicker als jener)*	27, 51, 82–85, 92, 100	*Er hat noch Hunger. Sie ist schon satt. … ist dicker, dünner … als …*
	Strukturwörter	*… in Toilette*	51, 53, 82, 155–158	*in die Tasche zur Toilette*
Satzbau	Bildung von Fragen	*Du mitkommst?*	15, 51, 76–80, 158–162	*Kommst du? Spielt ihr? Liest sie?*
	Verbstellung im Hauptsatz	*Ich Hause gehen.*	15, 30, 32, 148–151, 158–162, 166	*ich gehe …, du lernst …, er spielt ….*

Auszug aus dem Beobachtungsbogen im Grundlagenband für die Grundschule

Verbindung von Sprach- und Fachlernen in der Grundschule

Die Verbindung von Sprach- und Fachlernen setzt bereits in der Grundschule ein und sollte folgenden Prinzipien folgen: Vor der Begegnung mit einem neuen Thema wird das Vorwissen geklärt. Begegnungen mit der Materie (z.B. in Versuchen oder durch Illustrationen) vermitteln Zusammenhänge und unterstützen einen erfahrungsbezogenen Zugang, der v.a. für Kinder wichtig ist, die sich den Sachverhalt über die Sprache alleine nicht erschließen können.

Sprachliche Probleme werden in thematischen Zusammenhängen geübt, dabei wird Sprachmaterial zur Verfügung gestellt und nicht vorausgesetzt. Es orientiert sich an den empirisch ermittelten Stolpersteinen für DaZ-Kinder. Auch im Sachkundeunterricht wird eine grammatische Terminologie verwendet, aber sparsam eingesetzt. Wörterbücher, Grammatiken oder ähnliche Sprachvermittlungsmaterialien werden einbezogen.

Lerntechniken werden spiralcurricular vermittelt und geübt. Dabei stehen Texterschließungsverfahren im Vordergrund, die sich auf die inhaltliche und auf die sprachliche Seite beziehen und auch eine Sprachreflexion anregen sollten (z.B. indem die Kinder alle Nomen mit Artikel aus einem Text heraussuchen und überlegen, wie viele verschiedene Artikel vorkommen, wie man sie sortieren kann – z.B. nach bestimmtem und unbestimmten und ggf. Possessivartikel oder aber nach Genus, Numerus und Kasus – und wann man nun welchen verwendet).

Binnendifferenzierung erfolgt nicht zuletzt durch sprachspezifische Aufgaben zu Sachtexten, literarischen Texten oder auch zu Textaufgaben im Mathematikunterricht, die das Verstehen absichern, bevor die fachliche Aufgabenstellung in Angriff genommen wird. Dabei ist zu berücksichtigen, dass Textaufgaben sehr anders zu verstehen sind als Sachtexte oder literarische Texte. Bei mathematischen Textaufgaben müssen die SchülerInnen ›nur‹ die Rechenaufgabe, die im Text ›verborgen‹ ist, verstehen, der situative Kontext ist nur Beiwerk und behindert oft den Zugang zur eigentlichen Rechenoperation. Bei Sachtexten ist es genau anders herum: Es gilt die Informationen möglichst genau zu ermitteln und in das Weltwissen zu integrieren. Bei literarischen Texten muss der historisch-kulturelle Kontext, der oft in einer altertümlichen oder literarisch ›verdrehten‹ Sprache verpackt ist, entschlüsselt werden, um überhaupt eine literarische Leserolle besetzen zu können.

Sprachliche Phänomene (wie trennbare Verben, Deklination etc.) sind im Fachunterricht vor- und nachbereitend aufzugreifen und idealerweise in DaZ-didaktischen Schleifen weiterzubearbeiten, damit eine Vertiefung und ein Transfer des sprachlich Gelernten stattfinden kann und die SchülerInnen erkennen und lernen können, dass das sprachliche Phänomen (wie z.B. Wortbildungsregeln) nicht an das Thema des Fachunterrichts gebunden ist, sondern weiter reichende Bedeutung hat.

Fachsprachlichkeit als neue Herausforderung der Sekundarstufe

Die für die Grundschule genannten Prinzipien gelten auch in der Sekundarstufe I, allerdings bedarf es einer weiteren Ausdifferenzierung durch die steigenden inhaltlichen und sprachlichen Anforderungen in den Fächern sowohl für DaZ-SchülerInnen als auch für deren Fachlehrkräfte. Im Fachunterricht erhöht sich der Anteil an Fachsprache, gleichzeitig sinkt der Anteil an Deutschunterricht und er verändert seine Funktion: Der Deutschunterricht, der in der Grundschule sprachliche Fertigkeiten als basale Kompetenz für alle Fächer ausbildet, wird in der Sekundarstufe I zum Fachunterricht, in dem der Lernbereich Literatur zunehmend ins Zentrum rückt. Auch wenn der Deutschunterricht – zumal in Hauptschulen – die Funktion eines Schlüsselfaches für kommunikative Fertigkeiten beibehält, so kann er die fachsprachlichen Anforderungen aller Fächer nur bedingt kompensieren.

Fachsprachen sind sprachliche Varietäten mit einer Syntax und Lexik, »die in der Alltagssprache nicht üblich sind, in Fachtexten aber gehäuft auftreten« (Krischer 2005). Sie transportieren die Denkstrukturen und Mitteilungsstrukturen des Faches und fungieren als Kommunikationsmittel über Fachinhalte in sprachlich kurzer und präziser Form.

Fachsprache zeichnet sich aus durch

- einen terminologisch normierten Fachwortschatz (in Mathematik und Naturwissenschaften kommt eine Bild- und Symbolsprache hinzu);
- den differenzierten Gebrauch von komplexen Wörtern (z.B. Komposita, Prä-/Suffixbildungen), eines Nominalstils, von unpersönlichen Konstruktionen (Passiv, Reflexiv- und Infinitivkonstruktionen) und Deverbalisierung, d.h. die Verlagerung der Information vom verbalen in den nominalen Bereich;
- spezifische Textsorten (Versuchs-/Verlaufsprotokoll im naturwissenschaftlichen Unterricht, Textaufgaben in Mathematik, Quellentexte in Geschichte, Grafiken in Sozialkunde und vielen anderen Fächern etc.).

Fachsprache entwickelt sich (historisch und im Unterricht) aus der Alltagssprache heraus, d.h. dass die Alltagssprache die Voraussetzung und ein Hilfsmittel zur allmählichen Vervollkommnung der Fachsprache ist (vgl. MERZYN 1998, S. 1). Diese Erkenntnis lässt sich didaktisch nutzen: Der bewusste Einsatz der Alltagssprache ist auch im Fachunterricht sinnvoll, denn sie ist viel geeigneter als die Fachsprache, um den Erwerbsprozess der SchülerInnen auch wirklich zu begleiten. Die bewusste Orientierung an der Alltagssprache bedeutet gleichzeitig eine Reduktion der Fachsprache und das bedeutet für die Lehrkräfte, dass sie

- kurze Satzteile, Aktiv- statt Passivformen verwenden,
- Nominalisierung und Satzschachtelungen vermeiden,
- Satzglieder mit wichtiger Bedeutung mehrfach wiederholen und auf allzu große Prägnanz verzichten,
- schwierige Fachwörter und Symbolisierung im Aufgabentext reduzieren; den Text aber auch graphisch gestalten.

Die Reduktion der Fachsprache ist auch sinnvoll, um Teilschritte abzusichern und den SchülerInnen die Möglichkeit zu geben, Hypothesen zum Fachinhalt in der ihnen geläufigen Sprache zu formulieren. Versteht man Lernen nicht nur als Instruktion durch die Lehrkraft, sondern als Konstruktion der SchülerInnen, so ist das laute Denken (als Versprachlichung von Hypothesen, Äußern von Gedanken etc.) ein wichtiges Element gerade im naturwissenschaftlichen Unterricht und es unterstützt die Forderung des Physikdidaktikers GOTTFRIED MERZYN, die Sprache als »bildendes Organ der Gedanken« (vgl. ebd., S. 1) zu nutzen.

Das bedeutet nicht, dass der Fachunterricht auf die Verwendung von Fachbegriffen verzichten soll, aber es gilt zu bedenken, dass der Erwerb von Fachbegriffen ein langwieriger Prozess ist, der auch als Prozess der Begriffsbildung zu vollziehen ist. Da viele DaZ-SchülerInnen aufgrund ihrer spezifischen Sprachsozialisation in der deutschen Schule Verzögerungen in der Begriffsbildung zeigen, ist im Blick auf diese Schülerschaft eine begriffsbildende Arbeit mit Fachtermini zu leisten: Um einen neuen Fachbegriff zu lernen, ist eine breite Repräsentation des Begriffes wichtig; positive und negative Beispiele für den Begriff und Abgrenzungen gegen benachbarte Fach- und Alltagsbegriffe müssen hinzukommen. Das Lernen schwieriger Begriffe zieht sich über Jahre hin und sollte deshalb auch entsprechend begleitet werden.

Gleiches gilt für die anderen oben genannten Merkmale der Fachsprache – v. a. aber die fachspezifischen Textsorten und den fachspezifischen Registergebrauch: Sie sind ein zentraler Lerngegenstand des jeweiligen Faches, der im Fach vermittelt, gefestigt und automatisiert werden muss. In der DaZ-Förderung kann ergänzend die Vermittlung und Festigung allgemeiner fachsprachlicher Strukturen wie Wortbildungsregeln, Passivkonstruktionen, Textsorten- und Registergebrauch erfolgen.

Konkret kann DaZ im Fachunterricht folgendermaßen aussehen:

Fachsprache | **Unterrichtssprache** | **Allgemeinsprache**

reduzieren und spiralcurricular vermitteln

- sprachliches und inhaltliches Vorwissen aktivieren
- Inhalte verzögert präsentieren
- Entlastung der Aufgabenstellung/Texte
- Teilergebnisse sichern
- Einübung fachspezifischer Textsorten
- Wechsel der Sprachebenen und Symbolisierungsformen, d.h. von der Alltagssprache ggf. über die Bildsprache und schließlich zur Fachsprache

gezielt nutzen und entfalten, d.h.

- Fachsprache mit Begriffsbildung verbinden (z.B. Fach- und Alltagsbegriffe abgrenzen)
- lautes Denken zu (verstandenen) Fachinhalten in der Allgemeinsprache anregen
- auf Strukturwortschatz (z.B. Proformen) fokussieren
- Prozesse der fachsprachlichen Entlastung auch mit SchülerInnen nachvollziehen und anregen, auch den umgekehrten Weg zu beschreiten.

Akzeptanz der Herkunftssprache

- Lexika und Fachbücher auch in den Familiensprachen
- freie Sprachwahl in Gruppenarbeitsphasen
- gezielter Einsatz herkunftssprach- und fachkundiger SchülerInnen
- Kooperation mit Herkunftssprach-Lehrkräften und Eltern

Neben der Verzahnung von Allgemein-, Unterrichts- und Fachsprache kann auch im Fachunterricht die Herkunftssprache einbezogen werden, ohne dass die Lehrkräfte selbst diese sprechen müssen.

Um über Sprache zu reden, brauchen SchülerInnen eine grammatische Terminologie, die möglichst über den Deutschunterricht hinaus verwendet werden sollte, d.h., sie sollte auch für die Vermittlung der Fachsprache in anderen Fächern und im Fremdsprachenunterricht genutzt werden. So kann die im Fremdsprachenunterricht neu gelernte Grammatik zur Vermittlung und Übung der deutschen Grammatik genutzt werden, wenn z.B. die Genusmarkierung im Französischen (la beurre – die Butter, in beiden Sprachen feminin) im Rahmen eines Vokabelspiels regelmäßig thematisiert wird oder die Einführung des »Past Participle« Anlass zur Wiederholung des Partizips Perfekt im Deutschunterricht wird (vgl. Lütke 2005, S. 79).

Basale DaZ-Kompetenzen in der Grundschule absichern und in der Sekundarschule gegebenenfalls nachholen

SchülerInnen mit Migrationshintergrund, die in der Schule Schwierigkeiten in der deutschen Sprache zeigen, haben in der Regel grundlegende Schwierigkeiten. Sie machen nicht nur mehr, sondern – was viel wichtiger ist – auch andere Fehler als ihre KlassenkameradInnen ohne Migrationshintergrund (vgl. Fix 2002, Ott 2000). Ihre Probleme zeigen sich bei der Sprachproduktion meist im Bereich der Grammatik, genauer im Bereich der Morphologie bzw. noch genauer der Deklination, die in schriftlichen Äußerungen sehr viel deutlicher zu Tage treten als in der mündlichen Kommunikation. Bei der Sprachrezeption bereiten Proformen (Pronomen wie Personal-, Frage-, Relativ- oder Demonstrativpronomina sowie Pronominaladverbien und Konjunktionaladverbien wie daher, deshalb) besondere Probleme. Die konkreten Schwierigkeiten gilt es zunächst durch eine linguistische Analyse von Seiten der Lehrkraft zu ergründen und durch eine didaktische Analyse aus dem Weg zu räumen. Dafür gibt es in der aktuellen DaZ-Didaktik zwei große Richtungen, die zum Teil auch sehr kontrovers diskutiert werden: Sprachförderung durch Sprachanreize oder durch eine systematische Vermittlung. Am Beispiel des Erwerbs

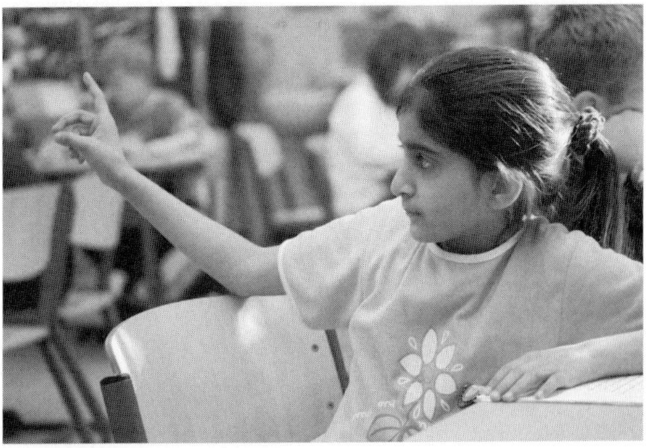

der Deklination sollen beide Konzepte gegenübergestellt werden. Deklination kommt in allen sprachlichen Äußerungen vor, wird von DaZ-SchülerInnen also ständig gehört und (allzu oft leider normwidrig) verwendet, d. h. Deklination scheint so komplex zu sein, dass

Anreiz zum Gebrauch der Deklination	Vermittlung der Deklination
• Spiele zum Akkusativ (oft ohne Berücksichtigung des Genus, der verschiedenen Artikelformen) • Übungen zur Adjektivdeklination (oft mit allen Kasusformen) • Anregungen zum Gebrauch von Sätzen mit mehreren Ergänzungen (oft Nomen- und Adjektivdeklination) • Fragen nach dem Kasus »wer, wen, wem, wessen«, die DaZ-SchülerInnen eher verwirren als unterstützen • … ➔ statt Vermittlung Forcierung des unstrukturierten Gebrauchs der Deklination ➔ SchülerInnen durchschauen das Prinzip nicht und ›raten‹ weiter	• Vermittlung bzw. Bewusstmachen des Genussystems im Nominativ (im Satzzusammenhang); zunächst ohne Adjektive. Bewusstmachen des Artikelgebrauchs und der Analogiebildung zwischen verschiedenen Artikelformen und Pronomen • Vermittlung des Akkusativ in Abhängigkeit vom Verb (Sprachmusterübungen) und Bewusstmachen seiner Form • Einschleifen durch Spiele, Übungen, Aktivitäten (mit sanfter Progression) • Transfer auf andere Situationen, dabei Verwendung überprüfen • wenn das Prinzip durchschaut ist, wird der Dativ genauso kleinschrittig eingeführt • anschließend werden Sätze mit mehreren Ergänzungen gebildet (sukzessive mit den verschiedenen Artikelformen) • später folgt der Genitiv • die Adjektivdeklination kann nach Einführung jedes Kasus oder am Ende erfolgen ➔ SchülerInnen durchschauen das Prinzip, wenden es an, erkennen es wieder und integrieren es in ihren aktiven Sprachgebrauch

Beispiele für empirisch ermittelte Stolpersteine für DaZ-Kinder

- Genus und Genuskonkordanz: *der Mann – sie geht; der Mann – ihre Frau*
- 8 Variationen der Pluralbildung *(Bechers, Fuße)* und Pluralkonkordanz:
  Die Eltern streitet. Die Kinder lacht.
- Vergangenheit unregelmäßiger Verben: *gehte, sie siehen, läufte, gehsehen, gesriben*
- Wechselpräpositionen:
  wohin? *zu Flus, in der Flus, in die Wohnzimmer, auf dem Hocker, in den Tisch*
  wo? *fom Afrika bies zu Berlin, ins Kopf, auf den Kuchen.*
- Deklination der Nomen und Pronomen: *er sieht die Mann, er gebt sie ein Geschenk*
- Adjektivdeklination: *sie hat ein grünen T-Shirt, er hat grün und orange Schuhe*
- Trennbare Verben: *da lacht er zu den Mann, es fängt zu regnen*
- Begriffsbildung: *Er baut Regal mit Hammer auf*
- Registergebrauch: *Gib Heft schnell!* (zur Lehrerin)

(z. T. aus Aufsätzen von Schülern türkischer Herkunftssprache einer 3./4. Klasse im Berliner Schulversuch Zweisprachige Erziehung, 1988–93)

ein natürlicher Erwerb bei einem großen Teil der DaZ-SchülerInnen nicht erfolgt. Zumindest diese SchülerInnen brauchen eine unterrichtliche Unterstützung. (Siehe Tabelle auf der folgenden Seite.)

Gerade bei SchülerInnen, die schon länger in deutschsprachiger Umgebung leben und die deutsche Schule besuchen, ohne die Deklination auf ›natürlichem Wege‹ erworben zu haben, besteht die Gefahr einer Fossilierung. Hier sollte dringend der in der Tat sehr viel aufwändigeren Variante der Sprachvermittlung der Vorzug gegeben werden, die eine induktive Bewusstmachung des Kasussystems vorsieht. In der Anwendungsphase sind Anreize zum Gebrauch der Deklination sehr sinnvoll und können unterstützend wirken.

Ähnliches gilt auch für andere empirisch ermittelte Stolpersteine der deutschen Sprache – wie etwa den Registergebrauch, d.h. die situationsangemessene Sprachverwendung. Eben weil der implizite Erwerbsprozess (bislang) nicht funktioniert hat, müssen sprachliche Phänomene explizit vermittelt werden und große Anstrengungen im Bereich der Automatisierung unternommen werden.

Das gilt für SchülerInnen mit Migrationshintergrund, die – trotz Besuchs der Grundschule in Deutschland – als DaZ-Schülerinnen in der Sekundarschule ankommen, in besonderem Maße. Die Grundschule kann hier Abhilfe schaffen, indem sie mehr Wert auf explizite DaZ-Förderung legt und basale Kompetenzen sichert. Die Sekundarschule, die DaZ-SchülerInnen aufnimmt, die bislang gescheitert sind, muss die Basiskompetenz festigen, ggf. nachholen, indem die sprachliche Komplexität im Unterricht zunächst entlastet und gleichzeitig systematisch durch eine DaZ-spezifische Akzentuierung von Lerninhalten, Methoden und Zielen aufgebaut wird. Es gilt Förderung anzubieten, erreichbare Forderungen zu stellen und zu überprüfen. Dabei müssen ggf. ineffektive Lernstrategien als solche erkannt und durch effektive ersetzt werden.

Spätestens in der Sekundarschule muss die Diskrepanz zwischen mündlicher und schriftlicher Kompetenz überwunden werden, indem geübte Strukturen auch im mündlichen Sprachgebrauch eingefordert werden, schriftliche Übungsformen verstärkt eingebunden und vielfältige Angebote zum Einschleifen und zum Transfer in die Alltagssprache gemacht werden. Auch wenn es schwierig ist, gilt es die allzu oft erkennbare geringe intrinsische Motivation durch eine extrinsische zu ersetzen, indem Regeln (z. B. für Sprachverwendung) vereinbart und die Einhaltung durchgesetzt wird, indem die SchülerInnen eine positive Verstärkung erfahren und statt bloßer Sprachlernanreize klar strukturierte Sprachlernsituationen erhalten. Insgesamt gilt es gerade in der Sekundarschule, in der DaZ-SchülerInnen oftmals mehr oder weniger unter sich sind, eine Kultur des Sprachlernens zu schaffen.

Literatur

Fix, M.: »Die Rechtschreibung ferbesern« – Zur orthografischen Kompetenz in der Zweitsprache Deutsch. In: Didaktik Deutsch, 7. Jg., H. 12/2002, S. 39–55

Hosseinpour, B.: Gescheit oder zum Scheitern verurteilt? Anmerkungen zur Vermittlung der Kommasetzung in der Hauptschule. In: Giese, H. / Ossner, J. (Hrsg.): Sprache thematisieren. Freiburg, Fillibach 1998, S. 105–119

Krischer, B.: DaZ und Fachsprache. In: Rösch, H. (Hrsg.): a. a. O. 2005, S. 44–48

Lütke, B.: Fachunterricht Deutsch und Fremdsprachen. In: Rösch, H. (Hrsg.): a. a. O. 2005, S. 77–80

Merzyn, G.: Sprache und naturwissenschaftlicher Unterricht. 10 Thesen. In: Praxis der Naturwissenschaften – Physik, 47. Jg., H. 2/1998, S. 1

Ott, M.: Schreiben in der Sekundarstufe I. Differenzierte Wahrnehmung und gezielte Förderung von Schreibkompetenzen. Baltmannsweiler, Schneider 2000

Rösch, H.: Fachunterricht Mathematik und Naturwissenschaften. In: Rösch, H. (Hrsg.): a. a. O. 2005, S. 87–91

Rösch, H. (Hrsg.): Deutsch als Zweitsprache. Sprachförderung in der Grundschule: Grundlagen – Übungsideen – Kopiervorlagen. Hannover, Schroedel 2003

Rösch, H. (Hrsg.): Deutsch als Zweitsprache. Sprachförderung in der Sekundarstufe I: Grundlagen – Übungsideen – Kopiervorlagen. Braunschweig, Schroedel 2005

Heidi Rösch

Aus- und Fortbildung in Deutsch als Zweitsprache (DaZ) – Überblick

Die Breite des derzeitigen Angebots in der Aus- und Fortbildung von Deutsch als Zweitsprache (DaZ) für Lehrkräfte lässt sich an der Berliner Hochschullandschaft exemplarisch ablesen. Bis zur Einführung der BA-/MA-Lehramtstudiengänge mussten alle Lehramtstudierenden während der *ersten Phase* eine 2-stündige Lehrveranstaltung zum »Unterricht mit SchülerInnen nichtdeutscher Herkunftssprache« absolvieren, die vom Arbeitsgebiet Interkulturelle Pädagogik bzw. vom Arbeitsgebiet Fachdidaktik Deutsch angeboten wird. Die Prüfungsordnung der Fachdidaktik Deutsch fordert »Kenntnis der Deutsch-als-Zweitsprach-Didaktik«, die durch Lehrangebote in Linguistik oder Fachdidaktik Deutsch erworben werden. An der Freien Universität kann man innerhalb des Germanistikstudiums im Hauptstudium Deutsch als Fremdsprache als Studiengebiet wählen, an der Technischen Universität werden die für Grund-, Sekundar- und Sonderschullehramtstudierende obligatorischen ergänzenden Lehrveranstaltungen als DaZ-Seminar angeboten.

In der *zweiten Phase* ist die Teilnahme am Lehrgang DaZ (im Umfang von 6 x 45 Minuten) für alle Lehramtsanwärter obligatorisch. In der *dritten Phase* wird eine einjährige Fortbildung für insgesamt 50 Lehrkräfte im Schuldienst der Grund- und Sekundarschule angeboten (vgl. S. 290 ff in diesem Band).

Bis vor kurzem wurde an der Humboldt Universität ein Zusatz- und Ergänzungsstudium, an der Technischen Universität ein grundständiger Magisterstudiengang Deutsch als Fremdsprache (DaF) angeboten, beide laufen aus bzw. werden in neue Bachelor- und Masterstudiengänge integriert. Auch dass es sich dabei um DaF handelt, ist exemplarisch zu sehen, denn es gibt bundesweit deutlich mehr DaF- als DaZ-Angebote: Noraseth Kaewwipat listet im Dezember 2004 insgesamt 47 deutschsprachige Universitäten und 2 Pädagogische Hochschulen mit DaF-/DaZ-Studiengängen auf, wovon nur 17 einen expliziten Bezug zu DaZ haben. Unsere eigenen Internetrecherchen haben 18 deutschsprachige Universitäten mit DaZ-spezifischen Studiengängen ergeben, dabei wurden diejenigen Universitäten wie Potsdam und Wien ausgeklammert, die innerhalb des Germanistikstudiums einen DaF/DaZ-Studienschwerpunkt anbieten (vgl. nachfolgende Übersicht):

Ort	Bezeichnung (Abschluss)	Zeitumfang	Inhalte
Universität Augsburg	Erweiterungsstudium DaZ (LA)	3 Semester 48 SWS	DaZ, Partnersprache, Interk. Päd., Migrations- u. Identitätsforschung, Methoden, Verfahren u. Arbeitsformen von DaZ-Unterricht
Universität Bielefeld	Zusatzstudium Interk. Päd. (inkl. DaZ)	3 Semester 45 SWS	Sprachpropädeutik, DaZ, Interk. Erziehung u. Bildung, soz. Probleme in multik. Gesellschaften, Basiskenntnisse in einer Herkunftssprache
Ruhr-Universität Bochum	Zusatzstudium DaZ	2 Semester 40 SWS	Herkunftssprache, Varietäten des Deutschen, Verhältnis gesprochenes – geschriebenes Deutsch, Deutsche Grammatik, Semantik/Pragmatik des Deutschen, Phonetik/Phonologie des Deutschen, Literarisches Grundwissen, Mehrsprachigkeit, Methoden der Sprachenvermittlung, Unterrichtspsychologie, kontrastive Landeskunde
Universität Bremen	Zusatzqualifikation DaZ (LA)	18 SWS	Theorie d. Zweitspracherwerbs, DaZ-Didakt. u. Methodik, Aspekte v. Mehrsprachigkeit u. Migration, Deutsch als Lerngegenstand u. im Kontrast zu anderen Sprachen, eine Kontrastsprache
Universität Dortmund	Zertifikat DaF/DaZ (LA, BA/MA)	16 SWS + 2 Sprachkurse	Zweitspracherwerb, Zweisprachigkeit, Schrifterwerb unter der Bedingung der Mehrsprachigkeit, Sprache und Kultur, Interk. Kommunikation, Mehrsprachigkeit und Migration, Literatur, Landeskunde, Institutionen der Herkunftsländer, Literatur und Landeskunde Deutschlands, Sprachvergleich, Fach- und Wissenschaftssprache(n), DaF-Didaktik, Unterricht in mehrsprachigen Klassen, Lehrmittelanalyse und Lehrmaterialerstellung, Sprachstandsdiagnose, Praktika
TU Dresden	Erweiterungsstudium DaZ	4 Semester 40 SWS	Sozialisationsfragen/-probleme ausländischer Kinder, Alphabetisierung/DaZ im Anfängerunterricht, Fertigkeitsentwicklung in DaZ in der Unterstufe, Arbeit mit Bildern, Kreative Wortschatzarbeit, Kreatives Schreiben, Sprachspiele, Lernberatung und interkulturelles Lernen, DaZ und Neue Medien
Universität Duisburg/ Essen	Zusatzstudium DaZ/Interk. Päd.	40 SWS	Mehrsprachigkeit und Spracherwerb, Linguistik des Deutschen und einer Migrantensprache u.b.B. von Fachsprachen, interk. Komm., Interk. Päd., Herkunftsländer, Unterricht in multiethnischen Lerngruppen, soziale Probleme in multikulturellen Gesellschaften, Migrationsforschung und Rückwanderungsproblematik, Herkunftssprache
Kath. Uni Eichstätt/ Ingolstadt	Erweiterungsstudium DaZ	15 SWS	Interk. Päd., Migrations- u. Identitätsforschung, Reflexion über Sprache u. Sprachgebrauch, Methodik u. Didaktik
Universität Erfurt	Ergänzungsrichtung im Fach DaZ	15 SWS	Lehr- und Lernprozesse, DaZ, Interk. Päd., Landeskunde u. interk. Vergleich, Vergleichende Literaturwissenschaft
Friedrich-Alexander-Uni Erlangen/ Nürnberg	Erweiterungsstudium Didaktik des DaZ	3 Semester 32 SWS	DaZ, Didaktik DaZ, Interk. Komm., eine Herkunftssprache, Interk. Päd.

Ort	Bezeichnung (Abschluss)	Zeitumfang	Inhalte
Universität Hamburg	Zusatzausbildung von Lehrern für Schüler verschiedener Muttersprachen	3 Semester 48 SWS	Interk. Bildung, Didaktik, Interk. Probleme, Methoden d. Sprachvermittlung, Sprachkurs (Türkisch)
Friedrich-Schiller-Uni Jena	Auslandsgermanistik / DaF und DaZ	54 SWS	Synchronische u. vergleichende germanistische Linguistik, germanistische u. vergleichende Literaturwissenschaft sowie Literaturdidaktik, Spracherwerbsforschung, Methodik u. Didaktik der Fremd- u. Zweitsprachenvermittlung, Landeskunde u. interkulturelle Begegnung, Grundlagen d. Päd. u. Psychologie
Universität Kassel	Fernstudienkurs: Didaktik u. Methodik DaF / DaZ	max. 18 Monate	Grundlagen d. Erst- und Fremdsprachenerwerbs, Methoden d. fremdsprachl. Deutschunterrichts, Schwerpunkt DaZ
Universität Koblenz/ Landau	Ergänzungsstudium DaZ Zusatzstudium DaF/Interk. Päd.	40 SWS	Didaktik DaF/DaZ, Herkunftssprache, Migration, Interk. Päd.
Universität zu Köln	Zusatzqualifikation Interk. Päd. inkl. DaF/DaZ	40 SWS	Didaktik DaF/DaZ, Interk. Päd., eine Herkunftssprache
Ludwig-Maximilians-Uni München	Erweiterungsstudium Didaktik des DaZ	44 SWS	Erwerb einer Partnersprache, Interk. Päd., Migrations- u. Identitätsforschung, Reflexion über Sprache u. Sprachgebrauch, Methoden u. Arbeitsformen
Westfälische Wilhelms-Uni. Münster	Zusatzstudiengang Interk. Päd. inkl. DaF/DaZ	39 SWS	DaZ u. Mehrsprachigkeit, Didaktik DaZ, Interk. Päd., Migration, Migrantensprachen
Carl von Ossietzky-Universität Oldenburg	Ergänzungsstudiengang Interk. Päd. Inkl. DaF/DaZ	4 Semester 40 SWS	Studienschwerpunkt DaF/DaZ: deutsche Sprache, Zweitspracherwerb, individuelle und gesellschaftliche Mehrsprachigkeit, Landeskunde und Sprachvergleiche, Migranten- oder Fremdsprache, die die Schule nicht vermittelt

Danach gibt es bundesweit keinen grundständigen DaZ-Studiengang, auch wenn der Studiengang »Auslandsgermanistik« der Universität Jena mit seinen DaF und DaZ-Anteilen hierfür durchaus als Orientierungsrahmen fungieren könnte. Es gibt aber einige Universitäten, die im Rahmen des Germanistik-Studiums DaF- und DaZ-Studienanteile anbieten, andere fokussieren innerhalb des Germanistikstudiums explizit auf DaZ (wie Augsburg und Bremen). Diese und weitere Universitäten (z.B. Bochum, Dresden, Duisburg/Essen, Erlangen/Nürnberg, Koblenz/Landau, München u. a.) bieten ein Ergänzungsstudium DaZ bzw. DaF/DaZ (wie Dortmund und Kassel als Fernstudienkurs) an. Dabei variiert der Umfang von 15 (wie in Eichstätt/Ingolstadt) bis zu 48 Semesterwochenstunden (z.B. in Augsburg und Hamburg).

DaF und/oder DaZ und ihre Didaktik

Die Akzentuierung auf DaZ signalisiert eine linguistische und (z.B. in Bayern auch) eine sprachdidaktische Ausrichtung. Während sich DaF auf den Unterricht an Schulen oder Hochschulen im nichtdeutschsprachigen Ausland bezieht, verweist DaZ auf den Unterricht an deutschsprachigen Schulen in deutschsprachigen Ländern mit Schülern nichtdeutscher Herkunftssprachen. Dies bedingt für DaZ-Lernende eine andere Spracherwerbssituation als für DaF-Lernende: DaZ-Lernende lernen Deutsch weitgehend ungesteuert im Sprachbad, das für viele leider nicht den gewünschten Effekt hat, während DaF-Lernende Deutsch gesteuert im Schonraum eines Unterrichtsfaches erwerben. Sie erhalten ausreichend Zeit und Unterstützung für den Erwerb der deutschen Sprache, während die deutsche Sprache für DaZ-Lernende immer noch eine Art Bringschuld darstellt, die sie möglichst vor oder außerhalb der Schule erwerben sollen.

Die Ansprüche an die Deutschkompetenz sind für DaZ-Schüler um ein Vielfaches höher und mangelnde Deutschkompetenz hat für DaZ-Schüler weiter reichende Konsequenzen und verhindert unter Umständen einen ihrem Leistungsvermögen angemessenen Schulerfolg. Im Unterschied zu DaF-Lernenden müssen DaZ-Lernende nicht nur die Sprache, sondern nahezu von Anfang des Zweitspracherwerbs an in dieser Sprache lernen – eine große Herausforderung für die betroffenen Schüler und Lehrkräfte.

Im Unterricht mit DaZ-Schülern steht in der Regel die Erstsprache nicht zur Verfügung – weder im DaZ-Unterricht, noch im Fachunterricht mit DaZ-Schülern. Auch das ist ein großer Unterschied zum DaF-Unterricht, bei dem die Lernenden nicht nur bezogen auf die Erstsprache, sondern auch bezogen auf den Stand in der Zweitsprache eine weitgehend homogene Gruppe bilden. Selbst wenn die Lehrkraft die Erstsprache der Lernenden nicht spricht (etwa wenn eine deutsche Lehrkraft in China DaF unterrichtet), ist diese Sprache in der Lerngruppe präsent. Wichtiger ist allerdings, dass alle Fachkompetenzen in deutscher Sprache vermittelt werden müssen, auch wenn die Lernenden diese Sprache nicht altersangemessen beherrschen. Das hat massive Auswirkungen auf den Lernerfolg in den Fächern, vielleicht auch auf den Lernerfolg in der Sprache, denn diese wird in einer Komplexität eingefordert, die die Lernenden überfordert bzw. dazu führt, dass sie lernen, vage zu verstehen und vage zu sprechen.

Ein Beispiel mag dies illustrieren: Ich hatte DaZ-Lehrkräften in einer Fortbildung geraten, sie sollten Grundschulkinder im DaZ-Unterricht Sätze zu Fachwörtern, die sie im Sachunterricht gelernt hatten, bilden lassen, um zu überprüfen, ob sie den Inhalt verstanden und ihn sprachlich angemessen formulieren können. Ein Kind bildet daraufhin den Satz: *»Der Mähdrescher maht das Mehl.«* Grammatikalisch ein korrekter Satz, auch wenn das Verb semantisch merkwürdig erscheint: Meint das Kind vielleicht »mahlt« oder »mäht«? Ich vermute, es hat eine Mischform aus beiden gebildet. Der Satz ist inhaltlich unsinnig, zeigt aber, wie reduziert (und damit sachlich falsch) das Kind den Vorgang gespeichert hat: Der Vorgang (der Mähdrescher mäht und drischt das Korn, dieses wird gemahlen und so entsteht Mehl) wird unzulässig verkürzt, zeigt aber eine immense Leistung des Kindes, das, was es sprachlich nur vage verstanden hat, zu formulieren. Die sachlichen Zusammenhänge bleiben dabei auf der Strecke. Man kann sich vorstellen, wie sich Sprache und Fachkompetenz dieses Kindes entwickeln, wenn im Fachunterricht nicht massiv gegengesteuert wird und das Kind mit dem Verstehen und Produzieren von sprachlich und fachlich komplexen Zusammenhängen weiter alleine gelassen wird. Hier muss der Sachunterricht möglichst am konkreten Inhalt die sprachlichen Mittel zur Verfügung stellen, um zu versprachlichen, was ein Mähdrescher tut, was er produziert, welches Gerät was mahlt und wie Korn und Mehl zusammenhängen. Im DaZ-Unterricht werden ergänzend Wortbildungsregeln (am Beispiel des Kompositum Mähdrescher, das auf die Verben mähen und dreschen verweist) vermittelt, die auch auf andere Komposita anwendbar sind. Sinnvoll ist (zum Beispiel in dem Text über die Herstellung von Mehl) nach Wörtern der Wortfamilie »Mühle – Mahlwerk – mahlen« zu suchen, um auch anhand anderer Wortfamilien über den gemeinsamen Stamm die Wortbedeutung und den Zusammenhang nachvollziehen zu können. Mittels Präpositionen lässt sich die ›Verwandlung‹ vom Getreide über das Korn zum Mehl versprachlichen. Auf diese Art lernen sie Sprachmittel zur Rekonstruktion von Zusammenhängen anzuwenden, die sie auf andere Herstellungsprozesse (z.B. von der Baumwolle zum T-Shirt) übertragen können. Dazu kommt die Festigung von Mitteilungskompetenzen wie aktives Nachfragen der Kinder, wenn sie Inhalte nicht verstehen.

Das Beispiel macht deutlich, dass DaZ-Studiengänge im Unterschied zu DaF-Studiengängen die Aufgabe haben, Sprach- und Sachlernen aufs Engste zu verbinden. Gemeinsam sind ihnen allerdings psycholinguistisches Wissen über Bedingungen, Verlauf und mögliche Störungen des

Zweitspracherwerbs, zielgruppenangemessenes Strukturwissen über die deutsche Sprache, Diagnose- und Therapiekompetenz als ineinander greifende Verfahren sowie sprachdidaktische Kompetenzen zur Vermittlung des Deutschen als Fremd- und Zweitsprache. Dabei ist v.a. für muttersprachliche Lehrkräfte ein wichtiger Perspektivwechsel auf die eigene Sprache anzuregen: von der Perspektive eines Muttersprachlers zur Perspektive eines Fremd- bzw. Zweitsprachlernenden und – was genauso wichtig ist – eines Fremd- bzw. Zweitsprachlehrers. Im Blick auf DaZ ist dabei für Gemeinsamkeiten und Unterschiede zur Didaktik des Deutschen als Erst- und als Fremdsprache zu sensibilisieren. Meines Erachtens sind Kompetenzen in DaF eine wichtige Voraussetzung, aber keinesfalls hinreichend, um DaZ-Unterricht erteilen zu können.

DaZ und interkulturelle Pädagogik

An manchen Universitäten (wie in Duisburg/Essen) sind die o.g. Ergänzungsstudiengänge mit dem Studium der Interkulturellen Pädagogik verbunden, an anderen Universitäten (wie in Münster oder Oldenburg) wird DaZ zum Studienanteil innerhalb eines Zusatzstudiums Interkulturelle Pädagogik. Die Verbindung von DaZ und Interkultureller Pädagogik stammt noch aus der Zeit der Ausländerpädagogik (vgl. Marburger 1991). Interkulturelle Erziehung versteht sich im Unterschied zu DaZ nicht mehr als zielgruppenorientierter Unterricht mit Minderheitenschülern, sondern als ein Ansatz, der Erziehung und Bildung in Folge der verschiedenen Migrationsbewegungen nach Deutschland und in andere Einwanderungsgesellschaften und auch im Zeitalter der Globalisierung kritisch überprüft und reformiert. Spätestens seit dem Beschluss zur Interkulturellen Bildung und Erziehung der Ständigen Konferenz der Kultusminister der Länder in der Bundesrepublik Deutschland (KMK 1996) richtet sie sich an Minderheiten und Mehrheiten und zielt auf die Akzeptanz von verschiedenen lebensweltlichen Orientierungen, auch wenn sie von der eigenen abweichen. Vorurteile sollen als solche erkannt und überwunden, die in vielen Klassen vorhandene Mehrsprachigkeit soll konstruktiv genutzt, die einzelnen Fächer sollen interkulturell akzentuiert werden. Perspektivwechsel von Minderheiten zur Mehrheit und umgekehrt gilt als Schlüssel zu Selbstvertrauen und reflektierter Fremdwahrnehmung.

Um interkulturelles Lernen im gemeinsamen Unterricht zu entfalten, ist eine Integration in die Fächer dringend geboten, um die Ansätze der interkulturellen Pädagogik im Schulalltag auch zur Wirkung zu bringen. Das bedeutet: den Unterricht in multiethnischen Klassen »unter Einbeziehung von Lernschwierigkeiten und unterrichtlichen Maßnahmen der

Förderung gemeinsamer Lernprozesse« gestalten, »die Probleme der Fachsprache in den jeweiligen Fächern« bearbeiten und »die kulturelle Verankerung und die Anordnung der Fachinhalte« aus interkultureller Perspektive kritisch beleuchten und neu formulieren – ein Aufgabenkomplex, den die Universität Duisburg/Essen explizit ins Programm des Zusatzstudiums DaZ / Interkulturelle Pädagogik geschrieben hat.

DaZ und Mehrsprachigkeit

So wichtig interkulturelle Erziehung und Bildung unbestritten ist, so deutlich muss gesehen werden, dass in Teilen der interkulturellen Pädagogik die Förderung der deutschen Sprache – also DaZ – als abzulehnendes Assimilationskonzept gilt, das durch Konzepte der Förderung der Herkunftssprachen oder zweisprachige Konzepte zu ersetzen ist (vgl. Gogolin 2005). In diesem Zusammenhang werden z.B. Diagnoseinstrumente beurteilt und abgelehnt, weil sie die Zweisprachigkeit der zu testenden Schüler nicht berücksichtigen (vgl. Luchtenberg 2002). Um hier keine unnötige Polarisierung aufkommen zu lassen, sollte klar gestellt werden, dass auch zweisprachige Erziehung ohne ein fundiertes DaZ-Konzept nicht zu realisieren ist (vgl. Rösch 2004). Allerdings ist dies in Verbindung mit interkultureller Pädagogik stärker vor dem Hintergrund der Migrantenzweisprachigkeit zu sehen und sollte Vorschläge für die Einbeziehung der Erstsprachen in den gemeinsamen Fachunterricht enthalten. Doch das muss nicht bedeuten, dass auch DaZ im Rückgriff auf die Erstsprachen vermittelt wird, denn genau dieser Ansatz ist psycholinguistisch und sprachdidaktisch eher umstritten.

In diesem Sinne konsequent vermittelt die Universität Münster DaZ in Verbindung mit Mehrsprachigkeit, die Universität Hamburg nennt ihr Angebot »Zusatzausbildung von Lehrern für Schüler verschiedener Muttersprachen« und legt in der inhaltlichen Ausgestaltung des Studiengangs (genau wie Erlangen/Nürnberg, Köln, Koblenz/Landau oder Münster) besonderes Gewicht auf Interkulturelle Bildung und Didaktik und unterstützt so über den Themenkomplex Migration bzw. Migrations- und Identitätsforschung (wie bayerische Universitäten) einen Zugang zu ethnischen Minderheiten an deutschen Schulen und dem Unterricht von multiethnischen Gruppen.

Die meisten dieser Universitäten fordern von den Studierenden nicht zuletzt aus den genannten Gründen Kenntnisse in einer Herkunftssprache der Migrantenschüler. Hinzu kommt eine linguistisch geprägte Annäherung an die Minderheitensprachen, wenn Deutsch als Lerngegenstand und im Kontrast zu anderen Sprachen (wie an der Universität Bremen) thematisiert wird.

Fortbildungsangebote

Eben weil die meisten Lehrkräfte ohne fundierte DaZ-Kompetenzen in den Schuldienst kommen, bieten Lehrerbildungsinstitute in verschiedenen Bundesländern (wie z.B. Niedersachsen) Fortbildungsveranstaltungen für Deutsch als Zweitsprache sowie interkulturelle Bildung an. Neben besonderen Informations- und zeitlich eng bemessenen Fortbildungsveranstaltungen, gibt es auch breiter angelegte Fortbildungsveranstaltungen – wie den o.g. Jahreskurs für Berliner Grund- und Sekundarschullehrkräfte oder die »Pilotseminare zur Lehrkräftequalifizierung Deutsch als Zweitsprache«, die das Goethe-Institut im Auftrag des Bundesamtes für Migration und Flüchtlinge im Umfang von 70 bzw. 140 Unterrichtseinheiten konzipiert und durchführt. Die Inhalte entsprechen denen der DaZ-Studiengänge, werden aber deutlich – so lässt sich der Internetpräsentation entnehmen – auf DaZ-Didaktik fokussiert durch Themen wie Übungstypologien, Visualisierung, Testen und Prüfen. Außerdem ist die methodische Umsetzung teilnehmerzentriert angelegt und vermittelt Selbsterfahrung im Fremdsprachenanfängerunterricht, schult Unterrichtsbeobachtungen und -beurteilungen im Rahmen von Hospitationen und integriert angeleitete Unterrichtspraktika.

Die Angebote der Bildungsministerien der verschiedenen Bundesländer werden entsprechend der aktuellen bildungspolitischen Vorgaben auf unterschiedliche Zielgruppen zugeschnitten und beziehen neben Lehrkräften auch ErzieherInnen ein – so in Schleswig-Holstein und Baden-Württemberg, wo der Fokus auf der »Sprachförderung für Vorschulkinder« liegt. Vermittelt werden dabei Kompetenzen zur allgemeinen Sprachförderung sowie zur Förderung des Zweitspracherwerbs – mit anderen Worten: Je jünger die Zielgruppe ist, desto weniger konsequent wird der Fokus auf DaZ gelegt. Dies ist nur zu akzeptieren, wenn die so fortgebildeten Pädagogen auch in die Lage versetzt werden, DaZ-spezifische Entwicklungen und Schwierigkeiten zu erkennen und zu bearbeiten. Sicher sollte auch eine allgemeine Sprachförderung in gemischten Gruppen stattfinden. Ein ausschließlich einheitliches Förderangebot für DaZ- und DaM-Kinder droht allerdings das zu zementieren, was es endlich aufzubrechen gilt: eine Nivellierung der spracherwerbsspezifischen Unterschiede aufgrund einer falsch verstandenen Gleichbehandlung, die dazu führt, dass die in diesem System benachteiligten Kinder weiter benachteiligt werden.

Die besondere Qualität der Fort- und Weiterbildungsangebote gegenüber den genannten Studiengängen besteht in der Anbindung an konkrete Schulen wie in Hamburg, wo Lehrkräfte für DaZ-Schüler zur Teilnahme an den Maßnahmen des LIF zur schulinternen Fortbildung verpflichtet werden. Dieser Ansatz unterstützt Schulentwicklung sehr konkret und sorgt dafür, dass innerhalb einer Schule ein gemeinsames Sprachförderkonzept vertreten und praktiziert wird. Eine weitere zusätzliche Aufgabe von Weiterbildungsmaßnahmen ist die Ausbildung von Multiplikatoren – wie z.B. in Berlin und in Baden-Württemberg, wo Multiplikatoren ein flächendeckendes Netz aufbauen und Sprachförderkräfte unterstützen sollen. Dieser Ansatz bezieht sich weniger auf konkrete Schulen, sondern auf die (angeleitete) Kooperation zwischen den oft vereinzelt arbeitenden Sprachförderlehrkräften.

Profil von DaZ-Lehrkräften

Nur wenige Bundesländer machen konkrete Angaben über das gewünschte Profil von DaZ-Lehrkräften. In Mecklenburg-Vorpommern und Sachsen-Anhalt wird erwartet, dass sie die Sprache des Herkunftslandes beherrschen oder über Erfahrungen im DaF-Unterricht verfügen – dezidierte DaZ-Kompetenzen werden offensichtlich nicht erwartet. In Bayern und anderen Bundesländern, in denen entsprechende Zusatzstudiengänge oder Weiterbildungsmaßnahmen angeboten werden, wird erwartet, dass DaZ-Lehrkräfte diese Qualifikation mitbringen oder an Fortbildungsmaßnahmen teilnehmen.

Allerdings garantiert dies keinesfalls, dass nur entsprechend qualifizierte Lehrkräfte im DaZ-Unterricht bzw. Lehrkräfte mit DaZ-Qualifikation auch wirklich im DaZ-Unterricht eingesetzt werden. Einem solch kontraproduktiven Personalmanagement sollte entgegengewirkt werden, indem wie in Nordrhein-Westfalen das Zusatzstudium DaZ an den Schulen wie ein weiteres Fach gewertet wird und Lehrkräfte mit dieser Qualifikation in Schulen mit einem hohen Anteil an DaZ-Schülern bei der Einstellung oder auch Umsetzung bevorzugt behandelt werden.

Zusammenfassend lassen sich folgende Impulse für die Lehrerbildung nennen:

- Minderheitenangehörige sollten für Lehrer- und Pädagogenberuf qualifiziert werden.
- Alle Lehrkräfte brauchen die Kompetenz zum Unterrichtsmanagement im Blick auf multiethnische Gruppen. Um dies zu erreichen sind DaZ, Mehrsprachigkeit und Interkulturalität als Basisqualifikation aller Lehrkräfte zu sehen und deshalb in allen Bereichen des Studiums (d.h. im Fachstudium und den erziehungswissenschaftlichen und fachdidaktischen Studienanteilen) und in allen Phasen der Lehrerbildung angemessen zu berücksichtigen. Diese Basisqualifikation für alle Lehrkräfte folgt dem Prinzip der Integration von DaZ, interkultu-

rellem Lernen und der konstruktiven Nutzung von Mehrsprachigkeit im gemeinsamen Fachunterricht.

- Es sollten DaZ-Experten ausgebildet werden, die in der Lage sind, den Spracherwerb zu diagnostizieren, konstruktiv auf zweitsprachliche Probleme und durch den Unterricht in deutscher Sprache bedingte Lernbehinderungen zu reagieren sowie DaZ-Förderkonzepte zu beurteilen und zu entwickeln.
- Daneben brauchen wir Lehrkräfte, die in der Lage sind, an zweisprachigen Schulprogrammen mitzuwirken.

Erreicht werden kann dies durch wissenschaftlich fundierte Praxisphasen und Trainings (z.B. zu Diagnose, Lernprozessmoderation) bereits während der ersten Phase, die den Transfer des Gelernten auf konkretes Unterrichtshandeln und die kritische Reflexion dessen anleiten. In der zweiten Phase sollte Routinebildung und der Ausbau der Evaluationskompetenz von DaZ-Unterricht im Vordergrund stehen. In der dritten Phase gilt es, den aktuellen Stand zu vermitteln, Erfahrungen auszutauschen und Neuentwicklungen zu diskutieren.

Literatur

Kaewwipat, N.: DaF/DaZ-Studiengänge im deutschsprachigen Raum (mit Netzpräsenz). 2005. Im Internet verfügbar unter: http://www.uni-kassel.de/fb9/daf/docs/daf_studiengaenge.rtf, 15.9.2005)

Marburger, H.: Von der Ausländerpädagogik zur interkulturellen Erziehung. In: Dies. (Hrsg.): Schule in der multikulturellen Gesellschaft. Ziele, Aufgaben und Wege Interkultureller Erziehung. Frankfurt/M, Verlag für interkulturelle Kommunikation 1991, S. 19–34

Kultusministerkonferenz (1996): Interkulturelle Bildung und Erziehung

Gogolin, I.: Erziehungsziel Mehrsprachigkeit. In: Röhner, C. (Hrsg.): Erziehungsziel Mehrsprachigkeit: Diagnose von Sprachentwicklung und Förderung von Deutsch als Zweitsprache. München, Juventa 2005, S. 13–24

Luchtenberg, S.: Überlegungen zur Sprachstandsdiagnostik. In: Petra Hölscher (Hrsg): Kenntnisse in DaZ erfassen. Screening Modell für Schulanfänger. Stuttgart, Klett 2002

Rösch, H.: Deutsch als Zweitsprache (DaZ): Im Zentrum des Interesses? In: Kämper-Van Den Boogaart, M. (Hrsg.): Deutschunterricht nach der PISA-Studie. Frankfurt/M., Lang 2004, S. 83–97

Goethe-Institut Bereich Deutsch als Zweitsprache: Pilotseminare zur Lehrkräftequalifizierung Deutsch als Zweitsprache (DaZ) 2005. Im Internet verfügbar unter: http://www.goethe.de/f/defdfaa.htm, 15.8.2005

2 Lösungen und Mut machende Beispiele

Uta Bosselmann

HAVAS: Hamburger Sprachstandserhebung am Schulanfang

Um Kinder von Schulbeginn an bzw. schon während der Vorschulzeit gezielt im Erlernen der deutschen Sprache zu fördern, wurde HAVAS 5 als Test für die Sprachstandsanalyse fünfjähriger Kinder entwickelt. HAVAS 5 *(Hamburger Verfahren zur Analyse des Sprachstandes bei 5-Jährigen)* gibt sehr differenziert Auskunft über den individuellen Stand der Sprachentwicklung und soll die Ausgangsbasis für eine individuelle Sprachförderung bieten.

Wie funktioniert HAVAS 5?

Bei HAVAS 5 muss das Kind eine vorgelegte Bildergeschichte versprachlichen. Dies geschieht in einer Einzelsituation und soll aufgezeichnet werden. Die Interviewerin soll an verschiedenen Stellen nachfragen und am Ende eine Frage zur Pointe stellen (Warum weint die Katze?).

Im Folgenden wird der Test vorgestellt und über die Erfahrungen mit der Auswertung und den Ergebnissen berichtet.

Sprachentwicklungsstufen

HAVAS 5 basiert darauf, dass Kinder Deutsch als Zweitsprache in vielen Schritten lernen und sich dabei auf verschiedenen Stufen bewegen. Dazu gehören neben dem Wortschatz insbesondere die Verwendung der verschiedenen Verbformen, die Stellung des Verbs im Satz und die sprachlichen Möglichkeiten, mehrere Aussagen in einem Satz zu verbinden. Diese grammatischen Grundlagen stelle ich kurz vor, um die Testanalyse nachvollziehbar zu machen.

Verbformen und Stellung im Satz

Das Verb stellt als Prädikat das organisierende Zentrum sprachlicher Äußerungen dar. Ein erster Schritt im Aneignungsprozess der deutschen Sprache ist deshalb die Verbindung von Subjekt und Verb im Aussagesatz. Verbunden damit ist meist die Verwendung der finiten Verbform anstelle des Infinitivs: *Ich esse* anstelle von *Ich essen*. Das Verb steht an der 2. Stelle.

Auf der nächsten Stufe haben die Sprachlerner die Aufspaltung des Verbs kennen gelernt und verwenden Verben zweigeteilt. *Sie will fliegen* (Modalverb + Infinitiv). *Sie fliegt weg* (Verbstamm + Präfix). *Sie ist geflogen* (Hilfsverb + Partizip Perfekt). Dies geschieht noch nicht durchgängig richtig und auch nicht immer mit den richtigen Verbformen. So ist der Satz *Sie hat geflogen* zwar grammatisch nicht richtig, zeigt aber die Sprachlernstufe an, auf der sich das Kind bewegt.

Die dritte Stufe der Verwendung der Verben ist die Inversion. Stand bislang das Verb immer an zweiter Stelle hinter dem Subjekt, tritt das finite Verb jetzt vor das Subjekt. *Jetzt fliegt er*, anstelle von *Er fliegt jetzt.*

Wie oben schon erwähnt, gibt es viele Übergangsphänomene, die sich oft noch eine Weile halten und mit den sprachlich richtigen Formen zusammen benutzt werden. Z.B. werden eigenständige Formen des Partizips verwendet *(gefliegt)*, eigenständige Verbindungen mit dem Hilfsverb wie *(hat geflogen)*, oder eigenständige Formen des Präteritums *(fliegte)* verwendet. Entscheidend für die Sprachstandsanalyse ist aber, auf welcher Stufe ein Kind sich bewegt und dass es möglichst genau dort gefördert werden sollte.

Mehrere Aussagen verbinden

Die Verwendung von verschiedenen Konjunktionen, Relativpronomen und indirekten Fragesätzen gibt Aufschluss darüber, welche Möglichkeiten das deutschlernende Kind nutzt, um mehrere Aussagen in einem Satz zu verbinden. Auch hier lässt sich eine Entwicklungsabfolge aufstellen, die sich aus den HAVAS 5 -Untersuchungen der Hamburger Kinder von 2003 ergibt.

Kinder verwenden zunächst nebenordnende Konjunktionen wie *und, und dann, und da*. Dann folgt das unterordnende *weil*. Die Verwendung von Relativpronomen oder indirekten Fragesätzen zur Einleitung von Nebensätzen kann ebenso als fortgeschrittene Sprachentwicklung betrachtet werden wie die selteneren Konjunktionen *aber, dass, denn, ob* usw.

Die Katze sitzt da *und* der Vogel fliegt.
Der Vogel fliegt, *weil* die Katze kommt.
Die Katze, *die* da sitzt, ist schwarz.
Sie überlegt, *wie* sie da hoch kommt.

Auswertung

Zur Auswertung kann das Gespräch entweder transkribiert oder mehrfach abgehört werden. Es werden 5 Bereiche ausgewertet:

1. Aufgabenbewältigung
2. Bewältigung der Gesprächssituation
3. Verbaler Wortschatz
4. Formen und Stellung des Verbs
5. Verbindung von Sätzen

Im Bereich (1) *Aufgabenbewältigung* geht es zunächst um eine allgemeine Einschätzung des Sprachstandes, indem danach gefragt wird, ob das Kind die beteiligten Akteure benennt und die Zusammenhänge der Geschichte mehr oder weniger vollständig und genau darstellt. An dieser Stelle wäre ein direkter Vergleich zwischen dem Sprachstand in der Herkunftssprache und in Deutsch als Zweitsprache möglich.

Der Bereich (2) *Bewältigung der Gesprächssituation* fragt danach, wie initiativ sich das Kind im Gespräch verhält, ob es kontinuierlich spricht oder verstummt und wie flüssig und deutlich es spricht. In der HAVAS-Erprobung 2003 hatte sich gezeigt, dass die Angaben zu diesen Verhaltensweisen in engem Zusammenhang stehen und grundlegende Informationen zum sprachlichen Handeln des Kindes vermitteln. Auch hier wäre ein Vergleich mit dem Sprachstand in der Herkunftssprache möglich.

Im Bereich (3) *Verbaler Wortschatz* werden die verwendeten Verben gezählt. Auf einer Liste von Verben, die aus einer großen Zahl von Interviews mit Kindern ermittelt wurde, werden die vom Kind verwendeten Verben angekreuzt und ausgezählt. Die Anzahl der verschiedenen verwendeten Verben wird festgehalten.

Im Bereich (4) *Formen und Stellung* des Verbs werden die vom Kind verwendeten Verbformen anhand einer gestuften Liste erfasst. Es werden fünf verschiedene Stufen unterschieden, auf denen das Kind sprachlich handeln könnte. Sie reichen von der Verwendung einfacher Verbformen wie *Die Katze weint. Der Vogel ist oben* bis zu Passiv- oder Futur-Formen wie *Der wird gefressen* oder *Der wird da hochspringen*. Hier werden auch Übergangserscheinungen wie *hat geflogen* erfasst.

Im Bereich (5) *Verbindung von Sätzen* wird ebenso mit einer Liste gearbeitet, auf der die verwendeten Satzverbindungen gestuft aufgeführt sind. Sie reicht vom Fehlen jeglicher Konjunktionen über die Verwendung von *und* bis zu den selten benutzten Konjunktionen *wenn* oder *damit*.

Erfahrungen mit der Durchführung und der Auswertung

An unserer Schule in Hamburg wurde HAVAS 5 2003 und 2004 durchgeführt. Es wurden jeweils 7 – 10 Kinder aus den Vorschulklassen überprüft.

Der Test wird als Einzelinterview durchgeführt, so dass dafür immer eine zusätzliche Person erforderlich ist. Jedes Gespräch wird aufgezeichnet. Jede einzelne Durchführung dauert wenige Minuten.

Die Auswertung erwies sich aus verschiedenen Gründen als recht aufwändig. Die Aufnahmen mussten mehrfach abgehört, ggf. transkribiert werden, viele Interviews waren nur schwer zu verstehen, die Auswertung für die Bereiche 4 und 5 ist sehr fachsprachlich orientiert und auch mit entsprechender Fortbildung nicht leicht zu bewältigen.

Der Test wurde an unserer Schule nicht zusätzlich in der jeweiligen Herkunftssprache durchgeführt, weil uns dafür keine Kolleginnen zur Verfügung standen, die über die erforderlichen Sprachkenntnisse verfügt hätten. Hamburgweit wurden diese Untersuchungen zum Teil durchgeführt. Darauf wird unten Bezug genommen.

Ergebnisse

Individuelle Ergebnisse – was machen wir damit?

HAVAS 5 führt zu sehr umfangreichen, differenzierten Ergebnissen und Hinweisen auf den Sprachstand jedes Kindes, aus denen die individuelle Förderung des Kindes abgeleitet werden soll. Ein Kind, das nur wenige verschiedene Verben benutzt, braucht Wortschatzarbeit, ein Kind, das einfache Satzstrukturen benutzt, muss hier auf der entsprechenden Stufe gefördert werden.

Wenn man die jeweiligen Ergebnisse auf den Auswertungsbögen in Verbindung zueinander setzt, ergeben sich jedoch sehr viel unspezifischere Ergebnisse, die weniger eindeutige Ableitungen für die Förderung nahe legen.

Bereich Aufgabenbewältigung

Hamburger Verfahren • Sprechprobe Katze und Vogel - deutsch

Schule: GSA Klasse: VSK 1

Kita: Gruppe:

Aufgabenbewältigung

	Szene	nicht	andeutungsweise	einfach, vollständig	ausführlich	Punkte
1	Ein Vogel (sitzt auf einer Mauer und) singt.	X				0
	eine Katze schleicht sich heran.		X			1
2	Die Katze (ist auf die Mauer gesprungen und) will den Vogel fressen.			X		2
	der Vogel erschrickt.	X				0
3	Der Vogel fliegt davon,	X				0
	die Katze springt hinterher.		X			1
4	Der Vogel sitzt oben (auf einem Baum),	X				0
	die Katze klettert (den Baum) hinauf.			X		2
5	Die Katze kommt (schließlich) bis oben hin (auf den Baum),		X			1
	der Vogel fliegt davon.			X		2
6	Die Katze sitzt oben (auf dem Baum) und weint,		X			1
	der Vogel sitzt (wieder) unten (auf der Mauer) und singt.			X		2

Punkte für die Szenen insgesamt	12

Abschlussfrage	nicht	andeutungsweise	einfach, vollständig	ausführlich	Punkte
„Warum weint die Katze?			X		2

Im Bereich Aufgabenbewältigung wurden zwischen 12 und 17 Punkten von 36 möglichen erreicht. 36 Punkte hätten bedeutet, dass ein Kind alle 12 Szenen sprachlich genau und zusammenhängend dargestellt und auch Details vermerkt hätte. Davon waren alle Kinder weit entfernt und mehr als 2 Punkte – d. h. einfache und vollständige Darstellung – gab es für keine Szene. Vielmehr wird bei genauerer Betrachtung deutlich, dass die Kinder meistens nur einen Teil einer Szene genauer oder vollständig beschrieben haben, aber nur selten beide Teile. In der 2. Szene z. B. ist die Katze auf die Mauer gesprungen, will den Vogel fressen und der Vogel erschrickt. Wenn ein Kind in dieser Szene die Katze in den Vordergrund der Handlung gestellt hat, hat es das Erschrecken des Vogels entweder gar nicht oder nur andeutungsweise erwähnt. Oder für das Kind war umgekehrt der Vogel die Hauptfigur, dann wurde das Erschrecken des Vogels ausführlich dargestellt und die Katze wurde kürzer oder gar nicht behandelt. Das lässt sich für die meisten Szenen festhalten. Ich vermute, dass dies in erster Linie etwas damit zu tun hat, wie Fünfjährige mit Bildergeschichten umgehen, wie sie sie sehen und welche Teile sie dann sprachlich wiedergeben. Erst in zweiter Linie hat diese inhaltliche Schwerpunktsetzung etwas mit den vorhandenen oder fehlenden sprachlichen Möglichkeiten der Kinder zu tun. Nur wenn ein Kind kaum über 6 Punkte hinauskommen würde, d. h. es würde die Szenen entweder gar nicht oder nur andeutungsweise thematisieren, wäre eine recht eindeutige Einschätzung möglich. Wenn aber für mehrere Teilszenen 2 Punkte für eine einfache, vollständige Darstellung vergeben werden, ist eine niedrige Gesamtpunktzahl kein Grund zu großer Besorgnis, sondern belegt eher die spezielle Wahrnehmung der Kinder, die häufig zu einem Bild nur eine Kernaussage herausgreift und die anderen vernachlässigt. So hat das Kind auf dem abgedruckten Auswertungsbogen (s. o.) jede Wertung viermal: Viermal 0 Punkte (nicht thematisiert), viermal 1 Punkt (andeutungsweise) und viermal 2 Punkte (einfach und vollständig). Damit liegt es mit 12 Punkten im unteren Bereich dieses Aufgabenteils, hat sich aber verständlich zum Thema geäußert.

Bereich Verben

Auch im Bereich Verben lohnt eine genauere Betrachtung. Die Anzahl der verwendeten Verben reicht von 7 bis 15 und belegt die Unterschiede im aktiven Wortschatz der Kinder. Wenn man dazu die Stellung des Verbs im Satz betrachtet, differenziert sich das Bild: Das eine Kind benutzte zwar nur 7 Verben, verfügt aber schon über ein umfangreiches Repertoire für die Stellungen des Verbs. Es benutzte neben der Basisform *Verb an zweiter Stelle* auch *Modalverb mit Infinitiv*, *Verb mit getrenntem*

Präfix und das *Verb am Ende von Nebensätzen*. Das Kind mit benutzten 15 Verben war in diesem Bereich zwar auch fortgeschritten, benutzte aber keine Nebensatzkonstruktionen mit dem Verb am Ende. Ebenso hat ein Kind 10 Verben benutzt und als einziges eine Futurform gebraucht.

Bereich Konjunktionen

Die meisten Kinder haben nur wenige Konjunktionen beim Sprechen verwendet, die über *und* und *und dann* hinausgehen. Die Verbindung von Aussagen in Nebensätzen wäre also ein Feld, auf dem für alle Kinder Förderung stattfinden müsste.

Herkunftssprachliche Untersuchung

Im Rahmen der hamburgweiten Auswertung der Untersuchung von 2003 [1] wurden auch Sprachproben in den Herkunftssprachen untersucht. Dabei ergab sich für gut die Hälfte der Kinder ein ausgeglichenes Verhältnis zwischen beiden Sprachen, während bei je einem knappen Viertel die deutsche Sprache oder die Familiensprache dominiert.

Erwartungsgemäß erzielten zweisprachige Kinder mit einer Dominanz im Deutschen bessere Ergebnisse als Kinder mit einem ausgeglichenen Sprachenprofil oder mit familiensprachlicher Dominanz. Hingegen erreichten Kinder mit einer Dominanz in der Herkunftssprache in der herkunftssprachlichen HAVAS-Untersuchung etwas bessere Ergebnisse als die einsprachig deutschen Kinder. Daneben gab es auch einige (17 %) einsprachig deutsche Kinder, die deutlich unter dem Mittelwert ihrer Vergleichsgruppe lagen.

Insgesamt wurde festgestellt, dass ungefähr 25 % der Vorschulkinder einen erhöhten Förderbedarf in der deutschen Sprache aufweisen.

Bewertung

Eine genauere Analyse der Ergebnisse von HAVAS 5 ist unter dem Aspekt der individuellen Sprachentwicklung sehr interessant. Für die Praxis in der Schule sind diese differenzierten Ergebnisse in ihrer Fülle jedoch nur bedingt zu verwenden. Wir wissen dann zwar sehr genau, wo die Kinder stehen und wo die Förderung ansetzen müsste, können diese individuelle Förderung aber kaum leisten. Auch die Ergebnisse der herkunftssprachlichen Untersuchung lassen darüber hinaus wenig überraschende Schlüsse zu.

Außerdem erweisen sich die Ergebnisse von HAVAS 5 bei genauerem Hinsehen als nicht so eindeutig, wie es zunächst aussieht.

Wenn wir wissen, dass ein Kind nur wenige Verben benutzt und Wortschatzarbeit braucht, muss es ja trotzdem auch an der korrekten Verwendung von unterschiedlichen Stellungen des Verbs weiterarbeiten. Auch Kinder mit 15 oder 20 verwendeten Verben müssen an der Erweiterung ihres Wortschatzes arbeiten. Das Gleiche gilt für die Bildung von Nebensätzen und die Verwendung von Konjunktionen oder Präpositionen. Für die Arbeit in einer Sprachfördergruppe reichen uns allgemeinere Ergebnisse von Überprüfungen, denn erstens können wir nicht in Einzelsituationen fördern und zweitens brauchen alle Migrantenkinder mit sprachlichen Schwierigkeiten bestimmte zentrale Inhalte: Wortschatz und Verben in Verbindung mit Präpositionen und Satzstrukturen. Die Frage zu diesen Inhalten für die schulische Arbeit ist folglich nicht, ob ein Kind mehr Wortschatzarbeit braucht oder mehr Satzstrukturen, sondern wie wir diese Basisfähigkeiten vermitteln. Dafür ist die Erstellung eines Sprachförderkonzeptes erforderlich, das sich an diesen Grundstrukturen orientiert.

Folgerungen

Für die Arbeit in der Schule würde es ausreichen, wenn wir einen einfachen Erhebungsbogen hätten, mit dem der Sprachstand nach einem groben Raster festgestellt werden könnte, um evtl. verschiedene Fördergruppen einzurichten oder die nötige Binnendifferenzierung in der Fördergruppe zu planen. Entsprechend müsste für die Überprüfung nach einer vorgegebenen Zeit eine handhabbare Erhebung durchgeführt werden, mit der die Fortschritte festgestellt werden könnten.

Das Ziel müsste sein, die Sprachentwicklung der Kinder fortlaufend zu beobachten und gleichzeitig die Förderung methodisch so zu entwickeln, dass alle Kinder auf ihrem Stand im Erlernen der deutschen Sprache gefördert werden.

Anmerkung

1 Vieluf, Ulrich: HAVAS – Sprachstand fünfjähriger Kinder. In: Hamburg macht Schule, H. 5/04

Elisabeth Pater

CITO zweisprachig: Duisburger Sprachstandserhebung am Schulanfang

Im November 2003 haben in Duisburg die Kinder des Einschulungsjahrgangs 2004 einen Sprachtest absolviert. 1127 der 4698[1] Kinder haben dies zweimal getan, einmal in Deutsch und etwa zwei Wochen später in ihrer Muttersprache Türkisch. Der Test ist zuvor auf der Basis des in den Niederlanden etablierten »Toets Tweetaligheid«[2] für die deutsche Sprache von Wissenschaftlern und Fachleuten aus der pädagogischen Praxis überarbeitet und als Computertest konzipiert worden. Dieses Verfahren, bei dem die Kinder per Maus und Kopfhörer agieren, ist im Juni 2003 an 200 deutschsprachigen und 200 Türkisch und Deutsch sprechenden Kindern auf seine Eignung überprüft worden. Erst auf der Grundlage dieses Pre-Tests kam der digitale Cito-Test in Duisburg für den gesamten Einschulungsjahrgang zur Anwendung. Über die Testergebnisse wie auch über die vielfältigen Erfahrungen mit dem Test, über Reaktionen von Eltern, Pädagogen und Öffentlichkeit sowie erste Konsequenzen für die Praxis der Sprachförderung soll nachfolgend berichtet werden. Zuvor wird die Genese der Testidee in Duisburg erläutert und der Test selbst inhaltlich, methodisch beschrieben und exemplarisch illustriert.[3] Abschließend werden Konsequenzen aus dem Test für die Gestaltung der Sprachförderung sowie weitere Perspektiven beleuchtet.

Welche Ziele sollen in Duisburg im Einzelnen verfolgt werden?

Seit August 2003 schreibt in Nordrhein-Westfalen das Schulrechtsänderungsgesetz die Überprüfung des Sprachstandes im auf den Herbst vorgezogenen Anmeldeverfahren vor, so dass rechtzeitig vor Schuleintritt Kinder mit erheblichem Förderbedarf Sprachkursen zugeführt werden. Die Verwendung eines wissenschaftlichen Standards genügendem Erhebungsverfahren soll verwendet werden, sobald sich im ersten Gespräch Hinweise auf Defizite in der deutschen Sprache ergeben.[4] In Duisburg wurden schon länger weiter gehende Ziele angestrebt. Mit einer Totalerhebung sollte ein umfassender Überblick über die sprachliche Ausgangslage aller Schulanfänger gewonnen werden. Initiiert und geplant wurde diese Erhebung, weil in Duisburg seit 2001 erhebliche Anstrengungen um den Ausbau des Sprachförderangebotes für Kinder mit Migrationshintergrund im Vorschulalter unternommen wurden und diese begleitet waren von einer engagierten Diskussion um die Einführung eines Verfahrens zur Erhebung des Sprachstandes. Gerade weil seit 2001 in zunehmendem Maße Landesgelder in Anspruch genommen werden, weil die Kommune selbst erhebliche Ressourcen in die Sprachförderung investiert, dennoch aber die Nachfrage nach Sprachfördergruppen nie vollständig erfüllt werden konnte, wurden zusätzliche verlässliche Entscheidungskriterien erforderlich.

Differenzierte Kenntnisse über den Sprachstand der Kinder sollten die Grundlage für individuelle Förderpläne und ein kommunales Gesamtkonzept darstellen. Bei der Entscheidung für ein Erhebungsinstrument fanden bildungspolitische und organisatorische Ansprüche gleichermaßen Berücksichtigung wie pädagogische. Im Einzelnen ging es darum

- ➢ den Bedarf an Fördermaßnahmen zu ermitteln,
- ➢ Ressourcen zielgerichtet einzusetzen,
- ➢ organisatorische und pädagogische Konsequenzen abzuleiten,
- ➢ Hilfen zur individuellen Förderung zu erhalten
- ➢ durch die Möglichkeit der Testwiederholung die Förderarbeit zu evaluieren.

Im Blick auf die Lebenssituation der Kinder und die pädagogische Praxis an der Schnittstelle von Elementar- und Primarstufe ist es nötig, dass das Erhebungsverfahren

- ➢ wissenschaftlich abgesichert,
- ➢ in der Praxis erprobt,
- ➢ kindgemäß und
- ➢ von Praktikern vor Ort mit angemessenem Zeitaufwand durchzuführen,
- ➢ die Zweisprachigkeit angemessen berücksichtigt,
- ➢ zwecks Evaluation wiederholbar

ist.

Da weder in der Duisburger Praxis entwickelte, noch andere auf dem deutschen Markt befindliche Erhebungsverfahren bislang die gewünschten Anforderungen erfüllen konnten, kam es mit Hilfe des Landesinstitutes für Schule zu einer Kooperation mit dem renommierten niederländischen Test-Institut Citogroep.[5] In einem Kooperationsvertrag zwischen Citogroep und der Stadt Duisburg wurde die Entwicklung und Erprobung des »Tests Zweisprachigkeit«, wie er zunächst genannt wurde[6], vereinbart und die gesamtstädtische Durchführung des Tests im November 2003 sowie die Auswertung für Anfang 2004 terminiert. Da in Duisburg eine flächendeckende Erhebung aller Schulanfänger durchgeführt werden soll, musste der in den Niederlanden über viele Jahre erprobte »Toets Tweetaligheid« nicht nur für die deutsche Sprache und die kulturellen Gegebenheiten angepasst, sondern auch als Gruppentest konzipiert werden. Geleistet wurde diese Arbeit von einem Team aus Fachleuten des Landesinstituts für Schule und der Zweisprachigkeitsforschung aus Grundschulleiterinnen und -leitern, Vertretern der Duisburger Schulaufsicht und Mitarbeiterinnen und Mitarbeitern der RAA Duisburg.[7]

Wie funktioniert der Test?

Zehn Kinder sitzen im Computerraum einer Duisburger Grundschule. Zwei Testleiterinnen haben den Kindern gezeigt, wie sie den Kopfhörer aufsetzen, die Maus bewegen, mit der Maustaste klicken können. Die Testleiterinnen, eine Erzieherin und eine Grundschullehrerin vergewissern sich, dass die Kopfhörer sitzen, die Lautstärke angemessen ist und die Kinder bereit sind. Die Erwachsenen starten das Programm, die Kinder konzentrieren sich auf »Primo«, die Animationsfigur, die sie auffordert, sie mit der Maus zu fangen, um so die gezielte Bewegung des Cursors und das Anklicken eines Bildes zu üben.

Für die meisten Kinder ist diese Übung nicht nötig, sie gehen ganz selbstverständlich mit dem Medium um. Die Testleiterinnen achten darauf, welches Kind Unsicherheiten zeigt und vergewissern sich, dass auch diese Kinder die »Technik« beherrschen, wenn der eigentliche Test los geht.

In den folgenden 45 Minuten reagieren die Kinder ohne besondere Unterstützung auf die Anweisungen der Stimme der virtuellen »Lehrerin«, ein Bild zu einem gehörten Wort anzuklicken, oder einen grünen Kreis für »Ja«, ein rotes Feld für »Nein«. Reagiert ein Kind bei der ersten Aufforderung nicht, wird die Aufgabe einmal wiederholt. Wird die Aufgabe ein zweites Mal nicht gelöst, geht das Programm ohne Kommentar weiter.

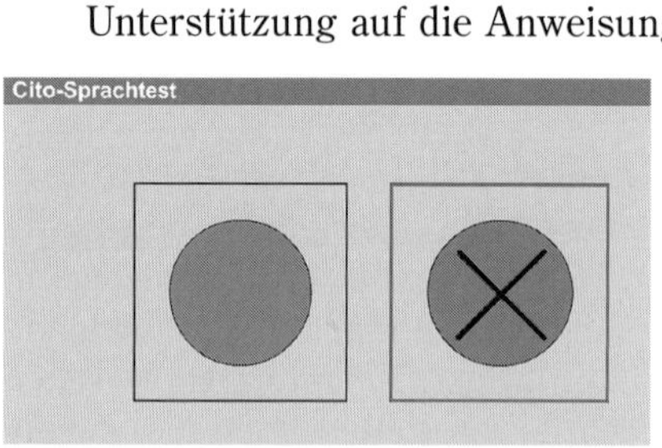

Eine Rückmeldung über richtig oder falsch gelöste Aufgaben erhalten die Kinder nur in den Einführungsbeispielen, die zu Beginn jedes Testabschnitts die Kinder mit dem neuen Aufgabentyp vertraut machen. Die Testleiterinnen können das Programm unterbrechen, wenn ein Kind eine Pause verlangt oder sie eine Störung vermuten. Nach der Unterbrechung ist ein Einstieg an der richtigen Stelle ohne Weiteres möglich. Nach spätestens 60 Minuten sind auch die Kinder, die sich die Aufgaben häufig zweimal zeigen und vorsprechen ließen, fertig. Einige verabschieden sich fröhlich von »Primo«, der sich zwischen den Aufgabensequenzen immer wieder einmal den Kindern gezeigt hat.

Bevor die Kinder mit dem Test anfingen, haben die Testleiter auf der Basis der Gespräche mit Eltern und Kindern bei der Schulanmeldung Daten der Kinder eingegeben, die für die Gesamtauswertung relevant sind. Dies sind neben Name und Geburtsdatum Angaben zu Besuch und Dauer der Kindertageseinrichtung, der vorgesehenen Grundschule und zu den Sprachen, die das Kind in der Familie spricht.

Die Testergebnisse und die Daten sind im Anschluss sofort verfügbar und können mit knappen Erläuterungen zu den Testkomponenten und zur Normierung ausgedruckt werden.

Was wird in dieser idealtypisch beschriebenen Testsituation im Einzelnen getestet?

Als zentrales Element der Sprachentwicklung wird der *passive Wortschatz* über 60 Wörter erfragt, die sich auf die wichtigsten Wortarten, Verben und Substantive beschränken. Die Begriffe decken ein breites Spektrum mit unterschiedlichen Schwierigkeits- und Bekanntheitsgraden ab. So entscheiden sich die Kinder z. B. für eine von vier Abbildungen, wenn sie hören »Klicke das Auge an!«.

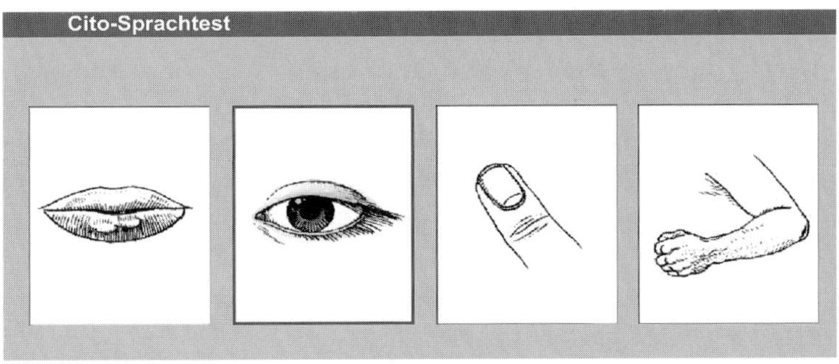

»Eine Testfrage zum passiven Wortschatz lautet »Klicke das Auge an«. Sobald das Kind das Auge angeklickt hat, wird dieses Bild optisch hervorgehoben. Das Kind wird wieder angesprochen und im folgenden Fenster erscheint die nächste Frage mit den entsprechenden Bildern zur Auswahl.« (aus Cito Deutschland GmbH: Der Cito Sprachtest, Zur Sprachstandsfeststellung bei Kindern im Vorschulalter, Kurz-Bericht / Beschreibung)

65 *kognitive Begriffe* aus den Kategorien Farben, Formen, Quantitäten, Raum, Beziehungen und Zeit werden mit ansteigenden Schwierigkeitsstufen erfragt. Hier wählen die Kinder z.B. eines von drei farbigen Feldern nach der Anweisung »Klicke lila an!« oder eine von drei Zeichnungen zu »Klicke den niedrigsten Tisch an!«

Als Basis der Sprachentwicklung wird das *phonologische Bewusstsein* mit 30 Wortpaaren getestet, bei denen die Kinder gleiche von unterschiedlichen Klängen heraushören müssen. Die Fähigkeit zur Lautdistribution, die eine Grundlage darstellt, um Bedeutungsunterschiede zu identifizieren, wird anhand von Aufgaben zur Unterscheidung von Vokalen und verschiedenen Konsonantenkonstellationen getestet. In diesem Bereich wird von den Kindern z.B. die Entscheidung verlangt, ob sich »Reise« und »leise« lautlich unterscheiden oder wie dies bei »Ohr« und Uhr« ist.

Der anspruchsvollste Teil des Tests ist der zum *Textverständnis*. Er überprüft an Hand von vier kleinen Geschichten das Verständnis von expliziten und von impliziten Informationen der gehörten Texte. So wird etwa zu einer Geburtstaggeschichte gefragt: »Wo sitzt Lisa?« Wenn die Kinder aus dem Angebot von drei abgebildeten Sitzgelegenheiten den Stuhl auswählen, haben sie genau zugehört und sich richtig erinnert. Die Verneinung der Frage »Isst Peter Kuchen?« ist dagegen implizit dem gehörten Text zu entnehmen.

Der türkischsprachige und der deutschsprachige Test sind, bis auf geringe Variationen aufgrund sprachlicher und kultureller Eigenheiten, gleich. Dies ermöglicht den Vergleich der unterschiedlichen Kompetenzen in beiden Sprachen bei einem Kind. Es muss jedoch ausgeschlossen werden, dass die Kinder im zweiten Testdurchlauf die in türkischer Sprache gestellten Aufgaben aus dem deutschsprachigen Test wiedererkennen und deshalb leichter lösen. Um diesen unerwünschten Lerneffekt zu vermeiden, der das Ergebnis verfälschen würde, ist eine Pause von etwa zwei Wochen für das einzelne Kind einzuplanen.

Welche Erkenntnisse hat der Pre-Test geliefert?

Die Entwicklung des Computer-Tests erfolgte in größtmöglicher Anlehnung an den »Toets Tweetaligheid«. Da aber Veränderungen aufgrund der Digitalisierung vorgenommen werden mussten, war die Überprüfung des Tests im Juni 2003 von großer Bedeutung. Wichtigste Erkenntnis war zunächst die Bestätigung der Eignung im Sinne testtheoretischer und methodischer Standards wie Zuverlässigkeit und Gültigkeit, die sowohl für die einsprachigen wie auch die zweisprachigen Testteile, auch unter Einbeziehung vergleichbarer Untersuchungen aus den Niederlanden und der Türkei, ermittelt wurden.[8] Eine besondere Forschungsfrage richtete sich zudem auf den Nachweis, dass ein digitaler Test, der notwendigerweise auf aktives kindliches Sprachverhalten verzichten muss, dennoch verlässliche Schlussfolgerungen auf die aktive Sprachkompetenz der getesteten Kinder zulässt. Deshalb mussten die Kinder im Pre-Test zusätzlich in ähnlichen Fragestellungen wie in den Niederlanden ihre Kenntnisse im aktiven Wortschatz und ihre Sprachstrukturkenntnisse auf herkömmliche Weise in einer dialogischen Situation unter Beweis stellen. Diese beiden Testelemente sind im Rahmen des Pre-Tests zusätzlich aufgenommen worden, um für die deutschsprachigen Verhältnisse zu überprüfen, was in den Niederlanden aufgrund der dortigen Testpraxis seit langem bestätigt ist: Die Korrelationen zwischen den relevanten Subtests lassen es zu, von den passiven Testteilen auf die aktive Sprachkompetenz zu schließen. Da in Deutschland jedoch Erfahrungen mit standardisierten Tests zur Sprachstandserhebung kaum vorhanden sind, der Bedeutung des aktiven Sprachgebrauchs im Elementar- und Primarbereich aber ein besonderer Stellenwert beigemessen wird, ist dies zusätzlich mit hohem Aufwand überprüft worden.

Auch im Vergleich der Duisburger Resultate der aktiven und passiven Testteile zeigte sich jetzt, dass aus den Ergebnissen des digitalen Tests allein auch auf die aktive Sprachkompetenz geschlossen werden kann.[9] Erst auf der Basis dieser Bestätigung konnte verantwortlich entschieden werden, künftig den geprüften, leichter handhabbaren digitalen Test zu verwenden.

Für die Pädagogen vor Ort haben auch die Beobachtungen der Kinder oftmals wichtige Erkenntnisse ausgelöst:

- Die Begeisterung, mit der die Kinder mit Mausklick und Testsoftware umgehen, hat vielen Skeptikern verdeutlicht, dass eher die Berührungsängste Erwachsener zuvor im Spiel waren.
- Der lockere und spielerische, aber gleichwohl konzentrierte Zugriff der Kinder auf das Testinstrument hat dem einen oder der anderen

gezeigt, dass Stress nicht unbedingt ein begleitender Faktor sein muss.

- Der Vorstellung, dass eine Überprüfung des Sprachstandes immer in der personalen Beziehung zwischen Pädagoge und Kind zu erfolgen habe, ist inzwischen die These entgegengesetzt worden, dass eine relative Unabhängigkeit von einer testenden Person nicht nur einen objektiven Vergleich ermöglicht, sondern durchaus auch dem einzelnen Kind dienen kann.

Der flächendeckende Test

Auf dem Hintergrund der Erfahrungen und Erkenntnisse aus dem Pre-Test wurde die Test-Organisation für nahezu 5000 Kinder vorbereitet. Lehrerinnen und Lehrer, Schulaufsichtsbeamte, Erzieherinnen, städtische Mitarbeiterinnen und Mitarbeiter, Sprachförderkräfte waren auf unterschiedliche Weise eingebunden.

Erste Ergebnisse

Verteilung der gesprochenen Sprachen

In der quantitativen Verteilung der gesprochenen Sprachen lag bereits eine wichtige und für manchen überraschende Erkenntnis, da in Duisburg üblicherweise in den einschlägigen Statistiken Herkunftsland oder Herkunftssprache der Einwohner nicht systematisch erfasst werden:

In Duisburg spricht fast die Hälfte der Kinder eine andere Sprache neben oder statt Deutsch. Insgesamt werden von den Kindern dieses Jahrgangs in Duisburg 37 Sprachen gesprochen. Die türkisch-deutschsprachigen Kinder stellen 30 % der gesamten Gruppe dar.

Da vor Testbeginn die Kinder nach den in der Familie gesprochenen Sprachen und im Falle der Mehrsprachigkeit auch nach der besser beherrschten Sprache befragt worden waren, konnte die Gesamtpopulation der getesteten Kinder fünf unterschiedlichen Gruppen zugeordnet werde, um die Testergebnisse differenziert auswerten zu können.

- Monolingual Deutsch 55,4 % (Deutsch)
- Bilingual Deutsch / Türkisch, dominante Sprache Deutsch 6,8 % (Deutsch / Türkisch)
- Bilingual Deutsch / Türkisch, dominante Sprache Türkisch 23,3 % (Türkisch)

- Bilingual Deutsch / andere Sprache, dominante Sprache andere 5,5 % (Andere)
- Bilingual Deutsch / andere Sprache, dominante Sprache Deutsch 9,1 % (Deutsch / Andere) [11]

Überblick über die Testergebnisse

Eine Übersicht über Testergebnisse in Deutsch in den Teilbereichen zeigt, wie viele Aufgaben die Kinder jeweils zu lösen hatten, die Anzahl der Kinder, die diesen Subtest vollständig bearbeitet haben, die durchschnittlich gelösten Aufgaben, auch in Prozent, sowie die statistisch relevanten Daten alpha-Wert und Standardabweichung (Sd).

Aufgabe	Aufgaben insgesamt	N	Durchschnitt	P-Wert	alpha	Sd
KB	(65)	4527	46.70	71.80	. 91	10.28
PW	(60)	4660	42.47	70.80	. 95	12.60
PB	(30)	4428	19.83	66.10	. 90	7.03
TV	(20)	4355	12.80	64.00	. 86	4.49

Durchschnittswerte, Standardabweichung und alpha-Werte aller Kinder im Test Deutsch«[12]

Betrachtet man die Prozentwerte der im Schnitt richtig gelösten Aufgaben, so zeigt sich hier, dass im Bereich »Kognitive Begriffe« der Anteil der gelösten Aufgaben am höchsten, im »Textverständnis« am niedrigsten ist.

Ein Vergleich der Testergebnisse in der deutschen Sprache zwischen den Gruppen zeigt, dass es signifikante Unterschiede im Gesamtergebnis wie auch in allen Teiltests gibt. Die monolingualen deutschsprachigen Kindern zeigen – erwartungsgemäß – bessere Ergebnisse als die bilingualen. Die Testergebnisse in den vier verschiedenen bilingualen Gruppen zeigen diese Rangfolge:

1. Deutsch-anderssprachige Kinder
2. Deutsch-türkischsprachige Kinder
3. Anderssprachige Kinder
4. Türkischsprachige Kinder

Ein ähnliches Bild wie bei den kognitiven Begriffen würde auch die graphische Darstellung für die übrigen drei Testteile ergeben.

Für die *Kinder türkischer Herkunftssprache* zeigt die Untersuchung, dass ihre Kenntnisse der deutschen Sprache große Unterschiede aufweisen.

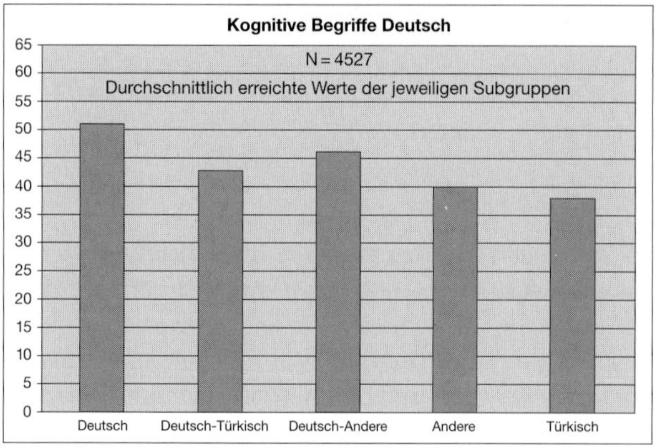

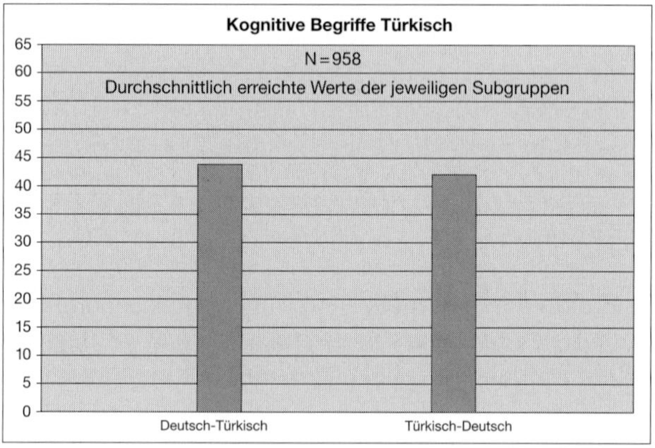

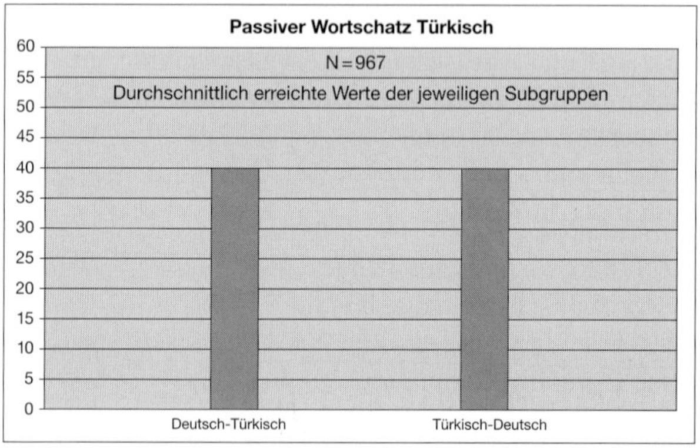

Bei ihren Fähigkeiten in der türkischen Sprache konnte dies nicht gleichermaßen festgestellt werden:

Normierung

Um festzustellen, wie viele und welche Kinder einen sprachlichen Förderbedarf aufweisen, war es erforderlich, in den einzelnen Subtest jeweils eine Grenze für die zu lösenden Aufgaben zu markieren, mit Hilfe derer eine Unterscheidung in ausreichende und nicht ausreichende sprachliche (Teil-) Leistung erfolgen kann.

Die Normierung erfolgte mit Hilfe verschiedener empirischer Untersuchungen und führte zu folgendem Ergebnis:

Normierung Deutscher Test				
		Förderbedürftig	Befriedigend	Gut
Passiver Wortschatz	60	0–33	34–40	41–60
Kognitive Begriffe	65	0–39	40–45	46–65
Phonologisches Bewusstsein	30	0–13	14–19	20–30
Textverständnis	20	0– 8	9–12	13–20
Normierung Türkischer Test				
		Förderbedürftig	Befriedigend	Gut
Passiver Wortschatz	60	0–36	37–40	41–60
Kognitive Begriffe	65	0–35	36–42	43–65
Phonologisches Bewusstsein	30	0–12	13–19	20–30
Textverständnis	20	0– 9	10–12	13–20

Darstellung der Normierung [13]

Feststellung des Förderbedarfs

Gemäß der oben beschriebenen Normierung konnte nun für die einzelnen Subtests und die fünf unterschiedenen Gruppen festgestellt werden, in welchem Umfang Förderbedarf vorliegt:

Subtest	Deutsch	Deutsch-Türkisch	Deutsch-Anders	Anders	Türkisch	Total
KB	228/ 8,6 %	76/28,4 %	80/18,2 %	109/40,8 %	492/54,4 %	985/21,8 %
PB	403/15,6 %	81/30,3 %	88/20,5 %	75/29,1 %	288/32,6 %	935/21,1 %
PW	207/ 7,6 %	76/27,7 %	76/16,9 %	130/46,9 %	558/60,3 %	1047/22,5 %
TV	206/ 8,1 %	75/28,4 %	73/17,3 %	87/34,9 %	402/46,6 %	843/19,4 %

Betrachtet man vergleichend den Förderbedarf der fünf Gruppen, dann lässt sich hier die oben beschriebene Rangfolge der Ergebnisse in den vier Subtests im Wesentlichen wiederfinden.

Bei der separaten Betrachtung der einzelnen Gruppen hinsichtlich ihres Förderbedarfs in den vier sprachlichen Teilbereichen stellt man eine weitgehend ausgewogene Verteilung fest. Auffällig erscheint lediglich bei den monolingual deutschsprachigen Kindern ein relativ hoher Förderbedarf im Bereich »Phonologische Bewusstheit«. Vergleichsweise hoch sind bei den zweisprachigen Kindern, deren dominante Sprache nicht Deutsch ist, die Förderbedarfe in den Teilbereichen, in denen Begriffe erfragt wurden, passiver Wortschatz und Kognitive Begriffe.

Letzteres mag darauf zurückzuführen sein, dass zweisprachige Kinder, die mit dem Erwerb der deutschen Sprache erheblich später begonnen haben als mit dem Erwerb der Erstsprache, bis kurz vor Schulbeginn noch keinen umfangreichen Wortschatz in der Zweitsprache entwickelt haben können, während die von der Wortbedeutung her unabhängige Fähigkeit zur Lautunterscheidung besser ausgeprägt sein kann.

Viel Anlass zu Deutungsversuchen gab in Duisburg das innerhalb der deutschsprachigen Gruppe vergleichsweise häufige Auftreten von Defiziten im Testteil »Phonologisches Bewusstsein«:

- Bestätigt sich hier, dass einsprachige Kinder vor dem Schriftspracherwerb mit Lautunterscheidung vergleichsweise weniger Erfahrung haben als bilinguale?
- Deuten die »Defizite« in PB auf eine mögliche spätere Lese-Rechtschreib-Schwäche?
- Ist der Subtest »PB« störanfälliger in Bezug auf technische Störungen (falsche Lautstärke ö. Ä.) oder die aktuelle Tagesform des Kindes (z. B. Höreinschränkung durch Erkältung)?

Wenn auch diese Fragen nicht unmittelbar geklärt werden konnten, produktiv für die weitere Beobachtung der Kinder und für die Überlegungen zu den Förderkonsequenzen waren sie allemal. Die Autoren der Citogroep nehmen in ihrem wissenschaftlichen Bericht wie folgt dazu Stellung: »Anderssprachige Kinder beherrschen die Fähigkeit deutsche Laute zu unterscheiden offensichtlich besser als die anderen Sprachfähigkeiten. Dieser Befund illustriert die Tatsache, dass Zweisprachigkeit positive Effekte haben kann auf den Prozess des Erlernens einer Sprache« (KONAK u. a.: a. a. O. S. 45).

Interessant ist aber auch, dass die Gruppe der sich als »dominant Deutsch« (Deutsch-Türkisch) einschätzenden zweisprachigen Kinder eine ausgewogene Verteilung der Förderbedarfe aufweist, die relativ nahe an die Ergebnisse der Gesamtpopulation kommt. Für die Verteilung der guten und befriedigenden Ergebnisse ist dies ähnlich. Diese Gruppe der zweisprachigen Kinder [14] scheint deutlich weniger eine Risikogruppe darzustellen als die durch die Selbsteinschätzung als dominant Türkisch (Türkisch) oder anderssprachig definierten Kinder. Sie wird von den Autoren der Citogroep als »balanciert zweisprachig« bezeichnet, da sie – im Unterschied zu ihrer Selbsteinschätzung – auch im Türkischen in zwei Testkomponenten gleich gut und in zweien besser abschneiden als in Deutsch. [15] Die vergleichsweise guten Testergebnisse in allen Testteilen dieser Gruppe werden von den Autoren damit erklärt, dass ausgeglichen zweisprachige Kinder vermutlich eine höhere metasprachliche Kompetenz hätten. Dies sei auch durch frühere Forschungen zu belegen. [16]

Welche Kinder brauchen verstärkte Sprachförderung?

Um dieser Frage nachzugehen, wurde zum einen berechnet, wie viele Kinder in einem, in zwei, in drei oder vier Testteilen Förderbedarf aufweisen. So stellt sich heraus, dass nahezu jedes zweite Kind (39,5 %) in mindestens einem Teilbereich als förderbedürftig identifiziert wurde, dies gilt für fast ein Viertel der monolingualen und etwa 60 % der zweisprachigen Kinder. Die größte Risikogruppe ist die dominant türkische, türkisch-deutsche Gruppe mit 77,2 %.

Mit Bekanntgabe der Testergebnisse im Februar 2004 liegen nun in Duisburg zum ersten Mal für den Einschulungsjahrgang 2004 objektive Kriterien zur Erfassung aller Kinder vor, die eine gezielte Sprachförderung im letzten halben Jahr vor der Schule und zu Beginn der Grundschulzeit benötigen.

Zuvor wurden die Sprachfördermaßnahmen auf der Grundlage der Einschätzung der Kindertageseinrichtungen beantragt [17] und geplant, die sechsmonatigen Maßnahmen vor der Schule auch auf der Basis der Sprachstandseinschätzung bei der Schulanmeldung.

Seither sind die Ergebnisse wesentliche Basis für die Beantragung von Landesmitteln und einen gezielten Einsatz dieser und der kommunalen Mittel. Da die langjährigen Beobachtungen der Erzieherinnen in den Kindertageseinrichtungen in diese Planungen gleichermaßen einfließen müssen, stellte und stellt der notwendige Abgleich zwischen Testergebnissen und Einschätzungen der Erzieherinnen eine große Herausforderung und Chance für die Kooperation der beiden Bildungsinstitutionen dar.

Erprobung zweisprachiger Förderkonzepte unter Einbeziehung der Eltern

Eine besondere Herausforderung und Neuland im vorschulischen Bereich ist eine koordinierte Sprachförderung der Erst- und Zweitsprache auf der Grundlage der Testergebnisse in beiden Sprachen. Da hierzu bisher keine Erfahrungen vorliegen, arbeiten seit März 2004 zweisprachige Teams in Fördergruppen an fünf Kindertageseinrichtungen. Ziel ist es, Konzepte zu entwickeln und zu erproben, die auf den Ergebnissen des zweisprachigen Tests aufbauen. Erprobt wird auch eine Einbeziehung der Eltern, die ihren Part bei der sprachlichen Unterstützung ihrer Kinder sicherer und kompetenter wahrnehmen lernen sollen. Der Lernfortschritt der Kinder wird in beiden Sprachen festgehalten. Getragen und begleitet wird dieses Projekt von Jugendamt, EG-DU und RAA. Diese Arbeit wird zurzeit dokumentiert uns soll in schriftlicher Form und als Video Anregungen für die Förderung der Mehrsprachigkeit geben.

Gewachsene Sensibilität für Sprachförderung auch bei den Eltern

Vielfach wurden auch Eltern offenbar überraschend mit Testergebnissen konfrontiert, die sie zum ersten Mal zur intensiveren Auseinandersetzung mit der Notwendigkeit gezielter Sprachförderung aufforderte. Eltern türkischer Herkunftssprache sind durch die für sie oftmals unerwarteten Testergebnisse auch in der türkischen Sprache auf neue Weise mit der Frage ihrer eigenen Rolle im Sprachlernprozess ihrer Kinder konfrontiert worden. Auch hier wurde häufig um Rat gefragt. Vielfach wurde der Wunsch nach Anleitung bei der sprachlichen Unterstützung der Kinder, nach Fördermaterial geäußert, mit dem Eltern ihren Kindern beim Deutsch Lernen, aber auch bei der Förderung der Muttersprache helfen können. Nachfragen nach Erwachsenensprachkursen sind in diesem Kontext mit der Absicht gestellt worden, den Kindern bessere sprachliche Vorbilder zu sein. Über das Duisburger Trägernetzwerk im Bereich der Deutschkurse für Erwachsene konnten in der Regel passende Kurse, zuweilen in den Einrichtungen der Kinder oder in unmittelbarer Nähe gefunden werden.

Unterstützende Aktivitäten

Wie auf die gewachsene Sensibilität für die sprachliche Entwicklung von Kindern unter Pädagogen und Eltern unterstützend reagiert werden kann, wurde im »Netzwerk Sprachförderung im Elementar- und Primarbereich« eingehend beraten und erste Schritte sind unternommen worden.

In den Konferenzen, Arbeitsgruppen und Gremien, die mit Sprachförderung im Elementarbereich und an der Schnittstelle zur Grundschule befasst sind, werden die zentralen Fragen der Sprachförderung und der Elternberatung nach dem Test intensiv beraten und es wird über vorhandene Angebote informiert, Fördermaterialien werden aktualisiert und erweitert, Fortbildungsbedarf ermittelt und Fortbildungsangebote ergänzt.

»Wie können Eltern ihre Kinder sprachlich unterstützen?« Zu dieser immer häufiger gestellten Frage bietet die RAA Duisburg Hilfe an. Mit einem Angebot an Kindertageseinrichtungen für Elternabende, Elterntreffs geben zweisprachige Kontaktpersonen Information, Anleitung und Materialtipps zum Vorlesen, spielerischen Sprachlernen, Reimen, zu Liedern insbesondere für die Muttersprache.

Perspektiven

Der Erfolg der Sprachförderarbeit wird wesentlich davon abhängen, ob es gelingt, Handreichungen zu entwickeln, wie es sie bereits in den Niederlanden gibt, die für ein individuelles Sprachprofil Förderanregungen mit konkreten Hinweisen auf didaktisches Material bieten. Die Erfahrungen und Materialien des Cito-Instituts könnten eine Basis für ein solches Vorhaben sein.

Durch die Wiederholung des Tests für die Kinder, die an einer besonderen Förderung teilgenommen haben, wird die Qualität der Förderarbeit überprüfbar und die Wirksamkeit der Förderkonzepte in ihrer Fortschreibung erhöht.

Die Durchführung des Tests in anderen Kommunen wird interessante Vergleichsmöglichkeiten eröffnen. So kann auch die Normierung des Tests auf einer breiteren Basis gesichert bzw. für andere Situationen überprüft werden.

Wünschenswert wäre der Einsatz eines zweisprachigen Tests auch für Kinder anderer Herkunftssprachen. Auch hierfür kann die Beteiligung anderer Kommunen unterstützend wirken. Nicht zuletzt ist auf die Möglichkeit internationaler Kooperationen für weitere Projekte zur Qualitätsverbesserung in der Test- und Förderpraxis hinzuweisen.

Anmerkungen

1 Vgl. Darstellung der Entwicklung, des aktuellen Standes, der Ergebnisse und der Konsequenzen der im November / Dezember 2003 durchgeführten Testung von insgesamt 4600 Kindern mit dem »Cito-Test Zweisprachigkeit«, Miteilung für die kommunalen Ausschüsse der Stadt Duisburg, Drucksache 4412 / 3
2 Verhoeven, L. u. a. (1995): Leerling volg systeem: toets tweetalighei – Turks, Marokkaans-Arabisch, Papiomentu, groep 1 – 2. Arnheim: Cito
3 Alle Abbildungen, Grafiken und Illustrationen aus dem Test selbst wurden durch die niederländische Citogroep sowie Cito Deutschland GmbH zur Verfügung gestellt.
4 verabschiedet am 02. Juli 2003 durch den Düsseldorfer Landtag (Artikel 1 Nr. 1 Buchstabe b)
5 Drittgrößtes Testinstitut weltweit, Beteiligung an der PISA-Studie, www.citogroep.nl
6 Inzwischen heißt der Test »Der *Cito-Sprachtest*, Zur Sprachstandsfeststellung bei Kindern im Vorschulalter«
7 siehe www. citogroep. nl, Impressum
8 Der ausführliche Bericht mit den statistischen Auswertungen ist auf der Homepage der Citogroep einsehbar.
9 ebenda
10 Leitung Prof. Dr. Ruprecht Baur, Institut für Migrationsforschung und Zweitsprachendidaktik
11 »Darstellung …« Drucksache 4412 / 3, S. 4
12 alle Tabellen, Graphiken und Zahlenangaben sind den Auswertungen des Cito-Instituts entnommen, ebenda
13 Darstellung der Entwicklung … Drucksache 4412 / 3 S. 13 f
14 Im Rahmen der Duisburger Untersuchung können keine Aussagen für die anderen Sprachen gemacht werden, da hier keine Daten vorliegen.
15 A. a. O. S. 46
16 ebenda
17 gemäß »Richtlinien über die Gewährung von Zuwendungen für Angebote zur Sprachförderung im Elementarbereich« MFJFG und MWSF v. 17.05.2002 (heute MJSK)

Claudia M. Ueffing

SISMIK: Münchener Sprachstandsbeobachtung im Kindergarten

Mit der Diskussion um Pisa rückte die Phase der frühen Bildung und Erziehung der Kinder, die Institution Kindergarten als erste Bildungseinrichtung von Kindern außerhalb der Familie in den Fokus öffentlichen Interesses.

In diesem Zusammenhang entwickelten Michaela Ulich und Toni Mayr beim Staatsinstitut für Frühpädagogik in München das Beobachtungsverfahren »Sismik – Sprachverhalten und Interesse an Sprache bei Migrantenkindern«, welches Gegenstand dieses Artikels ist (Ulich / Mayr 2003). Es ist ein Beobachtungsinstrument, das hilft, die Sprachentwicklung kontextbezogen, prozessorientiert und ganzheitlich zu betrachten.

Der Beobachtungsbogen wurde ausschließlich für Kinder mit anderer Erst- oder Familiensprache konzipiert und berücksichtigt hiermit die unterschiedlichen Spracherwerbsverläufe von monolingualen Kindern und Kindern mit anderer Erstsprache, d. h. vor allem Kinder mit sukzessivem Zweitspracherwerb. Er ist dezidiert nicht zur Diagnostik von Spracherwerbsstörungen konzipiert, sondern dient dazu, Entwicklungsverläufe sichtbar und für alle an der Bildungsbegleitung beteiligten Personen transparent zu machen. So ist gewährleistet, dass das Fachpersonal der Kindergärten keine diagnostischen Aufgaben übernehmen muss, die nicht zum originären Arbeitsfeld des Kindergartens und der Erzieherin / des Erziehers gehören.

Sismik setzt bei der kindlichen Motivation und Aktivität an, es erfasst die sprachliche Kompetenz eines Kindes und nicht die Defizite. Es bezieht das Sprachvermögen der Kinder in der Familiensprache mit ein. Durch wiederholte Anwendung des Sprachbeobachtungsbogens lässt sich die Sprachprogression eines Kindes dokumentieren. Für ein prozessorientiertes Begleiten der sprachlichen Bildung eines Kindes durch das Fachpersonal der Kindergärten ist somit eine instrumentelle Grundlage gelegt.

Dies alles macht deutlich, dass Sismik eine Ressourcen orientierte Haltung zu Grunde liegt, die sich an den Kompetenzen des Kindes orientiert und zum Ziel hat, diese zu festigen. Somit fügt sich der Beobachtungsbogen in die Grundsätze der Elementarpädagogik ein, wie sie im bayerischen Bildungs- und Erziehungsplan seit 2004 in Bayern niederge-

Welche Sprache(n) spricht die Mutter mit dem Kind? ....

Welche Sprache(n) spricht der Vater mit dem Kind? ....

Deutschkenntnisse der Eltern (nach meiner Einschätzung)

Mutter	○ gut	○ mittel	○ gering	○ keine
Vater	○ gut	○ mittel	○ gering	○ keine

legt und seit dem Jahr 2005 im neuen bayerischen Kinder-, Bildungs- und Betreuungsgesetz (BayKiBig) und den entsprechenden Ausführungsverordnungen gesetzlich verankert wurden.

Die Bestandteile von Sismik

Sismik besteht aus zwei Blöcken, die jeweils in einem schlichten Geheft vorliegen:

Das Begleitheft zum Beobachtungsbogen ist der Leitfaden für die Anwenderinnen und Anwender des Bogens. Hier werden Konzeption, Aufbau, Nutzung und Bearbeitung des Bogens erläutert. Es schließen sich die Auswertungsanleitung von Fallbeispielen und die Anleitung einer quantitativen Auswertung auf der Grundlage von Skalen an.

Der Bogen selbst besteht aus 4 größeren Teilen, dem »Sprachverhalten in verschiedenen Situationen« im Kindergartenalltag, der »sprachlichen Kompetenz im engeren Sinn« in der Zielsprache Deutsch, der »Familiensprache des Kindes« und der »Familie des Kindes«.

Zur Fortbildung des Fachpersonals bietet der Verlag des Weiteren eine VHS-Kassette an, so dass sich Module aus Praxis, Begleitheft und Film zu einer Fortbildung für das Fachpersonal addieren lassen.

Das Fachpersonal der Kindertageseinrichtungen

Neben den Kindern, deren Sprachverhalten Gegenstand des Beobachtungsbogens darstellt, ist das Fachpersonal der Kindergärten die wichtigste Gruppe, denen das Augenmerk gelten sollte. Fried bescheinigt in ihrer Expertise zu Sprachstandserhebungen: »Das Verfahren ... stellt ... ziemlich hohe Ansprüche an Erzieherinnen« (Fried 2004, S. 85).

Der Anspruch an sich wird der umfassenden Ausbildung einer Erzieherin / eines Erziehers und der Tatsache gerecht, dass in der Regel erfahrene und speziell für diese Bereiche fortgebildete Kolleginnen und Kollegen in den Kindergärten mit den Themen Migration – Deutsch als Zweitsprache und Übergang – Kindergarten – Schule betraut werden.

Frieds Satz spiegelt auch die Einstellung der Autorin und des Autors von Sismik, die das Fachpersonal der Kindertageseinrichtungen als kompetent und belastbar würdigen. Dies wurde zudem deutlich in der langen Phase der Erprobung des Beobachtungsbogens in sehr vielen Kindergärten der Bundesrepublik Deutschland unter Einbindung der Rückmeldung vieler Erzieherinnen und Erzieher in die vorliegende Endfassung. Die ursprüngliche Form des Bogens war erheblich umfangreicher und damit weniger praxistauglich. Durch den gewünschten kritischen Dialog zwischen den Wissenschaftlern und den Erzieherinnen und Erziehern entstand letztendlich auch die Grundlage für eine hohe Akzeptanz durch die Fachbasis.

Der Bogen setzt als Beobachtungsinstrument bei den Ressourcen der Erzieherinnen und Erzieher an, die während ihrer langjährigen Ausbildung und auf Grund beruflicher Erfahrung solide Kenntnisse in gezielter Beobachtung erworben haben und das einzelne Kind im Kindergarten über eine längere Zeitspanne kennen gelernt haben. Fehleinschätzungen auf der Grundlage punktueller Beobachtungen oder von Testergebnissen wird somit vorgebeugt.

Bedarf an Fort- und Weiterbildung

Dennoch ist Fried insofern zuzustimmen, als eine qualifizierte Fort- und Weiterbildung des Fachpersonals für die Implementierung des Instruments angebracht erscheint. Gekoppelt mit der Nutzung und Anwendung ist nämlich nicht nur die durch das Fachpersonal vorgenommene Ausarbeitung von Förderplänen für die Kinder, sondern auch eine vertiefte Kooperation mit den Eltern und Familien der Kinder sowie den Lehrerinnen und Lehrern der Schulen, die im Anschluss an den Kindergarten von den Kindern mit Migrationshintergrund besucht werden. Eine Vertrautheit mit dem Instrument wäre demnach auch auf schulischer Seite anzustreben und gemeinsame Fortbildungen von Erzieherinnen und Lehrerinnen sinnvoll.

Sismik und Schulfähigkeit

Sismik unterstützt somit die gemeinsamen Anstrengungen zur Schulfähigkeit von Kindern, die sich aus der Kokonstruktion von Elternhaus, Kindergarten und Schule mit dem im Zentrum stehenden Kind herleitet. Insbesondere zur glücklichen Gestaltung des Übergangs Kindergarten – Grundschule für die Kinder mit Migrationshintergrund sollte sich das Wechselwirkungsmodell der an der Bildungsbegleitung beteiligten Institution durchsetzen (Speck-Hamdan 2004, S. 199), wofür Sismik seinen

Beitrag leistet. Das Beobachtungsinstrument unterstützt somit auch die interdisziplinäre Zusammenarbeit.

Die Zusammenarbeit zwischen Kindergarten und Schule hat vorrangig das Ziel, den Übergang vom Kindergarten in die Schule für die Kinder mit Migrationshintergrund unter enger Einbindung der Familien positiv zu gestalten. Dies wiederum ist Voraussetzung dafür, dass Kinder, die sich noch in dem Prozess des sukzessiven Zweitspracherwerbs befinden, nicht mit ihren bereits erworbenen Sprachkenntnissen regredieren. Das Phänomen, dass auf Grund neuer Lebens- und Lernfelder Kinder in der Regel zeitlich begrenzte Rückschritte gerade im Bereich des sprachlichen Ausdrucks machen, ist der Fachwelt und dem Fachpersonal der Kindergärten und den Lehrerinnen und Lehrern hinlänglich bekannt. Dieses Verstummen der Kinder hat sicherlich multiple Ursachen. Es kann aber möglicherweise auch auf frühere Verhaltensmuster und nonverbale Orientierungsweisen zurückgeführt werden, die das Kind auf Grund fehlender Sprachkenntnisse bei Eintritt in den Kindergarten entwickelte und nun in der neuen Übergangssituation wieder anwendet. Bedauerlicherweise war dies bisher noch nicht Gegenstand wissenschaftlicher Untersuchungen.

Die Praxis in Kindertageseinrichtungen der Stadt München im Zeitraum von Oktober 2003 bis Oktober 2004

Erprobung und Implementierung

Während der Entwicklung und Erprobung ab Januar 2001 durch das Staatsinstitut für Frühpädagogik (IFP) waren bereits wenige Kindergärten der Stadt München beteiligt. Es handelte sich um eine offene Form der Kooperation, die Gespräche mit den Erzieherinnen, Beobachtungen in den Kindergruppen und die Erprobung des Beobachtungsbogens umfasste. Von dieser Kooperation profitierte München als kommunaler Träger von Kindergärten insofern, als durch die Einbindung der Praxis bei der Entwicklung mit einer höheren Motivation der Erzieherinnen und Erzieher gerechnet werden konnte.

Auf Seiten des Fachpersonals musste nämlich zunächst von erheblichen Vorbehalten ausgegangen werden. Beobachtungsinstrumente als solche blicken im Kindergartenwesen auf eine lange Tradition zurück, die mit seinem Pro und Contra in der kontrovers geführten Diskussion vor allem von dem Leitziel geprägt war, die Kinder nicht einseitig zu betrachten, sie gewissermaßen in Schubläden zu stecken und / oder Vorurteilen und Kategorisierungen Vorschub zu leisten. Viele Erzieherinnen und Erzieher waren und sind auf Grund dessen sehr skeptisch. Deshalb war die Implementierung geprägt von zwei Schwerpunkten, der möglichst breit gestreuten fachlichen Information des Fachpersonals einerseits und der Fort- und Weiterbildung der Fachkräfte, die den Beobachtungsbogen nutzen wollten. Der Träger setzte auf Information und Motivation, da die Nutzung von Sismik von dem Zeitpunkt der Veröffentlichung 2003 bis zur Verankerung im neuen Bayerischen Kindertagesbetreuungsgesetz 2005 fakultativ war.

Die einzelnen Schritte der Implementierung beinhalteten folgende Maßnahmen:

- Zunächst wurden alle Leitungen der ca. 360 Kindertageseinrichtungen über Sismik auf einer Leitungskonferenz zu der Entstehung, den Inhalten und den Zielen in Form eines Vortrags informiert.
- Der Träger erwarb für alle Kindergärten einen Sismik-Satz mit Begleitheft und Beobachtungsbögen und verschickte sie an alle Einrichtungen.
- Die Fort- und Weiterbildung der Kolleginnen lag in Händen des eigenen Fortbildungshauses der Stadt München und bei der Fachberatung des Trägers. So konnten unterschiedliche Zielgruppen des Fachpersonals mit der Maßnahme erreicht werden.
- Eine Zielgruppe in dieser ersten Fortbildungsstaffel waren Leitungen von Kindergärten und sogenannte Fördererzieherinnen, die eine gezielte pädagogische Begleitung im letzten Jahr vor der Einschulung durchführen. Diese Kolleginnen und Kollegen besuchten vor allem die Angebote des Fortbildungshauses der Stadt.
- Die zweite Zielgruppe waren die zusätzlich eingestellten sogenannten interkulturellen Erzieherinnen und Erzieher, die in Kindergärten mit hohem Anteil an Familien mit Migrationshintergrund und dem Schwerpunkt interkulturelle Pädagogik arbeiten. Ihr Aufgabengebiet hat insbesondere die Vermittlung von »Deutsch als Zweitsprache« für Migrantenkinder zum Gegenstand. Sie wurden hierfür und für die Anwendung von Sismik in speziellen Arbeitskreisen von der Fachberatung des Trägers geschult.

Der Gebrauch von Sismik in den Kindergärten

Die o.g. Widerstände der Fachbasis waren zunächst erheblich. Dies äußerte sich darin, dass verstärkt nachgefragt wurde, ob »es Vorschrift sei«, Sismik jetzt zu benutzen. Der Beobachtungsbogen wurde nicht als Unterstützung für qualitativ hochwertige Bildungsarbeit im Kindergarten betrachtet, sondern als zusätzliche Belastung. Entsprechend groß war die Nachfrage nach den Rahmenbedingungen für die Anwendung.

Es tauchte die Frage auf, ob tatsächlich alle Kinder mit Migrationshintergrund mit Sismik beobachtet werden sollten und wenn nein, welche nicht. Die Vorbehalte zeigten sich auch darin, dass die Bögen und das Begleitheft in einigen Einrichtungen erst einmal in den Schubläden verschwanden, worauf dann mit zeitlicher Verzögerung Anfragen nach Zusendung und Fachfragen an die Fachberatung gerichtet wurden.

Mit der Linie »Information und Motivation« des Schulreferats, dem die städtischen Kindertagesstätten unterstellt sind, war jedoch langsam eine Veränderung zu verzeichnen. Engagierte und neugierige Kolleginnen und Kollegen, die sich im Zuge der Entwicklung der Kindergärten auch im Hinblick auf den bayerischen Bildungs- und Erziehungsplan konstruktiv mit Sismik auseinander setzten, berichteten von folgenden positiven Auswirkungen:

- Der Bebachtungsbogen hält dazu an, im stressigen Alltag des Kindergartens systematisch am Ball zu bleiben.
- Da immer mehrere Kolleginnen oder Kollegen ein Kind gemeinsam beobachten, wächst der qualitative Austausch unter dem Fachpersonal und es entwickelt sich eine gemeinsame Sprache im Team.
- Für Gespräche mit Eltern bildet der Bogen eine solide Grundlage.
- Gegenüber Dritten – Fachdiensten, Schulen und z. B. Kinderärzten erfahren die Kolleginnen und Kollegen eine Aufwertung.

So gesehen haben sich die Vorzüge, die Frau Dr. Ulich auf der Fachtagung »Bildung für Berlin – Bildungschance Sprache – Spracherwerb in Kindertageseinrichtungen beobachten, dokumentieren und fördern« in ihrem Vortrag im Oktober 2004 in Berlin herausstellte, durch die Praxis bestätigt (Senatsverwaltung Berlin 2004, S. 7 ff).

Diese ersten Aussagen zum Umgang mit Sismik wurden in einer zurzeit noch laufenden Befragung von Kindergärten der Stadt München im Rahmen eines wissenschaftlichen Begleitforschungsprojektes gewonnen. Bei ersten Rückmeldungen in Rahmen dieser Befragung wurde auch sichtbar, dass die personellen Rahmenbedingungen der Kindergärten bei der Anwendung von Sismik eine erhebliche Rolle spielen. So lässt ein erster Eindruck die Aussage zu, dass in Kindergärten, die personell gut ausgestattet waren – z. B. mit einer interkulturellen Erzieherin –, Sismik deshalb durchgeführt werden konnte, weil Personal und somit auch die Zeit zur Verfügung stand.

Eine weitere zentrale Aussage war die, dass eigentlich erst mittels der Zusatzauswertung mit Skalierung eine Einschätzung des Kindes möglich wird und der genaue Förderbedarf des Kindes festgestellt werden kann. Darüber hinaus lässt die Skalierung auch eine Zuordnung des Sprachentwicklungsstandes eines Kindes auf der Folie bundesweit ermittelter Standards und Mittelwerte zu. Dies trägt dazu bei, dass das Fachpersonal von Kindergärten die eigenen Maßstäbe in einen weiteren Bezugsrahmen setzt. So bildet Sismik auf einer weiteren Ebene die Grundlage, die Einschätzung der Einrichtung zu relativieren oder zu bestätigen.

Resümee

Als Fazit gilt festzuhalten, dass nach ersten Aussagen im Rahmen einer noch laufenden Evaluation des Umgangs mit Sismik in den Kindergärten der Stadt München von einer gelungenen Zusammenarbeit von Wissenschaft und Praxis gesprochen werden darf. Durch die frühe Einbindung von Praktikerinnen konnten praxisrelevante Aspekte eingebaut werden. Eine hohe Akzeptanz auf Seiten des Fachpersonals wurde angelegt und auf die Rahmenbedingungen in Form einer Straffung des Bogens reagiert.

Die Rahmenbedingungen zur Durchführung setzen allerdings genügend Personal und somit Erzieherstunden voraus. Vorhandene Personalressourcen in den Kindergärten müssen folglich daraufhin überprüft werden, ob sie eine regelmäßige Anwendung von Sismik zulassen. Hier liegt auf Grund erster Aussagen im Rahmen der Begleitforschung die Vermutung nahe, dass die personellen Rahmenbedingungen verbessert werden müssen, um z.B. in Kindergärten mit hohem Migrantenanteil alle Kinder so gezielt zu beobachten und die Auswertung in der Vorbereitungszeit der Elementarpädagoginnen und darauf fußende Elterngespräche vorzunehmen.

In der derzeitigen bildungspolitischen Situation in Bayern zeichnet sich ab, dass nur ein Teil von Sismik – Sprache im engeren Sinne – bei allen Kindern mit Migrationshintergrund verpflichtend angewandt werden muss. Zwei Aspekte sind hier kritisch zu beobachten. Erstens wird sich erweisen müssen, vor welche Herausforderungen mehrgruppige Kindergärten in großstädtischen Ballungsräumen mit sehr hohem Anteil von Kindern mit Migrationshintergrund gestellt werden. Hier müssen möglicherweise z.B. 100 Kinder saisonal in engen Zeitkorridoren beobachtet werden, um Aussagen über die Zuleitung der Kinder in weitere Fördermaßnahmen wie »Deutsch 160« in Kooperation mit der Grundschule vorzunehmen. Zweitens ist zu erforschen, inwieweit die Anwendung nur eines Teils von Sismik der Komplexität des kindlichen Zweitspracherwerbs überhaupt gerecht werden kann. Das Instrument Sismik ist wesentlich umfassender angelegt und bezieht die Erst- oder Familiensprache des Kindes, Literacy-Erziehung in Kindergarten und Familie sowie den Sprachgebrauch des Kindes in Alltagssituationen ein. Gerade in der komplexen Sicht auf die Zweitsprachentwicklung sehr junger Kinder besticht der Beobachtungsbogen. Es wäre bedauerlich, wenn auf Grund politischer oder pekuniärer Voraussetzungen die fachlichen Vorzüge in den Hintergrund treten würden und der Kindergarten faktisch mit weniger statt mehr Qualität in der Beobachtung von Spracherwerbsverläufen auskommen müsste. Die Entwicklungen der nächsten Zeit versprechen spannend zu werden. Es gilt die hoffentlich positiven Umsetzungen auf politischer Ebene, auf Seiten der Träger von Kindertageseinrichtungen und auch in den Kindergärten und Schulen selbst abzuwarten.

Gesprächsrunden/Stuhlkreis	*nie*	*sehr selten*	*selten*	*manchmal*	*oft*	*sehr oft*
Kind ist still und zurückgezogen	⑥	⑤	④	③	②	①
spricht sehr leise	⑥	⑤	④	③	②	①
hört aufmerksam zu	①	②	③	④	⑤	⑥
gibt eine angemessene Antwort, wenn es direkt gefragt wird	①	②	③	④	⑤	⑥
bringt von sich aus eigene Beiträge ein	①	②	③	④	⑤	⑥

Rollenspiele	*nie*	*sehr selten*	*selten*	*manchmal*	*oft*	*sehr oft*
Kind ist an Rollenspielen beteiligt	①	②	③	④	⑤	⑥
beteiligt sich aktiv an Rollenspielen, die in deutscher Sprache ablaufen	①	②	③	④	⑤	⑥
beteiligt sich aktiv an Rollenspielen, die in seiner Familiensprache ablaufen	○	○	○	○	○	○
diese Situation kommt nicht vor –>	☐					

alle Abbildungen in diesem Beitrag entnommen aus: Michaela Ulich / Tony Mayr; Bayrisches Staatsinstitut für Frühpädagogik München IFP (Hrsg.), siehe unter Literatur

Literatur

Fried, L.: Expertise zu Sprachstandserhebungen für Kindergartenkinder und Schulanfänger – eine kritische Betrachtung. Deutsches Jugendinstitut München 2004, pdf-Datei

Gauly, B.: Beobachten und Begleiten von Kindern. In: Kiebitz, H. 01/2005, S. 10

Senatsverwaltung für Bildung, Jugend und Sport: Bildungschance Sprache – Spracherwerb in Kindertagesstätten beobachten, dokumentieren und fördern. Fachtagung Berliner Rathaus, 21. und 22. Oktober 2004, Tagungsdokumentation

Speck-Hamdan, A.: Anschlussfähigkeit sichern – über institutionelle Grenzen hinweg. In: Kita aktuell Bayern, H. 10/2004, S. 198 – 202

Ulich, M. / Mayr, T.; Bayrisches Staatsinstitut für Frühpädagogik München IFP (Hrsg.): SISMIK Sprachverhalten und Interesse an Sprache bei Migrantenkindern im Kindergarten, Freiburg 2003

Anna-Maria Grimm / Angela Guadatiello

KIKUS: Sprachförderung im Kindergarten – mit den Eltern

Sprachförderprogramme gibt es inzwischen viele. Doch welche Bedeutung haben sie für die gesamte pädagogische Arbeit einer Kindertagesstätte? Und welche Bedeutung haben sie letztendlich für den Integrationsprozess von Eltern und Kindern nichtdeutscher Erstsprachen in die deutsche Gesellschaft? Diesen Fragen möchten die Autorinnen im Folgenden nachgehen. Dabei wird von Beobachtungen und Erfahrungen die Rede sein, die in einem Münchner Kindergarten der Arbeiterwohlfahrt AWO gemacht werden, in dem das Sprachförderprogramm *KIKUS – Sprachförderung Deutsch + Erstsprachen im Vor- und Grundschulalter* eingesetzt wird.

Bei KIKUS handelt es sich um ein Sprachförderprogramm des Münchner Zentrums für kindliche Mehrsprachigkeit e. V. (ZKM). Es ist ein Konzept zur frühen Deutschförderung für Kinder nicht-deutscher Erstsprachen, deren Deutschkenntnisse hinter denen gleichaltriger deutschsprachiger Kinder erheblich zurückstehen. Deshalb können sie nicht entsprechend ihrer Intelligenz und ihres eigentlichen Leistungsvermögens lernen und gefördert werden. Das Programm wird seit 1998 durchgeführt. KIKUS verfolgt die Ziele: *Integration* aller Kinder, *Chancengleichheit* für alle Kinder und Förderung von *Mehrsprachigkeit.* Konzeptuell werden *Sprachförderkurse Deutsch* für Kinder im Alter von 3–10 Jahren in Kindertagesstätten, Grundschulen u. a. Einrichtungen angeboten. Die jeweiligen Erstsprachen der Kinder werden über eine angeleitete *Eltern-Kind-Zusammenarbeit* gefördert. Dafür stehen die KIKUS-Arbeitsblätter zur Verfügung. Das KIKUS-Konzept wird über ein *Fortbildungsprogramm* an pädagogische Fachkräfte weitervermittelt, damit diese die Sprachförderung in der eigenen Einrichtung eigenständig durchführen können. Fortgebildete KIKUS-Fachkräfte sind in Bayern, in Baden-Württemberg und im Saarland tätig. Die *Erstellung und Publikation von Lehr- und Lernmaterialien* und *die Beratung* bei Unsicherheiten im Umgang mit kindlicher Mehrsprachigkeit gehören zu den weiteren Aufgabengebieten des ZKM. Der Verein setzt auf die *Vernetzung* mit Institutionen und Stellen, die theoretisch und praktisch mit der Förderung von Kindern betraut sind (Förderzentren; universitäre Fachbereiche, Sprachheilpädagog/innen etc.).

Der AWO-Kindergarten ist ein mehrgruppiger Kindergarten, in einem Stadtteil Münchens gelegen, der einen hohen Anteil an Migranten hat. Ca. 75 % der Kinder, die den Kindergarten besuchen, kommen aus Familien, die eine Migrationsgeschichte haben. Angesichts dessen war es wichtig, ein Sprachförderprogramm im Hause zu haben, das Kinder nichtdeutscher Erstsprachen als Zielgruppe im Mittelpunkt hat. Die Entscheidung fiel vor drei Jahren auf KIKUS. Inzwischen ist die KIKUS-Methode von den fortgebildeten Erzieherinnen verinnerlicht worden und wird selbstverständlich in den Kindergartenalltag eingebunden.

Die Elternarbeit

Wie bereits erwähnt, wird in der besagten Einrichtung seit drei Jahren KIKUS praktiziert. Die angeleitete Eltern-Kind-Zusammenarbeit, die durch das KIKUS-Material systematisch angeboten wird und durch die die Herkunftssprachen gefördert werden, bedeutet eine Intensivierung der Elternarbeit im Wechselverhältnis zur Sprachförderung am Kind. Die Wertigkeit von Sprache an sich wird von den Eltern oft unterschätzt. Unter den Eltern mit Migrationserfahrung finden sich immer wieder solche, die ihre Kinder in den Basiskompetenzen Kommunikation, Motorik und Sozialkompetenz nicht vorbereiten. Dies geschieht sicherlich nicht aus Mangel an Fürsorge, sondern aus einer institutionellen Erwartungshaltung heraus, die sich interkulturell unterscheidet. So fühlen sich diese Eltern für den Bereich Sprache nicht zuständig. Die KIKUS-Arbeitsblätter bieten Sprechanlässe für die häusliche Kommunikation. Die Eltern beschäftigen sich darüber mit ihren Kindern und tasten sich damit an ein anderes Kindheitskonzept heran, das sie so nicht kennen. Denn in der Regel wachsen die Kinder in der häuslichen und familiären Umgebung relativ »frei« auf; die Kinder sollen die Welt selbst erfahren und wenig Korrekturen durch die häusliche Umgebung bekommen. Der Erziehungsauftrag wird damit großteils an die Institution Kindergarten und später Schule delegiert. Doch spätestens in der Schule kollidiert das mitgebrachte Kindheitskonzept mit der deutschen Lebens- und Schulwelt. Die Leidtragenden sind dabei die Kinder selbst.

Dort, wo eine Eltern-Kind-Zusammenarbeit gelingt, fangen die Eltern an zu partizipieren: Sie fragen nach der Entwicklung ihrer Kinder und sie werden sich darüber bewusst, dass ihr Kind sich in manchen Voraussetzungen unterscheidet vom »deutschen Freund«. Oftmals wird dabei zunächst die Tatsache, dass das Kind kein Deutsch oder schlecht Deutsch spricht, als Mangel in den Vordergrund gerückt. In solchen Situationen muss den Eltern der Wert der Mehrsprachigkeit, die ihr Kind mitbringt, erst einmal verdeutlicht werden. Mit der Zeit begreifen die Eltern, dass eine gelebte Mehrsprachigkeit eine wichtige Ressource darstellt und Wertschätzung verdient. Mithilfe der KIKUS-Arbeitsblätter haben die Eltern die Möglichkeit, über die eigene Erstsprache mit dem Kind in eine intensive Interaktion zu treten.

An dieser Stelle sei ein Fallbeispiel erwähnt: Ein Kind wird im Kindergarten eingeschrieben. Die Eltern geben an, das Kind spreche Kroatisch, aber kaum Deutsch. Mit der Zeit stellt sich heraus, dass das Kind zwar Kroatisch versteht, es jedoch kaum spricht. Vermutlich hatten sich bei der Einschreibung die Eltern geschämt, dies zuzugeben. Vielleicht waren sie sich darüber auch gar nicht so bewusst. Aufgrund seiner geringen Kommunikation auf Deutsch wird das Kind in das KIKUS-Programm aufgenommen. Nach der ersten Förderstunde, in der es um das Thema FARBEN geht, bekommt es das erste KIKUS-Arbeitsblatt ausgehändigt, auf dem die Eltern die Farbbezeichnungen in der Erstsprache des Kindes eintragen sollen.

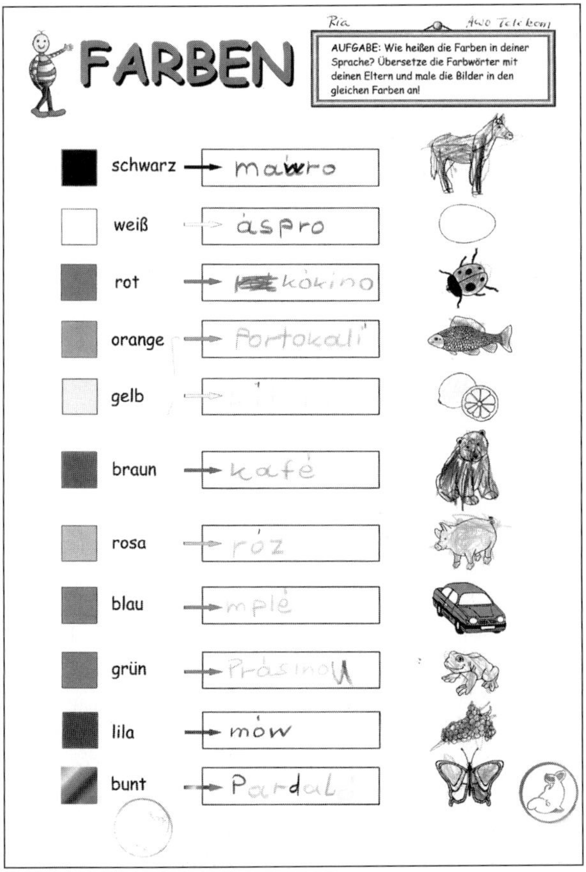

Daraufhin kommt die Mutter des Kindes auf die Kindergartenleiterin zu und zeigt sich verwundert. Das Kind kenne die kroatischen Bezeichnungen für die deutschen Farbbezeichnungen ja gar nicht. An dieser Stelle konnte die Erzieherin der Mutter verdeutlichen, dass es angesichts dessen umso wichtiger sei, mit dem Kind über das Kroatische in Interaktion zu treten. Hätten die Erzieherinnen darüber hinaus früher gewusst, dass dieses Kind

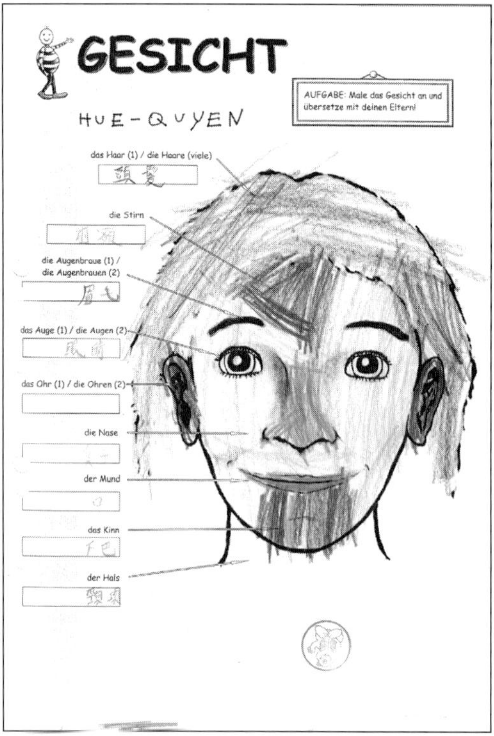

kaum Kroatisch spreche, so wäre ihnen klar gewesen, dass es bei diesem Kind um die erzieherische Aufgabe der Sprachanbahnung geht und nicht nur darum, Sprechanlässe auf Deutsch zu schaffen.

Insgesamt kann also in Bezug auf zwei- oder mehrsprachig aufwachsende Kinder festgehalten werden: Je früher die Mehrsprachigkeit an sich mit den Eltern thematisiert wird, umso besser können die Fähigkeiten des Kindes eingeschätzt werden und umso gezielter kann das Kind gefördert werden. Dies ist auch möglich, ohne eine genaue Vorstellung davon zu haben, wie gut das Kind die jeweilige Erstsprache beherrscht. Im konkreten Fall war die angeleitete Eltern-Kind-Zusammenarbeit über das KIKUS-Arbeitsblatt der Anlass, dass zwischen der Erzieherin und der Mutter ein Austausch über das Kind stattfinden konnte. Für die gezielte Förderung des Kindes wiederum hatte dies weitreichende Konsequenzen.

Die Ich-Kompetenz

Es wurde bereits angedeutet, dass mehrsprachig aufwachsende Kinder oft in zwei Welten mit völlig unterschiedlichen Kindheitskonzepten und Wertorientierungen leben. Diese Tatsache wird von Seiten des interkulturellen Lernens zu Recht als eine Kompetenz begriffen. Dabei sollte jedoch nicht unterschätzt werden, wie wichtig gerade angesichts dessen eine gut entwickelte Kommunikationsfähigkeit für die Identitätsfindung dieser Kinder ist. Die Eltern leben ebenso wie ihre Kinder in und mit zwei Welten. Allerdings sind sie oft unfähig, sich damit aktiv auseinander zu setzen, dies zu reflektieren und gar zu versprachlichen. Ihre existenziellen Notwendigkeiten sind anders gelagert; sie müssen

– wie andere Erwerbstätige auch – mit dem Druck einer modernen Industriegesellschaft zurechtkommen und sind selbst oft mit völlig neuen Gesellschafts- und Arbeitsstrukturen konfrontiert. Als Erwachsene stehen sie selbst in manchmal schwierigen Entwicklungsprozessen. Diese unabgeschlossenen psychologischen Entwicklungsprozesse finden sich im Übrigen auch bei Migranten der sogenannten zweiten Generation, weil eine unaufgearbeitete individuelle Migrationsgeschichte gleichzeitig auch eine tradierte, weitergereichte und prägende Familiengeschichte darstellt. Umso wichtiger ist es nun, den Kindern Sprache zu geben. Durch eine gut ausgebaute und differenzierte Sprachkompetenz können die Kinder diese Prozesse für sich selbst und für das eigene Leben reflektieren und versprachlichen, zu einer eigenen Identität finden sowie mit der deutschen Gesellschaft darüber in Kommunikation treten.

Die strukturierte Arbeitsweise von KIKUS ermöglicht den Kindern, die Sprache relativ schnell einzusetzen und handelnd zu erfahren. Es bietet den Kindern in einer sehr schwierigen Anfangssituation sprachliche Stützräder, nämlich systematisch bis ins kleinste sprachliche Detail durchdachte, ritualisierte Verbalisierungen *(Ich möchte bitte …; Ich habe …; Kann ich …; Hast du…; Ist es … etc.)*, klare und immer wiederkehrende Sprachmodelle, die den Kindern ermöglichen, sich zurechtzufinden und sich zu orientieren, ein Ich-Bewusstsein nicht nur zu entwickeln, sondern dem auch in den unterschiedlichsten Handlungssituationen (beim Sich Vorstellen; beim Raten; beim Erzählen einer Geschichte etc.) Ausdruck zu verleihen. Das Geheimnis der KIKUS-Methode kann auf eine Formel gebracht werden: Sie ist eine praktische, nachvollziehbare und logisch aufgebaute Methode, die Grammatik ermöglicht, ohne Grammatik zu pauken. Die Kinder haben immer das Gefühl »Ich bin richtig« und »Was und wie ich es sage, darf so sein«. Jedes Kind fühlt sich ermutigt, sein Tempo in Hinblick auf Sprache selbst zu bestimmen. Darin unterscheidet sich KIKUS von anderen Sprachförderkonzepten.

Das pädagogische Team

Ein Dialog aus dem Kindergartenalltag: Die Erzieherin sagte eines Tages zu Afraha: »Gib bitte der Helen den Teller.« Afraha hatte in der Deutschförderung gelernt: Mädchen haben den Artikel *die* – die Helen müsste es doch heißen. Also erwiderte Afraha: »Das ist falsch. Es heißt die Helen.« Afraha war 5 Jahre alt und hatte 2 Jahre lang eine KIKUS-Förderung genossen. Solche oder ähnliche Dialoge führen Kinder, die mit der KIKUS-Methode im Deutschen gefördert wurden, öfter mal. Sie sind Ausdruck eines sich zunehmend entwickelnden Sprachbewusstseins. In solchen

Situationen weiß die Erzieherin, da wird Sprache verstanden und das Kind denkt über Sprache nach. Nicht selten sind Erzieherinnen erst einmal verunsichert; sie müssen ihre eigene Sprache überdenken und sie müssen Erklärungen für die von ihnen benutzten Ausdrucksformen finden (z.B. Wodurch unterscheidet sich die Äußerung: »Gib bitte Helen einen Teller« von »Gib bitte *der* Helen einen Teller»? Und warum kann es nicht »Gib bitte *die* Helen einen Teller« heißen?). Solche und ähnliche Fragen werden in den KIKUS-Fortbildungen gemeinsam reflektiert.

Durch die KIKUS-Fortbildung haben sich innerhalb des Kindergartens Einstellungsänderungen ergeben. Nicht selten gab es im Team Auseinandersetzungen, weil oft nicht nachvollziehbar war, wie wichtig kleine sprachliche Details sind. In der Regel setzt man in der erzieherischen Arbeit auf Abwechslung im Ausdruck (*Kann ich bitte … haben?/Ich möchte bitte … haben./Darf ich bitte … haben*). Durch die intensive Auseinandersetzung mit der KIKUS-Methode im Rahmen einer systematischen Vermittlung des Deutschen für Kinder nichtdeutscher Erstsprachen wurde jedoch zunehmend deutlich, wie sehr den Kindern gedient ist, wenn erst einmal auf ritualisierte Ausdrucksformen zurückgegriffen wird. Das Sprach- und Kommunikationsverhalten des gesamten Teams wurde mit der Zeit sehr viel bewusster, reflektierter und geplanter.

Darüber hinaus hat die dreijährige Erfahrung gezeigt, dass es besser ist, bereits mit dem Eintritt in den Kindergarten (d.h. mit drei Jahren oder bisweilen auch mit zweieinhalb Jahren) mit einer Deutschförderung zu beginnen. Dies wird jedoch im Team immer noch sehr kontrovers diskutiert. Denn in der Ausbildung der Erzieherinnen wird der Grundsatz gelehrt, dass bei Kindern in diesem Alter andere Erziehungsaufgaben notwendiger sind und dass die Kinder durch eine systematische Förderung überfordert seien. So besteht eher die Tendenz, die Kinder im Kindergarten erst einmal ankommen zu lassen; sie sollen ein Jahr lang Zeit haben, sich einzufinden; erst dann sollen sie einen Kurs besuchen. Die von KIKUS fortgebildeten Erzieherinnen erleben dagegen, dass bei Kindern, die noch kein Deutsch sprechen, die Ergebnisse nach einem Jahr systematischer Deutschförderung deutlich besser sind als bei älteren Kindern. Jüngere Kinder entwickeln eine sicherere Sprachstruktur, eine grammatikalisch bessere Ausdrucksform; darüber hinaus sind diese Kinder geschulter in ihrer Achtsamkeit für Unterschiede in verschiedenen Sprachsituationen; ihre Aufmerksamkeit gegenüber Sprache ist gesteigert. Sie sprechen nicht unbedingt mehr, aber besser. Die Verbformen sind richtig; die Satzlänge ist altersentsprechend. Sie haben keine eingeschliffenen Fehler; deshalb müssen diese Kinder zum Spracherwerbsprozess nicht zusätzlich einen Prozess der Sprachkorrektur durchlaufen.

Ein weiterer, entscheidender Punkt, der von Kolleginnen leicht übersehen wird, ist die Möglichkeit einer sehr intensiven Arbeit, die das KIKUS-Konzept durch die Kleingruppe mit maximal 8 Kindern bietet. Innerhalb einer solchen Kleingruppe wird auf jedes Kind eingegangen. In dieser Intensität und Kontinuität ist dies in Regelgruppen öffentlich geförderter Kindergärten nur eingeschränkt möglich.

Innerhalb und mit Hilfe der Kleingruppe leistet KIKUS in jeder Hinsicht eine schulvorbereitende Arbeit. Jedes Kind bekommt Raum und Zeit sich auszudrücken. Die Kinder lernen, einander aktiv zuzuhören und abzuwarten. Die Konzentration wird geschult. Das Sozialverhalten wird gestärkt, indem die Kinder lernen, Hilfestellungen für andere anzubieten. Und nicht zuletzt entwickelt sich in der Kleingruppe eine Fehlerkultur: Niemand lacht; alle Kinder haben die gleiche Ausgangsbasis; die Verbesserung wird als Hilfestellung erfahren und nicht als Ausgrenzungsmedium. So gesehen ist die KIKUS-Methode mehr als eine Methode zur Sprachvermittlung. KIKUS erfüllt vielmehr in jeder Hinsicht die Anforderungen an die Basiskompetenzen des neuen bayerischen Bildungs- und Erziehungsplans (BEP).

Die Weiterbildungsmöglichkeiten, die durch das KIKUS-Siegel geschaffen wurden, haben das Team sensibel werden lassen für die unterschiedlichen Kulturen und Familienstrukturen. Im Rahmen der KIKUS-Sprachförderung können immer noch nicht genügend Eltern erreicht werden, und sie werden immer noch nicht so erreicht, wie das Team es sich wünschen würde. Dort, wo die Eltern motiviert sind, ist die Zusammenarbeit mit ihnen ein gelungener Beitrag zur Integration von Eltern und Kindern. Gleichzeitig hat das Team zu sehen gelernt, wo die Grenzen liegen, Grenzen, die oftmals auf traditionellen, familiären Hierarchien beruhen. An diesen Grenzen macht das Team halt; es beschränkt sich auf das Machbare und versucht nicht vergeblich das, was nach deutschen Maßstäben notwendig wäre. Das Team hat gelernt, unabänderliche Gegebenheiten stehen lassen zu können; anzuerkennen, was ist und was die jeweilige Familie in einer bestimmten Situation überhaupt leisten kann; den Ist-Zustand einer bestimmten Familie in Hinblick auf ihre Herkunft und Bildung zu erkennen und angesichts dessen zu sehen, was sie überhaupt leisten kann. Manchmal ist es nicht mehr, als es ist. Und gerade dann ist es umso wichtiger, den betreffenden Kindern auf ihrem Weg in die Zukunft Schritte zu ermöglichen und sie intensiv zu begleiten.

Für weitere Informationen:
AWO-Kindergarten: kiga-moosach@awo-muenchen.de
Zentrum für kindliche Mehrsprachigkeit e. V.; T 0 89 / 45 22 95 60
www.kikus-muenchen.de

Uwe Sandfuchs

Zweisprachige Schulerziehung:
Das Beispiel der Deutsch-Italienischen Grundschule Wolfsburg

Die Deutsch-Italienische Grundschule Wolfsburg hat 1993 ihre Arbeit aufgenommen. Seit 1997 wird sie als zweizügige Gesamtschule fortgeführt und führt ihre Schüler in Kooperation mit einem ortsansässigen Gymnasium bis in die Sekundarstufe II. Wir stellen im Folgenden das Konzept und seine Entwicklung in einem kurzen Überblick vor. Eine detaillierte Darstellung findet sich im 2004 vorgelegten Abschlussbericht der wissenschaftlichen Begleitung des Schulversuchs, der in Kürze überarbeitet und ergänzt im Verlag Julius Klinkhardt, Bad Heilbrunn erscheinen wird (Sandfuchs / Zumhasch 2005). In diesem Band wird die besondere Art der Alphabetisierung dargestellt (S. 224ff).

Zur Planung

Es ist heute kaum noch nachvollziehbar, was für ein mutiger Schritt die Gründung der Deutsch-Italienischen Grundschule seinerzeit war. Mit vielen Entscheidungen wurde Neuland betreten, und so war der Prozess der konzeptionellen Erarbeitung des Modells in allen wesentlichen Punkten ein Tasten und Suchen. Die Planung hat drei Jahre intensiver Arbeit in Anspruch genommen und war ein in Teilen umwegiger Prozess, der durch eine Vielzahl kontroverser Diskussionen der Beteiligten gekennzeichnet war. Von außen war er eher von Vorbehalten und Zweifeln – auch seitens der Schulbehörden – begleitet. Diese Vorbehalte und Zweifel konnten mit viel Beharrlichkeit, ein wenig Geschick und vor allem auch Glück auf die Dauer überwunden werden.

Als im Verlauf des Jahres 1990 mit Überlegungen zu einer »interkulturellen Schule« in Wolfsburg begonnen wurde, bestanden nur unklare Vorstellungen. So wurden zunächst einmal Grundlinien erarbeitet und festgelegt:

- Die geplante Schule sollte zweisprachig sein, Italienisch sollte nicht nur Fremdsprache, sondern auch Unterrichtssprache sein.

- Die Schule sollte offen sein für deutsch- und italienischsprachige Schüler aller Leistungsstärken und sozialen Schichten.
- Die Schule sollte keine Eliteschule sein, sondern ein Konzept intensiver individueller Förderung vor allem der Migrantenkinder verwirklichen.
- Deutsche und italienische Kultur sollten den grundsätzlich gleichen Stellenwert haben.
- Ob mit der Grundschule oder mit der Sekundarstufe I begonnen werden sollte, war anfangs unklar. Als Grundschule aber sollte sie eine »volle Halbtagsschule« sein.

Die generellen – teils auch unausgesprochenen – Vorbehalte gegen bilinguales Lernen in der Schule haben wir zu keiner Zeit geteilt. Zugleich aber wussten wir: Wo bislang Modellversuche bilingualer Schulerziehung erfolgreich waren, standen sie unter privilegierten Bedingungen, bildungsorientierte Mittelschichteltern waren stets wesentliche Voraussetzung des Gelingens. Die Offenheit aber für Kinder aller sozialen Schichten und jeder Leistungsstärke, die diesen Schulversuch in besonderer Weise charakterisiert, sahen wir als die zentrale Herausforderung an. Wir sind von vornherein davon ausgegangen, dass die Zusammensetzung der Elternschaft die unterschiedliche soziale Struktur der deutschen und der italienischen Bevölkerung in Wolfsburg abbilden würde. Die zu erwartenden Leistungsdifferenzen bzw. die Leistungsdefizite einzelner Kinder sollten durch unverzügliche, intensive und kontinuierliche Förderung vor allem im Sprachunterricht möglichst verringert bzw. kompensiert werden.

Ausgehend von der schulreformerischen Erfahrung, dass Differenzen zwischen Planung und Reformwirklichkeit zwar nicht zu vermeiden sind, notwendigerweise aber so gering wie möglich gehalten werden müssen, haben wir versucht, eine realistische, praxisnahe und präzise durchgeplante Konzeption zu erarbeiten. Das verlangte eine Konzentration des Schulversuchs auf seine zentralen Zielsetzungen. Es sollte kein Reformkonzept zur Heilung aller denkbaren Schulübel entstehen, das dann in der Praxis nicht mehr überschaubar und wegen seiner ungewollten Nebenwirkungen zum Scheitern verurteilt gewesen wäre. Dieser handfeste Planungsrealismus, der auch deutlich nach außen signalisiert wurde, war wohl eine der Voraussetzungen für die Akzeptanz der Planungsarbeit und die schulpolitische Realisierung des Schulversuches.

Die wichtigste strukturelle Entscheidung war: Es sollte mit einer *eigenständigen* Grundschule begonnen werden. Die bilinguale interkulturelle Erziehung sollte von Beginn der Schulzeit an grundlegende Bildung sein und in einer eigens dafür eingerichteten und darauf zugeschnittenen Schule geschehen.

Die entscheidende Hürde und Voraussetzung für die Genehmigung des Schulversuchs war die schulgesetzlich erforderliche »Bedarfsfeststellung«. Es mussten sich genügend deutsche und italienische Eltern finden, die ihren ernsthaften Willen erklärten, ihr demnächst schulpflichtiges Kind in diese Schule zu schicken. In der Phase unserer Informationsveranstaltungen wurden immer wieder Zweifel geäußert, es würden sich nicht genügend *deutsche* Eltern finden – auch die Planer waren sich da nicht sicher. Das Ergebnis beschämte alle Zweifler: Die Zahl der Interessenten war weit höher als die Zahl der aufzunehmenden Schüler, und drei Viertel waren deutsche. Bei den Elternbefragungen zeigte sich zudem, dass die Eltern sich in weit höherem Maße als erwartet mit den interkulturellen Zielsetzungen der Schule identifizierten.

Schulstruktur

Die Deutsch-Italienische Grundschule wurde als zweizügige Angebotsschule für die ganze Stadt eingerichtet und sollte zu je 40 Prozent von deutschen und italienischen Schülern sowie zu 20 Prozent von Kindern aus deutsch-italienischen Familien besucht werden.

Soweit sich dies mit den Pflichtstunden der Lehrkräfte vereinbart, sollten für je zwei Klassen eines Jahrganges drei Lehrkräfte gemeinsam verantwortlich sein. Eine dieser Lehrkräfte ist Italienerin und wird von der Republik Italien besoldet. Die deutschen Lehrkräfte wären idealiter ebenfalls zweisprachig, mindestens besteht die Erwartung, dass sie die italienische Sprache lernen. Das System der sogenannten *moduli didattici* (drei Lehrkräfte führen zwei Klassen) ist seit Ende der 80er-Jahre ein Reformelement der italienischen Grundschule, wir haben uns bei Hospitationen in italienischen Grundschulen damit vertraut gemacht. Es hat eine Reihe von Vorzügen: Es ist eine Mischung aus Klassen- und Fachlehrersystem, die Schüler sind nicht an eine Bezugsperson gebunden, sondern haben gleichsam die Wahl. Zudem ermöglichen (und erzwingen) die *moduli* kooperative Planung und Durchführung des Unterrichts. Der italienische Sprachunterricht wird immer in halber Klassenstärke erteilt, die andere Hälfte der Klasse hat derweil Deutsch oder Mathematik. In einigen Stunden (insbesondere im Sachunterricht) wird zudem eine Doppelbesetzung mit zwei Lehrkräften in einer Klasse durchgeführt. Beide Formen sollen helfen, die Grundgedanken – Aufbau der Zweisprachigkeit und intensive, zielgerichtete Förderung, vor allem im Lesen, Rechtschreiben und Rechnen – zu realisieren.

Der Italienischunterricht tritt für Kinder italienischer Herkunft an die Stelle des muttersprachlichen Unterrichts. Für alle Kinder ist die Benotung in Italienisch insofern ausgleichs- und versetzungsrelevant, als sie zum Ausgleich nicht ausreichender Leistungen in anderen Fächern herangezogen werden kann.

Lehrplan und Unterricht

Im ersten Schuljahr haben alle Kinder gemeinsam täglich 30 Minuten *Italienischunterricht*. Die Lerngruppen setzen sich aus 12 bis 14 Schülern zusammen, eine Leistungsdifferenzierung findet nicht statt. Im Mittelpunkt des Italienischcurriculums steht zunächst die Entwicklung der Fähigkeit, einfache mündliche Äußerungen zu verstehen und korrekt anzuwenden, wobei die Sprache durch Handeln und in kommunikativen kindgerechten Situationen in spielerischer und musischer Form erlernt wird (vgl. Teil 2 des vorliegenden Berichts). Diese direkte Methode hatte sich in anderen zweisprachigen Schulen (z.B. den Europa-Schulen) bereits bewährt. Für den Italienischunterricht wurde ein eigens für solche Formen des Lehrens und Lernens eingerichteter Raum vorgesehen.

Der Unterricht im *Lesen und Schreiben* wurde in den ersten Jahren in der deutschen Sprache begonnen, im Laufe des Schuljahres kam der Lese-Schreib-Lehrgang in der italienischen Sprache hinzu. Grundsätzliche Erwägungen und praktische Erfahrungen haben ab etwa 1995 dazu geführt, dass Teile des Kollegiums Versuche mit einer koordinierten bilingualen Alphabetisierung begannen, die nunmehr Standard ist und durch ein eigens entwickeltes Handbuch (ARBEITSGRUPPE ABC 2003) auf solider didaktisch-methodischer Grundlage steht.

Im Sachunterricht soll *Italienisch* schrittweise *Unterrichtssprache* werden. Er ist bikulturell angelegt und wird zunächst in deutscher Sprache erteilt. Zu jeder Unterrichtseinheit sollen Grundbegriffe in italienischer Sprache vermittelt werden. Ab Klasse 3 sollte zweisprachig unterrichtet werden, ab Klasse 4 dann Italienisch Unterrichtssprache werden. Um diesen Weg (von italienischen Grundbegriffen zur Unterrichtssprache) zu gewährleisten und um Sach- und Sprachlernen zu verbinden, sollten in der Regel zwei Wochenstunden in Doppelbesetzung erteilt werden. Um eine Überforderung der deutschen Schüler zu vermeiden, hat das Kollegium beschlossen, den Sachunterricht auch in Klasse 4 zweisprachig mit etwa gleichen Anteilen beider Sprachen zu unterrichten. Um die italienische Sprache und Kultur aufzuwerten und um eine kontinuierliche Zusammenarbeit zu erreichen, wurden in der Folge alle Sachunterrichtsstunden in Doppelbesetzung erteilt.

Das Schulleben

Im Schulleben sollte die lebendige italienische Kultur angemessen repräsentiert werden. Ein interkulturelles Schulleben wurde angestrebt, das vielfältige natürliche (d.h. außerunterrichtliche) Kontakte der Schüler mit beiden Sprachen und Kulturen ermöglicht. Es wurde hierzu u.a. eine Partnerschaft mit einer italienischen Grundschule in Trient angeknüpft (vgl. auch Teil III des Abschlussberichts). In der Folge wurde die Ungleichgewichtigkeit der beiden Kulturen und Sprachen in Schulleben und Unterricht wiederholt kritisiert. Infolgedessen wird seither ein weiteres Unterrichtsfach in italienischer Sprache erteilt, es ist dies i.d.R. Musik, Kunst oder Sport.

Eltern und Lehrer

Um Verständnis, Interesse, Vertrauen und Unterstützung der Eltern für die Arbeit der Schule zu gewinnen, wurde eine intensive Kooperation mit den Eltern angestrebt. Das ist im Ganzen gelungen. Vor allem die gewählte Elternschaft hat zu einer interkulturellen Zusammenarbeit gefunden und den Schulversuch vielfältig unterstützt. Sie hat sich aber nicht auf diese Helferrolle beschränkt, sondern ein Selbstverständnis als eigenständiges politisches Organ entwickelt und sich mit eigenen Vorschlägen und Initiativen in die Entwicklung des Schulversuchs eingemischt. Das hat das Kollegium teils überrascht und durchaus gefordert.

Lehrkräfte an bilingualen Schulen sind idealiter selbst zweisprachig und verfügen über ein bikulturelles / interkulturelles Verständnis. Es war von Anfang an klar, dass dies bei den in der Regel aus dem Norden des Landes stammenden italienischen Lehrkräften gegeben sein würde, bei deutschen Lehrkräften eher die Ausnahme sein würde. Es wurde daher auf erfahrene Grundschullehrkräfte vertraut – erfahren auch in der Arbeit mit Migrantenschülern –, die zugleich den deutlichen Willen zum Lernen der italienischen Sprache und Kultur sowie ein allgemeines Interesse am interkulturellen Lernen mitbrachten.

Literatur

Arbeitsgruppe Abc: Handbuch zur Koordinierten Alphabetisierung an der Deutsch-Italienischen Gesamtschule Wolfsburg. Hannover 2003

Sandfuchs, U. / Zumhasch, C. (Hrsg.): Insieme – Gemeinsam. Begleitstudie und Praxisberichte zur Primarstufe der Deutsch-Italienischen Gesamtschule Wolfsburg (im Druck)

Uta Bosselmann

Ja lublu Morkowka – Minderheitensprachen sichtbar machen

Gemüse – Ein Sprachprojekt in einer multikulturellen 1. Klasse

In unsere 1. Klasse kamen Kinder mit ungefähr acht verschiedenen Sprachen als Herkunfts- oder Familiensprachen. Neben Deutsch sprachen die Kinder Russisch, Dari, Jugoslawisch, Kurdisch, Türkisch, Spanisch und Hindi. Ihre Verständigungsmöglichkeiten auf Deutsch waren sehr unterschiedlich und reichten von guten Deutschkenntnissen bis zum Sprechen keines einzigen deutschen Satzes.

Schnell wurde uns (d.h. einer Grundschullehrerin und einer Sonderpädagogin, die gemeinsam in einer integrativen Regelklasse arbeiteten) klar, dass wir uns um die zügige Verbesserung der Deutschkenntnisse der Kinder kümmern mussten.

Daneben wollten wir aber den großen Sprachschatz, über den die Kinder in ihrer Herkunftssprache verfügten, in den Unterricht einbeziehen und so weit wie möglich für die Sprachförderung nutzen. Häufig empfinden Kinder ihre Herkunftssprache nicht als etwas Besonderes, das einen Wert hat, sondern eher als Manko, als Verweis auf die fehlenden Kenntnisse der deutschen Sprache. Vermutlich deshalb haben die Grundschulkinder in unserer Klasse ihre Herkunftssprache so gut wie nie in der Schule benutzt, auch wenn andere Kinder aus der Klasse sie verstanden hätten. Die Kinder sprachen Deutsch – so gut es ging.

Wir gingen aber davon aus, dass die Herkunftssprache der Kinder für sie natürlich eine wichtige Rolle spielte und für ihre Identität von Bedeutung war und ist. Es ist die Sprache, in der sich die Familie als wesentliche Bezugsgruppe verständigt, in der die grundlegende Kommunikation der Kinder stattgefunden hat oder noch stattfindet.

In der Schule wird die Verwendung der Herkunftssprache meist nicht gefördert. Es gibt vereinzelt muttersprachlichen Unterricht in den jeweils dominierenden Herkunftssprachen, der aber in homogenen Sprachgruppen stattfindet. Russischstämmige Kinder verbessern ihr Russisch, afghanischstämmige Kinder ihr Dari oder Farsi, türkischstämmige ihr Türkisch und lernen die jeweilige Schrift. Dabei findet jedoch kein Austausch mit den Kindern anderer Herkunftssprachen statt. Das erschien uns jedoch als sehr wichtig, damit die anderen Sprachen überhaupt wahrgenommen und wertgeschätzt werden konnten. Alle Kinder sollten die Sprachen ihrer Mitschülerinnen und Mitschüler als Schatz erfahren, als etwas Wertvolles, das es zu pflegen gilt. Deshalb planten wir ein Projekt, in dem dies möglich sein sollte.

Wir erhofften uns

- eine Stärkung des Selbstbewusstseins / Selbstwertgefühls der Kinder mit einer anderen Herkunftssprache;
- eine Sensibilisierung der nur deutschsprachigen Kinder für die zusätzlichen Herausforderungen, die Zweitsprachler bewältigen müssen;
- einen geschärften Blick auf Sprache allgemein und
- einen geschärften Blick auf die deutsche Sprache als Zielsprache.

Vorstellung des Projektes / Themenfindung

Das Thema unseres Projektes sollte etwas mit dem Alltagsleben der Kinder zu tun haben, möglichst viele Sinne ansprechen und viele Möglichkeiten zur Leistungsdifferenzierung bieten. Gemüse hatte schon den Weg in unseren Klassenraum gefunden, indem wir Blumen, Kräuter und Gemüse in Blumentöpfen vorzogen, um sie dann in unser Klassenbeet im Schulgarten zu pflanzen. Dieses Thema bot sich also auch jahreszeitlich an – die gleiche Arbeit kann aber an vielen anderen Themen wie z.B. Obst, Spielsachen oder Familienmitglieder geleistet werden.

Wie heißt denn dieser Kohlkopf?

Als erstes brachte ich eine Kiste mit verschiedenen Gemüsesorten mit in die Klasse und die Kinder sollten die Sorten benennen. Bei gängigem Gemüse wie Tomaten, Paprika, Gurke und Zwiebeln konnten alle Kinder die Namen nennen. Aber schon bei Kohlrabi, Lauch oder Blumenkohl wussten auch viele deutschsprachige Kinder nicht, wie diese Dinge heißen. Das hat natürlich viel mit den Essgewohnheiten in den Familien zu tun, aber auch mit der sprachlichen Begleitung in den Familien, die dabei stattfindet oder nicht stattfindet. Ein Junge, der erst vor kurzem aus Kasachstan eingereist war, bekam leuchtende Augen beim Anblick von Weißkohl und merkte sich schnell die deutsche Bezeichnung.

Morkowka heißt Karotte

Parallel zum Lernen der deutschen Begriffe in der Schule bekamen alle Kinder, bei denen zu Hause eine andere Sprache als Deutsch gesprochen wurde, eine spezielle Hausaufgabe. Auf ein Blatt mit Abbildungen von Gemüsesorten sollten sie mit Hilfe ihrer Eltern die Gemüsenamen in ihren Sprachen eintragen.

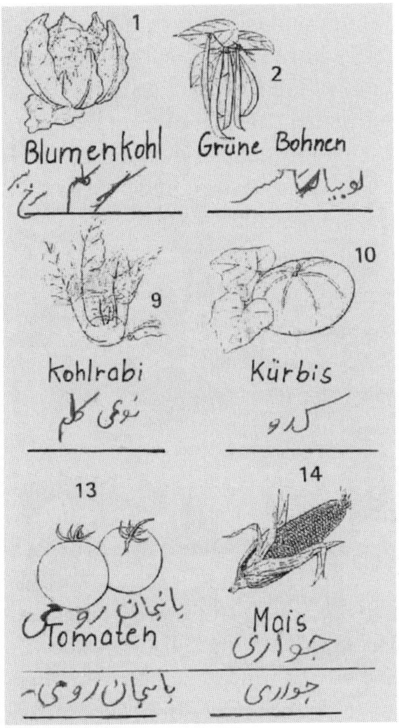

dari

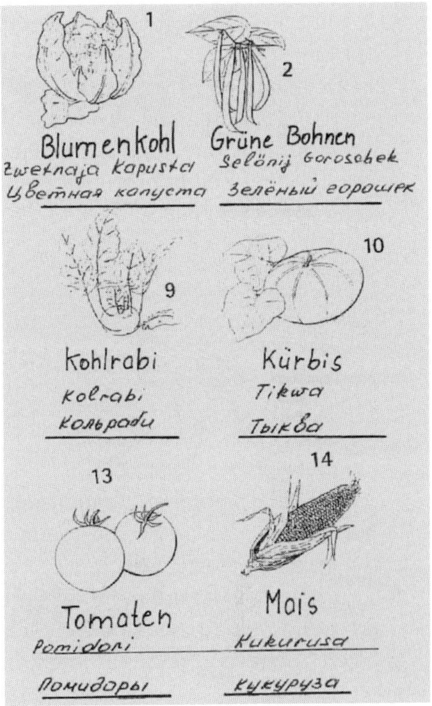

russisch

Dadurch hatten wir innerhalb von einer Woche eine große Sammlung von Vokabeln und viele aufgeregte Kinder, denn sie waren ganz begeistert, dass Wörter in ihrer Sprache in der Schule zum Lerngegenstand gemacht werden sollten.

Die große Menge der verschiedenen Herkunftssprachen brachte im Laufe des Projektes Probleme mit sich, die wir durch eine Reduzierung der Beispiele zu lösen versuchten. Zu Beginn hatten wir 20 Gemüsesorten auf dem Arbeitsblatt, das wir auch von den Eltern so ausfüllen ließen. Das führte bei sieben Sprachen zu über 100 Begriffen, die wir uns unmöglich merken konnten. Deshalb beschränkten wir uns auf acht

Gemüsesorten, die den Kindern recht geläufig waren und in ihrem Speiseplan eine Rolle spielten. Eine weitere Reduzierung ergab sich dadurch, dass mehrere Kinder ohne elterliche Unterstützung (vermuteter Grund: Schriftferne) nur einzelne Namen kannten.

Nun begann als ein Strang der Unterrichtsarbeit das Sprechen von einfachen Sätzen in den Herkunftssprachen der Kinder. Die Kinder selbst waren die Experten für ihre Sprachen und sprachen die Sätze vor. Sie sollten die Sätze mit Ich mag … beginnen und dann eine Gemüsesorte anfügen. Wenn mehrere Kinder eine gemeinsame Herkunftssprache sprachen, verständigten sich diese Kinder kurz und gaben uns dann ihr Ergebnis kund. Alle Kinder (und wir Lehrerinnen) sprachen diese Sätze nach und suchten uns unsere Lieblingsgemüse aus. Tag für Tag kam eine neue Sprache dazu und wurde von den zuständigen Kindern eingeführt. Nach kurzer Zeit nahmen wir dann die Verneinung dazu, um auch inhaltlich etwas variabler zu sein.

Ja lublu Morkowka	Ich mag Karotten *(russisch)*
Ma chosdoram batrang	Ich mag Gurke *(dari)*
Me ni tano dschonia Kheara	Ich mag keine Gurken *(hindi)*
Ben Domates sewiom	Ich mag Tomaten *(türkisch)*
Mi ma gusta Pepinillo	Ich mag Gurken *(spanisch)*

Als wir alle Sprachen gemeinsam kennen gelernt hatten, übten die Expertenkinder an mehreren Tagen mit den anderen Kindern an Sprachstationen die Sätze zu sprechen.

Diese Arbeit fand mündlich statt. Um uns in der Fülle der Gemüsenamen und der für uns nur Deutsch Sprechenden zum Teil recht schwierigen Wörtern zurechtzufinden, haben wir uns mit einfachen Verschriftungen geholfen. Die Namen der Gemüsesorten schrieben wir lautschriftlich auf Kärtchen, um beim Sprechen eine Merkstütze zu haben. Das Gleiche machten wir mit den Formulierungen *Ich mag …, Ich mag nicht …*, die wir uns am Anfang nicht leicht merken konnten.

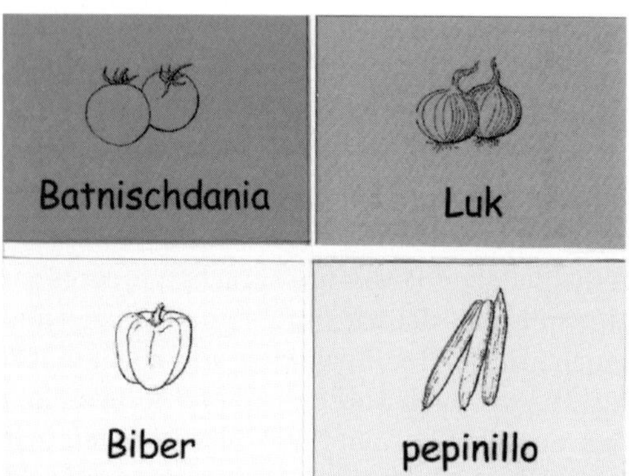

Merkkärtchen für verschiedene Sprachen

Schon bei den Auskünften durch die Eltern gab es einige Unklarheiten bei den Namen und bei Schreibweisen. Diese klärten wir im Gespräch mit den Kindern pragmatisch, denn es ging uns nicht um Besonderheiten der Schreibweisen in anderen Sprachen. Das Gleiche galt für die Auskünfte durch einzelne Kinder, die wir nach deutscher Lautung notiert haben. Wir hielten diese fachdidaktische Nachlässigkeit für vertretbar, da unser Schwerpunkt an dieser Stelle des Projektes auf dem Sprechen lag und die Verschriftlichung mehr eine Notiz war.

Sind Gurken lang oder länglich?

Gleichzeitig arbeiteten wir auf Deutsch mit den Gemüsesorten. Durch das Fühlen, Schmecken und Riechen sollten die Kinder die Besonderheiten des Gemüses erfahren und beschreiben. Wörter, die sie nicht kannten, wurden neu eingeführt und möglichst differenziert zur Beschreibung genutzt. So ist die Form einer Gurke länglich und sie kann kurz oder lang sein, eine Tomate kann weich oder fest sein, aber eigentlich nicht hart usw. Diese Adjektive sammelten wir auf Kärtchen, die wir aufhängten. In Verbindung mit den mit Artikelpunkten versehenen deutschen Gemüsenamen konnten die Kinder ihr bevorzugtes oder ungeliebtes Gemüse immer genauer beschreiben.

Gemüsehaikus – die Aneignung einer Gedichtform

Als letzten Schritt sollten die Kinder Haikus schreiben. Ein Haiku ist eine japanische Gedichtform ohne Reime, in der die Silbenzahl das Gedicht formt:

1. Zeile 5 Silben,	*Die Sonne strahlt hell*
2. Zeile 7 Silben,	*Keine Wolke trübt die Sicht*
3. Zeile 5 Silben:	*Es wird nicht regnen.*

Die Strukturierung von Wörtern in Silben war den Kindern schon geläufig, denn wir hatten von Anfang an Wörter in Silben zerlegt und mit ihnen gearbeitet (siehe in diesem Band D. Müller, *Liebt der Löwe Löwenzahn?*). Deshalb gingen wir davon aus, dass sie mit dieser literarischen Form umgehen könnten. Wir wollten den Kindern die Möglichkeit geben, mit dem neu erworbenen Vokabular produktiv umzugehen und sich an geformter Sprache zu versuchen. Dabei mussten sie jedes Wort nach Silben durchgliedern und die Vollständigkeit jeder Silbe (mit einem Vokal) überprüfen. Auch den sprachlich stärkeren Kindern sollte sich ein breiter Raum für erste sprachliche und ästhetische Gestaltungsideen bieten.

Wir führten die Gedichtform an Beispielen ein und forderten dann die Kinder auf, selbst Haikus zu verfassen. Sie konnten auf die gesammelten Adjektive und Nomen zurückgreifen und diese benutzen. Daneben bildeten ein paar Kinder auch einzelne Verse in einer Klassensprache bzw. in ihrer Herkunftssprache.

Ich mag Karotten
Ich mag Karotten so gern
Karotten duften

Ujala

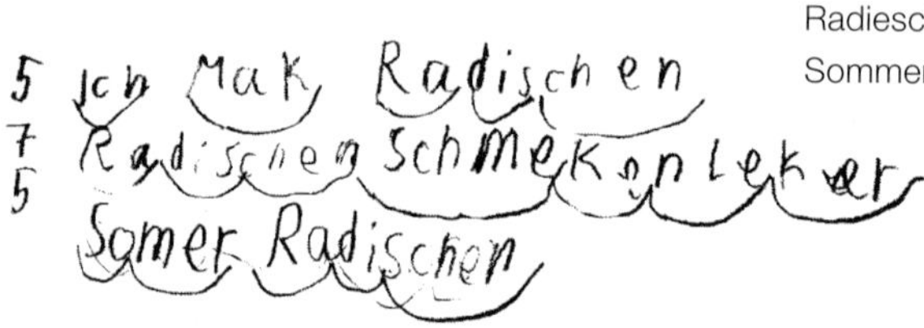

Ich mag Radieschen
Radieschen schmecken lecker
Sommerradieschen

Mona

Einschätzung des Projekts

Die Kinder waren von Anfang bis Ende mit großer, nicht erlahmender Begeisterung dabei. Die Untersuchung der Gemüsesorten in der Klasse, insbesondere das Riechen und Schmecken nahm die Kinder ganz in Anspruch. Aber auch die mündliche Arbeit an den Adjektiven und die fortgesetzte Suche nach genaueren Beschreibungen und Unterscheidungen der Gemüsesorten wurde mit großem Eifer und großer Ernsthaftigkeit betrieben. Hier konnten sich alle Kinder auf ihrem Sprach- und Leistungsniveau beteiligen.

Am meisten beeindruckte uns jedoch die Arbeit mit den Herkunftssprachen der Kinder. Als die Kinder, die zu Hause z.B. nur russisch sprechen, feststellten, dass wir von ihnen wissen wollten, was eine der Gemüsesorten in ihrer Sprache heißt und wie man »Ich mag Gurken« sagt, waren sie sehr erfreut und mit großem Eifer bei der Sache. Sie verständigten sich untereinander, ob das nun so richtig sei und ließen die anderen Kinder mit großer Nachsicht nachsprechen. Gerade Kinder, die

Es haskem Bacen
Ja ni lublu Morkovka
Ich mag Tomaten
Klasse 1a

Es haskem Cheal
Me wolinaw Paprike
Ich mag Bohnen nicht.
Klasse 1a

Karottensalat
Karottensalat ist gut
Mama macht ihn selbst
Peer

Tomaten sind grün
Tomaten mag ich nicht gern
Tomaten faulen
Mahsum.

Haiku-Buch der Klasse 1a Juli 2003

Domates Pomidor Baçan Batnidjania
Tomator Tomate

5 Tomaten schmecken
7 Ich esse Gern Tomaten
5 Ich mag Tomaten

aufgrund ihrer fehlenden deutschen Sprachfähigkeiten häufig zurückgenommen agierten, wuchsen um einige Zentimeter und waren sehr motiviert. Diese Motivation trug bis zum Schluss und ist sicher weiter ausbaufähig. Irgendwann zwischendurch fragte ein Kind, ob wir das nicht auch einmal mit Obst machen könnten.

Für den Abschluss, das Verfassen von Gemüsehaikus, war schon alles vorbereitet. Wir brauchten nur noch die Form einzuführen, an einem oder zwei Beispielen zu üben und die Kinder dann arbeiten zu lassen. Und so funktionierte das dann auch. Nach der gemeinsamen Erarbeitung zweier Haikus schrieben die Kinder in mehreren Anläufen viele Haikus. Sie zählten motiviert Silben und freuten sich sehr über gelungene Arbeiten. Natürlich brauchten viele Kinder Unterstützung, aber überwiegend bei der Suche nach Ideen zu den Themen ihrer Haikus. Das Auszählen der Silben ging erstaunlich mühelos und fast alle Kinder konnten die Vollständigkeit der Silben (Vokal) erfolgreich überprüfen. Einzelne Kinder diktierten uns einen Teil ihrer Haikus und überprüften mit uns zusammen die Silben.

Zum Abschluss bekam jedes Kind die Klassenhaikus in einem kleinen Heftchen zur weiteren Lektüre. Die Kinder waren stolz auf das Werk ihrer Klasse.

Für uns war das gesamte Projekt ausgesprochen gelungen. Die Kinder lernten andere Seiten aneinander kennen, konnten ihre Fähigkeiten und Stärken zeigen, lernten kleine Sätze in verschiedenen Sprachen und haben Nomen und Adjektive kennen gelernt. Mit dieser Begeisterung und Motivation verfassten sie Haikus und versuchten sich damit ihrem Lernstand entsprechend an geformter Sprache. Die Zusammenführung der im ersten Halbjahr eingeübten Silbenstrukturierung der Wörter mit dem rundum sprachlich behandelten Gemüse ging ganz selbstverständlich und mühelos vonstatten. Die von uns geplante Differenzierung in allen Phasen des Projektes, die sich jeweils überwiegend aus der Aufgabenstellung ergab, funktionierte und hat alle Kinder angemessen gefördert und gefordert.

Besonders die Einbeziehung der Herkunftssprachen der Kinder haben wir als bereichernd und sehr wichtig empfunden. Die Kinder mit einem anderen Sprachhintergrund sind sichtlich aufgeblüht und gewachsen, weil etwas ihnen sehr Wichtiges in der Schule für alle thematisiert wurde und sogar von allen gelernt wurde. Dadurch wurde der Blick auf Sprache gerichtet und förderte die Auseinandersetzung mit der deutschen Sprache.

Damit ist natürlich nichts über die Bedeutung von muttersprachlichem Unterricht gesagt. Ebenso wissen wir dadurch nichts darüber, ob die Kinder durch die Verwendung ihrer Herkunftssprache in der Schule besser Deutsch lernen. Jedoch wird in so einem Projekt, in dem die Sprachen der Kinder auf unkomplizierte Weise einbezogen werden, die individuelle Bereicherung durch Mehrsprachigkeit ebenso deutlich wie die Bereicherung für die Mitschülerinnen, Mitschüler und Lehrerinnen.

Friederike Terhechte-Mermeroglu

Sprachzuwachs durch Lernszenarien

Lernszenarien sind als offenes Lernangebot angelegt, das sich an den unterschiedlichen Kompetenzen der Lerner orientiert und diese individuell stärken und erweitern will; das Lernangebot ist aber nicht beliebig, sondern so angelegt, dass es die Suche nach verbesserter sprachlicher Ausdrucksmöglichkeit zum jeweiligen Thema provoziert. Dabei überarbeiten die Lerner ihre Arbeitsergebnisse sprachlich immer wieder und führen sie zu einer Endpräsentation.

Szenarien, die auch in ihren pädagogischen Ansprüchen auf dieser Basis angelegt sind, folgen den Anforderungen der neuen Rahmenpläne DaZ, wie sie in den letzten Jahren in einigen Bundesländern (vgl. Sen BJS, Rahmenplan Deutsch als Zweitsprache, Berlin 2002) eingeführt wurden. Sie knüpfen an die in den neuen Rahmenlehrplänen der Fächer (Sen BJS, Berlin 2004 / 05) formulierten Anforderungen nach grundlegender Bildung durch den »Erwerb von Handlungskompetenz und der Sicherung von Anschlussfähigkeit« an.

Sprachlernszenarien erfordern auf Seiten der Lehrer bestimmte Kompetenzen:

- die individuellen Lernvoraussetzungen einschätzen und begleitend beobachten können,
- den Schülerinnen und Schülern für die einzelnen Lernangebote angemessene Arbeitsmaterialien zugänglich machen,
- grundlegende Kenntnis über die Theorien des Deutschen als Zweitspracherwerbs besitzen,
  (Nur so kann der Lehrer in den sprachlichen Produkten der Schüler deren Zweitsprachkompetenz erkennen. Dabei gilt es das schon erreichte Niveau wertzuschätzen. Bestehende sprachliche Unsicherheiten sollen in der Auseinandersetzung um die jeweiligen Inhalte überwunden werden.)
- die Kinder zur selbsttätigen Auseinandersetzung mit ihrem Sprachvermögen anregen, sie in der Selbsteinschätzung unterstützen und ihnen individuelle Wege aufzeigen, wie sie die erreichte Kompetenzstufe weiter ausbauen können,
- die Arbeitsprozesse überschauen und im Ganzen strukturieren können, den äußeren Rahmen zusammenhalten, zu Zwischenpräsenta-

tionen und Endpräsentationen der verschiedenen Arbeitsergebnisse anregen.

Neben der Lektüre der Fachliteratur und der Nutzung von Fortbildungsangeboten entwickelt die Lehrkraft diese Kompetenzen vor allem durch die konkreten Unterrichtserfahrungen, den durch den neuen Lernbegriff veränderten Blick auf die Schüler und deren jeweiligen Sprachentwicklungsprozess. Dies gilt insbesondere für die Fähigkeit, die individuellen Sprachentwicklungen diagnostizieren und nötige Impulse für die weitere Entwicklung geben zu können. Fehler können dabei Quellen der Analyse über die gemachten Lernfortschritte der einzelnen Lerner sein.

Die Lehrkraft überantwortet dem Lerner den Sprachlernprozess und leitet zur kritischen Selbsteinschätzung an. Im Interesse um die Sache und aus der Motivation um eine auch sprachlich gelungene Präsentation seiner Arbeitsergebnisse heraus wird das Kind immer wieder über Sprache reflektieren, sie erproben und verbessern, die Lehrkraft begleitet und moderiert diesen Prozess.

Schon seit einiger Zeit sammelten sich täglich Raben auf den Bäumen unseres Schulhofes. Die Kinder mochten es bemerkt haben, sie fragten aber nicht nach. Doch als ich sie darauf ansprach, wussten einige davon zu berichten, konnten die Vögel sogar ganz gut beschreiben. Andere, die noch nicht darauf geachtet hatten, wurden neugierig und so gingen wir raus, um uns die Vögel anzusehen. Wir beobachteten sie, suchten Wörter für ihr Äußeres und versuchten, ihre Bewegungen zu imitieren: der Schnabel, nicht gelb, sondern grau-schwarz, das Federkleid nicht schwarz, sondern eher grau-schwarz-braun-meliert, die Bewegungen hüpfend, schaukelnd, schwankend. Wir diskutierten, überlegten, was die Vögel bewegte, sich gerade in dem Schulhofbaum zu sammeln. Die Aussicht auf Reste von Schulbroten schien die plausibelste Erklärung.

Ein Leitgedanke für die Arbeit mit Lernszenarien ist, an der Lebens- und Erfahrungswelt der Kinder anzuknüpfen, den Schülern Mut zu machen, sich mit einem Thema auseinander zu setzen und sie in ihrem Tun zu unterstützen und zu begleiten!

Die Kinder mancher Lerngruppen mögen es zum großen Teil nicht gewohnt sein, Fragen zu stellen und oft noch weniger bemüht erklärende Antworten zu bekommen. Umso wichtiger ist es, sie in ihrem Alltag und ihrer Lebensumwelt zum Beobachten und Fragen anzuregen.

In der Klasse sammelten wir im Sitzkreis die Beobachtungen. Aber was für Vögel waren das nun? Waren es wirklich Raben? Bezeichnungen in den Erstsprachen der Kinder standen im Raum. Ich brachte das Märchen von den sieben Raben mit ein. Wir wollten mehr wissen und notierten verschiedene Aufgaben. Einige Kinder wollten am Nachmittag in die Bücherei gehen und nach Sachbüchern zu Vögeln suchen, andere wollten auf dem Schulhof Zeichnungen von den Vögeln anfertigen. Ein Schüler wollte seinen Vater bitten, mit ihm im Internet zu Rabenvögeln zu recherchieren.

Die Herkunftssprachen der Schüler sind ein wesentlicher Bestandteil ihrer Persönlichkeiten, es sind in der Regel die Sprachen, in denen sie sich emotional zu Hause fühlen. Es gilt, sie wertzuschätzen und als eine Bereicherung für den Unterricht zu akzeptieren. Die Erstsprache kann auch Anlass sein, über die Zweitsprache zu reflektieren, sich mit Wortschatz und Strukturen bewusst auseinander zu setzen (HÜTTIS-GRAFF 2000). Angefangen bei dem Bemühen um die korrekte Aussprache der Eigennamen der Schüler über mehrsprachig ausgeschilderte Schulhäuser bis hin zu von Schülern erstellten und fortwährend wachsenden mehrsprachigen Wörterbüchern kann diese Wertschätzung veranschaulicht werden.

Alle Ideen, Fragen und Erkenntnisse zum Thema *Raben* wurden in einem Cluster zusammengetragen.

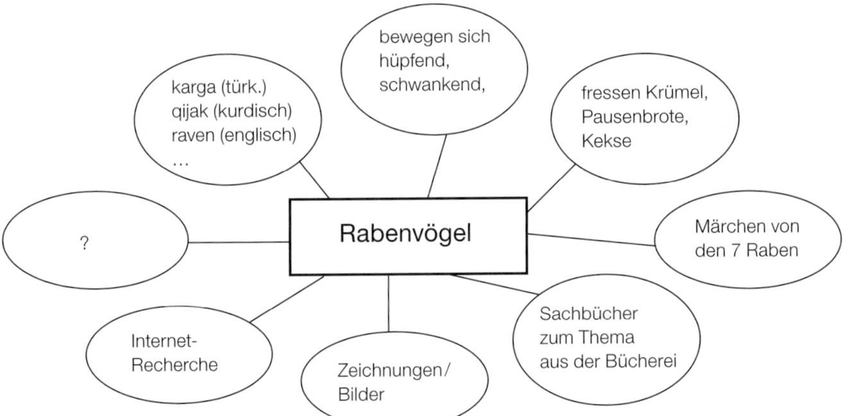

Cluster zum Thema Raben

Häufig schreibe ich die gemeinsam erarbeiteten Cluster selbst und lasse die Schüler diktieren. In meiner Regelklasse sind alle Kinder nicht deutscher Herkunftssprache. Sie brauchen ein korrektes Schriftvorbild, das ihnen aufgrund mangelnder *Literacy*-Erfahrung (APELTAUER 2003) oft fehlt. Die Cluster hängen für alle sichtbar für die Zeit der ganzen Unterrichtsarbeit im Klassenraum. Sie stehen auch immer wieder zur Diskussion, werden ergänzt oder korrigiert, weil neue Erkenntnisse dazu gekommen sind oder ursprüngliche Meinungen sich als falsch herausgestellt haben. Sie dienen als Übersicht und als Ideenbörse, als Stütze und Wegweiser. Die Schüler wenden sich ihnen immer wieder zu und prägen sich dadurch auch die richtigen Schriftbilder ein.

Mithilfe der Schrift gelingt es den Kindern, sich ein Bild von der Sprache zu machen, die Sprache zu sehen, Einheiten, Gliederungen zu erkennen. So wie die Lautsprache die Schrift betont, so strukturiert und erfüllt die Schrift die Lautsprache. Sie erläutern sich wechselseitig (Büchner 2002). Erst geschriebenes Deutsch unterstützt mehrsprachige Kinder auch beim Aufbau eines abstrakten Lautschemas des Deutschen (Hüttis-Graff 2000).

Das Schreiben durch die Schüler bietet sich an, wenn die Auseinandersetzung mit Wörtern und ihrer Begrifflichkeit, Ableitungsmöglichkeiten (Wortstamm, -familie) oder auch Rechtschreibungen wie zur Lautung und Ausspracheschulung im Mittelpunkt der Spracharbeit stehen.

Aus den Vorschlägen entstand ein umfangreiches Arbeitsangebot, mit dem sich die Kinder in der nächsten Zeit beschäftigen konnten. Organisatorisch strukturiert wurde es durch die tägliche Runde zum Unterrichtsbeginn, in der nach und nach alle Aufgaben erläutert wurden und jeder darstellte, woran er in der zur Verfügung gestellten Zeit verbindlich arbeiten wollte.

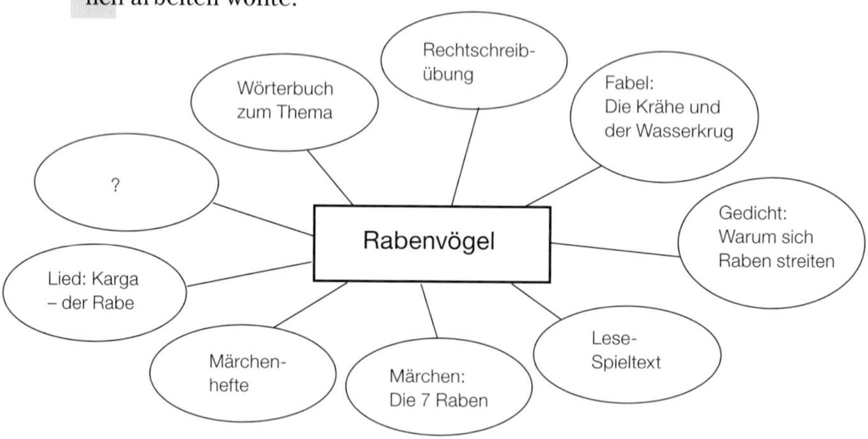

Zur Planungsübersicht für den Lehrer bietet sich die Aufstellung einer so genannten Spinne an. Analog zu der Darstellung der einzelnen Lernfelder im Rahmenplan DaZ (Rahmenplan DaZ, Berlin 2002) werden rund um das Signalthema die verschiedenen Angebote gruppiert. Die Kerninhalte werden festgelegt, sowohl mögliche lexikalische Bereiche als auch syntaktische Mittel werden zugeordnet. Mögliche Schüleraktivitäten ergeben sich aus den Angeboten zum Signalthema, sie werden in der Regel in der gemeinsamen Unterrichtszeit bearbeitet, können sich aber auch auf außerschulische Aktivitäten beziehen.

Der zeitliche Umfang eines Sprachlernszenarios – und damit auch die Anzahl der zur Wahl gestellten Aufgaben – wird von verschiedenen Faktoren bestimmt:

- Motivation und Interesse für das Thema
- Bedeutsamkeit und Tragfähigkeit des Themas
- Schulische Rahmenbedingungen

Das hier beschriebene Beispiel bearbeiteten wir fächerübergreifend (Deutsch, Sachunterricht, Musik und Bildnerisches Gestalten) in 2 Wochen mit anschließender End-Präsentation.

Durch die Internet-Recherchen der Schülerinnen und Schüler sowie durch meine eigenen (s. Literaturverzeichnis) waren einige interessante Sachinformationen zusammengekommen. Daraus stellte ich drei in sich differenzierte Sachtexte zusammen. In Anlehnung an eine Organisationsform von *SOL* (Selbst Organisiertes Lernen), dem Gruppenpuzzle, bearbeiteten die Schüler die Texte in zwei Doppelstunden.

Wie im Vorangegangenen bemerkt, greifen (Sprach-) Lernszenarien in anderen Unterrichtsbereichen erworbene Kompetenzen auf, festigen und erweitern sie. Die hier beschriebene Methode des Gruppenpuzzles muss behutsam eingeführt werden. Am Anfang sollte die Gruppenzusammensetzung gesteuert werden, und es muss den einzelnen Kindern immer wieder deutlich gemacht werden, dass jeder einen Beitrag leisten kann. Es sind kleine Schritte, mit denen den Kindern die Bedeutung des eigenverantwortlichen Lernens und die Übernahme von sozialer Verantwortung für andere nahe gebracht werden kann.

In der jeweiligen Lernergruppe bilden sich Stammgruppen, deren jeweilige Größe mindestens so hoch sein muss wie die Anzahl der zu bearbeitenden Aufgaben. Sind in einer Arbeitsgruppe mehr Teilnehmer als Aufgaben, können zwei Teilnehmer gemeinsam eine Aufgabe bearbeiten. Dies kann z.B. dann sinnvoll sein, wenn Integrationsschüler in der Lernergruppe sind. In jeder Stammgruppe entscheiden sich die Teilnehmer für eine Aufgabe. Sind alle Aufgaben verteilt, sammeln sich aus allen Stammgruppen die Teilnehmer mit der gleichen Aufgabe zu Expertengruppen, d.h. es gibt immer so viele Expertengruppen wie zu bearbeitende Aufgaben. Die Mitglieder einer Expertengruppe – die so genannten Experten – bearbeiten die gleiche Aufgabe nach den von ihnen selbst bestimmten Verfahren, arbeitsteilig, durch Vorlesen eines Einzelnen oder reihum etc. Jeder Experte ist beauftragt, die Ergebnisse seiner Expertengruppe möglichst vollständig in seine Stammgruppe zu tragen, denn nur er ist der Experte für sein Thema und die Teilnehmer der Stammgruppe sind auf seine Information als Teil der gesamten Aufgaben angewiesen. So müssen die Experten in ihren Expertengruppen bemüht sein, ihre Arbeitsergebnisse durch Stichpunkte, mündliches Vortragen ö.Ä. zu sichern.

In den Stammgruppen werden die einzelnen Arbeitsergebnisse aus den Expertengruppen zusammengetragen. Häufig geschieht dies durch ein Cluster.

Die Arbeit nach diesem Verfahren impliziert, dass alle Teilnehmer bemüht sind, möglichst zufrieden stellende Arbeitsergebnisse zu erzielen, denn wenn eine Stammgruppe mit den Informationen eines ihrer Experten nicht zufrieden ist, wird sie ihm dies deutlich machen.

Durch das arbeitsteilige Vorgehen in dieser Methode können Themen in einer größeren Reichhaltigkeit bearbeitet werden.

Die Arbeitsergebnisse hielt jede Stammgruppe in einem Cluster fest. Ein Schüler aus jeder Gruppe stellte der gesamten Lerngruppe das Cluster seiner Gruppe vor.

Die Kinder äußerten sich über die Erfahrungen, die sie im Arbeitsprozess gemacht hatten, schätzten den Arbeitsprozess und die Ergebnisse ein und wählten ein Cluster zum Aushang in der Klasse aus.

Aus den im Folgenden beschriebenen Aufgaben konnten die Schüler wählen. Die ersten drei Aufgaben waren für alle verbindlich, die weiteren fakultativ, wobei jeder wenigstens zwei Wahlaufgaben bearbeiten sollte. Die Reihenfolge, in der sie diese bearbeiten würden, stand frei.

Wörterbuch zum Thema

Die Kinder legten sich ein Mini-Heft an. Dazu falteten sie aus einer DIN-A4- oder DIN-A3-Seite ein 8-seitiges Heft (Finken 2004). Einige ordneten die ausgewählten Wörter zunächst auf einem Papier nach dem Alphabet, andere trugen sie in beliebiger Reihenfolge ein. Grundsätzlich gilt, dass alle Wörter auf ihre Rechtschreibung hin nachgeprüft werden müssen – auch dies ein Ritual, das Kompetenz im Umgang mit einem Wörterbuch erfordert und im Rahmen der Szenarienarbeit erworben, gefestigt und erweitert werden kann.

Schülercluster

Die Wörtersammlung kann als Bilderwörterbuch angelegt werden, durch Wörter mit ähnlicher Bedeutung oder um Wortfamilien und Beispielsätze ergänzt werden – je nach Leistungsstand des einzelnen Schülers.

Rechtschreibübung

Aus den bekannten Sachtexten wählten die Schüler individuell wenigstens fünf Sachinformationen aus und schrieben daraus einen Text, den sie als Rechtschreibübung trainieren wollten. So kann unter Umständen für jeden Schüler ein eigener Diktattext entstehen, den sie nach den verschiedenen, bekannten Übungsformen (z.B. Lauf-, Knick-, Partnerdiktat) bearbeiten. In einem gemeinsam festgelegten Zeitraum, hier fünf bis acht Tage, hatten alle Kinder an einem Lernpfeil (Vollmer 2004) signalisiert, wann sie bereit waren, ihren Diktattext als individuelle Leistungskontrolle zu schreiben.

Fabel

Die Krähe und der Wasserkrug, frei nach Aesop

Parallel zur mündlichen Präsentation der Fabel von Aesop, in der eine Krähe durch ihre Schläue Wasser aus einem Krug trinkt, obwohl ihr

Schnabel eigentlich zu kurz dazu ist, legte ich Satzbausteine im Sitzkreis aus. Diese dienten als Hilfe im Gespräch über die Fabel und der schriftlichen Nacherzählung. Sie wurden während des Nacherzählens in der richtigen Reihenfolge an die Tafel gehängt und sollten für die schriftliche Nacherzählung als »roter Faden« genutzt werden.

Gemeinsam wurde bestimmt, welche Stichpunkte für die Erzählung besonders wichtig wären und welche zur weiteren Ausschmückung eines Textes dienen könnten.

Das Sichtbarmachen von Schriftbildern kann zur ritualisierten Lernhilfe zum richtigen Schreiben genutzt werden: Das Verstehen von Begriffen wird nicht nur durch die Präsentation der realen Gegenstände oder Abbildungen gestützt, sondern um Wortbilder ergänzt. Dies kann als stiller Impuls erfolgen oder – wie in diesem Fall – bewusst als Leitfaden für die schriftliche Textproduktion (vgl. HÜTTIS-GRAFF 2000).

Die Beurteilungskriterien für einen gelungenen Text werden durch die gemeinsame Diskussion im Vorfeld transparent, sie dienen gleichfalls als Leitfaden für die in Partnerarbeit anschließende Schreibkonferenz zur Überarbeitung der Schülertexte.

Gedicht

»Warum sich Raben streiten« (WITTKAMP 1996)

Gemeinsam im Morgenkreis stellte ich das Gedicht vor. Analog zum ersten Gedichtvortrag legte ich Gegenstände, die im Gedicht erwähnt werden, aus: einen (Plastik-) Wurm, Körner, Schneckenhäuser etc. »Sich streiten um …« wurde zum Thema. Reihum, kreuz und quer nach der Aufforderung »Und warum streitest du?« »Ich streite um …«, »ich streite, weil …«, »ich streite, wenn, …« trainierten wir am konkreten Anlass Strukturen mit erweitertem Infinitiv bzw. Nebensätze mit weil und wenn.

Einige Schüler entschieden sich, das Gedicht auswendig zu lernen, andere übertrugen den Text in ihr Gedichtheft und gestalteten die Seite dem Inhalt entsprechend.

Das Üben sprachlicher Strukturen ergibt sich aus den authentischen Redeabsichten der Schüler. Bei Sprachanfängern und Kindern in der Schulanfangsphase, die neue Strukturen intuitiv erlernen, unterstützt durch Melodie von Reim und Rhythmus, bei weiter fortgeschrittenen Lernern auch kognitiv.

So können Trainingssequenzen immer wieder eingebaut werden. Es ist Auftrag der Lehrkraft, Fragen aufzugreifen, die Neugier auf Sprache

Schlaue Raben und Krähen

Der griechische Dichter Aesop, der vor etwa 2600 Jahren lebte, wusste, wie schlau Raben sein können. Darum erzählte er folgende Geschichte:

Die Krähe und der Wasserkrug

Es war sehr heiß. Nirgends konnte die Krähe Wasser finden. Alles war trocken.
Da sah sie vor einer Haustüre einen Krug mit Wasser stehen.
Schnell flog die Krähe zu dem Krug. Sie steckte ihren Kopf in den Krug, aber sie konnte nicht an das Wasser heran.
Der Krug war nur halbvoll und ihr Hals und ihr Schnabel waren einfach nicht lang genug.
Was konnte die Krähe tun? Sie versuchte, den Krug umzukippen, aber der war zu groß und zu schwer.
Wütend und enttäuscht flatterte sie um den Krug herum.
Da sah sie einen Steinhaufen.
Die Krähe nahm nun einen Stein nach dem anderen mit ihrem Schnabel und warf ihn in den Krug hinein.
Das machte sie so lange, bis das Wasser zum Rand des Kruges hochgestiegen war.
Nun konnte sie bequem ihren Durst löschen.

Textbausteine für das Miniheft

I

Die Krähe möchte Wasser trinken.	Sie wirft Steine in den Krug. Das Wasser steigt hoch.	Jetzt kann sie trinken. Sie löscht ihren Durst.

II

Es ist heiß. Die Krähe ist durstig. Da sieht sie einen Krug mit Wasser.	Sie will aus dem Krug trinken, aber ihr Schnabel ist zu kurz. Da sieht sie einen Haufen mit Steinen.	Die Krähe wirft die Steine nach und nach in den Krug. Das Wasser steigt hoch. Jetzt kann sie ihren Durst löschen.

Aufgaben

1. Schneidet die Texte aus und klebt sie in euer Miniheft.
2. Malt die passenden Bilder dazu.
3. Schreibt die Texte in Schreibschrift in euer Schreibheft.
4. Übt die Texte als Diktat
5. Bastelt euch eine Box für eure Minihefte, wenn ihr keine habt.

und ihre Strukturen zu wecken. »Warum sagst du *mit der Frau*, es ist doch *die Frau?«* fragte eine Schülerin in der 3. Klasse. Nach einigen Beispielsätzen »Ich gehe mit der Oma Eis essen, ich gehe mit der Tante Eis essen, ich gehe mit dem Vater Eis essen, ich gehe mit dem Onkel Eis essen ...« hatte ein Mitschüler eine Idee: »Vielleicht, wenn es eine Frau ist, heißt es *mit der* und wenn es ein Mann ist, *mit dem*!« Jetzt gab es noch mehr Neugierige. Ich legte schnell beschriebene Papierstreifen in die Mitte: die Freundin, die Schwester, die Katze, der Freund, der Bruder, der Hund. Und die Schüler probierten, was man mit wem macht: mit dem Bruder streiten, mit der Katze spielen, mit dem Freund Fahrrad fahren ...

So trainierte Strukturen können von Schülern in ihren aktiven Sprachgebrauch übernommen werden, wenn diese Strukturen direkt über dem bereits erreichten Sprachstand liegen. Schüler, die dieses Niveau noch nicht erreicht haben, werden diese Strukturen erst zu einem für sie richtigen Zeitpunkt annehmen können (GRIESSHABER 2002).

Lese- Spieltext

»Das Lied der Raben« (WOLF 1996)
Wie sieht eine Amsel aus? Wie ein Rabe? Was kann die Amsel und der Rabe nicht? Zwei Abbildungen und die Erklärung, dass die Amsel wohlklingender singt als ein Rabe, waren die Fragen, die wir vorab klärten, dann erzählte ich die Geschichte frei, untermalt mit viel Gestik und Mimik. Eine Gruppe von sechs Kindern entschloss sich, die Geschichte als kleines Theaterstück einzuüben. Der Lesetext stand allen zur Verfügung.

Märchen

Die 7 Raben (BRÜDER GRIMM 1999)
Im vorliegenden Buch wird das Märchen in elf Bildern illustriert. Analog zu der Erzählung wurden Kopien der Bilder im Sitzkreis ausgelegt. Anhand dieser Bilder wurde die Geschichte nacherzählt, elf Bilder, elf Textabschnitte. Daraus wollten wir ein Buch machen. So setzten sich 8 x 2 und 3 x 3 Schüler zusammen und schrieben jeweils einen Text zu ihrem Bild. Immer wieder waren Absprachen erforderlich, um die Übergänge von der einen Szene zur nächsten abzugleichen. Das geschah entweder in Kleingruppen oder im Rahmen von Zwischenpräsentationen in der Gesamtgruppe.

Eine Sprache muss gehört werden, um gesprochen werden zu können! Schüler, die kaum Gelegenheit haben, die deutsche Sprache in ihrer Lautung richtig zu hören, brauchen authentische Sprachvorbilder ohne umgangssprachliche Färbung. In vielen Lernergruppen fehlen natürliche Sprachvorbilder. Tonaufnahmen bieten einen möglichen Ersatz. Kassetten mit einem Märchentext, einem Gedicht oder einer Geschichte können vom Lehrer im Original, umschreibend ergänzt und im gewünschten Tempo ohne großen Zeitaufwand erstellt werden. Auch Schüler können solche Aufnahmen erstellen und das Ergebnis zur Diskussion stellen. »Wie hört sich das an, was ist richtig, wo muss nachgebessert werden.«

Sie können sich die Aufnahmen in der Klasse mit einem Walkman immer wieder anhören, festigen dadurch ihren Wortschatz und nutzen die vorgegebenen Sprachstrukturen in ihren eigenen Produkten.

Märchenhefte

Es standen zwei Arbeitsblätter mit Textbausteinen zur Auswahl, eines mit umfangreichen und eines mit sprachlich reduziertem Inhalt. Je nach Lesekompetenz der Schüler wurden die Textbausteine in der richtigen Reihenfolge in ein Blanko-Heft geklebt. Dazu malten die Kinder passende Bilder. Zwei Schülerinnen schrieben anstelle der vorgegebenen Textbausteine eigene Sätze zu ihren Bildern und veränderten dabei auch bewusst den Verlauf der Geschichte.

Lied

Karga – der Rabe (türkisches Volkslied, Vahle 1983)
Dieses Lied kennen auch die in Deutschland aufgewachsenen Kinder türkischer Herkunftssprache. Spontan sangen sie es und nach einigen Malen konnten auch die anderen Schüler mitsingen. So war unser Repertoire an mehrsprachigen Liedern um ein Lied gewachsen.

»Interkulturelles Lernen betrifft gleichermaßen pädagogische Fachkräfte, Eltern und Kinder. (...) Interkulturelle Kompetenz ist ein mehrdimensionales Konzept, das verschiedene Fähigkeiten, Einstellungen und Lernprozesse anspricht« (Ulich 2001). Die interkulturelle Kompetenz ist integrativer Bestandteil der personalen ebenso wie der sozialen Kompetenz. Sie ist nicht additiv den Unterrichtsinhalten zuzuordnen (denn dann reduziert sie sich häufig auf ein folkloristisches Erlebnis mit Bauchtanz und Dönerstand zum Schulfest), sondern als grundlegende Basiskompetenz zu verstehen.

In den gemeinsamen Runden zum Arbeitsbeginn und zum Abschluss berichtete jeder Schüler, woran er arbeiten wollte bzw. was er gemacht hatte. Zwischenergebnisse einzelner Schüler wurden vorgestellt und begutachtet. Andere Schüler nahmen vorgestellte Umsetzungsmöglichkeiten und Ideen an oder machten Verbesserungsvorschläge. Die Märchenhefte und Wörterbücher wurden durch das Auflegen von Muggelsteinen durch die Schüler prämiert – auch dies ein Prozess, den die Schüler durch seine Ritualisierung immer mehr kriterien- und weniger sympathienorientiert erlernen.

Zum Lese-Spieltext hatten 6 Schüler ein kleines Theaterstück vorbereitet. Die Mitschüler beurteilten die Zwischenproben vor der selbst gestalteten Kulisse und gaben Tipps: mehr sprechen und einen Erzähler einbauen. Die Premiere fand dann vor den Erstklässlern statt. Gemeinsam wurde das Lied vom Raben (karga) gesungen. Es gab begeisterten Applaus.

Die einzelnen Seiten vom Märchenbuch wurden vor dem Binden für einige Zeit im Foyer der Schule ausgestellt, zusammen mit dem Schülercluster.

Die Erzählungen zur Fabel begeisterten mich, denn sie machten deutlich, dass das Angebot der Wortkarten wie beabsichtigt angenommen wurde: Je nach Entwicklungsstand hatten die Schüler die Wortbausteine in ihren Texten integriert, einige hatten sich von ihnen lösen können, indem sie nach alternativen »eigenen« Wörtern gesucht hatten.

Alle waren stolz auf ihre gelungenen Texte.

(Sprach-) Lernszenarien erfordern ein Umdenken, in der Unterrichtsvorbereitung und in der konkreten Unterrichtsarbeit. Der Lehrer muss sich davon lösen, einzelne Unterrichtsphasen im herkömmlichen Sinne zeitlich und inhaltlich genau vorplanen und kontrollieren zu können.

Nie werden alle zur gleichen Zeit das Gleiche tun, denn auch der Spracherwerb verläuft nicht linear und für alle gleich.

Für mich ist es eine Unterrichtsform, die mich motiviert, die mich begeistert und mir endlich die Freude an der Arbeit mit den Schülerinnen und Schülern wiedergegeben hat. Sprachlernszenarien sind für mich ein Weg, den Perspektivwechsel, den Schule vollziehen muss, zu erfüllen: nämlich die Schule kinderfähig zu machen und die Kinder dort abzuholen, wo sie sind.

Das Unterrichtsmaterial kann angefordert werden bei:
daz.grundschule@lisum.verwalt-berlin.de

Literatur

APELTAUER, E.: Literalität und Spracherwerb, Flensburg, 2003 (Flensburger Papiere Nr. 30)

BRÜDER GRIMM: Die 7 Raben, Neubauer, 1999

BÜCHNER, I.: Anfang gut, alles gut? In: Grundschule Sprache, H. 6/2002, S. 4 – 7

FINKEN VERLAG, Lernszenarien – Ein neuer Weg, der Lust auf Schule macht; Teil 2, Oberursel, 2004, S. 77

GRIESSHABER, W.: Erwerb und Vermittlung des Deutschen als Zweitsprache, www. uni_muenster. de, 2002

HÜTTIS-GRAFF, P.: Rechtschreiblernen unter den Bedingungen von Mehrsprachigkeit. In: VALTIN, R. (Hrsg.): Rechtschreiben lernen in den Klassen 1– 6, Frankfurt, 2000

MERMEROGLU, F. / PAULIG, CH.: Deutsch als Zweitsprache (k)ein besonderer Unterricht. In: Grundschulunterricht, H. 6/2004, S. 10 – 18

SenBJS; Rahmenplan für Unterricht und Erziehung in der Berliner Schule, Deutsch als Zweitsprache, Berlin, 2002

ULICH, M. / OBERHUEMER, P. / SOLTERNDIECK, M.: Die Welt trifft sich im Kindergarten, Interkulturelle Erziehung und Sprachförderung, Weinheim, Basel, Berlin, Beltz, 2001

VAHLE, F.: Das Buch mit dem Friedensmaler, pläne Verlag 1983

VOLLMER, V.: Lernen sichtbar machen – Kinder beobachten ihre Lernprozesse. In: Grundschulunterricht H. 6/2004, S. 30 – 35

WITTKAMP, F.: Warum sich Raben streiten. In: Wann Freunde wichtig sind, Klett, 1996, S. 59

WOLF, W.: Das Lied der Raben. In: Warum die Eisbären schwarze Nasen haben und andere kleine Geschichten, Ravensburger, 1996

Horst Bartnitzky

Integriert, nicht isoliert: Sprachförderung in thematischen Unterrichtseinheiten

Sprachlernen in gemeinsamer thematischer Arbeit

Deutschförderung in Klassen mit Kindern ohne ausreichende Deutschkenntnisse kann auf verschiedene Weise durchgeführt werden: als frontaler Lehrgang in Fördergruppen, der einer linguistischen Progression folgt; als individuelle Arbeit mit einem Förderprogramm etwa in Form eines Arbeitsheftes oder diverser Kopiervorlagen; als zweisprachiger Unterricht; als themenbezogener Unterricht mit der ganzen Lerngruppe. In einem Schulentwicklungsprojekt mit 25 Grundschulen im Ruhrgebiet[1] entschieden wir uns für den integrierten und themenbezogenen Weg. Drei Überlegungen waren dabei leitend.

1. Kinder mit schwachen Deutschkenntnissen sind nicht homogen schwach.

In einer Klasse 2 sprechen einige Kinder von klein auf in ihrer Familie Deutsch, wenn auch nicht besonders differenziert oder elaboriert. Andere sprechen Türkisch oder Arabisch oder eine andere Sprache ihrer Familienherkunft und auch Deutsch, oft ein Gemisch aus beiden, je nach familiärer Situation die eine Sprache mehr als die andere. Einige Kinder sind ausschließlich mit ihrer nicht deutschen Familiensprache aufgewachsen. Sie haben in einem vorschulischen Sprachkurs ein wenig Deutsch gelernt. Die Kinder mit türkischer Familiensprache gehen einmal in der Woche zum Türkischunterricht; die Klassenlehrerin kann mit der Türkischlehrerin Themen und Begriffe absprechen, die dann die türkischen Kinder in beiden Sprachen besprechen. Für die Kinder der vielen anderen Sprachen gibt es solche Angebote im Stadtteil nicht.

Damit schließt sich für die meisten Kinder ein zweisprachiger Unterricht aus. Ebenso kann kein Konzept verfolgt werden, bei dem alle Kinder an denselben sprachlichen Phänomenen gleichzeitig üben. Überhaupt kann nicht die linguistische Progression leiten, vielmehr sollte die gemeinsame themenbezogene Arbeit alle Kinder gleichermaßen anregen und herausfordern, mit ihrem aktuellen Sprachstand zu agieren und ihn zu erweitern.

2. Die Kinder brauchen fachsprachliche Fähigkeiten für ihren weiteren Schulerfolg.

In dieser Klasse 2 können sich inzwischen alle Kinder in der deutschen Sprache miteinander und mit der Lehrerin verständigen, oft hilft auch die Mimik und Gestik, wenn die deutschen Wörter fehlen. Aber genau diese Verständigung auf einfachem umgangssprachlichen Niveau, gepaart mit dem guten Willen der Lehrerin, die Kinder zu verstehen, kann zur Fehleinschätzung führen: »Es geht ja!« Die Unterrichtssprache wird schlicht gehalten und die Hoffnung gehegt, dass sich im Laufe der Zeit die Sprachfähigkeiten schon weiterentwickeln werden.

Bliebe es bei solcher didaktischen Genügsamkeit, dann wäre bei vielen Kindern in den kommenden Schuljahren die Folge, dass sie der fehlenden sprachlichen Fähigkeiten wegen scheitern. Die Ansprüche an die Fähigkeiten wachsen, fachsprachlich zu verstehen und selber zu argumentieren, mündlich wie schriftlich; die Ansprüche an die Lesefähigkeiten, bezogen auf literarische wie auf Fachtexte, steigen steil an.[2] Was für Kinder mit unbeschadeter Sprachentwicklung angemessene Herausforderungen sind, stellt für diese Kinder hohe Hürden dar. Denn mit einer Sprache, wie sie nur für die alltägliche Verständigung möglich ist und wie sie die wohlwollende Lehrerin zu verstehen sucht, sind diese Hürden nicht mehr zu nehmen.

Deshalb müssen schon früh, lange bevor der stärker verfachlichte Unterricht in den Schulen der Sekundarstufe beginnt, die sprachlichen Fähigkeiten auch bewusst und gezielt weiterentwickelt werden:

- über den reduzierten und oft unspezifischen umgangssprachlichen deutschen Wortschatz hinaus zu fachsprachlichen und präziseren Wörtern, bezogen auf alle wesentlichen Themenbereiche der Grundschule;
- über die einfachen Wort- und Satzbildungen hinaus zu typischen Strukturen von Fachtexten, wie man sie insbesondere in den Arbeitsmaterialien und Lehrwerken der Grundschule findet.

Die Förderung der Fachsprache verlangt nach Sachgebieten, in denen fachliche Begriffe, fachtypische Wort- und Satzbildungen zur sachgemäßen Arbeit nötig sind. *Abziehen* oder *Körper* sind zentrale Fachbegriffe im Mathematikunterricht, die im Alltag anders verwendet werden (»zieh ab!«). *Wolkenbildung* oder *unveränderlich* sind spezifische Wortbildungen, deren Prinzip durchschaut werden muss. *»In Deutschland findet man an einigen Stellen Ansammlungen von großen Steinen. Das waren in der Steinzeit Steingräber unter großen Erdhügeln.«* Diese beiden schlicht erscheinenden Sätze aus einem Sachunterrichtsbuch enthalten mehrere Fachwörter, zusammengesetzte Nomen, eine Nominalisierung sowie ein

Verweiswort: das Pronomen *das* als Eröffnung des zweiten Satzes. Der Zusammenhang beider Sätze ist nur verständlich, wenn man weiß, worauf sich das Pronomen bezieht. Alles Eigenheiten, die sich in der Umgangssprache der Kinder kaum finden.

3. Das Anregungspotential des thematischen und handlungsbezogenen Unterrichts muss genutzt werden.

Die Option gilt einem thematischen und handlungsbezogenen Unterricht mit viel gemeinsamer Arbeit und eingebundener individueller Förderung:

- ➢ Die Kinder »nisten sich« bei einem Thema ein;
- ➢ sie bringen dazu ihr Vorwissen ein;
- ➢ sie handeln, also: befragen, untersuchen, beobachten, probieren aus; sie sprechen und schreiben, erarbeiten Fragen zum Thema und lesen Texte, um Antworten zu finden;
- ➢ sie halten wichtige Fachbegriffe auf einem Lernplakat fest;
- ➢ sie erarbeiten eine Präsentation, bei der ihre neuen Kenntnisse zum Thema vorgestellt werden: eine Ausstellung, eine Wandzeitung, kleine Vorträge.

Ein solcher Unterricht ist nicht zu realisieren, wenn Themen flott hintereinander durchgenommen werden, wenn Stoff-Fülle den Zeitdruck erzeugt, wenn die Arbeit »unvernetzt«, also fachisoliert durchgeführt wird – hier Deutsch, da Sachunterricht oder Mathematik – oder wenn die Sprachförderung auf zwei Förderstunden pro Woche reduziert wird, die in kaum einem Zusammenhang mit dem übrigen Unterricht stehen. Aber: So sieht eigentlich auch kein guter Grundschulunterricht aus. Unterricht in Klassen mit sprachgewandten Kindern sollte ebenso in der Regel thematisch, handlungsbezogen, fächerübergreifend und projektorientiert sein.[3] Nur: Bei Kindern mit erheblichem Förderbedarf in Deutsch als Zweitsprache gilt dies noch in besonderer Weise:

- ➢ Er gibt den Kindern die Zeit, sich auf ein Thema einzulassen, Interessen zu gewinnen und auszubauen.
- ➢ Er fordert ihr Vorwissen heraus, lässt Fragehaltungen entwickeln und gibt die Zeit, vom Bekannten aus Neues zu erschließen und Neues mit Bekanntem in Beziehung zu setzen.
- ➢ Er gibt den Kindern die Möglichkeit, sich neue und komplexere sprachliche Strukturen in thematischen Feldern zu erschließen, sie in ständigem Gebrauch zu verwenden und zu üben.

- Er ermöglicht durch die handlungs- und projektbezogene Arbeit, dass die Kinder die neuen sprachlichen Anforderungen auch als für sie sinnvoll und den sprachlichen Zuwachs als Gewinn erfahren.

Den Kern der Unterrichtsarbeit macht mithin die Integration des Sprachlernens in die thematischen Unterrichtseinheiten aus. Kurse als didaktische Schleifen treten zum thematischen Unterricht hinzu: In solchen Kursen können Wortschatz, Wort- und Satzbildungen wiederholt, systematisiert, auf andere Inhaltsbereiche angewendet werden. Verbindungen zur Erstsprache können hergestellt, reflektiert und Zweisprachigkeit kann geübt werden. Solche Kurse beziehen sich aber auf die Sprachziele des thematischen Unterrichts, sie gehen inhaltlich und sprachbezogen von ihm aus und führen wieder in ihn zurück. [4]

In dem Projekt der 25 Schulen wurden Hilfen erarbeitet, wie solche thematischen Unterrichtseinheiten zu entwickeln, zu planen und zu realisieren sind – im Kern mit der integrierten fachsprachlichen Förderung und in damit vernetzten Kursen zur differenzierten Sprachförderung. Die Unterrichtsbeispiele auf den folgenden Seiten sind aus dieser Arbeit hervorgegangen. [5]

Erfolgreich, aber noch nicht erfolgreich genug

Die Erfahrungen in Klassen mit einem höheren Anteil an Kindern mit erst schwach entwickelten Fähigkeiten in der deutschen Sprache führen zu folgenden Erkenntnissen:

Wenn alle Schülerinnen und Schüler bis zum Ende der Grundschulzeit tragfähige Grundlagen für weiterführendes Lernen erwerben sollen, dann haben die Fähigkeiten in der deutschen Sprache eine Schlüsselfunktion. Ohne eine entwickelte Sprachfähigkeit, die fachsprachliche Fähigkeiten einschließt, sind anspruchsvollere Inhalte nicht vermittelbar und können von den Kindern auch nicht verstehend, lesend, denkend, argumentierend, formulierend erarbeitet werden. Besonderes Sprachlernen muss deshalb über die wünschenswerte vorschulische Sprachförderung hinaus während der gesamten Grundschulzeit und dann in den anschließenden Schulen fortgesetzt werden.

Das bedeutet schulpolitisch Abschied nehmen von der Illusion, die Sprachfähigkeiten ließen sich in einem Kurs im Schnellverfahren vermitteln, möglichst sogar vor Beginn der Schulzeit.

Die Schulen dieser Kinder brauchen:

- Sprachdidaktisch besonders kompetente Lehrerinnen und Lehrer.
- Klassengrößen, die unter der üblichen Bandbreite liegen.
  Mehr als 24 Kinder dürfte keine dieser Klassen haben.

Zum Beispiel: Unterrichtseinheit »Unsere Hobbys«

A. Vorentscheidungen

Erfahrungsfeld und Thema
Das Erfahrungsfeld Freizeit und Freizeitgestaltung wird hier eingegrenzt auf das Thema: Unsere Hobbys.
Viele Kinder haben erfahren, dass die einen viel, die anderen wenig oder gar keine Freizeit haben: weil sie zu Hause viel helfen müssen oder an Aktivititäten teilnehmen, die nicht zu ihren Lieblingsbeschäftigungen gehören. Wie gestalten die Kinder die verbleibende freie Zeit? In Partnerinterviews haben die Kinder ihre Erfahrungen zusammengetragen.
Alle Kinder haben oder hätten gern ein Hobby.
Wie Hobbys organisiert und verfolgt werden, soll Thema der Einheit sein.

Personelle Voraussetzungen
Die Klassenlehrerin unterrichtet die Fächer Deutsch, Sachunterricht, Mathematik. Muttersprachlicher Unterricht Türkisch erteilt eine Türkisch-Lehrerin an der Schule, mit ihr sind Abstimmungen zu den Arbeitsschwerpunkten üblich. Allerdings hat nur die Hälfte der Kinder Türkisch als Familiensprache, bei den anderen Kindern mit nicht deutscher Familiensprache sind solche Koordinierungen nicht möglich.
Durch Zuweisung zusätzlicher Förderstunden (Integrationshilfe) werden vier weitere Stunden erteilt, die für Kleingruppenarbeit oder für Förderkurs-Stunden genutzt werden können. Die Lehramtsanwärterin übernimmt sie im Rahmen des selbstständigen Unterrichts. Absprachen sind gut möglich.

B. Sprachliche Förderung

Themenbezogene sprachliche Schwerpunkte
- Hobbys erfragen, über Hobbys berichten, Hobbys und Tätigkeiten verschriften
- Hobby-Wörter in Wortfeldern sammeln, in Übungen häufig verwenden
- Vorlieben oder Abneigungen ausdrücken
- Hobbys als Pantomime darstellen, raten und versprachlichen
- über Hobbys in einem Brief in der Familiensprache und in Deutsch schreiben

Fächerübergreifende Aspekte
- Sachunterricht: Freizeitgestaltungen, Hobby-Karte
- Mathematik: Uhrzeiten und Dauer von Aktivitäten
- Kunst: Mein Hobby-Bild

Zuhören und Verstehen
- Berichte anderer Kinder über Hobbys verstehen
- Verständnisfragen stellen, einen Fragenkatalog für solche Fragen erarbeiten

Sprechen und Zuhören
- über ein Hobby berichten
- zu Hobby-Gegenständen erzählen (Fußball, Tanzschuhe, Poster ...)
- Zu Bildern (Fotos,

Texte verstehen
- Interviews führen (»Über dein Hobby« / »Wie wird man Mitglied im Fußballverein?«), die Interviews mit den Kindern vorbereiten, durchführen und auf Kassette aufnehmen, abhören, wichtige Informationen herausfinden

Texte schreiben, einschl. richtig schreiben
- Hobby-Wörter in Wortfeldern sammeln, nach Hobbys und nach Wortarten sortieren
- Hobby-Plakate erstellen, dabei Hobby-Wörter nutzen (z. B. Fußball, Popmusik,

– einem Hörtext zum Thema verstehend zuhören (vom Band eingespielt)	Zeichnungen) beschreiben, erklären, erzählen	– Zeitungsartikel zum Thema (»Beim Skating gestürzt« / »Im Verein macht es mehr Spaß«) sammeln, lesen, darüber sprechen, gegebenenfalls: selbst entspr. Artikel verfassen	Tanzen, Kochen) – zum eigenen Hobby in einem Brief an Verwandte schreiben – Hobby-Wörter rechtschriftlich üben (Kartei, Übungsmethoden)

Mögliche Übungsformen und -inhalte (für Kern und Kurs)

- Tätigkeiten sammeln (Hobby-Plakate mit Bildern)
- Fachwortschatz sammeln und damit Sätze bilden:
  Hobby-Verben wie: schwimmen, Fußball spielen ...
  Hobby-Nomen wie: Inline-Skating, Judo-Training, Wochentag, Uhrzeit
  Ortsangaben wie: im Club, in der Schule, im Verein, auf der Straße
  Zeitangaben wie nachmittags, abends, am Wochenende, einmal pro Woche, 20 Euro pro Monat (pro ... ist hier ein Fachbegriff, er wird eingeführt und geübt)
- Tabelle mit den Hobbys der Kinder anfertigen:

Unsere Hobbys

Wer?	***Was?***	***Wann?***	***Wo?***
Tariq	*Fußball*	*jeden Mittwoch ab 16.30*	*im Club 99*
Melanie	*Inline-Skating*	*täglich*	*auf der Straße*

- Fragen und antworten:
  »Mein Hobby ist ... und deins?«
  »Wer macht was wann wo?« (Tariq geht jeden Mittwoch ab 16.30 zum Fußball im Club 99)
- Satzstellungen üben
  (Muster: Fußball spielen – Wann spielst du Fußball im Club 99? Ich spiele immer Mittwochnachmittag Fußball.)
- Zeitangaben im Satz verwenden
  (Ich gehe donnerstags schwimmen. / Ich spiele jeden Mittwoch Schach. / Ich habe am Mittwochnachmittag Fußball-Training im Club 99.)
- Gegebenenfalls Tageszeiten, Wochennamen, Jahreszeiten-Namen wiederholen
  (Muster: Im Sommer schwimme ich gerne im Freibad.)
- Fragepronomen verwenden, besonders: wann, wo, wie oft, mit wem? Mit den Fragepronomen die Interviews vorbereiten. Achtung: Bewusst machen, dass Personwechsel auch den Wechsel des Personalpronomens und der Personalendung bedeutet
  (Muster: Wann spielst du Fußball? Wo spielst du? Wie oft spielst du? – Ich spiele ... Wir spielen .... Tariq spielt)
- Ortsangaben mit Hobby-Orten bilden. Achtung: Orte nach grammatischem Geschlecht geordnet üben
  (Muster: Wo geht ihr spazieren? – Im Park. / Wo spielt ihr Fußball? – In der Halle. / Wo hörst du Musik? – In meinem Zimmer.)
- Ortsangaben mit Zeitangaben in Erststellung kombinieren
  (Muster: Wo übst du tauchen? – Im Sommer übe ich im Freibad, im Winter im Hallenbad.)
- Zeitungstexte zu Hobbys lesen, erweitern auf für Kinder interessante Ereignisse, dabei die Informationen markieren, die auf die Fragen wer? was? wann? wo? antworten (für jede Frage eine andere Farbe zum Unterstreichen oder Markieren wählen). Gegebenenfalls werden die Texte zunächst von der Lehrkraft erstellt, dann werden auch Originaltexte einbezogen.
  Beispiel:
  Unfall beim Skaten
  Drei Kinder (8, 10 und 11) sind gestern Nachmittag auf der Rheinpromenade beim Inline-Skating schwer verletzt worden. Als der Zehnjährige einem Fahrrad ausweichen wollte, stürzte er. Die beiden Mädchen konnten nicht mehr rechtzeitig bremsen und stürzten ebenfalls auf den Betonboden. Alle drei Kinder mussten mit Knochenbrüchen in ein Krankenhaus gebracht werden.

Zum Beispiel: Unterrichtseinheit »Sachrechenen – die Zeit einteilen«

A. Vorentscheidungen

Erfahrungsfeld und Thema
In vielen Erfahrungsfeldern wie Familie, Freizeit, Schule spielen Zeitangaben und ihre Formulierung eine wichtige Rolle. Mit dem Thema Tagesabläufe sollen nun Zeitmessung, Zeitangaben und Zeitberechnungen sprachlich-mathematisch erarbeitet werden.
Wie Hobbys organisiert und verfolgt werden, soll Thema der Einheit sein.

Personelle Voraussetzungen
Die Klassenlehrerin unterrichtet Deutsch, Mathematik, Sachunterricht und Musik. Es gibt aber keine Muttersprachlehrkraft an der Schule. Es stehen zwei zusätzliche Wochenstunden für Förderunterricht zur Verfügung, die dem Klassenlehrerunterricht zugeschlagen sind.

Weitere Anmerkung
Für die Arbeit an diesem Thema werden die Wochenstunden der Fächer Deutsch, Sachunterricht und Mathematik, dazu die zwei Förderstunden verwendet.

B. Sprachliche Förderung

Themenbezogene sprachliche Schwerpunkte
- Wortschatz zu Tätigkeiten während des Tages wiederholen (essen, spielen, Hausaufgaben machen, jemanden besuchen ...)
- Wortschatz zu Uhrzeiten, Zeitpunkten, Zeitdauer wiederholen, bzw. einführen (15.00 Uhr, eine halbe Stunde)
- Satzmuster mit Perfektformen üben (Ich habe um 15.00 Uhr ... Um 15 Uhr bin ich ...)
- von Tätigkeiten berichten

Fächerübergreifende Aspekte
Mathematik:
- Sachsituationen mathematisieren: Rechengeschichten erzählen, untersuchen, Fragen stellen
- mit alltäglichen Zeiteinteilungen vertraut werden
- Uhren mit analogen und digitalen Zifferblättern ablesen (Stunden, Minuten, Viertelstunden, halbe Stunden)
- Zeitpunkte, Zeitspannen berechnen und benennen
- Tabellen anlegen

Zuhören und Verstehen
- bei Erzählungen und Berichten die Angaben über Beginn und Dauer von Ereignissen / Veranstaltungen verstehen

Sprechen und Zuhören
- sich über die Freizeitgestaltung miteinander austauschen
- zeitliche Absprachen treffen (»Wann treffen wir uns?«)

Texte verstehen
- in Rechengeschichten die Zeitspannen identifizieren und berechnen
- einem Vorlesebuch zuhören, über das Gehörte miteinander sprechen

Texte schreiben, einschl. richtig schreiben
- Protokoll des eigenen Tagesablaufs schreiben
- Nachmittags-Kalender für eine Woche führen

– in kleinen Hörszenen die Zeitangaben identifizieren	– kleine Szenen mit Zeitangaben spielen, auf Kassette aufnehmen	(Burningham: Hans Magnus Deubelbeiss – Der Junge, der immer zu spät kam. Sauerländer)	– Rechengeschichten schreiben – Geschichten aus dem Vorlesebuch nacherzählen

Mögliche Übungsformen und -inhalte (für Kern und Kurs)

- Mit Hilfe von gezeichneten Uhren die Zeitangaben mündlich und schriftlich festigen (14 Uhr oder 2 Uhr, viertel nach 2, halb 3, viertel vor 3, 14.50 Uhr), mit Lernuhren üben, dabei das den Kindern vertrautere Digitalziffernblatt nutzen, aber auch das Analogziffernblatt
- Wo es möglich ist: Zeitangaben auf den Uhren in der jeweiligen Herkunftssprache ergänzen, zweisprachige Ziffernblätter gestalten
- Die eigenen Tätigkeiten eines Nachmittags mit Uhrzeit protokollieren:

Mein Nachmittag am:

Uhrzeit: von ... bis ...	*Das habe ich gemacht*

- Über die Protokolle berichten, Fragen stellen (Muster: Was hast du um 15.00 Uhr gemacht? Wie lange hast du ferngesehen?) und mit Hilfe des Protokolls beantworten

- Den eigenen Freizeitplan der Woche protokollieren:

April

15. Montag	*19. Freitag*
16. Dienstag	*20. Samstag*
17. Mittwoch	*21. Sonntag*
18. Donnerstag	

- Über die Protokolle berichten, Fragen stellen und mit Hilfe des Protokolls beantworten, dabei Zeitformen der Verben im Perfekt verwenden, Verbklammer beachten
- Auf die Arbeit mit Sachaufgaben vorbereiten: Rechengeschichten mit Hilfe der Protokolle finden und aufschreiben, prüfen, ob alle Angaben für eine rechnerische Fragestellung und Lösung gemacht wurden
  Fehlerbeispiel:
  Ich bin um 15.00 Uhr zu meiner Freundin gegangen. Wir haben gespielt. Dann bin ich nach Hause gegangen.
  Fehlerbeispiele überarbeiten, Frage stellen, Aufgabe lösen

- Zu Rechengeschichten oder Sachaufgaben alle Rechenfragen stellen, die den Kindern dazu einfallen, am Text überprüfen, welche Fragen mit den Informationen des Textes beantwortet werden können, ausrechnen
  Beispiel:
  Murat trifft sich mit seinen Freunden um 16.00 Uhr zum Fußball spielen. Sie spielen eine Stunde. Murat hat ein Tor geschossen. Er geht fröhlich nach Hause.
  Fragen:
  Wann trifft sich Murat mit seinen Freunden?
  Wie lange dauert das Spiel?
  Wann ist das Spiel zu Ende?
  Welche Mannschaft gewinnt?
  Wie viele Kinder spielen mit?
- Variante zur vorigen Übung: die Aufgabe im Präteritum formulieren *(Murat traf sich ...)*
- Variantes Material: mit Hilfe von Fernsehzeitschriften Rechengeschichten erfinden

- ➢ Zusätzliche Stundenzuweisungen, wenigstens zwei Stunden pro Tag Die Stunden ermöglichen eine zeitweilige Doppelbesetzung bzw. kursartige didaktische Schleifen, die an den Themen und Förderaufgaben des Kernunterrichts ansetzen, wiederholend üben, vertiefen, strukturieren, transferieren.
- ➢ Wenigstens für die hauptsächlich vertretenen Sprachen Muttersprachlehrkräfte, die auch zweisprachig die Themen und Förderaufgaben koordiniert unterrichten können. Wenn dies zum Beispiel wegen der Vielfalt der Herkunftssprachen nicht möglich ist, dann müssen die zusätzlichen Stundenzuweisungen weiter aufgestockt werden.
- ➢ Das sichere Wissen, dass die weiterführenden Schulen diese Förderarbeit fortsetzen, und die Möglichkeit, mit diesen Schulen Förderkonzepte und Förderziele abzustimmen.

Die Schulen, deren Unterricht oben skizziert wurde, haben diese Voraussetzungen nur zum Teil. Der Unterricht ist dennoch erfolgreich. Aber es reicht noch nicht, um wirklich allen Kindern die tragfähigen Grundlagen für erfolgreiches Lernen in den Schulen der Sekundarstufe zu vermitteln.

Anmerkungen

1 Im Schulentwicklungsprojekt arbeiteten Lehrkräfte und Schulleitungen der 25 Grundschulen im Regierungsbezirk Düsseldorf sowie Vertreter/innen von Schulaufsicht, RAAs und Lehrerfortbildung zusammen. Es wird zur Zeit für den Übergangsbereich Grundschule – weiterführende Schulen fortgeführt.
Die Ergebnisse der Arbeiten sind u. a. dokumentiert in:
- Schulanfang mit Kindern ohne ausreichende Deutschkenntnisse. Ein Schulentwicklungsprojekt im Regierungsbezirk Düsseldorf. Soest, Landesinstitut für Schule 2001
- Fachsprachliche Förderung mit Kindern der Klassen 2 und 3 ohne ausreichende Deutschkenntnisse. Ein Schulentwicklungsprojekt im Regierungsbezirk Düsseldorf. Soest, Landesinstitut für Schule 2003

2 siehe auch die Schwierigkeitsanalysen, bezogen auf Lesetexte, in diesem Band im Beitrag von Benholz u. a., S. 242 ff

3 Bartnitzky, H.: Sprachunterricht heute. Berlin, Cornelsen Scriptor 2000

4 Eine Übersicht über die vordringlichen Sprachlernziele finden sich in Form einer »Minimalgrammatik« in: Engin, H. u. a.: Kinder lernen Deutsch als zweite Sprache. Berlin, Cornelsen Scriptor 2004

5 Das den Beispielen zu Grunde liegende Raster und die ausgeführten Unterrichtsbeispiele wurden im Projekt erarbeitet. Stellvertretend seien als Leiter der Arbeitsgruppen genannt: Jagoda Illner, Dr. Albert Noll, Barbara Schlotmann, Christina Schichtel-Winkler, Elisabeth Pater, Rainer Peglow, Ute Plötzer und Ingrid Vogt.

Gerlinde Massoudi

Ein KOFFER DEUTSCHES – Material für Lernstationen und Freiarbeit

Der *Koffer Deutsches* wurde eigentlich für Deutsch als Fremdsprache entwickelt.

Als er auf Einladung anlässlich des Sprachfests der Uni Köln 2004 präsentiert wurde, war schnell klar, dass fast alle Lernstationen auch für den DaZ-Unterricht geeignet sind und es gab großes Interesse von Grundschullehrerinnen in Deutschland an dem Materialpaket, zeigte es doch modellhaft, wie einfache und in Deutschland überall erhältliche Spielmaterialien für den Sprachunterricht nutzbar sein können.

Im Koffer: eine deutsche Welt im Klassenzimmer

Fremdsprachen in der Grundschule sind fast überall auf der Welt zum Normalfall geworden.

Englisch hat dabei einen hohen Stellenwert und Lehrerinnen und Lehrer können in ihrem Unterricht darauf bauen, dass Englisch im Alltag vieler Kinder präsent ist und die Schule dies »nur« aufgreifen muss. Dies gilt für andere Sprachen wie Französisch, Spanisch oder Deutsch als Fremdsprache nicht unbedingt.

Daher stellt sich die Frage, wie Kindern, die beginnen, eine »seltenere« Sprache zu lernen, eine Vorstellung von dieser Sprache vermittelt werden kann. Die Antwort auf diese Frage ist ganz besonders wichtig, wenn die Schule weit weg vom Land der Zielsprache liegt und es wenig wahrscheinlich ist, dass die Kinder über Klassenfahrten oder Privatreisen eigene Erfahrungen sammeln können.

Für Deutsch als Fremdsprache haben wir eine Lösung gefunden.

Die Kinder sollen in ihrem Klassenzimmer Dinge erleben und anfassen können, die aus Deutschland sind – Dinge, die ihnen die Sprache »begreifbar« machen: Der *Koffer Deutsches* beinhaltet viele solcher Materialien.

Es sind z.B. Puzzles, Memory-Spiele, Kartenspiele, Bilderbücher, Filme, Kasperpuppen, ein Warenkorbsortiment, eine Audio-CD mit deutschen Kinderversen und vieles mehr.

Sie sind nicht speziell zum Sprachenlernen konzipiert, sondern sie sind auch in deutschen Kinderzimmern zu finden und vermitteln authentische Bilder und Kenntnisse.

Die Kinder können erfahren, was und womit Kinder in Deutschland spielen und über die Universalität vieler Kinderspiele dazu angeregt werden sich auf Spiele in einer anderen Sprache einzulassen.

Selbstständiges Lernen an Stationen

Um den Einsatz des Koffers[1] im Unterricht zu erleichtern, liegen für alle Materialien des Koffers in einem umfangreichen Ordner Erläuterungen, Lehrerhinweise und Arbeitsblätter als Kopiervorlage für die Kinder vor. Zu Themen, wie z.B. *deutsche Geräusche, Supermarkt, Europa,* sind jeweils mehrere Lernstationen ausgearbeitet, die neben sprachlichen Aufgaben auch Informationen über Deutschland vermitteln.[2]

Geplant ist, dass die Kinder die Stationen möglichst selbstständig bearbeiten sollen.

Je nach Sprachstand brauchen die Kinder eventuell Hilfen, um diese Aufgabe zu lösen.

Es gibt Stationen, wie z.B. »Deutsche Geräusche«, die mit Einschränkung schon im vorschulischen Bereich eingesetzt werden können, andere, wie z.B. »Europa« machen Sinn ab der dritten Klasse aufwärts. Deutschkenntnisse sind je nach Station zwischen den Niveaustufen A1 und B1 erforderlich.

Das Lernen mit allen Sinnen ist dabei selbstverständliche Richtschnur.

Durch das Lernen an Stationen werden den Kindern Materialien und Informationen zu einem Thema bereitgestellt. Aber sie erfahren beim Stationenlernen ihres Deutschunterrichts nicht nur neue Inhalte, sie lernen auch ein anderes Lernen, das ihre Selbstständigkeit entwickelt. An Lernstationen können die Kinder mit Unterstützung und Steuerung durch die Lehrerin lernen, mit dem Freiraum umzugehen, den ihnen offene Lernformen bieten. Sie arbeiten nach ihrem eigenen Rhythmus und nach ihrer eigenen Geschwindigkeit. Sie suchen allein oder mit Freunden die Station nach ihren Interessen aus. Sie lernen, ihre Lösungen mit den Kontrollblättern zu vergleichen und lernen, ohne die Lehrerin / den Lehrer nach ihren Fehlern zu suchen. Und schließlich müssen sie in Eigenverantwortung den Zeitplan einhalten, der für die Erledigung der Pflichtstationen vereinbart wurde.

Damit ebnen wir den Weg zu einer Lernkultur, die Selbstverantwortung und teamorientiertes Lernen fördert und den Kindern auch zutraut, selbstständig Lösungen zu finden und dabei Strategien zu entwickeln, wie sie in noch freieren Lernformen, wie der Freiarbeit, erforderlich sind.

Station »Europa«

Das Lernbuch

Zu jeder Station gibt es die Kopiervorlage »Lernbuch«. Hier können die Kinder ihre Stationen evaluieren und ganz individuell festhalten, was sie gelernt haben. Mit der Sammlung dieser Seiten kann sich jedes Kind im Laufe der Zeit mit der Unterstützung seiner Lehrerin / seines Lehrers ein ganz persönliches Lernbuch zum Thema Deutschland zusammenstellen und seine Lernfortschritte dokumentieren. Es kann sein Lernbuch anderen zeigen und sich darüber austauschen.

Dadurch entsteht in der ganzen Klasse das Gefühl, gemeinsam an einem Thema gearbeitet, aber sehr persönliche Ergebnisse erhalten zu haben. Das Bewusstsein für die individuelle Leistung wird gestärkt, gleichzeitig erfahren die Kinder durch dieses Lernbuch auch das Erlebnis der Gemeinschaft über die gemeinsame Arbeit an einer Sache und sie lernen sich im Vergleich mit anderen in der Klasse kennen: Wie haben andere Kinder das Lernbuch gestaltet und was haben sie aufgeschrieben? Dies wird zwischen den Kindern immer wieder thematisiert und sicher vielfach Anregungen geben für die eigene Lernbucharbeit – nicht nur inhaltlich, sondern auch ästhetisch.

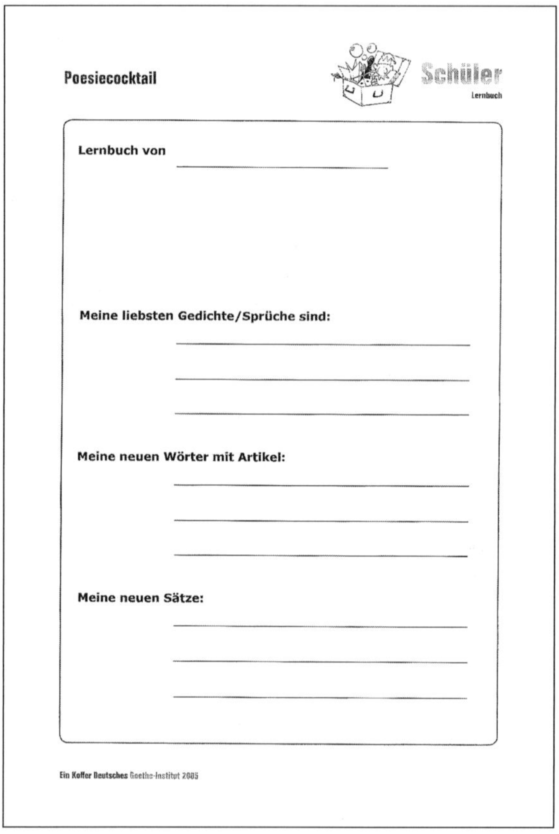
Poesiecocktail

Schüler Lernbuch

Lernbuch von ____________

Meine liebsten Gedichte/Sprüche sind:

____

____

____

Meine neuen Wörter mit Artikel:

____

____

____

Meine neuen Sätze:

____

____

____

Ein Koffer Deutsches Goethe-Institut 2005

So versteht sich die Arbeit mit dem Lernbuch als Prozess.

Das Kind kann sich über sein Lernbuch immer wieder einzelne Lernstationen ins Gedächtnis zurückholen, dabei schon Gelerntes stärken und Neues, als wichtig Erkanntes, hinzufügen und bei der nächsten Lernbuchseite das einarbeiten, was es von anderen gelernt hat.

Auch den Eltern oder der Schulleitung können diese Lernbücher zeigen, was in der Klasse erreicht worden ist. So wird mit dem Produkt der Nachweis über die Effizienz des Unterrichts geführt.

Die neue Lehrerrolle

Es ist richtig, dass die Vorbereitung der Lernstationen sehr aufwändig ist. Aber während des Unterrichts gewinnen Lehrerinnen und Lehrer Zeit, »ihre« Kinder bei der Arbeit zu beobachten und sie von einer Seite kennen zu lernen, die sich ihnen im großen Klassenverband nie erschlossen hätte.

Sie entdecken, was das Kind in einzelnen Fächern gut kann und wo es selbstständig zu Lösungen kommt.

Sie können aber auch besser sehen, wo das einzelne Kind Hilfen braucht und wo es speziell gefördert werden sollte.

Gerade in der Grundschule kommt es nicht nur darauf an, Fachwissen zu unterrichten, sondern es geht auch um das Erlernen von sozialen Kompetenzen und Arbeitstechniken.

Beim Lernen an Stationen haben Lehrerinnen und Lehrer Zeit, gerade auf diese Dinge ihr Augenmerk zu legen und zum Berater und Begleiter der Kinder zu werden.

Wir möchten mit dem *Koffer Deutsches* eine andere Lernkultur beim Sprachenlernen fördern – eine Lernkultur, in der Selbstverantwortung und teamorientiertes Lernen selbstverständlich sind und in der Lehrerinnen und Lehrer auch kleinen Kindern selbstständige Lösungen zutrauen und die Kinder auf ihrem Lernweg begleiten und unterstützen.

Anmerkungen

1 Ein Koffer Deutsches inkl. Ordner und aller Materialien
GI-Bestellnummer 3250401 B, 195 €;
Ein Koffer Deutsches, nur Ordner inkl. 2 Audio-CDs + 2 Plakaten und Angabe der Bezugsquellen für die Materialien
GI-Bestellnummer 3250403 B, 30 €
Bestellung über gimat@goethe. de

2 Der Ordner ist auch separat ohne die Materialien lieferbar. Bezugsquellenangaben erleichtern für Lehrerinnen und Lehrer die gezielte Bestellung der Materialien zu einzelnen Lernstationen über den Fachhandel.

Agi Schründer-Lenzen / Stephan Mücke

Mit oder ohne Fibel – was ist der Königsweg für die multilinguale Klasse?

Eine empirische Bilanz des Schriftspracherwerbs von Kindern nichtdeutscher Herkunftssprache in den ersten drei Schuljahren

Einige offene Fragen des Methodenstreits

Mittlerweile herrscht eine gewisse Ruhe in der Frage, ob mit oder ohne Fibel unterrichtet werden soll, da einerseits eine Scheindebatte darin gesehen wird (Metze 1995) bzw. andererseits der Konflikt sich auch entschärft hat durch Vorschläge einer Kombination von eigenaktivem Lernen und instruierendem Lehren (Bartnitzky 1997, S. 39; Brügelmann 1997; Brinckmann 1994). Eine empirisch basierte Auseinandersetzung mit der komplexen Frage der unterrichtspraktischen Orientierung des Anfangsunterrichts befindet sich aber in Deutschland noch in der Anfangsphase (Schründer-Lenzen 2004, S. 133; zum Methodenstreit in der amerikanischen Leseforschung vgl. Kirschhock 2004, S. 109ff.). Dies gilt insbesondere dann, wenn es um die Suche nach einem Weg in die Schriftsprache geht, der auch für Kinder nichtdeutscher Herkunftssprache zielführend ist. Gerade die multilinguale Großstadtschule steht hier vor besonderen Herausforderungen, denn nicht selten gibt es dort Klassen, in denen die deutschsprachigen Schüler[2] zu einer Minderheit geworden sind und in denen die Sprachenvielfalt in absehbarer Zeit eine bilinguale Alphabetisierung für Kinder mit Migrationshintergrund unrealistisch erscheinen lässt.

Die internationalen Schulleistungsvergleiche lassen auf den ersten Blick keine direkten Rückschlüsse auf die Angemessenheit methodischer Orientierungen des Anfangsunterrichts zu, sie machen aber aufmerksam auf die Komplexität der Rahmenbedingungen, unter denen die Disparitäten des Lesekompetenzerwerbs in Deutschland zu sehen sind: Es sind die familiären und soziokulturellen Struktur- (Bildungsniveau der Eltern, Migrations- und sozioökonomischer Status der Familie) und Prozessmerkmale (Familiensprache, kulturelle Aktivitäten), die im

Wesentlichen über individuelle Fähigkeits- und Motivationsunterschiede (kognitive Grundfähigkeiten, Lesegeschwindigkeit, -interesse und metakognitive Lernstrategien) transportiert werden und den Schulerfolg in der Sekundarstufe bestimmen (BAUMERT et al. 2003). Kinder mit Migrationshintergrund bilden dementsprechend bereits zum Ende der Grundschulzeit eine Risikogruppe (BOS et al. 2003). Aus der Feinanalyse der IGLU-Daten lassen sich Rückschlüsse auf den noch immer dominierenden Leseunterricht der Grundschule in Deutschland ziehen: Es ist der lehrergelenkte Klassenunterricht, in dem Schüler täglich laut vorlesen, wohingegen das Vorlesen durch die Lehrkraft seltener vorkommt, ein Lehrbuch wird eingesetzt, während Kinderbücher und Bücher der eigenen Wahl nur selten gelesen werden, niveauangepasstes Material wird nicht verwandt (LANKES 2004, 559 ff.). Die Operationalisierung der Kriterien, unter denen hier Klassenunterricht analysiert wird, setzt bereits selbstverständlich die Wende in der Debatte um den Lesekompetenzerwerb voraus: Die Vernetzung fachdidaktischer und methodischer Orientierungen des Anfangsunterrichts, wie sie seit der Propagierung des Spracherfahrungsansatzes in den 1980er Jahren üblich geworden ist. Das Konzept einer Öffnung und Individualisierung von Unterricht wurde von den Vertretern des Spracherfahrungsansatzes quasi als Speerspitze gegen den »Fibeltrott« verwandt (BERGK/MEIERS 1985). Diese Polemik erscheint wenig hilfreich, da sie es schwer macht, an empirische Befunde anzuknüpfen, die zeigen, dass ein Unterricht, der auf gut vorstrukturierten Unterrichtsmaterialien aufbaut und stoff- und sachorientiert vorgeht, zu guten Lernleistungen führt (z. B. WEINERT et al. 1992). Für die Alphabetisierung von Kindern nichtdeutscher Herkunftssprache lässt sich schon mit einigen Fragen zeigen, dass die Grundschulpädagogik wohl theoretisch und praktisch vor ungelösten Herausforderungen steht:

- Können Kinder eine Schriftsprache konstruieren, die sie auch mündlich noch nicht beherrschen bzw. die als *Interlanguage* eine von der Zielsprache abweichende Struktur hat?
- Verlängert die Bezugnahme auf die Eigentexte der Kinder nicht nur den außerunterrichtlich gegebenen ungesteuerten Spracherwerb, der von Fossilierung bedroht ist?
- Lassen sich unter Verwendung einer deutschen Anlauttabelle Laute und Lautkombinationen dekodieren, rekodieren und speichern, für die ein Kind unter Umständen primärsprachlich andere Hör- und Sprechmuster entwickelt hat (phonologische Interferenzen, Sprossvokale)?
- Ist auch für den Zweitsprachlerner die weithin praktizierte Fehlertoleranz sinnvoll, oder unterliegt seine Entwicklung von Recht-

schreibmustern und seine Aufmerksamkeitssteuerung gegenüber dem nicht nur schriftlich, sondern gleichzeitig auch lexikalisch und phonologisch neu zu erwerbendem Wort anderen Gesetzmäßigkeiten, als sie für monolinguale Kinder gegenwärtig angenommen werden?

- Ist das »Freie Schreiben« geeignet, konzeptionelle Schriftlichkeit zu entfalten und damit den Grundstock für eine gelingende Schulkarriere zu legen?
- Reicht für Kinder nichtdeutscher Herkunftssprache das »Prinzip der minimalen Hilfe« (Reichen 1982, S. 37)?
- Ist auch für Kinder mit Migrationshintergrund erwartbar, dass sie von offenen Lernsituationen profitieren, in denen das interessengeleitete Lernen, die Problemlösekompetenz und Denkentwicklung der Kinder in den Mittelpunkt gestellt werden und dem kognitiv anspruchsvollen, selbstorganisierten Lernen Vorrang gegenüber memorierendem Einüben und direkter Instruktion gegeben wird?

Die Berliner Längsschnittstudie zur Lesekompetenzentwicklung von Grundschulkindern (BeLesen)

Mit welchen Lernerfolgen gegenwärtig unterschiedliche Methoden des Schriftspracherwerbs in multilingualen Grundschulklassen praktiziert werden, lässt sich unter Bezugnahme auf die *Be*rliner Längsschnittstudie der *Les*ekompetenz*en*twicklung von Grundschulkindern (BeLesen) aufzeigen (Merkens et al. 2004). Diese Studie wurde 2002 in 26 Berliner Brennpunktschulen mit 59 Klassen (N = 1.236 Schüler) begonnen, in denen der Anteil von Kindern mit Migrationshintergrund in einer Klasse zwischen 30 und 100 Prozent liegt. Die Schulleistungsentwicklung dieser Risikogruppe von Kindern wurde jeweils halbjährlich von der 1. bis zur 3. Klasse durch standardisierte Testverfahren überprüft – im Rechtschreiben durch die *H*amburger *S*chreib*p*robe (May et al. 2002) und den *D*eutschen *R*echtschreib*t*est (Müller 2003a; 2003b), im Lesen durch die *W*ürzburger *L*eise *L*ese*p*robe (Küspert / Schneider 1998) und den ELFE-Test (Lenhard / Schneider, im Druck), der das sinnverstehende Lesen auf der Textebene erfasst.

Bereits zu Beginn der 1. Klasse wurden die Lehrkräfte danach befragt, wie sie den Sprachstand der Kinder einschätzen und ab Mitte der 3. Klasse konnte diese Einschätzung durch einen so genannten C-Test zum Sprachverständnis objektiviert werden. Interessant ist die prognostische Validität des Lehrerurteils, da diese Einschätzung mit den faktisch erzielten Testergebnissen im Rechtschreiben von r =.31 (Mitte Klasse 1) bis r =.25 (Ende Klasse 3) recht hoch ist, während der Lesestand mit Korrelationen[3] zwischen .33 und .41 noch besser eingeschätzt wird. Der im Projekt entwickelte C-Test zur Messung des sprachlichen Entwicklungsstandes korreliert sogar rückwirkend zwischen .50 und .65 mit den Rechtschreibleistungen und zwischen .57 und .68 mit den Leseleistungen.

Damit hat der Sprachstand den höchsten Erklärungswert für die Schulleistungsentwicklung. Das kognitive Fähigkeitsniveau wurde ebenfalls standardisiert durch die Grundintelligenztest-Skala (CFT 1) von Weiss / Osterland (1997) erfasst, die die sprachfreie Intelligenz misst. Im Hinblick auf die kognitiven Eingangsvoraussetzungen liegen die (signifikanten) Korrelationen zwischen .28 und .42. Diese Hinweise werden hier deshalb berichtet, da ein Methodenvergleich ohne Kontrolle dieser Eingangsvoraussetzungen der Kinder keine verlässliche Interpretation erlaubt. Es sind die Variablen, die zu allen Messzeitpunkten die höchste Varianz (Leistungsunterschiede) aufklären und damit die empirische Messbarkeit von Methodendifferenzen einschränken.

Zu Beginn des Projekts und dann fortlaufend jeweils halbjährlich wurden die Lehrkräfte danach befragt, wie sie jeweils ihren Unterricht gestalten. Insgesamt sieben Bereiche wurden dabei per Fragebogen zu Beginn der 1. Klasse erhoben:

1. Unterrichtsmaterial der Klasse (Fibel und Begleitmaterialien, Anlauttabelle und fibelunabhängige Materialien)
2. Einführung der Buchstaben
3. Erwerb von Schreibkenntnissen (Freies Schreiben, Fehlertoleranz bzw. Korrekturverhalten, Abschreiben)
4. Mündliches Sprachlernen (Gestaltung von Sprachlernsituationen, Beachtung formaler Korrektheit)
5. Entwicklung von Lesekompetenz (Lesematerial, Interesse am Lesen, lese- bzw. schreiborientierte Schwerpunktsetzung)
6. Unterrichtsorganisation (Differenzierungsformen, Sozialformen, Verhältnis von reproduktiven und selbstgesteuerten Lernphasen)
7. Klassenklima

Mit Hilfe dieser Bereiche wurde ein zuverlässiger Methodenindex gebildet, mit dem eine hinreichende Differenz des selbst eingeschätzten Unterrichts zwischen den Lehrkräften in der 1. Klasse beschrieben werden kann. Auf dieser Grundlage lassen sich drei Typen von Lehrkräften in der Gesamtstichprobe unterscheiden:

Typ 1 »Fibellehrgang«

Lehrkräfte dieses Typs geben an, dass die Orientierung an dem Lehrgangskonzept einer Fibel dominiert. Begleitmaterialien der Fibel werden eingesetzt und alle Kinder lesen gleiche Fibel- bzw. Lehrbuchtexte. Das Vorlesen durch die Lehrerin findet seltener statt, wobei insgesamt die Leseaktivitäten verglichen mit den anderen methodischen Konzepten weniger ausgeprägt sind. Zum Einsatz kommen eher Arbeitsblätter, die die fibelergänzenden Materialien bieten. Freies Schreiben findet so gut wie nicht statt und dementsprechend wird auch die Initiierung von Sprech- und Schreibanlässen kaum für wichtig gehalten. Es wird häufig abgeschrieben, um Rechtschreibung, aber auch die Schreibmotorik zu verbessern. Im Übrigen orientiert man sich an dem Grundwortschatz des Lehrbuches, an dem praktisch täglich geübt wird. Orthographische Regeln werden trainiert und das spielerische Einschleifen des sprachlichen Hörverständnisses wird durch Lieder, Reime und Gedichte unterstützt. Der Unterrichtsstil ist lehrerzentriert und das Unterrichtsverfahren gleichschrittig und fertigkeitsorientiert.

Typ 2 »Lesen durch Schreiben«

Lehrkräfte dieses Typs führen die Buchstaben mit einer Anlauttabelle ein und gestalten ihren gesamten Unterricht durch fibelunabhängige Materialien, die selbst zusammengestellt wurden. Die eigenen Texte der Kinder und die Bücher aus der Leseecke sind dominantes Lesematerial, wodurch diese Gruppe von Klassen die höchsten Werte hinsichtlich der Vorleseaktivitäten der Lehrkraft und auch für das individuelle Lesen der Kinder erreichen. Wochenplanarbeit, Stationentraining, Freiarbeit bestimmen die Unterrichtsorganisation. Die Fehlertoleranz ist hoch, denn auch Skelettschreibungen der Kinder bleiben unkorrigiert. Es ist ein schreiborientierter Anfang im Sinne des Freien Schreibens, das sehr oft durch entsprechende Sprech- und Schreibanlässe unterstützt wird. Abschreiben und Rechtschreibübungen finden dementsprechend seltener statt. Auffällig ist auch, dass diese Gruppe von Lehrkräften sich hinsichtlich der Hausaufgabenpraxis deutlich von allen anderen Lehrkräften unterscheidet, denn sie geben kaum Hausaufgaben auf. Insgesamt gesehen sind die Lehrkräfte dieses Typs stark an Individualisierung und Differenzierung ihres Unterrichtsarrangements interessiert.

Typ 3 »Methodenintegration«

Die weitaus größte Zahl der Lehrkräfte ist gegenüber diesen beiden Extremtypen als ein Mischtyp zu bezeichnen, der in den genannten Indizes jeweils eine mittlere Ausprägung aufweist. Als Schlüsselvariable erweist sich dabei die Antwort auf die Frage, in welchem Verhältnis die verschiedenen Materialien des Anfangsunterrichts zueinander stehen. Die Lehrkräfte dieses Typs verwenden eine Fibel bzw. auch mehrere und weitere fibelunabhängige Materialien. Diese ergänzenden Materialien sind dabei mindestens so bedeutsam wie die Fibel, wenn nicht sogar wichtiger. Die Ausprägung dieser Antworttendenz erlaubt die Unterscheidung von zwei Subgruppen dieser großen Gruppen von Lehrkräften je nachdem, ob die Bindung an einen Lehrgang noch stärker ist (Fibel und fibelunabhängige Materialien werden im gleichen Umfang eingesetzt) oder ob eher ein Materialmix aus fibelunabhängigen Lese- und Schreibvorlagen unter nur noch gelegentlichem Rückgriff auf Fibellehrwerke erfolgt. Für den Schreiblernprozess wird auch eine Anlauttabelle zur Verfügung gestellt, wobei aber auf die systematische Einführung von Buchstaben nicht verzichtet wird. Trotz Fehlertoleranz beim freien Verschriften wird auf das korrigierte Endprodukt zumindest im Verlauf des Schriftspracherwerbs Wert gelegt. Ein grundwortschatzorientiertes Arbeiten findet regelmäßig statt. In der Wochenplanarbeit hat auch das Lesen in der Leseecke seinen festen Platz.

Wortschatzübungen, Einbinden kommunikativer Sprachlernsituationen und individuelle Leseübungen der Kinder sind dabei insbesondere Kennzeichen der Gruppe von Lehrkräften, die spracherfahrungsorientiert arbeiten und nur noch gelegentlich auf Fibelmaterialien zurückgreifen. Individualisierung und Strukturierung von Unterricht erfolgt hier eher lernwegsorientiert.

Natürlich spiegelt dieser Methodenindex nicht die gesamte Bandbreite der theoretisch begründeten Differenz zwischen Fibelunterricht, Spracherfahrungsansatz und Lesen durch Schreiben wider, sondern nur das, was von diesen methodischen Konzeptionen in das Alltagshandeln der Lehrkräfte Eingang gefunden hat. Die Zuverlässigkeit der Gruppenzuordnung der einzelnen Lehrkräfte wurde durch standardisierte Unterrichtsbeobachtungen und Einzelinterviews überprüft.

Ergebnisse der Studie

Die Auswirkungen unterschiedlicher Methoden des Schriftspracherwerbs können hier nur unter Bezugnahme auf einige Ausschnitte aus dem gesamten Datensatz von BeLesen in ihren Tendenzen verdeutlicht werden, die sich aber unter Anwendung multivariater Verfahren weiter absichern lassen (vgl. dazu Merkens / Schründer-Lenzen 2006).

Die Rechtschreibleistungen von Kindern in multilingualen Grundschulklassen sollen längsschnittlich für die ersten drei Schuljahre aufgezeigt werden, da in der Berliner Grundschule ein Lehrerwechsel in der Regel erst nach der 3. Klasse erfolgt. Damit werden auch Effekte spezifischer allgemeiner methodischer Orientierungen von Lehrkräften verstärkt, wenn man einmal davon ausgeht, dass eine Lehrkraft, die sich im Anfangsunterricht für einen Fibellehrgang entscheidet, dazu tendieren wird, auch in den folgenden Schuljahren eher lehrwerksbasiert und lehrergesteuert ihren Unterricht zu gestalten.[4]

Gleichzeitig muss darauf hingewiesen werden, dass gegenüber der Gesamtstichprobe mit einem etwas reduzierten Datensatz gearbeitet wird, da nur die Klassen für den Methodenvergleich berücksichtigt wurden, die Regelklassen sind. Um die Rahmenbedingungen vergleichbar zu halten, wurden bilingual alphabetisierte Klassen, Klassen im Ganztagsbetrieb und so genannte Förderklassen ausgeschlossen. Hierdurch konnte auch erreicht werden, dass zwischen den drei Methodentypen hinsichtlich der bedeutsamen Eingangsvoraussetzungen wie kognitives Fähigkeitsniveau, Sprachstand und Höhe des Anteils von Kindern nichtdeutscher Herkunftssprache in einer Klasse keine Differenzen auf Signifikanzniveau bestehen.

Abgesehen von dem Ergebnis nach einem halben Jahr Unterricht liegen die Schüler der Klassen, die nach dem Methodentyp 2 »Lesen durch Schreiben« unterrichtet wurden, hinsichtlich ihrer Rechtschreibkompetenz durchgängig an letzter Stelle. Es ist nicht auszuschließen, dass sich zum 1. Messzeitpunkt (Mitte Klasse 1) die etwas günstigeren Eingangsvoraussetzungen dieser Kinder in dem Ergebnis widerspiegeln, da die genauere Beachtung des sprachlichen Hintergrundes zeigt, dass die familiäre Sprachsituation dieser Kinder nur zu 19,4 Prozent dadurch gekennzeichnet ist, dass nur eine andere Sprache als Deutsch gesprochen wird. Gleichzeitig entspricht das Aufgabenformat der Hamburger Schreibprobe, die ein lautorientiertes freies Verschriften verlangt, dem unterrichtlichen Vorgehen dieses Methodentyps.

Im Hinblick auf die Herkunftssprache hat der Typ 1 »Fibellehrgang« die schwierigsten Eingangsbedingungen, denn 41,2 Prozent der Kinder sprechen zu Hause überhaupt kein Deutsch, während dies für die Tendenzgruppe Spracherfahrung plus Fibel des Typs 3 »Methodenintegration« nur für 1,7 Prozent zutrifft. In dieser Gruppe dominiert die Verwendung von mindestens zwei Sprachen in der Familie mit 51,2 Prozent. Das ungünstige Abschneiden der deutschsprachigen Kinder im Fibellehrgang bis zum Ende der 2. Klasse muss auch im Kontext der schwachen kognitiven Leistungsfähigkeit dieser Kindergruppe gesehen werden, die erst im 3. Schuljahr durch den eher lehrgangsgebundenen Unterrichtsstil der Lehrkräfte kompensiert werden können. Im Hinblick auf die kognitiven Eingangsvoraussetzungen sind die Kinder der Tendenzgruppe

Rechtschreibleistungen*		Typ 1 »Fibel-lehrgang«	Typ 3 »Methodenintegration«** Fibel plus Sprach-erfahrung	Sprach-erfahrung plus Fibel	Typ 2 »Lesen durch Schreiben«
Mitte Klasse 1 – HSP: 10 Testwörter wie z. B.: Baum, Telefon, Hund oder Mäuse					
Kinder deutscher	gültige N	N = 31	N = 80	N = 57	N = 52
Herkunftssprache	Durchschnitt	2,6	3,2	3,2	**3,4*** **
… nichtdeutscher	gültige N	N = 90	N = 143	N = 60	N = 92
Herkunftssprache	Durchschnitt	**3,3**	2,7	2,9	3,1
Ende Klasse 1 – HSP: 14 Testwörter wie z. B.: Löwe, Hammer oder Spiegel					
Kinder deutscher	gültige N	N = 51	N = 79	N = 58	N = 59
Herkunftssprache	Durchschnitt	5,1	**6,2**	5,4	5,9
… nichtdeutscher	gültige N	N = 91	N = 151	N = 60	N = 91
Herkunftssprache	Durchschnitt	**6,2**	5,6	5,7	5,3
Ende Klasse 2 – HSP: 30 Testwörter wie z. B.: Fahrrad, Gespenst oder Spiegel					
Kinder deutscher	gültige N	N = 34	N = 76	N = 54	N = 56
Herkunftssprache	Durchschnitt	14,5	**17,5**	16,9	14,6
… nichtdeutscher	gültige N	N = 91	N = 154	N = 63	N = 95
Herkunftssprache	Durchschnitt	15,9	15,1	**16,5**	14,0
Ende Klasse 3 – DRT: 20 Testwörter wie z. B.: Schreck, Stock oder Frühlingstag					
Kinder deutscher	gültige N	N = 29	N = 68	N = 50	N = 39
Herkunftssprache	Durchschnitt	**11,7**	11,5	9,4	9,2
… nichtdeutscher	gültige N	N = 84	N = 125	N = 58	N = 80
Herkunftssprache	Durchschnitt	**11,3**	8,6	10,3	9,1

* Die Tabelle ist auf folgende Art zu lesen: z. B. Mitte Klasse 1: Beim Typ 1 »Fibellehrgang« haben 90 Kinder nichtdeutscher Herkunftssprache im Durchschnitt 3,3 von 10 Testwörtern richtig geschrieben.

** Die Ergebnisse für den Typ 3 »Methodenintegration« werden in zwei Tendenzgruppen (»Fibel plus Spracherfahrung« versus »Spracherfahrung plus Fibel«) berichtet.

*** Die jeweils besten Ergebnisse sind fett hervorgehoben.

Tab. 1: Rechtschreibleistungen von Kindern in multilingualen Regelklassen differenziert nach methodischen Orientierungen des Schriftspracherwerbs (HSP – Hamburger Schreibprobe / DRT – Deutscher Rechtschreibtest) und Herkunftssprache

Spracherfahrung plus Fibel des Typs 3 »Methodenintegration« besonders privilegiert.

Insgesamt ist die Lernentwicklung in den verschiedenen Methodengruppen nicht völlig einheitlich, doch wird eine gewisse Überlegenheit jener Schüler deutlich, die durch einen Fibellehrgang alphabetisiert wurden. Im Detail zeigt sich, dass die Ergebnisse der Kinder, die Deutsch als Zweitsprache lernen, mit einer strikten Orientierung an Fibelmaterialien sogar durchgängig besser sind als die Resultate, die die monolingual deutschsprachigen Kinder nach der Methode des Typs 2 »Lesen durch Schreiben« erzielen können. Der geringere Lernerfolg dieses methodischen Konzepts wird auch in den Daten zur Lesekompetenzentwicklung deutlich (vgl. Tabelle 2).

Die Entwicklung der basalen Lesekompetenz, wie sie durch die Würzburger Leise Leseprobe (WLLP) abgebildet wird, zeigt ein vielschichtiges Bild: Kinder mit Migrationshintergrund profitieren in ähnlicher Weise von einem Fibellehrgang wie von einem eher spracherfahrungsorientierten Unterricht, der nur noch selten auf Fibelmaterialien zurückgreift. Die deutschsprachigen Kinder dieser Risikogruppe bekommen mit der Reduktion auf einen Fibellehrgang möglicherweise nicht genug Anregungspotential und können bei einer Fibelöffnung nachhaltig ihren Lernerfolg steigern. Das gilt insbesondere im Hinblick auf die Entwicklung von Textverständnis, das durch den ELFE-Test abgebildet wird.

Dementsprechend ist in Bezug auf die Lesekompetenzentwicklung die Entscheidung, ob mit oder ohne Fibel gearbeitet wird, weniger von Bedeutung als die Frage, dass es der einzelnen Lehrkraft gelingt, eine Strukturierung der offenen Lernsituationen zu realisieren. Tendenziell scheint dies Lehrkräften unter Bezugnahme auf Fibel- und Lehrbuchmaterialien aber leichter zu gelingen (ähnlich Poerschke 1999). Dies lässt sich durch die qualitativen Befunde unserer Studie noch eindringlicher formulieren, denn gerade die engagierten und professionell weitergebildeten Lehrkräfte mit dem ausgeprägtesten Grad an Öffnung und Differenzierung ihres Unterrichts versuchen mit großem persönlichen Einsatz den Lernprozess ihrer Schüler optimal zu gestalten, allerdings ohne den gewünschten Erfolg. Eine ähnliche Diskrepanz zwischen subjektiv erlebtem Lehrerfolg und faktischem Lernerfolg berichtete bereits Marx (2000) in seiner differenzierten Analyse unterschiedlicher Fibellehrgänge und der Methode »Lesen durch Schreiben«.

Leseleistungen/-entwicklungen*		Typ 1 »Fibellehrgang«	Typ 3 »Methodenintegration« Fibel plus Spracherfahrung	Spracherfahrung plus Fibel	Typ 2 »Lesen durch Schreiben«
Ende Klasse 1 – WLLP: 140 Wörter (Bearbeitungszeit 5 Minuten)					
Kinder deutscher Herkunftssprache	gültige N	N = 36	N = 79	N = 57	N = 57
	Durchschnitt	27,0	**35,8**	32,2	31,3
… nichtdeutscher Herkunftssprache	gültige N	N = 91	N = 151	N = 61	N = 91
	Durchschnitt	**29,8**	25,4	**27,3**	23,7
Ende Klasse 2 – WLLP: 140 Wörter (Bearbeitungszeit 5 Minuten)					
Kinder deutscher Herkunftssprache	gültige N	N = 34	N = 76	N = 54	N = 57
	Durchschnitt	57,9	70,1	**74,6**	59,0
… nichtdeutscher Herkunftssprache	gültige N	N = 92	N = 154	N = 62	N = 96
	Durchschnitt	**60,0**	57,7	**62,4**	53,2
Ende Klasse 3 – WLLP: 140 Wörter (Bearbeitungszeit 5 Minuten)					
Kinder deutscher Herkunftssprache	gültige N	N = 29	N = 70	N = 48	N = 39
	Durchschnitt	83,4	**94,8**	88,3	90,0
… nichtdeutscher Herkunftssprache	gültige N	N = 83	N = 129	N = 58	N = 77
	Durchschnitt	**81,6**	80,3	**81,9**	79,0
Ende Klasse 2 – ELFE: kurze Geschichten mit 20 Aufgaben (Bearbeitungszeit 7 Minuten)					
Kinder deutscher Herkunftssprache	gültige N	N = 34	N = 75	N = 54	N = 56
	Durchschnitt	6,5	**8,8**	7,9	6,9
… nichtdeutscher Herkunftssprache	gültige N	N = 92	N = 153	N = 62	N = 94
	Durchschnitt	**6,8**	6,0	**6,6**	5,6
Ende Klasse 3 – ELFE: kurze Geschichten mit 20 Aufgaben (Bearbeitungszeit 7 Minuten)					
Kinder deutscher Herkunftssprache	gültige N	N = 28	N = 70	N = 48	N = 38
	Durchschnitt	11,6	**14,2**	12,8	12,1
… nichtdeutscher Herkunftssprache	gültige N	N = 84	N = 129	N = 59	N = 76
	Durchschnitt	**10,8**	10,5	**10,9**	10,1

* Die Tabelle ist auf folgende Art zu lesen: z.B. Ende Klasse 1: Beim Typ 1 »Fibellehrgang« haben 91 Kinder nichtdeutscher Herkunftssprache im Durchschnitt 30 (gerundet) von 140 Testwörtern richtig gelesen.

Tab. 2: Leseleistungen und -entwicklungen von Kindern in multilingualen Regelklassen differenziert nach methodischen Orientierungen des Schriftspracherwerbs und Herkunftssprache

Ausblick

Die am Rande von BeLesen durchgeführten Unterrichtsbeobachtungen und Interviews weisen auf methodisch-didaktischer Ebene Folgendes als besonders dringlich aus:

1. Entwicklung von Vorlesekultur und Kommunikation über Texte
2. Bewusstmachen und Üben der sprachsystematischen Strukturen der Zielsprache, d.h. nicht formaler Grammatikunterricht, sondern eine an der sprachlichen Progression des Zweitspracherwerbs ausgerichtete Vermittlung von Syntax und Morphologie
3. Bezugnahme der Wortschatzarbeit nicht nur auf den Inhalts-, sondern auch auf den Strukturwortschatz
4. Einbeziehung von musikalisch-rhythmischen Elementen, Liedern, Reimen, Gedichten in das Training des Hörverständnisses insbesondere während der vorgezogenen Schuleingangsphase
5. Vernetzung von sprachlichem und fachlichem Lernen
6. Betonung der konzeptionellen Mündlichkeit durch eine entsprechende Vorbildsprache der Lehrerin
7. Stärkung einer konzeptionellen Schriftlichkeit durch normgeleitetes Schreiben von Anfang an
8. Nicht Fehlertoleranz, sondern ein Feedback des Richtigen, das Selbstwert und Selbstwirksamkeitserwartung des Kindes unterstützt

Als mindestens ebenso bedeutsam wie diese fachdidaktische Orientierung erweist sich die Kompetenz der Lehrerin für ein optimales Klassenmanagement. Dies wird im Blick auf die überdurchschnittlich erfolgreichen Einzelfälle der Studie deutlich:

Der Klassenraum ist freundlich und ordentlich. Die Lehrerin spricht leise. Die Schüler sind sehr diszipliniert. Während der gesamten Stunde sind die Kinder konzentriert bei der Arbeit, ohne dass man den Eindruck hat, dass die Lehrerin irgendetwas dazu tun müsste. Die Lehrerin achtet auf alles, was die Schüler tun (»Was machst du mit dem Füller?« »Hol' dir bitte ein Taschentuch!«). Sie bewegt sich viel durch den Klassenraum und unterstreicht so den Eindruck, alles zu merken und immer für jeden da zu sein. Jede Schülerfrage wird wichtig genommen und sehr gründlich bearbeitet. Nie hört man: »Das müsstest du eigentlich wissen.« Auch die Kinder nehmen jede Frage ihrer Mitschüler ernst und bemühen sich um Klärung (aus einem Beobachtungsprotokoll während der 3. Klasse).

Der Grundstein für diese Unterrichtskultur liegt in der 1. Klasse, in der Regeln und Rituale zur Orientierung der Lernhaltung der Kinder erarbeitet und die aufgabenorientierte Sequenzierung von Zeit zur Selbstverständlichkeit wurden. Gleichwohl fehlt es der Lehrkraft nicht an Empathie – einer professionalisierten Empathie.

Anmerkungen

1 In der Muttersprache der Eltern bzw. Herkunftssprache des Kindes wird ein besserer Indikator für abweichende Sprachvoraussetzungen als in der früher erhobenen Staatsangehörigkeit gesehen (Brügelmann 2003, S. 17).

2 Als Leseerleichterung wird im vorliegenden Beitrag für die Schülerinnen und Schüler die männliche Form verwendet. Schülerinnen sind in dieser Schreibweise immer mitgemeint.

3 Zusammenhang zwischen zwei Variablen (Merkmalen). Korrelationskoeffizienten können Werte zwischen -1 und +1 annehmen: – 1 < = r < = + 1. Eine negative Korrelation bedeutet einen gegenläufigen Zusammenhang zwischen z. B. a und b: steigt a, fällt b und umgekehrt. Eine positive Korrelation bedeutet einen gleichsinnigen Zusammenhang zwischen a und b.

4 Die Wiederholungsbefragung der Lehrkräfte im 2. Schuljahr bestätigt die Tendenz der Methodenorientierung in den ersten Schuljahren (r = .76).

Literatur

Bartnitzky, H.: »Die rechte weis auf kürtzist lesen zu lernen« Oder: Was man aus der Didaktik-Geschichte lernen kann. In: Balhorn, H. / Bartnitzky, H. / Büchner, I. / Speck-Hamdan, A. (Hrsg.): Schatzkiste Sprache 1. Von den Wegen der Kinder in die Schrift. Frankfurt a. M.: Arbeitskreis Grundschule – Der Grundschulverband 1998, S. 14–46.

Baumert, J. / Watermann, R. / Schümer, G.: Disparitäten der Bildungsbeteiligung und des Kompetenzerwerbs. Ein institutionelles und individuelles Mediationsmodell. In: Zeitschrift für Erziehungswissenschaft, 6. Jg., H. 1 / 2003, S. 46–72.

Bergk, M. / Meiers, K.: Schulanfang ohne Fibeltrott, Bad Heilbrunn: Klinkhardt 1985.

Bos, W. / Lankes, E-M. / Prenzel, M. / Schwippert, K. / Walther, G. / Valtin, R. (Hrsg.): Erste Ergebnisse aus IGLU. Schülerleistungen am Ende der vierten Jahrgangsstufe im internationalen Vergleich. Waxmann: Münster, New York, München, Berlin 2003.

Brinkmann, E.: Offener Unterricht mit Struktur – recht schreiben lernen im Anfangsunterricht. In: Brügelmann, H. / Richter, S. (Hrsg.): Wie wir recht schreiben lernen. Konstanz: Libelle 1994, S. 95–101.

Brügelmann, H.: Die Öffnung des Unterrichts muss radikaler gedacht, aber auch klarer strukturiert werden. In: Balhorn, H. / Niemann, H. (Hrsg.): Sprachen werden Schrift, Lengwil 1997, S. 43–60.

Brügelmann, H.: Projekt LUST. Zwischenbericht (3. 4. 2003). Universität Siegen 2003.

Kirschhock, E -M.: Entwicklung schriftsprachlicher Kompetenzen im Anfangsunterricht, Bad Heilbrunn: Klinkhardt 2004.

Küspert, P. / Schneider, W.: Würzburger Leise Leseprobe (WLLP) – Ein Gruppenlesetest für die Grundschule. Göttingen u. a.: Hogrefe-Verlag GmbH & Co. KG 1998.

Lankes, E.-M.: Leseunterricht in der Grundschule. Unterschiede zwischen Lehrkräften im internationalen Vergleich. In: Zeitschrift für Erziehungswissenschaft, 7 Jg., H. 4 / 2004, S. 551–568.

Lenhard, W. / Schneider, W.: ELFE 1–6: Ein Leseverständnistest für Erst- bis Sechstklässler. Göttingen u. a.: Hogrefe-Verlag GmbH & Co. KG (im Druck).

Marx, H.: Erwerb des Lesens und des Rechtschreibens. Literaturüberblick. In: Weinert, F. E. / Helmke, A. (Hrsg.): Entwicklung im Grundschulalter. Weinheim: Psychologie Verlags Union 1997, S. 83–111.

Marx, H.: Einfluss von Lehrmethoden und Hörverstehen auf das Lesenlernen im Grundschulalter. In: Duit, R. / Rhöneck, C. v. (Hrsg.): Ergebnisse fachdidaktischer und psychologischer Lehr-Lernforschung. Kiel: IPN Schriftenreihe 2000, S. 191–231.

May, P / Vieluf, U. / Malitzky, V.: Hamburger Schreibprobe – Handbuch für alle Stufen, 6., akt. und erw. Aufl., Hamburg: verlag für pädagogische medien (vpm).

Merkens, H. / Schründer-Lenzen, A. / Limbird, Ch. / Francke, J. / Gelfort, K. / Heintze, A. / Mücke, St. / Schneewind, J.: Projekt BeLesen: Berliner Längsschnittstudie zur Lesekompetenzentwicklung von Grundschulkindern. Zweiter Zwischenbericht. Berlin: Mimeo 2004.

Merkens, H. / Schründer-Lenzen, A.: Lesekompetenzentwicklung von Kindern mit Migrationshintergrund. In: Schründer-Lenzen, A. (Hrsg.): Risikofelder kindlicher Entwicklung, Wiesbaden 2006 (in Vorbereitung).

Metze, W.: Differenzierung im Erstleseunterricht. Berlin: Cornelsen Scriptor 1995. (siehe auch www. wilfriedmetze.de)

Müller, R.: Diagnostischer Rechtschreibtest für 2. Klassen, 4., akt. Auflage. In: Hasselhorn, M. / Marx, H. / Schneider, W. (Hrsg.): Deutsche Schultests. Weinheim: Beltz 2003a.

Müller, R.: Diagnostischer Rechtschreibtest für 3. Klassen, 4., akt. Auflage. In: Hasselhorn, M. / Marx, H. / Schneider, W. (Hrsg.): Deutsche Schultests. Weinheim: Beltz 2003b.

Poerschke, J.: Anfangsunterricht und Lesefähigkeit. Münster, New York, München, Berlin: Waxmann Verlag GmbH 1999.

Reichen, J.: Lesen durch Schreiben (Heft 1). Zürich: Sabe 1982.

Schründer-Lenzen, A.: Schriftspracherwerb und Unterricht. Bausteine professionellen Handlungswisssens. Opladen: Leske & Budrich 2004.

Schründer-Lenzen, A. (Hrsg.): Risikofelder kindlicher Entwicklung. Migration, schulleistungsbezogene Emotionen und der Übergang von der Primar- zur Sekundarstufe, Wiesbaden: Verlag für Sozialwissenschaften 2006 (in Vorbereitung).

Weinert, F. E. / Helmke, A. / Schrader, F. W.: Research on the model teacher and the teaching model. In: Oser, F. K. / Dick, A. / Patry, J. L. (Hrsg.): Effective and responsible teaching. San Francisco: Jossy-Bass 1992, S. 249–260.

Weiss, R. / Osterland, J.: Grundintelligenztest Skala 1, 5., revidierte Auflage. Göttingen: Hogrefe-Verlag GmbH & Co. KG 1997.

Uwe Sandfuchs

Zweisprachiger Schriftspracherwerb – Arbeitsbericht aus der Primarstufe der Deutsch-Italienischen Gesamtschule Wolfsburg

Von einem Kollegium vorangetriebene Schulreformprozesse sind langwierig und umwegig, weil von Widersprüchen begleitet und erfordern einen langen Atem. Dem folgenden Arbeitsbericht ist nur noch eine Bemerkung voranzustellen: Er kann die kollegiumsinternen Diskussionen um ein dem Schulversuch angemessenes Alphabetisierungskonzept nur andeuten. Dass sich das von einer Arbeitsgruppe vorgelegte Konzept schließlich durchsetzen konnte, ist vor allem auf seine überzeugende Qualität zurückzuführen.

Die Entwicklung und Erprobung von Konzepten einer zweisprachigen Alphabetisierung ist am ehesten von Schulen zu erwarten, die explizit ein bilinguales Schulprofil haben. Dies gilt in besonderer Weise für die Deutsch-Italienische Gesamtschule (DIGS) Wolfsburg, die 1993 mit dem ersten Grundschuljahrgang ihre Arbeit aufgenommen hat und über die im vorliegenden Band an anderer Stelle berichtet wird (S. 170 ff).

Kennzeichnung des Konzepts

Im Folgenden wird über ein *Konzept zur koordinierten bilingualen Alphabetisierung in deutscher und italienischer Sprache* berichtet. Es ist an dieser Schule auf der Grundlage zehnjähriger Erfahrungen, in enger Kooperation von italienischen und deutschen Lehrkräften, dem Schulreferenten des Italienischen Generalkonsulats Hannover und der wissenschaftlichen Begleitung des Schulversuchs entstanden. Das Konzept ist in einem Handbuch (Arbeitsgruppe Abc 2003) in seiner Entwicklung sowie seiner didaktischen und methodischen Konzeption umfassend dokumentiert.

Der praktische Wert des Handbuches wird garantiert durch eine bis in einzelne Materialien und Unterrichtsanregungen ausgearbeitete, in sich geschlossene didaktisch-methodische Konzeption, die gleichwohl alternative Vorgehensweisen teils vorschlägt, teils nahe legt oder ermöglicht. Mit seiner wohlüberlegten Abfolge der in beiden Sprachen zu lernenden Phoneme und Grapheme einerseits sowie der Arbeit mit der eigens entwickelten zweisprachigen Anlauttabelle ARCOBALENO und der Einbeziehung der Erfahrungswelt der Schüler andererseits vereinigt das Konzept die Vorzüge eines lehrgangsorientierten Schriftspracherwerbs mit denen des Spracherfahrungsansatzes. Dies ist vor dem Hintergrund der wenigen Befunde zum Schriftspracherwerb in lehrgangsorientierter Form oder »Lesen durch Schreiben« (Spracherfahrungsansatz) besonders bedeutsam. SCHRÜNDER-LENZEN (2000) hat unlängst berichtet, dass die Befundlage eines eigenen gerade laufenden Forschungsprojektes zur Lernentwicklung den bislang bekannten Ergebnissen entspricht: Migrantenkinder zeigen (wie andere Schülergruppen mit ungünstigen Lernvoraussetzungen auch) in lehrgangsmäßigem Fibelunterricht bessere Leistungen als beim Lernen nach dem Spracherfahrungsansatz. Für die Lerngruppen insgesamt ist wegen der differenziellen Wirkung von Lese- und Schreiblernmethoden eine Methodenkombination unter Einbezug systematisch-struktureller Methoden angeraten. Dem entspricht das Handbuchkonzept übrigens auch durch seine Betonung des phonologischen Trainings, das ebenfalls positiv auf die Lernentwicklung schwächerer Schulleister wirkt.

Von der getrennten zur koordinierten Alphabetisierung

Der Unterricht im Lesen und Schreiben wurde in den ersten Jahren des Schulversuchs in der deutschen Sprache begonnen, im Laufe des Schuljahres kam der Lese-Schreib-Lehrgang in der italienischen Sprache hinzu. Gründe für diese zunächst getrennte Alphabetisierung waren zum einen die anfänglich oft geäußerte Sorge um Interferenzen im Spracherwerb. Dementsprechend hieß es im seiner Zeit in Niedersachsen gültigen Erlass »Unterricht für ausländische Schüler« aus dem Jahre 1981: »Mit dem Erlernen des Lesens und des Schreibens in der Muttersprache darf jedoch erst mit Beginn des 2. Schuljahres begonnen werden.« Zum Zweiten fehlte es an geeigneten Vorbildern. Zwar sah schon das »Memorandum zum muttersprachlichen Unterricht in der Bundesrepublik Deutschland« von 1983 die Förderung didaktischer Modelle zur koordinierten Alphabetisierung in zwei Sprachen vor, es lagen jedoch nur wenige Ansätze – in deutscher und türkischer Sprache zudem – vor (KOTTMANN-MENTZ 1984, NEHR u.a. 1988, zu Beispielen für koordinierten Anfangsunterricht im Lesen und Schreiben vgl. auch BELKE 2001). Drittens kam hinzu, dass die Lehrkräfte in dem ohnehin komplexen Schulversuch durch zusätzliche Entwicklungsaufgaben nicht von vornherein überfordert werden sollten;

die deutschen Lehrkräfte waren in der Regel nicht zweisprachig und für die Arbeit im Schulversuch nicht zuvor einschlägig qualifiziert worden.

Doch schon die ersten Erfahrungen von 1993 bis 1995 legten eine Umorientierung in Richtung koordinierte zweisprachige Alphabetisierung nahe, dies waren

- die im ganzen unbefriedigenden Erfahrungen mit dem für den Schulversuch gewählten deutschen Fibelwerk,
- die aufgrund der sehr unterschiedlichen Lernvoraussetzungen überaus großen Leistungsunterschiede im Lesen und Schreiben am Ende des ersten Schuljahres,
- die Diskrepanz zwischen dem nur mündlichen Italienischunterricht im ersten Schuljahr sowie dem systematisch schriftsprachlichen Unterricht im zweiten Schuljahr.

Die wissenschaftliche Begleitung des Schulversuchs legte daraufhin erste Überlegungen zu einer zweisprachigen Alphabetisierung vor:

»Zugleich sollen von Anfang an und wo immer es möglich ist, im Zusammenhang mit dem Curriculum des Italienischunterrichts Momente der italienischen Sprache in den Erstlese- und Schreibunterricht einfließen, d.h. ein früher und sanfter Beginn der Alphabetisierung im Italienischen, z.B. über die Arbeit mit sich entsprechenden Wort- und Lautverbindungen, die Memorisierung von Lauten auch durch Wörter aus dem Italienischen, Einzelwörter, einfache Mitteilungen mit den Lauten, die sich im Deutschen und im Italienischen entsprechen. Die systematische Einführung unterschiedlicher Phoneme und Lautschreibweisen (ce, ci, ge, gi usw.) erfolgt wie bisher frühestens zu Anfang des zweiten Schuljahres. Von da an kann auch kontrastiv gearbeitet werden« (HENNING 1995).

Gleichzeitig wurden erste praktische Ansatzpunkte für eine zweisprachige Alphabetisierung erarbeitet:

- zur Lauterkennung eine Liste mit Wörtern gleicher Bedeutung und gleichem Anfangsbuchstaben in beiden Sprachen,
- eine Liste mit italienischen Übersetzungen von Wörtern, die bereits im deutschsprachigen Unterricht erarbeitet wurden,
- eine Liste mit Wörtern aus dem Italienischunterricht,
- eine Wörterliste zum kontrastiven Arbeiten mit Phonemen / Graphemen.

In Folge einer Bestandsaufnahme der bisherigen Erfahrungen im Schulversuch wurde die Verpflichtung zur koordinierten Alphabetisierung in das zweite *Protokoll über die deutsch-italienische Zusammenarbeit beim Schulversuch* vom Mai 1997 aufgenommen:

»Die Alphabetisierung beginnt in der deutschen Sprache. Schon im ersten Schuljahr sollte jedoch die Alphabetisierung in der italienischen Sprache hinzukommen; dabei müssen die italienischen und die deutschen Lehrkräfte eng zusammenarbeiten, um abgestimmt vorgehen zu können und mögliche Erschwernisse im Lernprozess so weit wie möglich zu vermeiden.«

Im Schuljahr 1995/96 haben drei Lehrkräfte und eine Mitarbeiterin der wissenschaftlichen Begleitung eine erste nach Sprachen getrennte Anlauttabelle in deutscher und italienischer Sprache erstellt. Eine mit der Fibelarbeit unzufriedene deutsche Lehrerin führte die Anlauttabelle von REICHEN ein. Sie war mit dem Ergebnis im Grunde zufrieden, stellte aber fest, dass italienische Kinder bei der Zuordnung der Phoneme zu den Graphemen italienische Vokabeln benutzten, also beispielsweise den Buchstaben M (mit dem Bild Maus) als T aussprachen (Maus heißt im Italienischen topo).

Es wurde daher überlegt, die Tabelle umzugestalten und eine möglichst große Anzahl von übereinstimmenden Anlauten in beiden Sprachen zu benutzen. Bei ersten Überlegungen ergaben sich folgende Fragen: Wie kann der Gefahr von Interferenzen aus dem Weg gegangen werden? Wie können die Unterschiede der Aussprache bei einigen Buchstaben in einer Tabelle deutlich gemacht werden? Wie kann man der unterschiedlichen Vokalnutzung gerecht werden?

Zwei Anlauttabellen wurden entworfen (s. nächste Seite), eine deutsche und eine italienische, wobei es möglichst viele Übereinstimmungen beider Sprachen bei den Anlauten geben sollte. Im Deutschen wurde die Buchstabenreihenfolge belassen, lediglich die Bilder einzelner Buchstaben wurden durch Bilder mit gleichem Anlaut ersetzt (Maus wurde Mauer – muro, Leiter wurde Löwe – leone usw.). Buchstaben, die im Italienischen als Anlaut nicht vorkommen (H) oder eine andere Aussprache haben (Sch, Sp, St), wurden nicht ausgetauscht. Im Italienischen wurde die Tabelle um italienische Phoneme / Grapheme ergänzt und differenziert (ghe, ghi, gi, ge, gu, ga, go usw.). Beide Tabellen wurden im Unterricht benutzt, im Deutschunterricht jeweils nur die deutsche, im Italienischunterricht nur die italienische Tabelle.

Im Mai 1998 hat dann die Gesamtkonferenz der Schule beschlossen, dass für eine erfolgreiche Alphabetisierung

»a) die Berücksichtigung der besonderen Voraussetzungen der bilingualen bzw. monolingualen Kinder im Mittelpunkt des Konzepts stehen muss und

b) die italienischen und deutschen Lehrkräfte den Alphabetisierungsprozess gemeinsam und koordiniert planen und durchführen müssen«.

Zugleich hatte Antonio Riccò, Schulreferent beim Italienischen Generalkonsulat Hannover, vom Italienischen Außenministerium Mittel für ein Projekt bewilligt bekommen, in dem ein neues System von Lehr- und Lernmitteln (Lernspiele, Materialien zur Differenzierung und für die Arbeit an Stationen, für Frei- und Wochenplanarbeit, Hefte für das Erstlesen etc.) für eine offene und flexible Alphabetisierung entwickelt werden sollte. Ein für die Lehrkräfte bestimmtes Handbuch sollte die Materialien ergänzen. Eine Arbeitsgruppe, die sich »abici-D.I.« (ABC-Deutsch-Italienisch) nannte, wurde gegründet. Sie bestand aus Lehrkräften der Deutsch-Italienischen Schule in Wolfsburg, der sich in der Folge weitere Lehrkräfte der bilingualen Grundschulzweige aus Hagen und Stuttgart anschlossen, sowie einigen Wissenschaftlern und externen Didaktikern mit einschlägiger Erfahrung. Die Gruppe arbeitete in den Schuljahren 1997/98 und 1998/99, sie diskutierte vor allem linguistische und didaktische Aspekte und entwarf schließlich die Alphabetisierungstabelle »ARCOBALENO«. Weiterhin erstellte sie eine erste detaillierte Gliederung des Handbuches, in dem Theorie und Praxis der bilingualen koor-

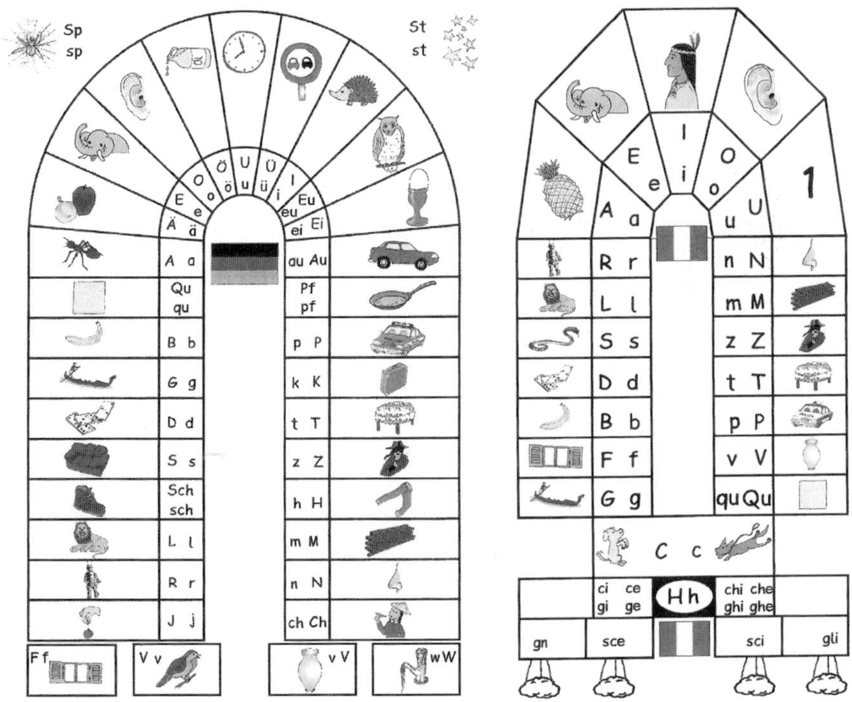

Anlauttabellen Deutsch (links) und Italienisch (rechts, jeweils 1995/96)

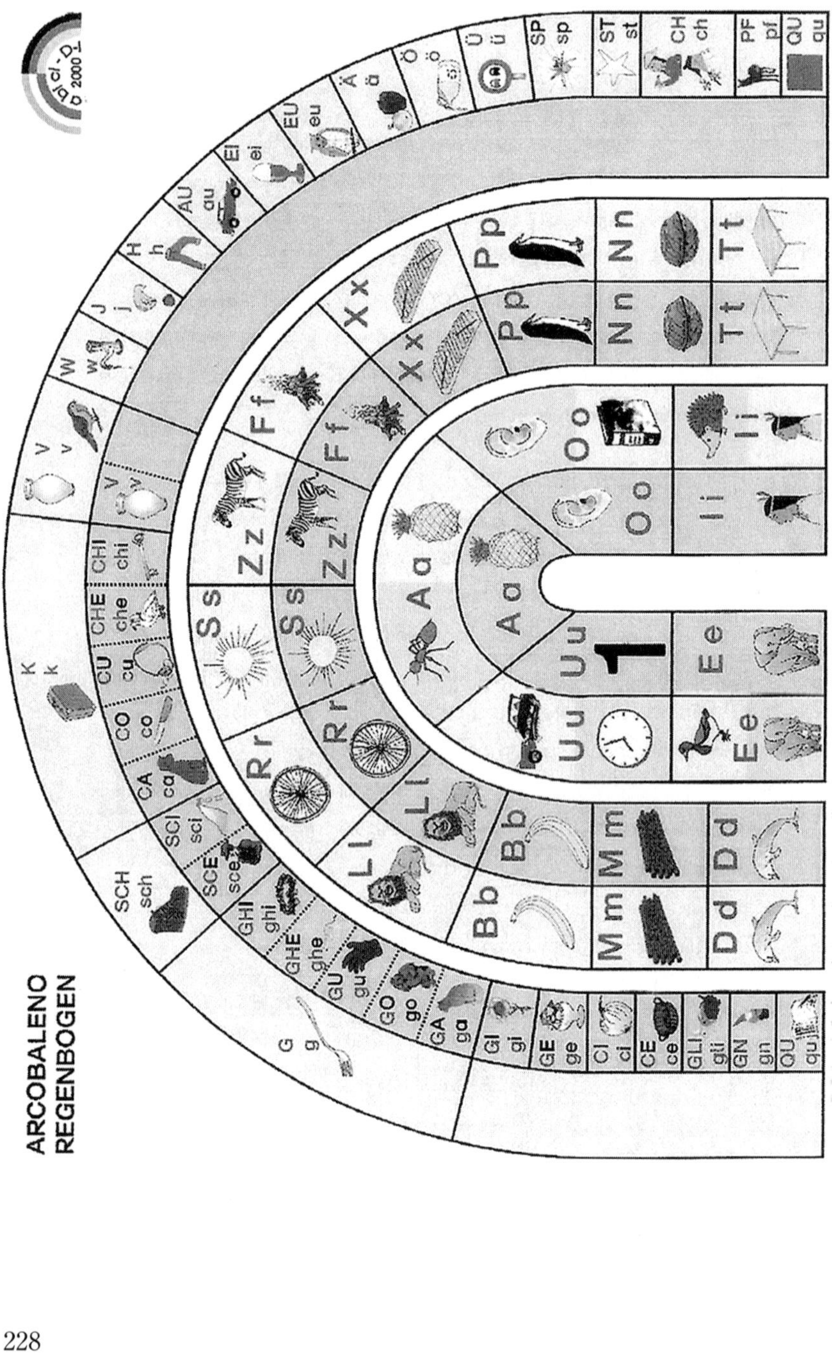

ARCOBALENO
REGENBOGEN
G g
GA ga
GO go
GU gu
GHE ghe
GHI ghi
SCE sce
SCI sci
SCH sch
CA ca
CO co
CU cu
CHE che
CHI chi
K k
V v
W w
J j
H h
AU au
EI ei
EU eu
Ä ä
Ö ö
Ü ü
SP sp
ST st
CH ch
PF pf
QU qu
GI gi
GE ge
CI ci
CE ce
GLI gli
GN gn
QU qu
Bb
Mm
Dd
Ll
Rr
Ss
Zz
Ff
Xx
Pp
Nn
Tt
Aa
Oo
Ii
Uu
Ee

dinierten Alphabetisierung umfassend dargestellt werden sollten. Leider hat das Italienische Außenministerium dem Projekt im Frühjahr 1999 seine Unterstützung entzogen, so dass es abgebrochen werden musste.

Erst im Schuljahr 2001/02 konnte mit der Arbeitsgruppe ABC (Alfabetizzazione Bilingue Coordinata) die Arbeit an dem Projekt wieder aufgenommen werden. Der Arbeitsgruppe gehörten an: Maria Vittoria Mazzoli Hecht, Annette Roosen, Robin Roddau-Senkpiel, Doris Schüttlöffel, Vally Valbonesi (Lehrkräfte der DIGS), Antonio Riccò (Schulabteilung des Italienischen Generalkonsulats Hannover), Uwe Sandfuchs, Tanja Schneider (wissenschaftliche Begleitung der DIGS).

Im Schuljahr 1999/2000 wurde erstmalig der ARCOBALENO im ersten Schuljahr von Anfang an eingesetzt. Die Lehrkräfte dieses Jahrgangs sprachen ihren Unterricht sehr genau ab und entwickelten begleitend zum laufenden Alphabetisierungskurs zusätzliche Materialien.

Das didaktische Konzept

Als Erstes hat die Arbeitsgruppe Grundsätze der koordinierten Alphabetisierung formuliert:

1. Eine zweisprachige Alphabetisierung ist unseren Erfahrungen nach mit einer deutschen Fibel (sowie ergänzenden italienischen Materialien) nicht möglich; ganz abgesehen davon, dass ein solches Vorgehen im Widerspruch zu der angestrebten Gleichrangigkeit beider Sprachen stünde. Auch die Arbeit mit einer deutschen und einer italienischen Fibel verspricht keinen Erfolg, da keine Fibeln zur Verfügung stehen, die im methodischen Vorgehen, im verwendeten Wortschatz u. a. aufeinander abgestimmt sind. Koordinierte Alphabetisierung bedarf einer abgestimmten Konzeption mit gemeinsam entwickelten Lehr-Lern-Materialien.

2. Die koordinierte Alphabetisierung erfolgt nach dem Spracherfahrungsansatz. Er ermöglicht es, die unterschiedlichen Spracherfahrungen und Lernvoraussetzungen der italienischen und der deutschen Schüler/innen zu berücksichtigen, er verbindet Lesen und Schreiben lernen und ermöglicht ein Lernen mit allen Sinnen. Dazu wurde in Anlehnung an Reichen eine Anlauttabelle entwickelt, in der beide Sprachen gleichwertig nebeneinander stehen und Gemeinsamkeiten und Unterschiede der Sprachen deutlich werden.

3. Der Lese-Schreib-Unterricht wird koordiniert erteilt, er ermöglicht so gemeinsames und kontrastives Sprachlernen. Die koordinierte Alphabetisierung steht am Anfang eines koordinierten Spracherwerbs. Seine

Fortsetzung im weiteren Sprachunterricht (in beiden Sprachen) ist unseres Erachtens notwendig. Die koordinierte Form des Unterrichts ermöglicht eine kontrastive Sprachreflexion, in der Gemeinsamkeiten und Unterschiede beider Sprachen deutlich und erfahrbar werden. Das betrifft die folgenden Bereiche:

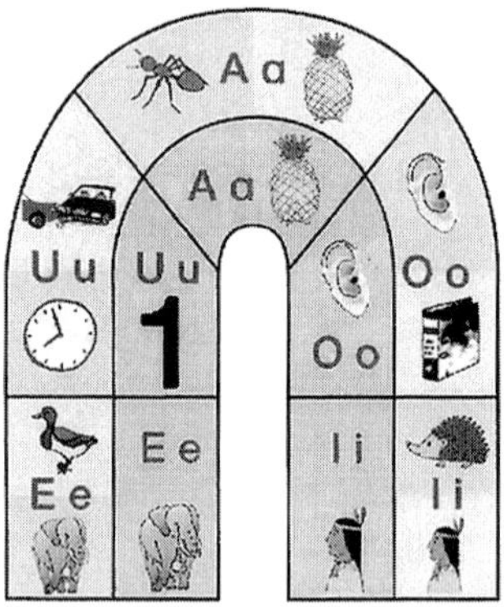

Wortarten

- Namen (in beiden Sprachen Großschreibung)
- Nomen (Kleinschreibung / Großschreibung / Artikel)
- Verben (Tätigkeiten)
- Adjektive (Beschreibungen)

Satzbau (Subjekt / Prädikat)

Konjugation der Verben (in beiden Sprachen verändert sich die Endung des Verbs, wenn ein Personalpronomen davor steht)

Deklination

Umgang mit Texten

- eine zweisprachige Lektüre bearbeiten (z. B. I tre del circo / Die Drei vom Zirkus)
- Zeitungen in beiden Sprachen lesen und gestalten
- Texte lesen und auswendig lernen für eine Aufführung (Commedia dell'arte)
- Textbearbeitung für Improvisationstheater

4. Durch den von Anfang an koordinierten Schriftspracherwerb in beiden Sprachen wird den unterschiedlichen Lernvoraussetzungen der Schüler/innen Rechnung getragen.

5. Da die koordinierte Alphabetisierung ihre eigene Struktur (Methoden, Rhythmen und Materialien) hat, ist kein unmittelbarer Vergleich mit anderen Schulen möglich.

6. Die koordinierte Alphabetisierung verlangt kooperatives Lehren von italienischen und deutschen Lehrkräften. Sprachliche Minimalvoraussetzung ist das Verständnis der Struktur der jeweils anderen Sprache.

Die von der Arbeitsgruppe »abici-D. I.« entworfene Anlauttabelle ARCOBALENO hat drei Bögen mit Graphemen bzw. Phonemen. Jeder Bogen wiederum hat einen blauen und einen gelben Teilbogen. Der blaue Teilbogen enthält die italienischen Grapheme / Phoneme und die dazugehörigen Abbildungen, während der deutsche gelb eingefärbt ist.

Der innere Bogen (siehe S. 230) enthält alle Vokale. Der deutsche Teil hat jeweils zwei Abbildungen für lange und für kurze Vokale, z.B. Elefant, Ente; Ameise, Ananas. Dieser Unterschied ist im Italienischen nicht bedeutsam, daher steht für jeden Vokal nur eine Abbildung.

Im mittleren Bogen (siehe rechts) stehen jene Konsonanten, für die in beiden Sprachen identische Abbildungen mit gleichem Anlaut gefunden wurden, z.B. Rad, ruota; Mauer, muro. Ähnlich klingende Phoneme stehen sich wie bei Reichen gegenüber (d und t; m und n; b und p), um Verwechselungen zu vermeiden.

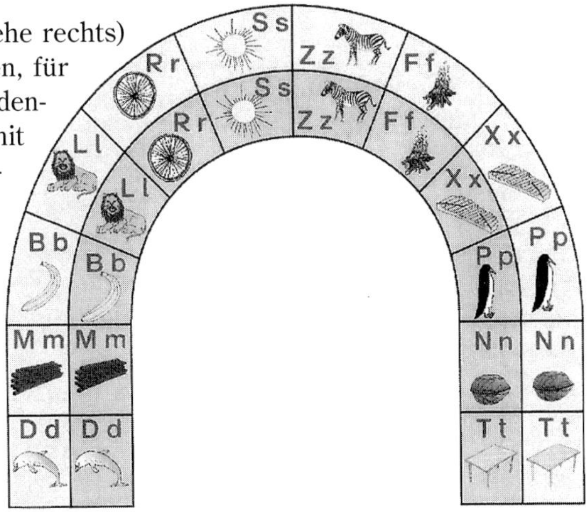

Der äußere Bogen enthält:

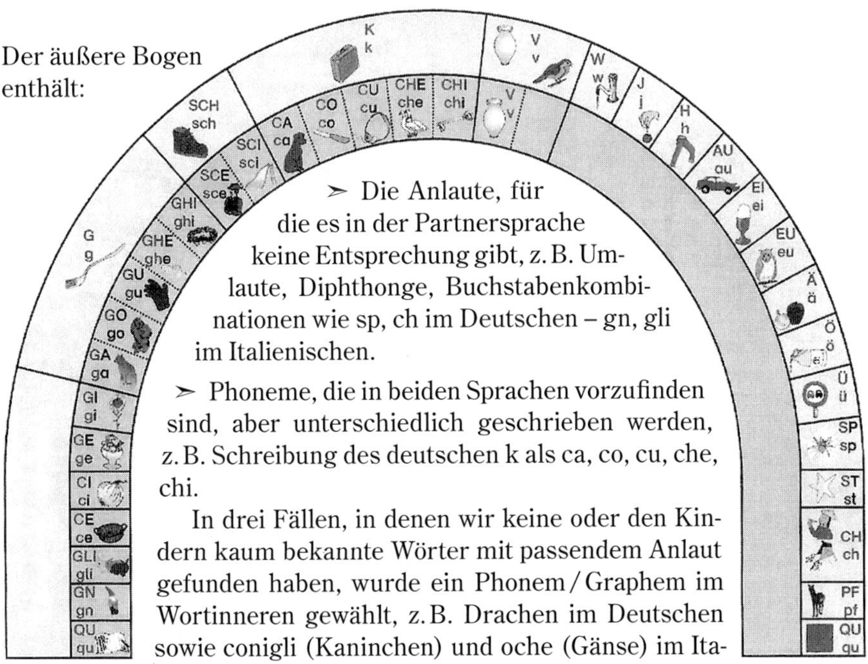

➢ Die Anlaute, für die es in der Partnersprache keine Entsprechung gibt, z.B. Umlaute, Diphthonge, Buchstabenkombinationen wie sp, ch im Deutschen – gn, gli im Italienischen.

➢ Phoneme, die in beiden Sprachen vorzufinden sind, aber unterschiedlich geschrieben werden, z.B. Schreibung des deutschen k als ca, co, cu, che, chi.

In drei Fällen, in denen wir keine oder den Kindern kaum bekannte Wörter mit passendem Anlaut gefunden haben, wurde ein Phonem / Graphem im Wortinneren gewählt, z.B. Drachen im Deutschen sowie conigli (Kaninchen) und oche (Gänse) im Italienischen.

Aus linguistischer Sicht wurde an Reichens Anlauttabelle kritisiert, dass sie die Vielfalt der Phoneme nicht annähernd vollständig wiedergebe (vgl. Topsch 2000, S. 51ff). Das ist grundsätzlich richtig, jedoch ist jede derartige Tabelle ein Kompromiss zwischen linguistischer Vollständigkeit und didaktischer Handhabbarkeit. Das gilt auch für unsere Tabelle:

- Im Umgang mit der Tabelle ist z.B. zu beachten, dass die Unterscheidung vom stimmhaften s (Sonne) und dem stimmlosen s (sole) fehlt.
- Das y ist wie bei Reichen nicht aufgenommen, da es nicht als Anlaut vorkommt und zudem im Deutschen auf drei Weisen ausgesprochen wird: Yacht, Teddy, Pyramide.

Die Abbildungen sind nach folgenden Kriterien ausgewählt:

- Die den Abbildungen entsprechenden Wörter sollen den Kindern möglichst bekannt bzw. leicht lernbar sein. Dabei ist zu bedenken, dass die italienischen Kinder in der Regel zweisprachig sind und die Bedeutung auch der deutschen Wörter kennen; die deutschen Kinder müssen die italienischen erst noch lernen.
- Es sind Abbildungen aufgenommen worden, die Anlass zu Aktionen im Unterricht bieten, um die Verbindung von Anlauttabelle und Schwerpunkten des Unterrichts möglichst eng zu gestalten, z.B. Buchstabe i: Wir feiern ein Indianerfest; Buchstabe m: eine Mauer bauen; Buchstabe f: ein Feuerprojekt.

Das methodische Konzept

Die erfolgreiche Umsetzung des Konzepts hängt nach Auffassung aller Beteiligten vor allem davon ab, dass ein systematisch geordneter Fundus von Materialien und Vorgehensweisen zur Verfügung steht, der die Unterrichtsarbeit der Lehrkräfte leitet und anregt. Dem dienen die im Folgenden kurz dargestellten Inhalte des Handbuchs:

- Die bislang von den Lehrkräften entwickelten Freiarbeitsmaterialien – von Domino und Memory-Spielen bis zu PC-Spielen – werden in Wort und Bild detailliert vorgestellt.
- Zu allen Phonemen und Graphemen sind in der Reihenfolge ihrer Einführung kurzgefasste Unterrichtseinheiten skizziert worden. Diese Unterrichtseinheiten sind jeweils in drei Phasen gegliedert:

A *Einstieg* mit einer Rahmenhandlung, einem Einstiegsthema oder einem Buchstabentag – *Erarbeitung* des Graphems und des Phonems,

B *Lernen* mit allen Sinnen und *Üben* an Stationen,

C *Anwenden* und *Festigen* im fächerübergreifenden Unterricht.

Zielsetzungen und Vorgehensweisen jeder Phase sind grundsätzlich und an praktischen Beispielen erläutert.

➢ Fünf Unterrichtseinheiten zu den Phonemen / Graphemen i, b, d, ei und c / k – sind detailliert und mit allen bereits erarbeiteten Arbeitsblättern und sonstigen Materialien dokumentiert.

➢ Zudem ist jedem Handbuch eine CD-Rom mit der Anlauttabelle ARCOBALENO in den verschiedenen Fassungen, den Zeichnungen zur Anlauttabelle, allen Folien, Arbeitsplänen, Arbeitsblättern und Schreiblernblättern beigegeben.

Abschlussbemerkung

Die Entwicklung dieses Alphabetisierungskonzeptes und seine Dokumentation in einem Handbuch sind m. E. ein bemerkenswertes Ergebnis der bilingualen und bikulturellen Kooperation in einem Schulversuch. Indem das Konzept die praktischen Erfahrungen der Versuchsschule produktiv reflektiert und den in der Bundesrepublik bestehenden Kenntnisstand einbezieht und weiterführt, stellt es auch über den Gebrauch an der Deutsch-Italienischen Schule Wolfsburg hinaus einen Markstein in der Entwicklung des koordinierten Schriftspracherwerbs in zwei Sprachen dar, nicht zuletzt, weil es auf andere Herkunftssprachen übertragbar ist.

Literatur

Arbeitsgruppe Abc (Alfabetizzazione Bilingue Coordinata): Handbuch zur Koordinierten Alphabetisierung an der Deutsch-Italienischen Gesamtschule Wolfsburg. Hannover 2003

Belke, G.: Mehrsprachigkeit im Deutschunterricht. Sprachspiele, Spracherwerb, Sprachvermittlung. Baltmannsweiler, Schneider 2001[2]

Büchner, I.: Keine Angst vor anderen Sprachen! In: Grundschule H. 10 / 1999, S. 44 f

Cummins, J.: Zweisprachigkeit und Schulerfolg. Zum Zusammenwirken von linguistischen, soziokulturellen und schulischen Faktoren auf das zweisprachige Kind. In: Die Deutsche Schule, H. 3 / 1984, S. 187–198

Heine, M. / Riccò, A. / Schoof-Wetzig, D. (Hrsg.): Bilinguales Lernen im interkulturellen Kontext. In: Praxis Pädagogik, Braunschweig, Westermann 2003
Henning, B.: Überlegungen zur zweisprachigen Alphabetisierung. Unveröffentlichtes Manuskript, Wolfsburg 1995
Kottmann-Mentz, Chr.: Saziye lernt Deutsch und Türkisch. Bericht über einen koordinierten deutsch-türkischen Leselehrgang. In: Essinger, H. / Ucar, A. (Hrsg.): Erziehung in der multikulturellen Gesellschaft. Band 1, Baltmannsweiler 1984, S. 61–90
Nehr, M. / Birnkott-Rixius, K. / Kubat, L. / Masuch, S.: In zwei Sprachen Lesen lernen – geht denn das? Erfahrungsbericht über die zweisprachige koordinierte Alphabetisierung. Weinheim 1988
OECD: Bildung auf einen Blick. Bonn 2002
Pisa 2000: Basiskompetenzen von Schülerinnen und Schülern im internationalen Vergleich. Herausgegeben vom deutschen Pisakonsortium. Opladen, Leske und Budrich 2001 b
Riccò, A. / Sandfuchs, U. (Hrsg.): Insieme – Gemeinsam. Bilder aus der Deutsch-Italienischen Grundschule Wolfsburg. Bad Heilbrunn, Klinkhardt 1997
Sandfuchs, U.: Ausländische Kinder in der Grundschule. Versuch einer Bestandsaufnahme. In: Grundschule H. 10 / 1989, S. 10–13
Sandfuchs, U.: Interkulturelles Lernen in der Schule. Informationen und Reflexionen. In: Grundschule H. 1 / 2000, S. 52–55
Sandfuchs, U.: Professionalität und interkulturelle Kompetenz von Lehrerinnen und Lehrern. In: Korte, P. (Hrsg.): Kontinuität, Krise und Zukunft der Bildung. Analysen und Perspektiven. Münster, LIT 2004, S. 153–168
Sandfuchs, U. / Zumhasch, C.: Planung, Konzept und Realität der deutsch-italienischen Grundschule in Wolfsburg. In: Hermann-Brennecke, G. (Hrsg.): Frühes schulisches Fremdsprachenlernen zwischen Empirie & Theorie. Münster, LIT 1999, S. 41–53
Sandfuchs, U. / Zumhasch, C. / Riccò, A.: Abschlussbericht der wissenschaftlichen Begleitung zum Schulversuch Deutsch-Italienische Gesamtschule Wolfsburg (Primarstufe). Dresden, Technische Universität 2004
Schründer-Lenzen, A.: Schwierigkeiten von Migrantenkindern beim Schriftspracherwerb. In: Grundschule H. 9 / 2004, S. 43–45
Topsch, W.: Grundkompetenz: Schriftspracherwerb. Neuwied, Kriftel, Luchterhand 2000
Urbanek, R.: Türkisch schreiben und Lesen mit der Lauttabelle. In: Praxis Grundschule H. 3 / 1999, S. 12–14

Dagmar Müller

Liebt der Löwe Löwenzahn?

Strukturierte Unterstützung beim Schriftspracherwerb

Multikulturelle Lerngruppe

In unserer ersten Klasse sollten 25 Kinder mit neun Muttersprachen gemeinsam lesen und schreiben lernen. Wir – das waren eine Grundschullehrerin und eine Sonderpädagogin – hatten den Auftrag, in einer integrativen Regelschule in Hamburg den Unterricht für Regelschüler und leistungsschwache Kinder gemeinsam zu gestalten. Zehn Kinder hatten Deutsch als Muttersprache, die anderen sprachen als Erstsprache Polnisch, Russisch, Farsi, Türkisch, Kurdisch, Romanis, Hindi – nur um einige der anderen Sprachen zu nennen. Zum Teil waren diese Sprachen vorherrschende oder sogar alleinige Familiensprache. Manche Kinder verständigten sich ganz gut auf Deutsch, und erst bei genauerem Hinhören wurden Grammatikfehler und Ausdrucksschwierigkeiten deutlich. Andere Kinder sprachen in einfachstem Deutsch, hatten Schwierigkeiten im Verstehen oder Probleme sich auszudrücken. Zwei Schüler – gerade aus Russland eingereist – sprachen und verstanden nur Russisch. Aber auch die Gruppe der deutschsprachigen Kinder war nicht homogen: Neben Schulanfängern, die schon lesen konnten, saßen Kinder, die besondere Unterstützung beim Lernen brauchten.

Viele Eltern unserer Schüler sprachen kein Wort Deutsch, einige waren Analphabeten.

Leseanfänge

Wir beschlossen, die Buchstaben mit den Lautgebärden des Kieler Leseaufbaus (Dummer-Smoch L./Hackethal 1990) einzuführen. Das bedeutet, dass jeder Buchstabe mit einer bestimmten Handbewegung gezeigt werden kann. Diese motorischen Übungen sollten die schwächeren und zweisprachigen Schüler darin unterstützen, sich die Laut-Buchstabenverbindung besser merken zu können. Die leistungsstarken Kinder beteiligten sich aber ebenfalls gern an diesen Übungen.

M

Drei Finger liegen über den geschlossenen Lippen, um die nasale Bildung des Lautes bewusst zu machen. Die Finger deuten die drei „Beinchen" des kleinen m an.

aus: rundherum – Handbuch für Lehrerinnen und Lehrer

Die eingeführten Buchstaben wurden möglichst schnell zu kleinen Wörtern verbunden und mit den »Händen« gemeinsam von der Tafel abgelesen. Dieses gemeinsame »Verschleifen« der Buchstaben zog nach und nach alle Kinder mit und wurde schnell zum Anfangsritual des täglichen Unterrichts. Besonders viel Freude hatten unsere Schüler daran, auf einem Stuhl vor der Tafel stehend kleine Wörter mit den Lautgebärden darzustellen und ihre Mitschüler zum »Lesen« aufzurufen.

Das Einführen der Buchstaben geschah von Anfang an im Textzusammenhang. Mit den ersten Buchstaben wurden Sätze an die Tafel geschrieben, die durch Zeichnungen und mündliche Mitteilungen ergänzt wurden. So konnten die Kinder fast von Anfang an »Sätze lesen«.

Wenn der Satz auf die Frage *Wo ist Mama?* von einem Kind beantwortet wurde, wurde das *ist* eingefügt: Mama ist am Auto. Unsere Schüler sollten möglichst vollständige Sätze sprechen, auch wenn ihre Lesefertigkeit ihnen das Erlesen eben solcher Sätze noch nicht erlaubte.

Unterstützt wurde die Einführung der Buchstaben auch durch Geschichten, kleine Lieder oder Verse. Wir stellten immer wieder fest, dass die Buchstaben am besten gefestigt waren, die mit einer für die Schüler interessanten Geschichte verknüpft waren.

Liebt der Löwe Löwenzahn?
Das kann ich dir nicht sagen.
Willst du wissen, was er liebt
Musst du den Löwen fragen!
(ANDRESEN U. / MONIKA P. 1995, S. 75)

Auch das Nachbauen der Buchstaben mit dem eigenen Körper als Standbild oder am Boden liegend, auch mit mehreren Darstellern, schien den Kindern die bildliche Vorstellung und das Merken der Buchstaben zu erleichtern.

Daneben arbeiteten wir mit einer Anlauttabelle (REICHEN J. 1988), also mit einer Tafel, auf denen die Bilder von Tieren und Gegenständen mit ihren Anfangsbuchstaben versehen sind. Die Tabelle sollte den leistungsstärkeren und mutigeren Kindern die Gelegenheit geben, schneller mit dem selbstständigen Schreiben zu beginnen. Für uns waren die ersten Schritte, nicht nur die Begriffe zu klären, sondern auch alle Bilder auf der Tabelle mit farbigen Artikelpunkten zu versehen. Jeder Artikel wurde durch einen Farbpunkt dargestellt: *der* war blau, *die* war rot, *das* war grün. Das war auch der Einstieg in unser Prinzip: Alle Nomen werden immer mit dem dazugehörigen Artikel gelernt. Diese Orientierung war nicht nur wichtig für unsere Schüler mit Deutsch als Zweit- oder Drittsprache, sondern auch für einen Teil unserer deutschen Schüler.

Schreibanfänge

In der zweiten Unterrichtsphase jeder Deutschstunde schrieben immer alle Kinder die geübten Buchstaben in die Hefte. Das erschien uns sehr wichtig, damit die Schüler von Anfang an die Richtung der Schrift und die Ausrichtung der Buchstaben üben konnten. Uns war klar, dass am Anfang nicht alle Kinder das vorgegebene Wort erlesen konnten, auch wenn die entsprechenden Buchstaben bereits geübt waren. Vorrangig an dieser Stelle war uns aber die normgerechte Schreibweise der Buchstaben. In der Schreibzeit wurde sehr schnell deutlich, wie unterschiedlich die Kinder arbeiteten: die guten Leser lasen das vorgeschriebene Wort am Anfang der Zeile und schrieben es auf, andere erlasen es zuerst mit

Hilfe der Lautgebärden, wieder andere »malten« ihre drei Buchstaben hintereinander in die Reihe, ohne allein die Wortbedeutung erfassen zu können.

Während die langsameren Schüler ihre Wörter einige Zeit lang lieber abschrieben, versuchten die mutigeren schon bald, Wörter selbst zu entwickeln. Postkarten mit unterschiedlichen Bildern, Bildkärtchen und kleine Bildgeschichten verstärkten den Reiz, bekannte Buchstaben anzuwenden und auch die Anlauttabelle zu Rate zu ziehen, um die ersten Geschichten zu schreiben.

Unterstützende Methodik beim Schreiben

In den uns bekannten Schriftsprachvermittlungskonzepten ging es vor allem darum, sich durch genaues Hinhören die Laute eines Wortes zu erschließen und diese anschließend zu verschriftlichen. Da unsere Zweitsprachler ihre Deutschkenntnisse in aller Regel im Umgang mit Gleichaltrigen erworben hatten und ihnen außerhalb der Schule kaum ein Korrektiv ihrer gesprochenen Sprache zur Verfügung stand, mussten wir sie sehr früh an die Struktur von Sprache heranführen, um ihnen methodische Hilfen zur Kontrolle ihrer Verschriftlichungen an die Hand geben zu können.

Wir orientierten uns an der Silbenstruktur. Durch regelmäßiges Klatschen von Wörtern, dem rhythmischen Gehen zu Wörtern (z.B. mit mehreren Kindern hintereinander als Tausendfüßler u.Ä.), dem Silbenschwingen (RINDERLE B. 2000), dem Sprechen von kleinen Reimen und Versen übten wir mit den Kindern das Erkennen von Silben. An der Tafel wurden die Wörter mit Silbenbögen in ihre Silben unterteilt. Das waren unsere »Boote«. Die erste Rechtschreibregel lautete: *Jedes Boot braucht einen Kapitän.* Die Kapitäne – die Vokale, später auch die Um- und Zwielaute –, hingen an der Wand und die meisten Kinder lernten relativ schnell, ihre Silbenboote im selbstgeschriebenen Wort einzuteilen und ihre Kapitäne zu finden oder sie gegebenenfalls zu ergänzen. Auch das Erhören fehlender Konsonanten wurde durch die Aufteilung der Wörter in Silben erleichtert, da diese Unterteilung die Wörter vor allem für unsere Zweitsprachler übersichtlicher und damit kontrollierbarer machte.

Die Endsilben -el, -en und -er, bei denen das -e kaum herausgehört werden kann (so bei *Vogel* und *Vater*), wurden bereits im Umgang mit den Lautgebärden geübt, da es für sie jeweils eine eigene Gebärde gibt.

Zur weiterführenden Arbeit hing ein Plakat mit den gebräuchlichsten Konsonantenhäufungen am Silbenanfang (RÖBER-SIEKMEYER 1995 S. 124) im Gruppenraum, so dass die Kinder sich auch daran orientieren und immer wieder überprüfen konnten.

Neben den rhythmischen Übungen erschienen uns vor allem Hörübungen als sehr wichtig. Neben dem Heraushören von An-, In- und Auslauten versuchten wir auch, die Länge der gesprochenen Vokale zu üben. Das langsame Zusammenführen der Hände signalisierte einen langen Vokal, das ruckartige Zusammenführen einen kurzen. Diese Handzeichen ermöglichten es, Hörübungen mit der ganzen Klasse durchzuführen und möglichst viele Kinder gleichzeitig kontrollieren zu können.

Beim Erhören von Konsonanten und der anschließenden Verschriftlichung wurde uns schnell deutlich, dass die Kinder zum Teil Laut- Buchstaben-Verbindungen aus der Erstsprache in die deutsche Schriftsprache übertrugen. Auf diesen Aspekt der unterschiedlichen Erstsprachen werden wir in Zukunft noch viel mehr Aufmerksamkeit richten müssen!

Sprechen

Parallel zu den Lese- und Schreibübungen arbeiteten wir mit den Kindern häufig sprechrhythmisch: Gedichte und Verse wurden nicht nur gesprochen, sondern auch geklatscht und mit Schritten begleitet. Vor allem Abzählreime mit Bewegungen motivierten alle unsere Schüler sehr. Die Kinder mit Deutsch als Zweitsprache konnten sich an den immer wiederkehrenden Reimen und dem Rhythmus orientieren.

Beim	Mül-	ler	hat's	ge-	brannt	– brannt	– brannt.
Da	bin	ich	schnell	ge-	rannt	– rannt	– rannt.
Da	kam	ein	Po-	li-	zist	– zist	– zist,
der	schrieb	mich	auf	die	List',	– List',	– List'.
Die	List	fiel	in	den	Dreck,	Dreck,	Dreck,
da	war	mein	Na-	me	weg,	weg,	weg.

aus: Stöcklin-Meyer 1995 S. 51

Auch Quatschverse brachten allen Spaß:

Ein Huhn, das fraß, man glaubt es kaum,
ein Blatt, von einem Gummibaum.
Dann ging es in den Hühnerstall
Und legte einen Gummiball!
(Stöcklin-Meyer 1995 S. 53)

Daneben mussten immer wieder Begriffe und Zusammenhänge geklärt werden. Warum sollte der Löwe seine Zähne lieben? Wie sieht ein Baum aus Gummi aus?

Wortkarten, an der Tafel und auf Hula-Hoop-Reifen an der Decke aufgehängt, mit den farbigen Artikelpunkten versehen, trugen der zunehmenden Lesefertigkeit der Kinder Rechnung und unterstützten das »Vokabellernen«. Zum Sprechunterricht gehörte auch das Einüben von Satzmustern und Verben verbunden mit Präpositionen, die zum Teil ebenfalls auf Pappstreifen an der Wand fixiert wurden.

Fächerübergreifender Aspekt

Der Lese- und Schreibunterricht in unserer Klasse sollte auch immer Sprachlernunterricht sein, da vielen unserer Schüler deutsche Begriffe und die Möglichkeiten ihrer Anwendung fehlten. Dieses Sprachlernen musste natürlich in den anderen Fächern aufgegriffen und vertieft werden.

Zum Erlernen von Grußformeln, Satzmustern oder Begriffen waren uns auch Kinderlieder sehr willkommen: ob es Märchenlieder, Lieder über Gefühle oder Tiere waren – sie unterstützen immer den Sprachaufbau und boten viele Bewegungs- und Spielmöglichkeiten. Daneben konnten gerade auch beim Singen die Herkunftssprachen unserer Schüler zumindest in Ansätzen einbezogen werden, wenn internationale Grußformeln in das Guten-Morgen-Lied eingebaut wurden oder die Kinder zum Beispiel ein bekanntes Weihnachtslied in ihrer eigenen Sprache vorsingen konnten.

Herkunftssprachliche Elemente versuchten wir zum Beispiel auch im Sachunterricht einzubringen, der sich zum Sprachlernen geradezu anbietet. Dazu befragten wir auch unsere Migranteneltern, und die Kinder konnten ihr »Expertenwissen« in den Unterricht einbringen (s. auch in diesem Band Bosselmann, S. 175ff).

Der Sportunterricht bietet vielfältige Möglichkeiten zum Erlernen der Raum-Lage-Begriffe, die wiederum unverzichtbar für den Mathematikunterricht sind.

Rückschau – Vorschau

Am Ende des ersten Schuljahres konnten die Kinder lesen – wenn auch nicht alle fließend. Die meisten Schüler schrieben lautreine Wörter richtig. Sie hatten gelernt, »den Blick auf Sprache zu richten«, was für das weitere Sprachlernen unverzichtbar ist.

In Zukunft werden wir

- einen noch systematischeren Deutschunterricht machen müssen, der in weiten Teilen noch mehr Elemente des Fremdsprachenunterrichts aufnimmt: tägliches Worttraining, das Einüben von Satzstrukturen u. Ä. Unserer Erfahrung nach kann das auch vielen deutschen Schülern nur nützen!
- stärker fächerübergreifend arbeiten. Das kann z. B. bedeuten, dass Begriffe z. B. aus dem Anfangsunterricht Mathematik (*größer, kleiner, danach, davor*) gleichzeitig systematisch im Sport- oder Kunstunterricht geübt werden.
- die Eltern mehr in das schulische Lernen einbeziehen, gerade auch in ihrer Expertenrolle für ihre Herkunftssprache.
- Schüler und Eltern stärker an das außerschulische Lesen heranführen müssen, sei es über gemeinsame Bilderbuch- und Lesestunden oder gemeinsame Besuche der öffentlichen Bücherhalle.
- selbstverständlich Rechtschreibung üben, noch mehr Texte produzieren und überarbeiten.

Unsere Schüler sind nun in der dritten Klasse und spielten vor einigen Wochen das Teekesselchen-Spiel. Wir wissen immer noch nicht, ob der Löwe Löwenzahn liebt, aber alle Kinder der Klasse 3a wissen genau, dass der Löwenzahn ein Teekesselchen ist, weil er zwei Bedeutungen hat. Auch Oleg und Julia, die als Schulanfänger kein Wort Deutsch sprachen.

Literatur

Andresen, U. / Popp, M.: ABC und alles auf der Welt. Ravensburg, Otto Maier Verlag 1995

Dummer-Smoch, L. / Hackethal, R.: Handbuch zum Kieler Leseaufbau. Kiel, Veris Verlag 1994

Reichen, J.: Lesen durch Schreiben. Zürich sabe Verlagsinstitut für Lehrmittel 1988

Rinderle, B.: Fit trotz LRS. Lichtenau, AOL-Verlag 2000

Röber-Siekmeyer, C.: Die Schriftsprache entdecken. Weinheim Basel, Beltz Verlag 1995

rundherum – Handbuch für Lehrerinnen und Lehrer. Mildenberger Verlag, Offenburg 1998

Stöcklin-Meyer, S.: Eins, Zwei, Drei, Ritsche Ratsche Rei. Ravensburg, Otto Maier Verlag 1987

Claudia Benholz, Eva Lipkowski, Charitini Iordanidou

Bedingungen des Textverstehens – Stolpersteine und Fördermöglichkeiten

Vorbemerkung

Vorliegender Beitrag betrachtet Bedingungen des Textverstehens mehrsprachiger Kinder am Beispiel ausgewählter Textausschnitte aus den Bildungsstandards der KMK und den Vergleichsarbeiten in der Grundschule (VERA) und stellt lesedidaktische Ansätze für Grundschulkinder vor, die bereits eine basale Lesefähigkeit erworben haben (drittes und viertes Schuljahr).

Kinder, die in Deutschland mehrsprachig aufwachsen, entwickeln für das Deutsche als Zweitsprache zunächst allgemeine Kommunikationsfähigkeiten, insbesondere gesprochene Umgangssprache. In diesem Zusammenhang helfen ihnen ihre meist gut ausgeprägten pragmatischen Kompetenzen, mit einem begrenzten Wortschatz und noch fehlerhafter Grammatik in der Alltagskommunikation der Schule weitgehend zu bestehen. Probleme bereitet dagegen häufig das Lesen von (Sach-) Texten.

Es gilt also zu analysieren, was Texte schwierig macht und worin die besonderen Lernbedürfnisse mehrsprachiger Kinder bei der Arbeit mit Texten liegen. Hierzu werden auch Ansätze aus der Didaktik des *Deutschen als Fremdsprache (DaF)* einbezogen. Es ist jedoch zu berücksichtigen, dass DaF-Lerner in der Regel in ihrer Muttersprache bereits über »unterschiedliche Leseweisen (wie kursorisches, orientierendes, verweilendes, selektives, kritisches, rückversicherndes, fokussierendes Lesen)« (Müller 2000, S. 5) verfügen, während die mehrsprachigen Kinder diese Techniken gleichzeitig mit dem Erwerb bzw. dem Ausbau der deutschen Sprache erlernen müssen. Des Weiteren werden lesedidaktische Verfahren für einsprachige Kinder aufgegriffen.

Die Förderung des Textverstehens ist eine komplexe Aufgabe für Lehrerinnen und Lehrer und ihre Schülerinnen und Schüler. »Verstehen ist kein passives Aufnehmen von Information, sondern ein aktiver Prozess, in dem die Lernenden eigenes Wissen, eigene Lese- und Verstehensstrategien einsetzen« (Krumm 1990, S. 21).

Das Verständnis von Texten ist von besonderer Bedeutung für das Lernen, daher sollte die differenzierte Beurteilung des Schwierigkeitsgrades von Texten und der sprachlichen Fähigkeiten der Kinder in allen Lernbereichen des Grundschulunterrichts Grundlage für Zeitpunkt und Art des Einsatzes von Texten sein. Verfahren und Übungsformen zur Unterstützung des Textverstehens, die Kinder im Umgang mit Texten sicherer und selbstständiger machen, sollten selbstverständlicher Bestandteil von Unterricht sein und in den Bildungsstandards und Vergleichsarbeiten aufgegriffen werden.

Was macht Texte schwierig?

»Textverständnis ist von verschiedenen Faktoren abhängig, da der Leseprozess grundsätzlich aus wissensgesteuerten und textgesteuerten Prozessen besteht. Verstehen kann nur dann entstehen, wenn bereits Gewusstes zu den dem Text entnommenen Daten in Verbindung gesetzt werden kann. Lesen mehrsprachige Schülerinnen und Schüler Fachtexte, so sind zu deren Verständnis Kenntnisse über den Gegenstandsbereich, die Textsorte, kulturell geprägte Interpretationen und unter Umständen auch über tradierte Konnotationen erforderlich« (Benholz / Iordanidou 2004, S. 21).
Voraussetzung für die Auswahl geeigneter Texte und die gezielte Förderung der Lesekompetenz ist die Analyse in Bezug auf mögliche Schwierigkeiten für ein- und mehrsprachige Kinder. Die Fähigkeit, besondere Schwierigkeiten für mehrsprachige Kinder in Sachtexten zu lokalisieren, ist bei Lehrerinnen und Lehrern, die Deutsch selbst als Muttersprache sprechen, nicht automatisch gegeben. Insbesondere auf der Ebene der Textstrukturen werden Schwierigkeiten aufgrund der eigenen hohen Kompetenz leicht übersehen.

Erst nach der sorgfältigen Analyse eines Textes ist zu entscheiden, ob bestimmte Schwierigkeiten durch Textentlastung vermieden oder mit Hilfe von geeigneten Übungen und Verfahren bearbeitet werden sollten.

Die besonderen Probleme mehrsprachiger Schülerinnen und Schüler mit dem Verständnis schriftlicher Texte sind u. a. auf Unterschiede zwischen gesprochener und geschriebener Sprache zurückzuführen. Dürscheid beschreibt *prototypische Merkmale*, deren Auftreten je nach Textsorte und medialer Form variiert. Z. B. weist der wissenschaftliche *Fachvortrag* die Merkmale der *geschriebenen* Sprache deutlicher auf, obwohl er ein *gesprochener Text* ist, als eine *sms*, bei der es sich um einen *schriftlichen Text* handelt.

»Hauptcharakteristika gesprochener Sprache sind nach Dürscheid ihre Flüchtigkeit sowie die Gebundenheit an Zeit und Raum. Hierdurch ergibt sich die Möglichkeit, deiktische Elemente zu verwenden, nachzufragen und in den Äußerungen weniger explizit zu sein. Intonation, Mimik, Gestik dienen als zusätzliche Träger von Informationen in der meist dialogisch ausgerichteten gesprochenen Sprache. Geschriebene Sprache dagegen ist dauerhaft; Handlungsträger, Ort und Zeit müssen eingeführt werden. Der Leser hat nicht die Möglichkeit nachzufragen und kennt den unmittelbaren Kontext in der oft monologisch ausgerichteten geschriebenen Sprache nicht. ›Äußerungen in gesprochener Sprache sind häufig gekennzeichnet durch fehlerhaften Satzbau, Flexionsbrüche, Dialektismen, umgangssprachliche Ausdrücke, Ellipsen, Selbstkorrekturen, Gesprächspartikel. In den Texten der geschriebenen Sprache finden sich solche Ausdrucksmittel in der Regel nicht‹ (Dürscheid 2002, S. 29)« (Benholz / Iordanidou 2004, S. 20).

Diese Struktur der Schriftlichkeit bedeutet für mehrsprachige Schülerinnen und Schüler, dass sie ihre pragmatischen Kompetenzen nicht zum Einsatz bringen können und die im Mündlichen *verdeckten Sprachschwierigkeiten* (Knapp) zum Tragen kommen.

Für die Analyse von möglichen Schwierigkeiten sind die folgenden Kriterien wichtig:

Schülerseitige Kriterien

- ➢ Lesemotivation
- ➢ Vorwissen
  - – Sprachkenntnisse
  - – Sach- und Kulturkenntnisse

Textseitige Kriterien

- ➢ Textebene
- ➢ Satzebene
- ➢ Wortgruppen
  - – feststehende Ausdrücke und Redewendungen
  - – Ebene der Satzglieder
- ➢ Wortebene

Die schüler- und textseitigen Kriterien werden in der folgenden Analyse konkretisiert. Die Beurteilung, ob der Schwierigkeitsgrad eines konkreten Textes den Fähigkeiten der Schüler entspricht, kann nie pauschal, sondern immer nur in Hinblick auf konkrete Schüler und Unterrichtssituationen erfolgen.

Wie schwierig sind Texte aus Leistungstests?

Nachfolgend werden drei Textausschnitte aus den Bildungsstandards der KMK und den Vergleichsarbeiten in der Grundschule (VERA) analysiert. Die Problembereiche für mehrsprachige Kinder wurden von den Verfasserinnen durch Unterstreichung markiert, ihre Struktur wird im Anschluss an den jeweiligen Text diskutiert.

Beispiel 1

»Warum Schlafen wichtig ist

›Blöd, es ist erst sieben Uhr und ich soll schon ins Bett‹, meckert Miriam. ›Warum früher schlafen?‹, mault Lukas. ›Jeden Abend das gleiche Theater!‹, stöhnt die Mutter. ›Die Kids haben eben immer Angst, dass sie etwas verpassen.‹ Aber dem ist nicht so. Auch im Schlaf sind dein Körper und dein Gehirn voll in Aktion. Auch wenn du mit geschlossenen Augen ruhig daliegst, geht in dir die Post ab. Nach dem Einschlafen fällst du zuerst in einen fast Zwei-Stunden-Tiefschlaf. (...)« (KULTUSMINISTERKONFERENZ 2004, S. 18–19)

Lesemotivation und Vorwissen dürften bei diesem Text gegeben sein, auch wenn bezüglich der Einschlafzeiten durchaus Kulturunterschiede zu berücksichtigen wären.

Die besondere Schwierigkeit dieses Textes liegt in der Verwendung umgangssprachlicher Wendungen *voll in Aktion, die Post geht ab, in den Schlaf fallen*. Auch die Verwendung unvollständiger Sätze *Warum früher schlafen?* ist den Merkmalen gesprochener Sprache zuzuordnen und erschwert u.U. im schriftlichen Text das Verständnis. Dies kann auch für die direkte Anrede *dein Körper* gelten. Ungünstig erscheint zudem der Wechsel zwischen der Einleitung und dem in persönlicher Anrede abgefassten Hauptteil, der nach der Wendung *dem ist nicht so* erfolgt. Diese stellt gleichzeitig einen sehr unklaren Rückverweis dar. Die Argumentationsstruktur des Textes ist ansonsten relativ einfach.

Im Bereich des Wortschatzes sind seltene Wörter *mault* und komplexe Bildungen *Zwei-Stunden-Tiefschlaf* mögliche Stolpersteine, ebenso das für diese Nominalgruppe ungewöhnlich Attribut *fast*.

Beispiel 2

»Deutsches Spring- und Dressur-Derby

Zum 76sten Mal Nervenkitzel pur in Klein Flottbek!

Auch 2005 heißt es wieder Spannung und Nervenkitzel pur, wenn die Weltelite des Reitsports um das ›blaue Band‹ kämpft. Seit 1920 stellt die wohl schwerste Hindernisbahn der Welt mit seinen Naturhindernissen die Reiter vor eine fast unlösbare Aufgabe. Der anspruchsvolle, ca. 1.230 m lange Weg führt über

Hindernisse, wie den Birkenoxer, Pulvermanns Grab oder den Tchibo-Wall. Die Hindernisbahn erfordert neben Geschick und Können vor allem viel Mut von Reitern und Vierbeinern.
Tradition und eine einmalige Atmosphäre…
… erlebt man aber nicht nur am Sonntag beim Dressur-Derby! Vielmehr müssen sich die Spitzensportler aus aller Welt über alle vier Veranstaltungstage beweisen. Bereits am Donnerstag geht es in der ersten Qualifikation zum Deutschen Spring-Derby um den Grundstein für den Derby-Sieg. Viele müssen jedoch schon am Freitag Abschied nehmen von dem Traum, einmal im Leben Derby-Sieger zu sein. Denn es geht erstmals über den mächtigen Tchibo-Wall. (…)« (Projekt VERA Deutschaufgaben 4, S. 17)

Dieser Text bietet Kindern mit Migrationshintergrund kaum Möglichkeiten, an ihren Erfahrungen anzuknüpfen, da die wenigsten selbst Reitsport betreiben oder dies aus ihrer Familie kennen.

Häufig fehlen Textverknüpfungsmittel, was zu Verständnisschwierigkeiten führt, da keine Entlastung durch Wiederaufnahme oder Verweise gegeben ist. Rückverweise sind an manchen Stellen so gestaltet, dass sie als solche nicht erkannt werden können. Das Wort *Vierbeiner* ersetzt das Wort *Pferd,* das im Übrigen kein einziges Mal im Text auftaucht, was den Aufbau der Leseerwartung erschwert. Der Text enthält sogar einen diesbezüglichen grammatischen Fehler *die wohl schwerste Hindernisbahn der Welt mit seinen Naturhindernissen, seinen* ist falsch gesetzt, es müsste *ihren* heißen. Die Argumentationsführung weist insgesamt zahlreiche Sprünge auf.

Auf der Satzebene fallen auch hier wieder unvollständige Formen auf, die teilweise der Umgangssprache entnommen sind *es heißt Spannung und Nervenkitzel pur.*

Schwierig sind auch komplexe Wortgruppen, die Rechts- und Linksattribute enthalten. Die beiden komplexen Nominalgruppen *in der ersten Qualifikation zum deutschen Spring-Derby* und *den Grundstein für den Derby-Sieg* sind für Grundschüler kaum zu überblicken.

Auf der Wortebene stellt die Verwendung von Eigennamen in Fachwörtern ein Problem dar. Muttersprachliche Leser erkennen hier sofort den übertragenen Gebrauch, bei mehrsprachigen Kindern ist es möglich, dass sie den Eigennamen Bedeutungen geben, die sie aus ihren Wortschatzkenntnissen und dem Weltwissen herleiten. *Pulvermanns Grab* und *Tchibo-Wall* werden u. U. mit Friedhof und Kaffee in Verbindung gebracht und *der Kampf um* das *blaue Band* kann unverständlich bleiben. Außerdem gibt es Komposita mit seltenen Bestandteilen und übertragener Bedeutung *Weltelite, Hindernisbahn, Grundstein, Nervenkitzel* und Zusammensetzungen mit Bindestrich *Spring-Derby, Dressur-Derby, Derby-Sieger* sowie Adjektive mit ungewöhnlichen Vorsilben und Endungen (Prä- und Suffixen) *unlösbar, anspruchsvoll.*

In der Familiensprache codiertes Vorwissen kann u. U. nicht zur Anwendung kommen, weil im gesamten Test der einfache Assoziationsgeber *Pferd* nicht vorkommt. Auch die Bedeutung des Wortes *Derby* wird vorausgesetzt.

Beispiel 3

»Die erste Pauschalreise der Welt

Viele von euch waren mit den Eltern schon einmal in Urlaub. In den Ferien fährt man zum Skifahren in die Alpen oder zum Schwimmen an das Meer, einige gehen zum Zelten, andere bevorzugen es in einem Hotel zu übernachten. Es gibt ungeheuer viele Arten zu reisen.

Eine beliebte Reiseform ist die Pauschalreise. Ein Veranstalter bietet ein bestimmtes Paket an: Flug, Hotel, Essen und noch vieles mehr können im Preis enthalten sein. Dadurch, dass ein Veranstalter meistens für viele Menschen auf einmal bucht, bekommt er die Hotelzimmer, Flüge usw. zu einem billigeren Preis. Eine Pauschalreise ist darum oftmals die günstigste Form zu reisen

Wer kam auf die Idee eine Pauschalreise anzubieten?

Thomas Cook war ein streng gläubiger Mann und davon überzeugt, dass Alkohol die Ursache für die Schwierigkeiten in der Gesellschaft war. Daher hatte er in seinem Leben das Ziel, den Menschen etwas zu bieten, was sie vom Alkohol ablenkt. Er kam auf die Idee, dass des Rätsels Lösung das Reisen sein könnte:

So verteilte Thomas Cook in den ersten Julitagen des Jahres 1841 in den Hauptstraßen der englischen Stadt Leicester Flugblätter an die Passanten. ›Handbills‹ nannte man dergleichen, und für gewöhnlich machten Kaufläden oder Theatergruppen damit auf sich aufmerksam. (…).« (Projekt VERA Deutschaufgaben 4, S. 9)

Die Einleitung bietet vielen Kindern mit Migrationshintergrund keinen Identifikationsaspekt. Flüchtlingskinder waren in der Regel noch nie im Urlaub und auch die Kinder von Arbeitsmigrantinnen und -migranten fahren kaum zum Skifahren in die Alpen.

Die Struktur der Argumentation ist deutlicher als im vorausgehenden Beispieltext, dennoch sind Bezüge zwischen den Sätzen in einzelnen Fällen schwer herzustellen. *Dergleichen* ist ein für Grundschulkinder ungewöhnliches Wort und bezieht sich zudem auf *Flugblätter,* was nur für den geübten Leser nachzuvollziehen ist, *damit* ist gleichfalls als zweiter Rückbezug auf *dergleichen* schwierig zu deuten. Das vorliegende Satzgefüge *Thomas Cook … ablenkt* ist kompliziert, was durch den vor *daher* gesetzten Punkt nicht abgemildert wird.

Weitere Problembereiche bilden das vorgestellte Genitivattribut *des Rätsels Lösung* sowie komplexe Verben *jdm. etw. bieten, es bevorzugen zu, auf etw. aufmerksam machen, von etw. überzeugt sein, jdn. von etw. ablenken.*

Auf der Wortebene enthält der Text viele nominalisierte Verben *zum Skifahren, zum Schwimmen, zum Zelten, das Reisen* sowie die Komposita *Reiseform, Pauschalreise, Flugblätter,* deren Bedeutung nicht leicht zu erschließen ist.

Die vorstehenden drei Beispieltexte zeigen nach dem Analyseschema folgende Schwierigkeiten:

Schülerseitige Kriterien

➢ *Lesemotivation*
- Text beruht auf monokulturellem deutschen bzw. westeuropäischen Erfahrungshintergrund; Alltags- und Kulturerfahrungen von Schülerinnen und Schülern mit Migrationshintergrund werden nicht berücksichtigt *(Einschlafzeiten, Pferdesport)*

➢ *Vorwissen*
- Text setzt sozialen und ökonomischen Hintergrund deutscher Mittelschichtskinder voraus; das Weltwissen der Schülerinnen und Schüler mit Migrationshintergrund wird nicht berücksichtigt *(Pauschalreisen, Pferdesport)*

Textseitige Kriterien

➢ *Textebene*
- Textverknüpfungsmittel:
  Pronomen, Possessivpronomen, Adverbien (dergleichen, damit, seine, es, das, sie), Präteritum (verteilte), Konjunktiv (sein könnte)
- fehlende Textverknüpfung (Aneinanderreihung von Einzelsätzen)
- Argumentationsstruktur (Sprünge)
- in einem Fall grammatisch falsche Textverknüpfung

➢ *Satzebene*
- unpersönlicher Ausdruck *(fährt man zum Skifahren, es geht um … den Derby-Sieg)*
- ungewöhnliche Stellungsvarianten im Satz *(dem ist nicht so)*
- komplizierte Satzstrukturen

➢ *Wortgruppen*
- Feststehende Ausdrücke / Redewendungen
- Redewendungen *(in den Schlaf fallen, die Post geht ab, voll in Aktion sein)*
- feststehende Ausdrücke *(um etwas gehen, Abschied nehmen von)*

- Satzglieder
  - Nominalisierungsgruppen mit komplexen Attributen *(Mut von Reitern und Vierbeinern, in der ersten Qualifikation zum deutschen Spring-Derby um den Grundstein für den Derby-Sieg, die wohl schwerste Hindernisbahn der Welt mit ihren Naturhindernissen, eine fast unlösbare Aufgabe)*
  - komplexe Prädikate *(müssen sich beweisen, können enthalten sein)*
  - ungewöhnliche Stellungsvarianten in der Wortgruppe *(des Rätsels Lösung)*

➢ *Wortebene*
- seltene Wörter *(mault, Vierbeiner)*
- schwierige Ableitungen *(dergleichen)*
- Komposita *(Reiseform, Hindernisbahn, Nervenkitzel)*
- komplexe Bildungen (Bindestrichwörter) *(zwei-Stunden-Tiefschlaf)*
- terminologisierte Wörter aus der Alltagssprache *(Paket)*
- Fachwortschatz *(Pauschalreise, buchen)*
- Eigennamen als Fachwörter *(Birkenoxer, Pulvermanns Grab, Tchibo-Wall)*
- Entlehnungen und Wortelemente aus anderen Sprachen *(handbills)*
- nominalisierte Verben *(zum Skifahren, nach dem Einschlafen, zum Zelten)*
- Adjektive mit fachsprachlichen Prä- und Suffixen *(unlösbar, anspruchsvoll)*

Abschließend bleibt anzumerken, dass alle untersuchten Texte besondere Schwierigkeiten für mehrsprachige Kinder enthalten, die zum Teil durch eine andere Auswahl oder Gestaltung hätten vermieden werden können. Auf der Ebene der Lesemotivation lässt sich eine gewisse Orientierung an Lebensgewohnheiten der deutschen Mittelschicht erkennen, die Migrantenkinder weniger anspricht. Hinsichtlich des Vorwissens sind entsprechend Informationsdefizite anzunehmen.

Zweitsprachenlerner sind sehr viel weniger als Muttersprachler in der Lage, nicht explizit gemachte Informationen selbstständig zu ergänzen. Dies resultiert aus einer gewissen Unsicherheit bezüglich der sprachlichen Struktur und der Bedeutung der benannten Inhalte. Werden falsche Bezüge hergestellt, fällt es ihnen schwerer, diese zu korrigieren, weil sie z. B. nicht erkennen, dass ein Pluralpronomen sich nicht auf ein Singularbezugsnomen beziehen kann oder ein maskulines Pronomen auf einen femininen Handlungsträger.

Auf der Satzebene ist mit besonderen Schwierigkeiten beim Umgang mit getrennten und komplexen Prädikaten zu rechnen sowie mit einer größeren Ungeschicklichkeit in der Ermittlung der Kerne von komplexen Nominalgruppen. Ein ganz besonderes Problem stellen feststehende Ausdrücke und Redewendungen dar, insbesondere wenn sie in Zusammenhängen stehen, die ein »Wörtlichnehmen« nicht ausschließen *(die Post geht ab)*.

Auf der Wortebene ist, qualitativ gesehen, mit ähnlichen Schwierigkeiten wie bei einsprachigen Kindern zu rechnen, jedoch sind diese quantitativ gravierender, da der Wortschatz mehrsprachiger Kinder in der Zielsprache Deutsch weniger umfangreich ist als der einsprachiger. Außerdem kommen auch hier die Unsicherheiten im grammatischen System zum Tragen, die dazu führen, dass umgelautete und abgeleitete Stämme nicht in Verbindung zu ihrem Grundwort gebracht werden können. Auch in der Handhabung übertragener Bedeutungen sind Mehrsprachige unsicherer, so wäre durchaus denkbar, dass das *Angebotspaket* für eine Paketsendung gehalten wird.

Die oben analysierten Beispieltexte enthalten sicherlich auch Klippen für Einsprachige, die Probleme Mehrsprachiger unterscheiden sich hiervon beträchtlich. Sie liegen insbesondere in Unsicherheiten gegenüber der grammatischen Struktur und in der Menge der schwer verständlichen Elemente. Daher sollten Leistungstests so konzipiert werden, dass sie auch einfachere Texte oder Untertexte enthalten, an denen mehrsprachige Schülerinnen und Schüler an Hand geeigneter Aufgaben nachweisen können, welche sprachlichen und inhaltlichen Kompetenzen sie bereits erworben haben. Auch bei der Auswahl von Prüfungstexten sollte daher der Schwierigkeitsgrad für mehrsprachige Schülerinnen und Schüler nach dem oben vorgestellten Analyseschema geprüft werden.

Prüfungstexte, die in standardisierten Verfahren eingesetzt werden, sind nicht veränderbar und müssen daher mit besonderer Sorgfalt erstellt werden.

Texte für den Unterricht, die nicht zur Leistungsüberprüfung konzipiert sind, können jedoch in jeder Hinsicht komplexer sein, da sie Erarbeitungsprozessen unterliegen, die angeleitet werden. Hier können die im Folgenden dargestellten Lesehilfen umgesetzt werden, durch die die Kinder Lesestrategien aufbauen, festigen und erweitern. Dies führt dann auch zu einem besseren Umgang mit Texten in Testzusammenhängen.

Texte im Unterricht – Lesehilfen durch Textentlastung

Verfahren der Textentlastung sind ein zentrales Mittel, um eine Progression für den Unterricht zu entwickeln. Allerdings ist davor zu warnen, Texte zu stark zu reduzieren und zu entlasten, damit keine Unterforderung entsteht, die letztendlich eine Annäherung an komplexe Textstrukturen verhindert.

Kuhs schlägt vor, die zu bearbeitenden Texte zu modifizieren und unterscheidet hierbei nach lexematischer und syntaktischer Entlastung:

lexematisch:
- weniger verschiedene Wörter
- weniger neue Wörter
- weniger seltene Wörter (»Spezialwörter«, die nur in einem Text auftreten)

syntaktisch:
- statt Imperfekt → Präsens (Perfekt)
- statt Passiv → Aktiv
- statt Konjunktiv → Indikativ
- statt Pronomen → Nomen
- statt Genitiv → Dativ (vom Vater)
- Gliedsatz → Satzreihe
- langer Satz → kurze Sätze
- indirekte Rede → direkte Rede
- Wiederholung von Satzmustern

(Kuhs 1991, S. 23)

Ein weiteres, einfaches Verfahren zur Textentlastung ist die Kürzung. Hierdurch wird berücksichtigt, dass mehrsprachige Kinder eine höhere Konzentrationsleistung bei der Informationsentnahme erbringen müssen. Diese kurzen Texte können durchaus lexematische und syntaktische Schwierigkeiten enthalten, die mit den unten vorgestellten Verfahren zur Verbesserung der Texterschließungskompetenz bearbeitet werden können.

Texte im Unterricht – Lesehilfen durch Orientierung

Bohn beschreibt Möglichkeiten einer Vorentlastung von Hör- und Lesetexten für den Unterricht in Deutsch als Fremdsprache mit Erwachsenen:

- ein kurzes Einführungsgespräch,
- einen schriftlichen Einführungstext,
- einen vereinfachten Paralleltext,
- ein Assoziogramm,
- eine thematische Wortliste,
- einsprachige Worterklärungen und
- Bilder (BOHN 2000, S. 47).

MÜLLER bezieht sich auf den Unterricht in der Sekundarstufe I und nennt z. B. folgende Verfahren.:
- Vorwissen zum Textthema aktivieren bzw. strukturieren
- Leseerwartungen formulieren
- Textthema benennen bzw. präzisieren
- Fragen an den Text stellen
- Informationen durch Randbemerkungen oder Fußnoten ergänzen (vgl. MÜLLER 2000, S. 10–11)

Bei der Orientierung auf Lesetexte sollte insbesondere darauf geachtet werden, muttersprachlich codiertes Wissen zu aktivieren, indem z. B. Schlüsselwörter übersetzt oder kulturspezifische Entsprechungen des jeweiligen Gegenstandes thematisiert werden.

Im Folgenden ein Textbeispiel aus dem Sachunterricht, für den einige der oben angegebenen Verfahren exemplarisch umgesetzt sind.

Beispiel 4 (Schulbuchtext: Sachunterricht)

»Vor etwa 150 Jahren zogen viele Menschen aus den Dörfern in die wachsenden Städte. Dort entstanden Fabriken, in denen sie Arbeit suchten. Ihr Verdienst reichte oft nicht zum Leben aus. Immer mehr Kinder arbeiteten deshalb mit. Sie halfen ihren Eltern bei der Heimarbeit oder gingen auch in die Fabriken. Aus einem Bericht über die Kinderarbeit um 1825: ›Sie sind den ganzen Tag bis spät in die Nacht in engen dumpfen Stuben oder Werkstätten eingesperrt. Ihre magere Kost beschränkt sich hauptsächlich auf Kartoffeln mit Salz und Wasser, Kartoffelkuchen in Rüböl gebacken und auf Zichorienbrühe, Kaffee genannt.‹
Die Kinderarbeit nahm schließlich so stark zu, dass der Staat Gesetze dagegen erließ:
Kinderarbeitsschutzgesetz von 1839:
Fabrikarbeit für Kinder unter 9 Jahren ist verboten. Kinder bis zum 16. Lebensjahr dürfen nicht mehr als 10 Stunden täglich an 6 Wochentagen arbeiten.
Kinderarbeitsschutzgesetz von 1903:
Vor dem abgeschlossenen zwölften Lebensjahr darf niemand in einer Fabrik oder einem Bergwerk beschäftigt werden.« (Mobile 4, S. 117)

Das Vorwissen zum Textthema könnte durch ein *Einführungsgespräch* aktiviert werden, das zudem die Leseerwartung lenkt. Hier könnten folgende Fragen aufgeworfen werden:

- Hast du schon einmal gearbeitet?
- Was ist der Unterschied zwischen »Helfen« und »Arbeiten«?
- Arbeiten deine älteren Geschwister?
- Weißt du, ab welchem Alter Kinder in Deutschland arbeiten dürfen?
- Weißt du, ob Kinder in anderen Ländern arbeiten?
- Welche Arbeiten können Kinder tun?
- Gibt es Arbeiten, die Kinder besser tun können als Erwachsene?
- Weißt du, ob vor hundert Jahren Kinder in Deutschland gearbeitet haben?
- Welche Arbeiten könnten Kinder damals getan haben?
- Was bedeuten diese Zeichen?

Es wäre auch möglich, einen schriftlichen *Einführungstext* abzufassen, aus dem sich Fragen ergeben, die der Originaltext beantwortet.

»In diesem Text erfährst du, wo und wie lange Kinder früher gearbeitet haben und wie sie später davor geschützt wurden.«

Ein vereinfachter *Paralleltext* könnte wie folgt aussehen:

»Vor 150 Jahren gingen in Deutschland viele Menschen aus den Dörfern in die Städte. Dort fanden sie Arbeit in Fabriken. Trotzdem reichte das Geld oft nicht aus. Darum mussten auch ihre Kinder arbeiten. Bei der Arbeit waren sie oft in engen, dunklen Räumen und sie bekamen nur wenig zu essen. Immer mehr Kinder mussten arbeiten, was nicht gut für ihre Gesundheit und Erziehung war. Schließlich gab es ein strengeres Gesetz gegen Kinderarbeit.«

Es wäre auch möglich, die im Text etwas missverständliche Zeitschiene durch den Einführungstext zu verdeutlichen:

»Der folgende Text informiert euch über die Arbeit von Kindern vor vielen Jahren. Hier seht ihr, was wann passierte:

im Jahr 1839:	Erstes Gesetz zur Arbeit von Kindern
ab 1850:	Immer mehr Kinder arbeiten
im Jahr 1903:	Strengeres Gesetz zur Arbeit von Kindern«

Die Begriffe »Heimarbeit«, »Fabrik«, Werkstatt«, Bergwerk« könnten in einem *Assoziogramm* zu Arbeitsplätzen thematisiert werden.

Thematische Wortlisten könnten angelegt werden zu den Bereichen Arbeitsplätze und Lebensmittel.

Worterklärungen durch Wortzerlegung würden sich für die Komposita *Heimarbeit, Kinderarbeit, Kartoffelkuchen, Rüböl, Kinderarbeit, Kinderarbeitsschutzgesetz* anbieten, wobei das richtige Verständnis des Begriffes *Heimarbeit* abgesichert werden müsste.

Im Lexikon nachgeschlagen werden könnten die Worte *Bergwerk* und *Zichorienbrühe.*

Bildmaterial zum Thema Kinderarbeit ist reichlich vorhanden und könnte im Vorfeld der Textlektüre eingesetzt werden.

Die oben stehenden orientierenden Verfahren sollten durch Lesehilfen ergänzt werden, die während des Leseprozesses wirksam werden.

Texte im Unterricht – Lesehilfen durch Texterschließung

Wichtig ist, dass ein ausgewogenes Verhältnis zwischen Textentlastung, Orientierung und Verfahren zur Texterschließung gefunden wird.

Im Folgenden hierzu einige der von Müller empfohlenen Arbeitsweisen, die auch für die Grundschule geeignet erscheinen:

- Strukturierung von Texten:
  Texte in Abschnitte gliedern, Überschriften für Texte und Textteile finden oder zuordnen, Fragen zum Textinhalt oder einem bestimmten Gesichtspunkt beantworten, Texte umschreiben
- Erkennen von Beziehungen zwischen Wörtern und Teilinformationen: Verknüpfung zwischen einzelnen Informationen erkennen und markieren, Beziehungen zwischen Informationen grafisch verdeutlichen (Mind-Mapping oder Bedeutungsnetz)
- Erkennen des Wesentlichen:
  Wesentliche Informationen unterstreichen, Informationen durch Streichen auf Wesentliches kürzen

- Integration von neuem Wissen in bestehende kognitive Strukturen: Behaltenes nach dem Lesen aufschreiben, Zusammenfassungen abfassen (MÜLLER 2000, S. 8 und S. 10–11)

STORCH schlägt darüber hinaus folgende Formen vor:

- Übertragen von Textinformationen in ein vorgegebenes Inhaltsraster
- Vorgegebene (vereinfachte, verallgemeinerte) Aussagen bzw. Informationen den entsprechenden Textteilen zuordnen (STORCH 1999, S. 139)

Texterschließung sollte stets der angestrebten Leseform angepasst sein. In Bezug auf die Fragestellungen zu den untersuchten Leistungstests nimmt insbesondere das selektive Lesen eine wichtige Stellung ein. Daher können auch Suchaufgaben unterschiedlichster Prägung angebracht sein, wie z.B. das Auffinden bestimmter Begriffe, das gezielte Suchen nach Informationen (Ortsangaben, Zeitangaben), das Ermitteln von Wörtern eines Wortfeldes u.Ä. Solche Leseaufgaben sind auch eine gute Vorbereitung auf das Lesen im Alltag.

Texte im Unterricht – Leseverständnis sichern und vertiefen

WESPEL zeigt Übungen auf, die für das Lesen relevante Teilfähigkeiten schulen, indem sie durch Auf-, Abbau- und andere Strukturübungen den Blick für die Binnenstrukturen von Texten schärfen:

- zu langen Wörtern
  Auf- und Abbau von Morphemen: *Hexe → Hexenbuch,*
- zu Wortgruppen
  Erweiterung nominaler und verbaler Gruppen:
  auf dem Ast → auf dem untersten Ast →, auf dem untersten Ast des Kirschbaums fährt ❖ fährt schnell → fährt sehr schnell,
- zur Verbklammer
  Klammern ohne Einschub lesen:
  hat … gemacht, ist … gekommen, war … verschwunden, will … haben, musste … gehen, möchte … fliegen
- zu ungewohnten bzw. abweichenden Satzgliedstellungen
  Sie hatten am Morgen vier kleine Katzen im Korb → Vier kleine Katzen hatten sie am Morgen im Korb (WESPEL 2005, S. 32–33)

Diese Übungen sind für einsprachig deutsche Leseanfänger konzipiert, können aber auch für mehrsprachige Kinder hilfreich eingesetzt werden, um Bedeutungen zu sichern und grammatische Strukturen einzuüben.

Weitere Übungen zur Sicherung und Vertiefung schlägt MÜLLER vor:

- Behaltenes nach dem Lesen aufschreiben und mit anderen Lösungen oder dem Original vergleichen
- Texte umschreiben
- Lückentexte ergänzen
- Multiple-Choice Aufgaben lösen
- Textteile zuordnen
- Zuordnen von Bildern zu Textabschnitten

(MÜLLER 2000, S. 10–11)

Besonders zentral ist die Verbindung des Lesens von Texten und des eigenen Schreibens, um die Schriftlichkeit als besondere Varietät besser zu verinnerlichen. Nach BELKE eignen sich Übungen zum »generativen« Schreiben, in denen Schülerinnen und Schüler Texte analog zu vorgegebenen Mustern verfassen (BELKE 2003, S. 237–243). Auch Sprachanfänger können hier bereits Erfolgserlebnisse erzielen.

Textarbeit sollte demnach *vor* (Aktivierungs-/Hinführungsphase), *bei* (mehrere Verstehensphasen) und *nach* dem Lesen des Textes (Anschlussphasen) (vgl. STORCH 1999, S. 124) stattfinden, wobei darauf geachtet werden sollte, dass die Schülerinnen und Schüler zunehmend Selbstständigkeit in der Anwendung dieser Verfahren erwerben.

Textverstehen und Muttersprache

Mehrsprachigkeit sollte im Unterricht nicht als Störfaktor, sondern als wichtige zusätzliche Kompetenz der Kinder begriffen werden. Damit wird der Anspruch einer ganzheitlichen Sicht auf Schülerinnen und Schüler mit Migrationshintergrund eingelöst und ein wichtiger Beitrag zur Sprachentwicklung der mehrsprachigen Kinder und zur interkulturellen Erziehung aller Kinder geleistet.

BELKE / CONRADY fordern in diesem Zusammenhang »eine Neuorientierung der traditionell monolingualen Didaktiken Deutsch als Muttersprache (DaM) und Deutsch als Fremdsprache (DaF) zu Gunsten eines integrativen sprachdidaktischen Konzepts, das den besonderen didaktischen Stellenwert der Schriftsprache reflektiert« (BELKE / CONRADY 2005, S. 31).

Die obigen Darstellungen haben bereits in einigen Punkten aufgezeigt, dass die Berücksichtigung des kulturellen und sprachlichen Hintergrundes der Kinder eine Bedingung für die Förderung von Lesefähigkeiten darstellt. Lesemotivation und Vorwissen können auch über den Einbezug der Muttersprachen aktiviert werden. In diesem Zusammenhang schlagen BELKE und CONRADY vor:

»Ein erster Schritt sollte sein, im Unterricht den alltäglichen Sprachgebrauch der Kinder nicht deutscher Erstsprache zuzulassen und zu vereinbaren, wann welche Sprache benutzt werden darf. In Partner- und Gruppenarbeit werden dann einige Inhalte in allen Herkunftssprachen der Schülerinnen und Schüler erarbeitet, bearbeitet, weiterentwickelt, miteinander verglichen, dargestellt, vorgestellt, veröffentlicht. Das wäre dann ›Sprachenwechsel als Gelegenheitsunterricht‹ (vgl. CONRADY 2000)« (BELKE / CONRADY 2005, S. 31).

Leistungsbewertung

Die Fähigkeit zur Anwendung von Verfahren der Texterschließung sollte im Unterricht der Grundschule und in den Leistungserhebungen Eingang in die Bewertung finden. Wenn ein Kind z. B. die mathematischen Begriffe eines Textes korrekt unterstreichen und die Pronomen durch die richtigen Bezugselemente ersetzen kann, so sollte dies auch dann positiv vermerkt werden, wenn ein gefragter Rechenvorgang nicht nachvollzogen werden konnte. Auch in die Leistungstests sollten daher Aufgaben zur Texterschließung integriert werden, wie oben dargelegt. Dies ist allerdings nur sinnvoll, wenn diese Verfahren auch Gegenstand des Unterrichts waren. Eine stärkere Passung von Unterricht und Leistungstests könnte auch dadurch erreicht werden, dass die in heutigen Schulbüchern zum Standard gehörende Text-Bild-Relation auch in den Aufgabenstellungen der Leistungstests auftritt.

Die Länge der hier zu bearbeitenden Texte sollte das durchschnittliche Niveau von Schulbüchern der Grundschule eher unter- als überschreiten. Aufgaben, die aus dem Verständnis von Teiltexten zu beantworten sind, sollten ebenfalls enthalten sein. Auf diese Weise kann auch der Grad der Annäherung der Kinder an die zu bewältigende Sprachaufgabe erfasst werden.

Literatur

Belke, G.: Mehrsprachigkeit im Deutschunterricht. Sprachspiele, Spracherwerb, Sprachvermittlung. Baltmannsweiler, 2003

Belke, G. / Conrady, P.: Einwanderungsland Deutschland: Viele Sprachen in den Schulen. In: Grundschule H. 3 / 2005, S. 30–31

Benholz, C. / Iordanidou, C.: Fachtexte im Deutschunterricht. 5. – 8. Jahrgangsstufe. In: Deutschunterricht H. 4 / 2004, S. 19–27

Benholz C. / Lipkowski, E.: Förderung in der deutschen Sprache als Aufgabe des Unterrichts in allen Fächern. In: Deutsch lernen. H. 1 / 2000, S. 1–10

Bimmel, P.: Wegweiser im Dschungel der Texte. Lesestrategien und Textkonnektoren. In: Fremdsprache Deutsch. H. 2 / 1990, S. 10–15

Bohn, R.: Probleme der Wortschatzarbeit. Fernstudieneinheit 22. In: Neuner, G.: Fernstudienprojekt »Deutsch als Fremdsprache und Germanistik«. München, 2000

Dürscheid, C.: Einführung in die Schriftlinguistik. Wiesbaden, 2002

Knapp, W.: Verdeckte Sprachschwierigkeiten. In: Grundschule, Heft 5 / 1999, S. 30–33

Krumm, H -J. / Mummert, I.: Textarbeit. In: Helbig, G. / Götze, L. / Henrici, G. / Krumm, H. -J. (Hrsg.): Deutsch als Fremdsprache. Ein internationales Handbuch. 2. Halbband. Berlin, New York, 2001, S. 942–955

Krumm, H.-J.: Vom Lesen fremder Texte. Textarbeit zwischen Lesen und Schreiben. In: Fremdsprache Deutsch. H. 2 / 1990, S. 20–24

Kuhs, K.: Leseverstehen und Textentlastung. In: Die Grundschulzeitschrift. Heft 43 / 1991, S. 22–24

Kultusministerkonferenz (Hrsg.): Bildungsstandards im Fach Deutsch für den Primarbereich. Beschluss vom 15. 10. 2004. Online: http://www. kmk. org / schul / Bildungsstandards / Grundschule_Deutsch_BS_307KMK. pdf

Menzel, W.: Lesen lernen dauert ein Leben lang. Methoden zur Verbesserung der Lesefähigkeit und des Textverständnisses. In: Sonderheft Praxis Deutsch: Texte lesen – Texte verstehen. 2003, S. 44–48

Müller, A.: Sachtexte lesen und verstehen. In: Lernchancen. H. 13 / 2000, S. 4–12

Storch, G.: Deutsch als Fremdsprache – Eine Didaktik. Paderborn, 1999

Wespel, M.: Schwierige Texte: Stolpersteine erkennen und überwinden. In: Grundschule H. 4 / 2005, S. 30–34

Karlheinz Burk

Zusammenarbeit mit Eltern

Einerseits: Eine Reihe von Studien zum Schulerfolg stellen die Mitwirkung der Eltern im Schulgeschehen als einen der Schlüsselfaktoren dar, der allgemein mit höheren Erfolgsquoten in Verbindung steht und besonders mit guten Leistungen der Schüler. Je mehr die Eltern mit dem Schulalltag ihrer Kinder vertraut sind, desto größer scheinen die Chancen, dass ihre Kinder gute Ergebnisse erzielen (Nauck u. a. 1998, Zimmermann, P. / Spangler, G. 2001, Bos u. a. 2004).

Eine gute Partnerschaft zwischen Elternhaus und Schule – und hier besonders in den ersten Schulbesuchsjahren des Kindes – ist eine Voraussetzung für einen erfolgreichen Schulbesuch; eine gute Kooperation fördert die schulischen Leistungen der Kinder. Die Verbesserung der Beziehungen zwischen Schule und Elternhaus gelten daher auch als zentrales Element einer interkulturellen Erziehung und für die Integration von Kindern aus Migrantenfamilien.

Andererseits: Der Einsicht, dass dem Aufbau wirksamer und förderlicher Beziehungen zwischen Elternhaus und Schule große Beachtung zukommt, stehen Beobachtungen gegenüber, die ein eher distanziertes Verhältnis zwischen Schule / Lehrkräften und Eltern feststellen. Lehrkräfte beklagen die Schwierigkeiten der Kontaktaufnahme und die geringe Beteiligung der Eltern mit Migrationshintergrund. Untersuchungen zeigen, dass – nicht nur in Deutschland – die verschiedenen Formen der Zusammenarbeit der Schule mit Migranten-Eltern seltener praktiziert werden, dass sich Eltern mit Migrationshintergrund weniger häufig an der Gestaltung der Schule beteiligen und seltener in Mitbestimmungsgremien mitarbeiten (Überblick bei NIANCE 1995, Rüesch 1999).

Barrieren der Zusammenarbeit

Es sollte nicht übersehen werden, dass die Frage nach Barrieren der Zusammenarbeit mit Eltern nicht allein Migrantenfamilien betrifft. Das Verhältnis von Schule und Elternhaus ist traditionell spannungsreich (Keck / Kirk 2001). Auch wenn heute elterlicher und staatlicher Erziehungsauftrag verfassungsrechtlich geklärt und staatliches Bildungs- und elterliches Erziehungsrecht als gleichrangige Rechtspositionen anerkannt sind, stehen sich Schule und Eltern oft mit den unterschiedlichsten Erwartungen gegenüber. Unterschiede sprachlicher und kultureller Art haben den schon bestehenden Problemen noch eine neue Dimension hinzugefügt. Als Erklärungen für die Distanz zwischen Schule und Migranten-Eltern werden vor allem genannt:

- Zurückhaltung und Distanz der Eltern lassen sich teilweise auf sprachliche und kulturelle Barrieren zurückführen, teilweise auf das Empfinden der Eltern, in schulischen Belangen wenig kompetent zu sein. Es wird auch berichtet, dass sie sich nicht willkommen fühlen.
- Ein weiteres bedeutendes Erschwernis einer Zusammenarbeit wird im zeitlichen Arrangement gesehen. Elternveranstaltungen kollidieren mit den Arbeitszeiten der Eltern.
- Als zentrale Barriere gilt die Monokulturalität der Schule. Im Schulalltag spielen Herkunft und Mehrsprachigkeit der Kinder und Eltern keine Rolle. »Alle werden gleich behandelt.« Dieser falsche Egalitarismus wird von Seiten der Migranten als Desinteresse und Unverständnis für ihre Lebenssituation betrachtet. Hierbei stehen die Schulen in dem Spannungsverhältnis zwischen einer Integrationspolitik und einer Politik, bei der kulturelle Unterschiede respektiert und bewahrt werden (Mecheril 2004, S. 94 ff).
- Als weitere zentrale Barriere gilt die mangelnde Information der Lehrkräfte. Sie werden in Aus- und Fortbildung nicht hinreichend über die Lebenswelt und die Hintergründe von Migration informiert; sie erhalten wenig Anleitung für Kontaktaufnahme und die Kommunikation mit Migranten. In ihrer Ausbildung haben sie nur begrenzt Möglichkeiten, Erfahrungen in anderen Arbeitsbereichen zu machen und auch später kaum Gelegenheit, Alltagskontakte mit ausländischen Eltern herzustellen. Daher halten sich Vorurteile und stereotype Vorstellungen über die familiäre Situation der Migranten. Werden Fortbildungen und Informationen angeboten, so sind diese allzu häufig vereinfachend und vermitteln einen statischen Kulturbegriff. Sitten und Gebräuche der Migranten werden als unveränderbar angesehen.
- Der Migrantenstatus und mangelnde Information über das Schulsystem und die Mitwirkungsmöglichkeiten werden als Gründe gesehen für die Unterrepräsentanz in den schulischen Gremien.

Probleme in der Zusammenarbeit sind nicht kurzschlüssig als persönliches Versagen einzelner Lehrkräfte zu interpretieren, sondern vor allem auch systemisch zu sehen und auf unterschiedliche Interessen und Perspektiven sowie vorherrschende Überzeugungen zurückzuführen. Um

Schwierigkeiten, Möglichkeiten und Chancen einer Zusammenarbeit mit Eltern adäquat zu erfassen, bedarf es grundsätzlicher Reflexionen und adressatenbezogener Überlegungen und Strategien, die über die herkömmliche Elternarbeit hinausgehen.

Die Heterogenität der Migranten-Eltern wahrnehmen

Eine Teilung der Kinder in ausländische und deutsche wird der Unterschiedlichkeit der Schülerschaft nicht gerecht. Die Heterogenität innerhalb und zwischen den verschiedenen Migrantengruppen ist in der Regel größer als innerhalb der deutschen Bevölkerungsgruppe: So bilden in Hessen rund 12 % der Bevölkerung eine Gruppe, die sich aus Personen mit über 160 verschiedenen Staatsangehörigkeiten zusammensetzt (MIGRATIONSREPORT 2002). Hinzu kommen noch Spätaussiedler aus verschiedenen Ländern des früheren Ostblocks. Väter und Mütter, die nicht die deutsche Staatsbürgerschaft besitzen, haben oft eine fast zwanzigjährige Lebenserfahrung als ethnische Minderheit in Deutschland und mit dem politischen und rechtlichen Status als »Ausländer«. Ihre Kinder sind größtenteils in Deutschland geboren. Andere Eltern sind in den letzten Jahren aus den unterschiedlichsten Gründen und mit unterschiedlichen Zielen und Lebensperspektiven nach Deutschland gekommen. Ein Merkmal verbindet eingewanderte Eltern miteinander und unterscheidet sie in der Regel von den deutschen Eltern: Ihre Zwei- bzw. Mehrsprachigkeit. Sie sprechen neben ihrer Muttersprache zumindest ein wenig Deutsch, oft haben sie sogar drei und mehr Sprachen gelernt – ein Potential, das von der Schule nur wenig anerkannt wird.

Die Schule hat es mit Eltern zu tun, die völlig verschiedene Bildungserfahrungen in unterschiedlichen Schulformen und nationalen Bildungssystemen gemacht haben, die in sehr unterschiedlichen Berufen arbeiten und unter sehr unterschiedlichen Bedingungen in Deutschland leben und so auch sehr unterschiedliche Erwartungen an die Schule haben.

In den weit verbreiteten Erklärungsansätzen für geringere schulische Erfolge von Kindern aus Migrantenfamilien werden diese Unterschiedlichkeiten selten berücksichtigt.

Alltagstheorien in Frage stellen

Vorurteile und stereotype Vorstellungen versperren häufig den Blick, die unterschiedlichen Erwartungen und Interessen der Migranten an der Schule wahrzunehmen, z. B.:

Bildungsinteresse

Die Erwartungen der Lehrkräfte an Kinder, deren familiäre Hintergründe, Kulturen und Sprache sie nicht verstehen, ist in der Regel durchweg niedrig. Hierbei wird aufgrund der nahezu ausschließlichen Zugehörigkeit der Migranten zur Schicht der un- und angelernten Arbeiter leicht übersehen, dass das Bildungsniveau der Migranten meist höher ist als das ihrer einheimischen Kollegen: »Werden türkische und deutsche Eltern mit Kindern im Jugendalter hinsichtlich ihres Bildungsniveaus miteinander verglichen, so stellt sich heraus, dass es keine Unterschiede in der Abiturientenquote gibt – allerdings weist auch ein nicht unerheblicher Teil der türkischen Mütter keine Schulbildung auf; entsprechend hoch ist der Anteil derjenigen, die mit der Migration zunächst eine berufliche Abwärtsmobilität in Kauf genommen haben«, stellt Nauck bereits 1994 fest (Nauck 1994, S. 122). Auch wenn die Eltern ihr eigenes Bildungsniveau und ihre Kenntnisse nicht durch die Migration verbessern konnten, so sind sie dennoch sehr wohl daran interessiert, dass ihre Kinder vom Bildungssystem profitieren und durch eine gute Ausbildung entsprechende Beschäftigungschancen erhalten. Diese Diskrepanz zwischen den Erwartungen der Lehrer und denen der Eltern trägt mit dazu bei, dass sich oft kein gutes Verhältnis zwischen Elternhaus und Schule entwickelt.

Eingliederungsbereitschaft

Mangelnde Eingliederungsbereitschaft ist ein zentraler Vorwurf, der oft pauschal erhoben wird. Er wird weder der Komplexität des Problems noch den Differenzen im Eingliederungsverhalten von Arbeitsmigranten gerecht. Das Eingliederungsverhalten hängt vor allem vom Bildungsniveau ab, das Zuwanderer bei der Einreise aufweisen. Hier gibt es national und regional erhebliche Unterschiede (z. B. West-Ost-Gefälle in der Türkei; Nord-Süd-Gefälle in Italien). Eines der bemerkenswertesten Ergebnisse der Migrationssoziologie ist, dass die Unterschiede im Eingliederungsverhalten der einzelnen Zuwanderernationalitäten beinahe ausschließlich auf die Unterschiede in deren Bildungsniveau zurückgeführt werden können. »Wurde das Bildungsniveau kontrolliert, unterschieden sich Jugoslawen nicht von Türken in ihrem Eingliederungsverhalten, und ›kulturelle‹ Differenzen wie religiöse Bindungen oder die Bindung an eigene ethnische Bräuche und Gewohnheiten erwiesen sich dann als relativ bedeutungslos« (Nauck 1994, S. 123).

Mangelnde Passung

Als ein verbreiteter Erklärungsansatz für geringere schulische Erfolge gilt die These, dass die in der Schule vermittelte und gelebte Erziehungskultur nicht mit derjenigen der Migrantenfamilie korrespondiert. Die fehlende Passung von Familien- und Schulkultur wird als zentraler Hintergrund der ungleichen Bildungschancen von Kindern aus Migrantenfamilien erachtet. Diese Auffassung ist differenziert zu betrachten:

Oft wird die mangelnde Passung vorwiegend als eine Folge von Kompetenzdefiziten (Sprachbarrieren / fehlende Lese- und Schreibkompetenz) auf Seiten der Migranten betrachtet, während die Schule des Einwanderungslandes nicht in den Blick genommen wird. Es lässt sich in Institutionen verwurzeltes diskriminierendes Routineverhalten nachweisen, so auch in Schulen verschiedene Formen der institutionellen Diskriminierung (Gomolla / Radtke 2002).

Die (deutsche) Schule erwartet auch heute meist noch ein Kind, das aus einem vollständigen Elternhaus kommt, Hausaufgabenhilfe und förderliche Zuwendung am Nachmittag durch die Familie erfährt, dessen Muttersprache und Staatsangehörigkeit deutsch und dessen Religion christlich ist. Diese Erwartungen werden auch in Zukunft immer seltener erfüllt. Wanderungsbewegungen nehmen eher zu als ab. Auch die Anpassung der hier seit längerem lebenden Migranten führt nicht zurück zur (alten) Homogenität. Multikulturalität und Mehrsprachigkeit bleiben Alltag nicht nur in (Großstadt-)Schulen.

Mangelnde Passung ist auch kein spezielles Problem zwischen Schule und Migrantenfamilien. Die Schule mit ihrem Wertesystem bereitet auch anderen gesellschaftlichen Gruppen Anpassungsprobleme. Es scheint, je ähnlicher die Grundorientierung in der Erziehung bei Eltern und Schule ist, desto weniger sehen sich Kinder mit Schwierigkeiten in ihrer Entwicklung konfrontiert, desto eher funktioniert Zusammenarbeit. Die ethno-kulturelle Differenz ist nur ein (meist überschätzter) Erklärungsansatz für mangelnde Passung.

Ein Leitbild entwickeln

Der Wandel der pädagogischen Leitvorstellungen für Unterricht und Erziehung im Hinblick auf ethno-kulturelle Differenz lässt sich überschreiben mit »Von der Ausländerpädagogik und der interkulturellen Pädagogik zur Migrationspädagogik«. Im Gegensatz zur Ausländerpädagogik der 70er-Jahre wurde international mit dem Programm einer »interkulturellen Pädagogik« den migrationsbedingten Veränderungen in den Schulen Rechnung zu tragen versucht: Interkulturelles Lernen setzte sich zum Ziel, Menschen unterschiedlicher nationaler bzw. ethnischer Herkunft unter Bezugnahme auf die jeweiligen kulturell geformten Erfahrungen im Herkunfts- und Aufnahmeland gleichberechtigt, kooperativ und gemeinsam zu unterrichten. Gemeinsamkeiten und Unterschiede sollen erkannt und akzeptiert werden, um zu einem vertieften Verständnis der eigenen Vergangenheit und der Gegenwart zu kommen. Beziehungsformen sollen gefunden werden, damit alle an der Entwicklung neuer Lebensmöglichkeiten aktiv teilnehmen können. Interkulturelles Lernen soll nicht bestehende kulturelle Unterschiede nivellieren; im interkulturellen Lernen soll begreiflich werden, wie die Vielfalt von Kulturen innerhalb einer Region, eines Landes eine Bereicherung für alle sein kann (Auernheimer 1996).

In den letzten Jahren ist dieses Konzept in die Kritik geraten vor allem unter dem Gesichtspunkt der Kulturalisierung / Ethnisierung; dies meint eine Verengung oder Überbetonung der Beschreibung der sozialen Wirklichkeit und Probleme mit der Unterscheidung »Kultur«. Außerdem könne es zu einer Pädagogisierung sozialer Probleme kommen. »Pädagogik steht dabei in Gefahr, zur Ersatzhandlung für Versäumnisse der Politik, des Rechts oder der Verwaltung zu werden« (Diehm / Radtke 1999, S. 149).

Als Leitidee heutiger Migrationspädagogik schlägt Mecheril eine Pädagogik der kulturellen Mehrfach-Zugehörigkeit vor (2004, S. 220).

Um ein Leitbild für die Zusammenarbeit von Schule und Migranten-Eltern zu entwickeln, bedarf es einer Auseinandersetzung mit diesen Fragen. Sie bilden die Grundlage und Orientierung, wie die Zusammenarbeit im Einzelnen gestaltet wird.

Formen der Zusammenarbeit überprüfen und verbessern

Vom Grundgesetz her sind Schule und Elternhaus zur Zusammenarbeit verpflichtet. Sie tragen die gemeinsame Verantwortung für die Erziehung des Kindes. Es ist somit nicht in das Belieben der einzelnen Schule gestellt, ob sie die Zusammenarbeit will oder nicht.

Eltern haben Rechte, die sich aus den Grundlagen des Verfassungsrechtes ableiten. Achilles unterscheidet zwischen einem individuellen und einem kollektiven Elternrecht (Achilles 2000): Das individuelle Elternrecht ist vor allem ein Informations- und Beratungsrecht. Da den Eltern die Verantwortung für den Gesamtplan der Erziehung obliegt, ergibt sich das Recht, dass sie von der Schule über wichtige Geschehnisse in der Schule informiert werden. Zum anderen gibt es ein kollektives Elternrecht, das vor allem eine Mitbestimmung über Elternbeiräte, Schulkonferenzen und Schulprogramm umfasst.

Aus dem Verfassungsauftrag ergeben sich somit Rechte und Pflichten, aber auch vielfältige Möglichkeiten des Elternengagements:

- Familiäre Unterstützung der Kinder beim Lernen: In der Schaffung eines dem Lernen förderlichen Familienklimas bedarf es auch der Beratung der Eltern.
- Mitarbeit an der Gestaltung der Schule und des Schullebens: Wandertage, Schulfeste, Gestaltung des Schulhofes und des Schulgebäudes sind Aktivitäten, an denen sich Eltern in Schulen engagieren.
- Unterstützung des Unterrichts in der Schule selbst: In Grundschulen gibt es eine lange Tradition der Mitarbeit von Eltern im Unterricht (»Lesemutti«, Schülerbibliothek, Arbeitsgemeinschaften, Angebote von Eltern für Kindergruppen).
- Mitarbeit in Gremien der Schule.

Das Zusammenwirken von Schule und Elternhaus hat zu vielfältigen Formen geführt: Einzelgespräche, Hausbesuche, Elternnachmittage, gemeinsam ausgerichtete Schulfeste, Eltern-Kind-Wochenende, Elternsprechstunden, Elternbriefe. Für die Verbesserung der Zusammenarbeit mit Migranten-Eltern bedarf es eigener und zusätzlicher Überlegungen. Im Abschlussbericht von NIACE (1995, S. 11) werden zusammenfassend folgende Punkte genannt:

- Offene Kommunikation, in der Eltern über Schule und Lehrkräfte sowie über die Situation der Kinder informiert werden.
- Neben den Lehrkräften werden auch Eltern als Akteure der schulischen Erziehung verstanden, was sich in ihrer stärkeren Einbindung in die schulische und häusliche Erziehungsarbeit ihrer Kinder widerspiegelt.
- Eltern in ihrer Rolle als Mitakteure werden in schulische Prozesse des Beurteilens, Benotens und Informationsaustausches einbezogen, um dadurch eine bessere Gesamteinschätzung der schulischen Leistungen der Kinder zu erreichen.
- Das Schulprogramm wird von Eltern und Lehrern in gemeinsamer Verantwortung ausgearbeitet.

Was im Einzelnen geschehen kann, soll am Modellprojekt »mitSprache« gezeigt werden.

»mitSprache« – ein »Modellprojekt zur sprachlichen und soziokulturellen Integration von zugewanderten Schülerinnen und Schülern und deren Eltern« wurde vom Amt für multikulturelle Angelegenheiten der Stadt Frankfurt (AmkA)in Zusammenarbeit mit dem Staatlichen Schulamt entwickelt und initiiert. Es wurde zum Untersuchungszeitpunkt an zwei Schulen gestartet, inzwischen wird es an fünf Frankfurter Grundschulen durchgeführt (Albert-Schweitzer-Schule, Adolf-Reichwein-Schule, Henri-Dunant-Schule, Karmeliterschule und Uhlandschule). Vier Arbeitsfelder stehen miteinander verzahnt im Mittelpunkt: Deutsch als Zweitsprache (DaZ) in der Grundschule, Mehrsprachigkeit, Elternarbeit, Lehrerfortbildung. An jeder Schule hat sich eine Projektgruppe gebildet, der Lehrkräfte der ausgewählten Jahrgangsstufe, Lehrkräfte des herkunftssprachlichen Unterrichts, die Schulleitung und die Fachkraft des AmkA angehören. (Nähere Informationen: Siehe Anmerkung)

Die hier erarbeiteten Formen und Aktivitäten gehen über das hinaus, was eine Grundschule ohne zusätzliche Unterstützung leisten kann. Das Projekt zeigt, was möglich und wünschenswert und wofür zusätzliche Ressourcen notwendig wären.

Informationen erhalten von bzw. über die Eltern

In einem Fragebogen wurden die Einstellungen, Meinungen und Wünsche der Eltern erfragt zu dem Bildungs- und Erziehungsauftrag, zu Leistungsanforderung und -förderung, zu den Informationen und Kontakten zwischen Eltern und Schule, zur Mitarbeit von Eltern und zu verschiedenen Aspekten des Schullebens. Der Fragebogen deckt somit die zentralen Themen einer Zusammenarbeit zwischen Elternhaus und Schule ab. Er wurde in vier Sprachen abgefasst, so dass zumindest die Eltern der größten Sprachgruppen berücksichtigt werden konnten. Die Ergebnisse waren für die Lehrkräfte teilweise überraschend, da die Eltern zum Beispiel ein höheres Interesse an einer Mitarbeit bekundeten. Aber auch weiterführende Fragen wurden gestellt, z.B.: Wie können Eltern stärker beteiligt werden, wenn Informationen von bzw. über sie gewonnen werden? Könnte unter Einbeziehung von Eltern der Fragebogen auch in andere Herkunftssprachen übersetzt werden? Sollen die Ergebnisse des Fragebogens mit den Eltern besprochen werden?

Ein Fragebogen scheint besonders geeignet für den Diskurs innerhalb des Kollegiums und für Gespräche mit den Eltern in den einzelnen Themenfeldern. Er kann Fragen zur Migration und zum kulturellen Hintergrund der Eltern anregen, das Verständnis für die Lebenssituation der Migranten verbessern und Informations- bzw. Fortbildungsbedürfnisse wecken.

Eltern informieren

Die Frage, welche Informationen für Eltern wichtig sind und wie sie ihnen zugänglich gemacht werden können, ist nicht immer leicht zu beantworten. An den Projektschulen wurden Anstrengungen unternommen, Elterninformationen adressatenbezogen zu verändern:

- Elternabende wurden so angelegt, dass die Eltern mehr Möglichkeiten hatten, miteinander zu sprechen, sich kennen zu lernen und sich bei Sprachschwierigkeiten gegenseitig zu unterstützen.
- Um Eltern über die Arbeit in der Schule zu informieren, wurden vor allem Anlässe zur Präsentation von Ergebnissen aus Projekttagen / Projektwochen und der Leseolympiade genutzt.
- Informationsveranstaltungen über das deutsche Schulsystem mit Unterstützung der ambulanten Jugendhilfe und zu weiterführenden Schulen wurden angeboten. Übersichten (Stellwände) als Verstehenshilfen und Herkunftssprachlehrer als Vermittler standen zur Verfügung.
- Informationsmaterialien und eine Elternbroschüre wurden erarbeitet und in verschiedene Sprachen übersetzt.

Informationsveranstaltungen, die keine Rücksicht auf die Sprach- und Verstehensprobleme von Eltern nehmen, erfüllen nur bedingt die Informationspflicht der Schule. Werden Informationsbedürfnisse und Fragen der Eltern ermittelt (z.B. mit Hilfe eines Fragebogens), können sie besser bei der Erstellung bzw. Auswahl der Informationsmaterialien (auch anderer Institutionen) berücksichtigt werden.

Abbau der Distanz zwischen Elternhaus und Schule

Die verschiedenen Formen der Elterninformation, aber auch anderer Aktivitäten der Eltern(mit)arbeit in den Schulen dienen dazu, Distanz zwischen Elternhaus und Schule abzubauen und die Schule so zu gestalten, dass sich Kinder und Eltern nicht als Fremde fühlen:

- Der Gestaltung des Schulhauses, vor allem des Eingangsbereiches, wird große Aufmerksamkeit gewidmet. An einer Projektschule wurde ein »Elternraum« geschaffen. Dort finden die Elterntreffs und Veranstaltungen für Mütter statt; es werden Informationsmaterialien und Bücher ausgestellt; es kann Kaffee und Tee gekocht werden. Gelingt es, einen Elternraum einzurichten, gewinnt die Schule schnell eine neue Qualität. Hier können den Bedürfnissen der Gruppe entsprechend die nötigen Informationen und Anregungen vermittelt werden.

Hier können sich ausländische und deutsche Mütter in vertrauensvollem Klima begegnen. Durch den stärkeren Einbezug erfahren die Mütter deutlicher, dass sie willkommen sind und die Schule Interesse hat, mit den Eltern die Kinder zu fördern. Hiermit steigt auch die Bereitschaft, sich ansprechen zu lassen und zu engagieren. Hilfreich erweist sich die Einrichtung einer zeitlich befristeten Arbeitsgruppe, die sich der Frage widmet, wie sich die Vielzahl der verschiedenen Herkunftsländer im Schulhaus widerspiegeln kann.

- Angebote für Eltern wie Spielnachmittage, Klassenfeiern sind Formen der Elternarbeit, die an Projektschulen gepflegt werden. Sie sind geeignet, Distanz abzubauen, die Eltern zu informieren, aber auch Eltern zu beraten, ihnen Integrationshilfen anzubieten. Sie fördern Gesprächs- und Dialogbereitschaft.

Mit Eltern ins Gespräch kommen / Eltern beraten / Schule öffnen

Der Beratungsaufgabe der Schule wird in der Regel in Elternversammlungen (Informationsveranstaltungen), Elternsprechtagen und Elternabenden sowie in Einzelgesprächen mit den Eltern nachgekommen. An den Projektschulen wurden andere Akzente gesetzt, die vor allem auf einen öffnenden Kontakt durch einen akzeptierenden Umgang mit der Muttersprache zielen und auf Bildungsangebote für Eltern setzen:

Mama lernt Deutsch

- Der Sprachkurs »Mama lernt Deutsch« wurde eingerichtet, um ein Mindestmaß an Verständigungsmöglichkeiten in der deutschen Sprache erreichen zu können – eine zentrale Voraussetzung, um mit Eltern ins Gespräch zu kommen, die Distanz zur Schule abzubauen und die Eltern zu befähigen, ihre Kinder in ihrer Schullaufbahn zu begleiten und zu unterstützen.

- Elterntreffs (z. B. Spielnachmittage und Elterntreffs zum Thema »Bücher und Lernspiele«) schaffen einen Rahmen zum geselligen Kontakt zur Schule und untereinander und können Fördermöglichkeiten im Elternhaus aufzeigen. Der Müttertreff »Deutsch und Dialog« wurde an einer Schule eingerichtet, um mit Eltern Fragen der Erziehung, Lebensfragen und aktuelle Ereignisse zu besprechen. Dass die Schulen hier sowohl das Interesse als auch die richtige Form fanden, zeigt die hohe Beteiligung von Eltern. Sie steht im Widerspruch zu der häufig vernommenen Klage über das Desinteresse ausländischer Eltern.

Hilfreich ist es, wenn in einer Projektgruppe auch die Beratungsaufgaben bedacht und Vorschläge erarbeitet werden, wie die einzelne Lehrerin die Beratung der Eltern vornehmen sollte, die sich auf die Entwicklung des einzelnen Kindes, seine Leistungen und Verhaltensweisen beziehen. Es stellt sich auch die Frage, wie außerschulische Institutionen stärker als Partner gewonnen und mit den Aktivitäten betraut werden können, nicht zuletzt um die Schule zu entlasten und andere Professionen an den Aufgaben zu beteiligen und die Aktivitäten auf Dauer gesichert werden können.

Elternengagement fördern / Elternmitwirkung ermöglichen

© Amt für multikulturelle Angelegenheiten

Ein Büchernachmittag

Alle Aktivitäten, die der Überwindung der Distanz zwischen Elternhaus und Schule dienen (»Mama lernt deutsch«, Gesprächskreise, neue Formen der Information) schaffen Grundlagen für ein Engagement der Eltern. Sie sind vor allem indirekte vorbereitende Hilfe für die individuelle Beratung der Eltern durch die einzelne Lehrkraft und die Mitarbeit an der Gestaltung der Schule und des Schullebens (z.B. Schulfest, Gestaltung einer Vitrine mit anzuschaffenden Schulutensilien für die Eltern der zukünftigen Erstklässer in mehreren Sprachen beschriftet). Besonders wirkungsvoll scheint die Einbeziehung der Eltern in die Aufnahmefeier der Erstklässler: An einer Schule heißen Eltern des 2. Schuljahres die neuen Eltern willkommen und bieten ihnen Informationen und Kaffee und Kuchen an. Wandertage, Schulfeste, Gestaltung des Schulhofes und des Schulgebäudes sind Aktivitäten, an denen sich Migranten-Eltern in Schulen engagieren. Auch über die Mitarbeit im Unterricht wird berichtet: Eine Mutter erklärte sich bereit, in den Unterricht zu kommen und den Kindern auf Deutsch (evtl. auch mal auf Türkisch) vorzulesen.

Schlussbemerkung

Die Gestaltung der Zusammenarbeit zwischen Schule und Elternhaus gehört zu den zentralen Herausforderungen an das Programm einer Schule. Grundschulen unterscheiden sich von anderen Schulen dadurch, dass sie alle Kinder eines Wohnbezirkes aufnehmen. Die Schülerschaft entspricht somit weitgehend der sozialen Zusammensetzung des Wohnviertels. Es erscheint daher notwendig, sich der Heterogenität der Elternschaft stärker bewusst zu werden und sich die Frage zu stellen, welche Konsequenzen sich für die Mitarbeit und Mitwirkung der Eltern ergeben.

Aktivitäten und Formen der Elternarbeit adressatenbezogen auszurichten, ist eine große Herausforderung für die einzelne Schule. In einigen europäischen Ländern wurden eigene Fortbildungsmodule für Eltern entwickelt, um sie für die Mitarbeit in den Gremien zu gewinnen (NIACE 1995). Vor allem in der Arbeit mit Migranten-Eltern besteht die Gefahr des »Defizitblicks«. Die Eltern werden weniger als Partner ,mehr als Bildungsbedürftige gesehen. Möglichkeiten einer partnerschaftlichen Zusammenarbeit, einer Mitarbeit in der Schule und eine gremiale Mitwirkung werden häufig nicht ausgelotet.

Ziel muss es sein, dass Schule und Eltern in partnerschaftlicher Form das Lernen der Kinder begleiten und unterstützen. Hierzu gehört auch die Frage, welche Fortbildungsangebote für Lehrkräfte hilfreich sind, Probleme der Migrantenfamilien besser zu verstehen.

Im Allgemeinen stehen Migranten-Eltern der Schule mit großer Zustimmung und hohen Erwartungen gegenüber. Sie kommen in eine für ihre Probleme offene Schule auch mit Fragestellungen aus institutionsfremden Bereichen, z.B. zu sozialrechtlichen, medizinischen und innerfamiliären Themen. Neben Deutschkursen, Gesprächskreisen zu Erziehungsfragen und Lebensproblemen kann sich rasch ein breites Spektrum an Folgeaktivitäten entwickeln, die nicht alle von der Schule wahrgenommen werden können und auch nicht notwendig nur in der Schule stattfinden müssen. Vertrauensbildende Elternarbeit in der Schule kann Voraussetzungen schaffen und Zugänge zu Zielgruppen vermitteln, die für andere Institutionen schwerer erreichbar sind. Die Schule gewinnt damit eine neue, wichtige Funktion im Stadtteil, die sich wiederum in erhöhter Akzeptanz auswirkt. Dieses »Mehr«, das eine Schule erbringt, muss mit einer entsprechenden Ausstattung abgesichert werden.

Anmerkung

Nähere Informationen und eine aussagekräftige Dokumentation ist erhältlich über Amt für multikulturelle Angelegenheiten, Frau Vera Klinger, Walter-Kolb-Str. 9–11, 60554 Frankfurt am Main, Tel.: 069/212-30153, vera.klinger@stadt-frankfurt.de

Literatur

ACHILLES, H. (2000): Die Zusammenarbeit von Schule und Elternhaus aus juristischer SichtIn: BARTNITZKY, H. / BURK, K. / JASZOVICS, S. (2000): Mit Eltern die Grundschule kindgerecht entwickeln. Frankfurt, S. 25–34

AUERNHEIMER, G. / BLUMENTHAL VON, V. / STÜBIG, H. / WILLMANN, B. (1996): Interkulturelle Erziehung im Schulalltag: Fallstudien zum Umgang von Schulen mit der multikulturellen Situation. Münster

AUERNHEIMER, G. (1996): Einführung in die interkulturelle Pädagogik. Darmstadt

AUERNHEIMER, G. (2001): Migration als Herausforderung für pädagogische Institutionen. Opladen

AUERNHEIMER, G. (Hrsg.) (2003): Schieflage im Bildungssystem – Die Benachteiligung der Migrantenkinder, Band 16

BOS, W., u. a. (Hrsg.) (2004): IGLU. Einige Länder der Bundesrepublik Deutschland im nationalen und internationalen Vergleich. Münster u. a.

GOMOLLA, M. / RADTKE, F. O. (2002): Institutionelle Diskriminierung: die Herstellung ethnischer Differenz in der Schule. Opladen

DIEHM, I. / RADTKE, F. O. (1999): Erziehung und Migration – Eine Einführung. Stuttgart / Berlin / Köln

KECK, R. / KIRK, S. (Hrsg.)(2001): Erziehungspartnerschaft zwischen Elternhaus und Schule. Analysen, Erfahrungen, Perspektiven. Hohengehren

MECHERIL, P. (2004): Einführung in die Migrationspädagogik. Weinheim und Basel

MIGRATIONSREPORT Hessen 2002 – Bevölkerung, Ausbildung, und Arbeitsmarkt, erarbeitet v. LOTHAR C. TISCHLER / WOLFGANG KISSELER / LIOBA TRABERT, FEH-Report Nr.: 638, Forschungs- und Entwicklungsgesellschaft Hessen mbH (FEH), Wiesbaden 2002

NAUCK. B. / DIEFENBACH, H. / PETRI, K. (1998): Intergenerationale Transmission von kulturellem Kapital unter Migrationsbedingungen – Zum Bildungserfolg von Kindern und Jugendlichen aus Migrantenfamilien in Deutschland, in: Z. f. Päd., 44. Jg., Nr. 4, S. 701–722

NIANCE (THE NATIONAL ORGANISATION FOR ADULT LEARNING) (1995): Lernen, in einer multikulturellen Gesellschaft zu leben: Der Bezug Elternhaus-Schule. Abschlussbericht einer im Jahre 1994 aus Mitteln der Europäischen Kommission geförderten Seminarreihe

RÜESCH, P. (1999): Gute Schulen im multikulturellen Umfeld. Zürich

SCHLÖSSER, E. (2004):Zusammenarbeit mit Eltern – interkulturell, Band 1: Informationen und Methoden zur Kooperation mit deutschen und zugewanderten Eltern in Kindergarten, Grundschule und Familienbildung. Münster

ZIMMERMANN, P. / SPANGLER, G. (2001): Jenseits des Klassenzimmers – Der Einfluss der Familie auf Intelligenz, Motivation, Emotion und Leistung im Kontext der Schule, in: Z. f. Päd., 47. Jg., Nr. 4, S. 461–479

Inge Hirschmann

Elterncafé und Kinderpass

Migranteneltern als Partner in der Schule gewinnen

Der Zufall brachte uns zu Beginn des Schuljahres einen ganz besonderen Referenten ins Haus. Prof. Dr. Pfeiffer vom Kriminologischen Forschungsinstitut Niedersachsen (KFN) stellte vor Eltern überzeugend dar, dass übermäßiger Medienkonsum – häufig völlig unkontrolliert durch die Eltern – und schlechte schulische Leistungen in engem Zusammenhang stehen. Dabei spannte er auch den Bogen zu den durch seine Forschung belegten Ursachen für Gewaltbereitschaft und Kriminalität bei Jugendlichen. Seine Thesen und Forschungsergebnisse wurden mit Zahlen belegt, anschließend fand eine rege Diskussion statt. Alle Anwesenden, darunter viele Besucher, die im sozialpädagogischen Umfeld der Schule im Bezirk arbeiten, waren begeistert. So klar hatte selten jemand das Problem auf den Punkt gebracht.

Unter den Besuchern beim abendlichen Vortrag saßen kaum türkische Eltern, obwohl mehr als 50 Prozent unserer Schüler und Schülerinnen einen Migrationshintergrund haben, viele türkische Mütter klagen, dass die Kinder durch die Gewaltdarstellungen im Fernsehen negativ beeinflusst würden und gerade die türkischen Kinder nicht die Leistungsergebnisse erzielen, die sich die Eltern wünschen.

Wir wissen inzwischen aus Erfahrung: Ankündigungen von Themenabenden bringen unsere türkischen Eltern nicht in die Schule: Abends gehen nur wenige türkische Mütter aus dem Haus. Deshalb wollten wir unser erstes »Elterncafé« in diesem Schuljahr – das sind Treffen, die vormittags stattfinden und zu denen die Lehrerinnen ausschließlich türkische Eltern einladen – mit Professor Dr. Pfeiffer zum Thema »Medienkonsum« gestalten.

Für unsere Elterncafés greifen wir jeweils ein Thema aus den Gesprächen mit Eltern auf und suchen zur Unterstützung im schulischen Umfeld nach geeigneten Personen.[1] Wir brauchen immer jemanden, der nicht nur übersetzt, sondern zugleich moderiert, der unerwartete Gesprächsverläufe steuert und freundlich, aber bestimmt auf Gesprächsregeln drängt, der komplexe Inhalte vereinfacht und nicht zuletzt das

Wesentliche für uns Lehrerinnen ins Deutsche übersetzt, ohne dabei den Diskussionsfluss zu stark zu hemmen. Keine leichte Aufgabe!

Dieses Elterncafé sollte eigentlich wie üblich ablaufen. Der Mehrzweckraum war wie immer nett hergerichtet, Getränke und Kuchen standen bereit. Weit gefehlt! Das Treffen verlief alles andere als gewohnt. Unmut steigerte sich schnell in heftige, teilweise wütende Diskussionsbeiträge. Die Forschungsergebnisse wurden rigoros in Frage gestellt und dem Wissenschaftler Fremdenfeindlichkeit vorgeworfen. Was war passiert? Die Konfrontation mit dem Erziehungsverhalten in den eigenen Familien hatte heftigste Gefühle ausgelöst. Soweit waren wir in den bisherigen Elterncafés nie gegangen. Wir Lehrer/innen bekamen es mit der Angst: Hatten wir uns das in den letzten zwei Jahren mühsam aufgebaute Vertrauen allein mit einem Elterncafé wieder verspielt? Zu unserer Überraschung forderten die heftig diskutierenden Mütter aber zum Schluss vehement ein weiteres Elterncafé für die Fortsetzung der Diskussion: Das alles wollten sie nicht auf ihren Familien und auf sich sitzen lassen.

Mit dieser ihrer Forderung wurde deutlich: Die türkischen Eltern haben mit den Elterncafés für sich eine Veranstaltungsform gefunden, ein von ihnen akzeptiertes Forum, um sich über »ihre« Themen auszutauschen. Ich bin überzeugt, sie hätten keinen weiteren der typischen Klassenelternabende gefordert. Dort hören sie meist mehr oder weniger interessiert zu und beteiligen sich kaum mit Redebeiträgen. Und oft kommen sie mit zunehmendem Alter ihrer Kinder gar nicht mehr zu den Elternabenden.

Elternarbeit und Kooperation – Wie könnte es gehen?

Der Kontakt zwischen Elternhaus und Schule findet hauptsächlich auf der Klassenebene statt, hier herrschen Klassenelternabende und Einzelgespräche mit den Lehrer/innen vor. Darüber hinaus übernehmen einige wenige engagierte Eltern auch Unterstützungsfunktionen im Schulalltag. Sie unterstützen bei der Materialbeschaffung, nehmen an besonderen Aktivitäten der Kinder teil und einige wenige übernehmen offizielle Funktionen in den schulischen Gremien oder im Förderverein.

In einer Schule im sozialen Brennpunkt wie der Heinrich-Zille-Grundschule in Berlin-Kreuzberg gestaltet sich die Elternarbeit nicht ganz so selbstverständlich. Dies hat viele, auch außerschulische Ursachen:

➢ Viele Eltern gehören zu den einkommensschwachen, schlecht ausgebildeten Erwerbstätigen und können ihre Kinder nicht angemessen versorgen und fördern.

- Für viele Eltern ist die Bewältigung ihres Lebens aufgrund relativer Armut so belastend, dass die Erziehung und Bildung ihrer Kinder nur einen geringeren Stellenwert in ihrem Alltag einnimmt.
- Viele Eltern haben selbst negative Schulerfahrungen.
- Viele Eltern sind Migranten oder haben einen Migrationshintergrund und zu viele von ihnen verfügen über auffallend schlechte deutsche Sprachkenntnisse.

Die Heinrich-Zille-Grundschule hat im Vergleich zu anderen Kreuzberger Grundschulen noch eine relativ günstige Zusammensetzung von deutschen und nicht deutschen Kindern. Das ist im schulischen Alltag für alle sehr positiv: Kinder lernen auch die Sprache am besten von und mit anderen Kindern.

Leitideen für erfolgreiche Elternarbeit

- *Gute Erfahrungen zu Beginn der Schulzeit sind für die Kinder, aber auch viele Eltern ein neuer Lebensabschnitt und prägen maßgeblich die weitere Kooperation. Dieser Neubeginn wird besonders aufmerksam von den Lehrer/innen gestaltet und begleitet.*
- *Der Erstkontakt zwischen Schule und Eltern muss – besonders im Hinblick auf die Sprachstandsfeststellung – besonders sensibel geplant werden.*
- *Zum Wohle der Kinder muss es den Lehrer/innen und Eltern in der Schule gelingen, einen wertschätzenden und partnerschaftlichen Umgang zu finden.*
- *Kommunikation und Kooperation zwischen Elternhaus und Schule müssen bewusst initiiert und gepflegt werden, damit sie dauerhaft wirkungsvoll den Lernweg des Kindes begleiten.*
- *Schule ist nicht nur Lern- und Lebensort für Kinder, sondern auch Begegnungsstätte für Eltern.*
- *Alle Eltern können das schulische Lernen ihrer Kinder unterstützen und fördern.*
- *Eltern werden als Partner ernst genommen, finden vielfältige Gelegenheiten ihre Stärken in das Schulleben einzubringen und können ihrerseits Beratung und Unterstützung in der Schule finden.*
- *Für die Kommunikation und Kooperation mit Migranteneltern sollte ein Sozialpädagoge als Mittler mit den entsprechenden Sprachkenntnissen zur Verfügung stehen.*

Die für Deutschland so deprimierenden PISA-Ergebnisse waren keine Überraschung für uns. Trotz des Engagements und der Anstrengungsbereitschaft aller Beteiligten sind die Lernschwierigkeiten vieler türkischer Kinder offensichtlich. Viele unserer türkischen Schulanfänger haben zwar vor ihrer Einschulung einen Kindergarten oder eine kostenlose Vorklasse besucht. Dennoch wurden in den letzten Jahren sehr viele als »schulunfähig« zurückgestellt. Trotz vieler Förderkurse – Deutsch als Zweitsprache – schneiden sie in der Regel auffallend schlechter im innerschulischen Leistungsvergleich ab und am Ende der sechsjährigen Grundschulzeit erhalten zu viele von ihnen nur eine Empfehlung für die Hauptschule.

Wir sind überzeugt: Nur gemeinsam mit den Eltern werden wir den Kindern aus ihrem Dilemma helfen können. Allein mit Sprachkursen lässt sich das Problem nicht lösen!

Für die Elternarbeit mit Migranten brauchen wir Zeit!

In der Zusammenarbeit mit Eltern müssen Statusunterschiede, kulturelle Verschiedenartigkeit und die stets immanenten Sprach- und Kommunikationsprobleme überwunden werden. Es kommt auf die Beziehung und auf das wachsende Vertrauen zwischen Elternhaus und Schule an. Der Umgang mit Sprachstandsfeststellungen muss sehr sensibel geschehen; der allzu frühe Blick auf die Defizite der Kinder kann das Verhältnis von Elternhaus und Schule zusätzlich belasten.

Wie sollte die Kooperation mit den Migranteneltern aussehen?

Im unserem Schulprogramm dokumentierten wir unsere Leitideen zur Elternarbeit (siehe Kasten) und initiierten für die Schulanfangsphase Elterncafés als verbindliche Veranstaltungen für Eltern mit Migrationshintergrund.

Wir wollten neue Begegnungsmöglichkeiten ganz gezielt für Eltern mit Migrationshintergrund – bei uns fast ausschließlich türkische Eltern – schaffen, und zwar

- *informelle Elterncafés* als Gesprächskreise für Mütter (Aufbau einer vertrauensvollen Beziehung, aktuelle Erziehungsfragen u.Ä.),
- *themenzentrierte Treffen im Elterncafé* für Mütter und Väter mit anschließenden Gesprächen (Experten als Referenten, Kennenlernen von anderen helfenden Institutionen aus dem schulischen Umfeld u.Ä.) und
- *Workshops* (Themenbereiche: Lesen lernen, Spielen als Lernchance, praktischer Umgang mit Lernmaterialien u.Ä.).

Was soll in den Elterncafés besprochen werden?

Folgende Themen werden von uns zur Zeit als besonders wichtig angesehen:

Erwartungen an die Kinder – Erwartungen an die Schule

Schulfähigkeit / Frühförderung – Wie müssen Kinder vor der Schule gefördert werden?

Erfahrungen mit dem Lernen – Welche Erfahrungen haben die Eltern in ihrer Kindheit gemacht?

Sprache – Was hilft dabei, die Muttersprache zu verbessern und die deutsche Sprache zu lernen?

Lesen lernen – Wie unterstützt man Kinder beim Lesen, wie vermittelt man Freude am Lesen?

Umweltwissen – Wie wecke ich die Neugierde der Kinder?

Erziehungsprobleme – Was kann man bei Erziehungsproblemen tun?

Gesundheit, Ernährung & Bewegung – Was braucht ein gesundes Kind, damit es gesund bleibt?

Eltern als Helfer im Unterricht – Wie können Eltern im Unterricht und in der Schule helfen?

Außerschulische Lernorte für Kinder & Erwachsene – Welche Lernorte gibt es noch?

Entwicklungsschritte / Leistung dokumentieren – Beurteilungen verstehen, Fortschritte beobachten

Vertrauen und gegenseitige Wertschätzung zwischen der Schule und den Eltern waren uns wichtig. Das zu erreichen war nicht leicht, da wir zunächst keinen türkischsprachigen Pädagogen an unserer Schule hatten. Oft waren wir als Lehrer/innen von den muttersprachlich geführten Gesprächen weitgehend ausgeschlossen. Die ständig wechselnden Übersetzer waren oft wenig hilfreich, wenn es darum ging, den Prozess mit uns gemeinsam zu reflektieren, zu bewerten und zu steuern. Seit kurzem haben wir nun einen türkischsprachigen Erzieher an der Schule. Das wird uns voranbringen und wir können aus den gemeinsam gemachten Erfahrungen besser Konsequenzen ziehen.

Die deutschen Eltern reagierten anfänglich kritisch und hatten grundsätzliche Einwände. Sie wollten die Probleme unabhängig von der ethnischen Herkunft diskutieren. Sie betonten immer wieder die gemeinsamen Interessen und Fragestellungen und vermissten bei vielen türkischen Eltern die Bereitschaft, ihre Kinder zu erziehen. Die ungleichen sprachlichen Voraussetzungen, die uns bewogen hatten, getrennte Veranstaltungen durchzuführen, wollten viele deutsche Eltern nicht gelten lassen. Die Diskussion – wie viel getrennte und wie viel gemeinsame Gesprächskreise sind sinnvoll – hält an unserer Schule noch an.

Der »Kinderpass«

Bis zum letzten Jahr hatten wir eine »Vorklasse«. Schulfähigkeit oder was sollten Kinder bis zum Schulanfang gelernt haben, war ein bedeutendes Thema für diese Eltern. In Kooperation mit den Lehrer/innen einer benachbarten Grundschule haben wir einen Kinderpass entwickelt. Zu den Bereichen »Mein Alltag«, »Mein Name«, »Bewegung«, »Sprache«, »Spielen« und »Ich und Du« entstand ein türkisch-deutsches bebildertes Heftchen. Die bebilderten Texte geben den Eltern Hinweise, was Kinder können sollten oder was sie üben sollten. Im Tagebuch wird dann mit Unterschrift festgehalten, was das Kind schon alles kann. Das Heftchen[2] kann jetzt in der neuen Schulanfangsphase (alle Berliner Grundschulen schulen seit diesem Schuljahr bei Abschaffung der Vorklassen und unter Verzicht auf Zurückstellungen bereits die Fünfeinhalbjährigen ein) als Lernstandsdokumentation gut genutzt werden.

Kinderpass

Çocuklarla Çalışma Defteri

von

Heinrich-Zille-Grundschule
Waldemarstr.118
10997 Berlin-Kreuzberg

Zeichnungen von Daniel Mecklenburg

Ich kann meine Körperteile benennen.
Vücudumun bölümlerini adlandırabilirim.

Datum und Unterschrift Tarih ve İmza

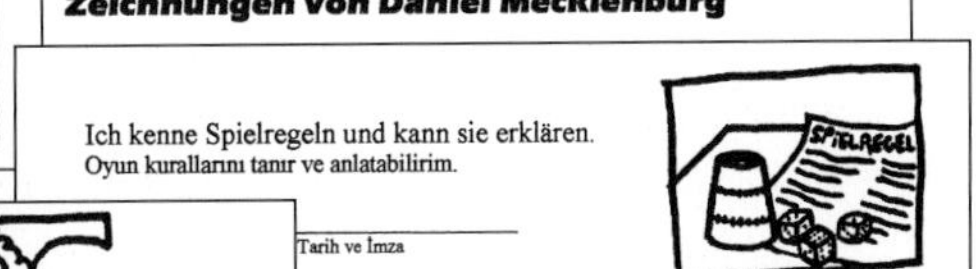
Ich kenne Spielregeln und kann sie erklären.
Oyun kurallarını tanır ve anlatabilirim.

Tarih ve İmza

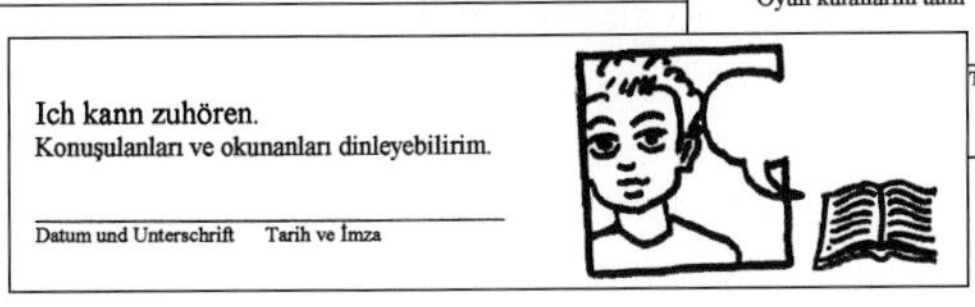
Ich kann zuhören.
Konuşulanları ve okunanları dinleyebilirim.

Datum und Unterschrift Tarih ve İmza

Erst seit Beginn dieses Schuljahres haben wir neben unserer neuen Mensa einen geeigneten Raum, um regelmäßig Elterncafés zu organisieren. Wir hoffen eine Gruppe von türkischen Müttern zu finden, die für diesen Café-Raum die organisatorische Verantwortung übernimmt, die Kaffee und Tee kocht, einen kleinen Snack anbietet und hinterher wieder aufräumt. Diese mit dem Schulleben erfahrenen Mütter könnten so Ansprechpartner/innen für neue Eltern sein. Wir Lehrer/innen würden so entlastet und könnten unsere Energien in die inhaltliche Planung von themenzentrierten Elterncafés alle 4 bis 6 Wochen stecken.

PS.: Im Nachgang zur Veranstaltung mit Prof. Dr. Pfeiffer haben sich unsere türkischen Eltern folgende Themen für die nächsten Elterncafés gewünscht: »Umgang mit Fernsehen und Videospielen« sowie »Grenzen setzen«. Und – nicht ganz unerwartet: Intensivere Kontakte zwischen ihren und den deutschen Kindern, aber auch ganz allgemein zwischen den Eltern unserer Schule.

Anmerkungen

1 Der Arbeitskreis Neue Erziehung (ANE), Mitarbeiter/innen der Erziehungsberatungsstellen und zwei Mitarbeiter/innen der RAA (Regionale Arbeitsstelle für Ausländerfragen) haben uns bislang immer wieder unterstützt.

2 Gemeinsam in einer Arbeitsgruppe mit interessierten Lehrer/innen der benachbarten E. O. Plauen Grundschule wurde das Konzept zum Elterncafé und ein Kinderpass erarbeitet. Unterstützt wurden wir dabei auch von einer Mitarbeiterin der AWO (Hippy-Projekt) und zwei Bibliothekarinnen der Kreuzberger Kinderbüchereien.

Meltem Avci-Werning / İnci Dirim /
Birgit Lütje-Klose / Monika Willenbring

TESSLA – ein Fortbildungsprogramm

»TESSLA – Teacher education for the support of second language acquisition« ist ein Comenius-Projekt, das von der Europäischen Kommission gefördert wird. Universitäten aus den sechs Partnerländern Schweden, Schottland, Frankreich, Estland, Türkei und Deutschland sind an dem Projekt beteiligt; an allen Partneruniversitäten werden in den jeweiligen Arbeitskontexten Erzieher/innen und Lehrkräfte für die Unterstützung mehrsprachiger Kinder beim Zweitspracherwerb ausgebildet.

Die Partner entwickeln Fortbildungsprogramme, die an den jeweiligen nationalen Kontext angepasst sind, wobei in einem regen Austausch eine gemeinsame theoretische Ausgangsbasis entwickelt wird. In dem vorliegenden Beitrag wird das Fortbildungsprogramm des deutschen Teams vorgestellt. In Deutschland sind die Institutionen Kindergarten und Grundschule für die vorschulische Sprachförderung gemeinsam verantwortlich. Unser Fortbildungsangebot richtet sich daher sowohl an Erzieherinnen als auch an Lehrer/innen, die in diesem Arbeitsfeld tätig sind.

Wir vertreten einen integrativen Sprachförderansatz, der Kinder als »Akteure ihrer eigenen Entwicklung« versteht und gemäß einem aktiven, konstruktiven und kooperativen Entwicklungsverständnis davon ausgeht, dass die Kinder in ihren Spracherwerbsprozessen durch individuell angemessene Angebote im Rahmen bedeutungsvoller gemeinsamer Handlungssituationen unterstützt werden können. Das gilt für einsprachige und mehrsprachige Kinder in gleicher Weise, allerdings sind bei der Sprachförderung mehrsprachiger Kinder einige Besonderheiten nicht nur in den Sprachstrukturen, sondern auch in den didaktischen Arrangements und den pädagogischen Haltungen der fördernden Personen zu berücksichtigen.

Versteht man den mehrsprachigen Spracherwerb als einen komplexen Prozess, in den Kinder all ihr bisher erworbenes sprachliches Wissen in beiden (bzw. allen) Sprachen einbringen und weiterentwickeln, so benötigen mehrsprachige Schüler/innen ein Klima der Akzeptanz ihrer Herkunft, Sprache und Kultur sowie vielfältige sprachliche Angebote nicht nur im Deutschen, sondern auch in ihrer Herkunftssprache.

Die Vielfalt, die sich mit den unterschiedlichen kulturellen Hintergründen und Vorerfahrungen verbindet, als Herausforderung und Chance und nicht nur als Belastung wahrzunehmen, erfordert eine veränderte Sichtweise der fördernden Personen: Einen Blick, der sich auch auf die besonderen Kompetenzen und Ressourcen und nicht in erster Linie auf die Defizite der mehrsprachigen Schülerinnen und Schüler richtet (vgl. Schader 2000; Kracht 2002).

Um Kindern günstige Bedingungen für die Weiterentwicklung ihrer sprachlich-kommunikativen Kompetenzen anzubieten, sind unseres Erachtens mehrere Ebenen zu berücksichtigen:

- die bereits erworbenen Kompetenzen der Kinder in ihren erlernten Sprachen,
- ihre Entwicklung in den grundlegenden Dimensionen Wahrnehmung, Bewegung, Emotion und Sozialverhalten,
- ihre biographische Entwicklung und ihre Lebensbedingungen im familiären und schulischen Umfeld,
- die subjektive Bedeutung der einzelnen Sprachen für das Kind und sein Umfeld.

Diese Bedingungen sind in einem förderdiagnostischen Prozess individuell zu beschreiben, um daran anknüpfend individuell angemessene Förderstrategien zu planen. Im Sinne des ökosystemischen Ansatzes arbeiten wir mit einer Variante des Individuellen Entwicklungsplans nach Eggert (1997).

Für die Aus- und Fortbildung der Erzieher/innen und Lehrkräfte haben wir zur Umsetzung dieser Leitgedanken fünf Module konzipiert, die derzeit erprobt und für die unterschiedlichen Kontexte der Erstausbildung und der Fortbildung variiert werden:

Modul 1: Interkulturelle Kompetenz

Modul 2: Spracherwerb unter der Bedingung der Mehrsprachigkeit

Modul 3: Diagnostik und Förderplanung

Modul 4: Förderansätze

Modul 5: Eltern und kindliches Umfeld

Im Folgenden geben wir einen knappen Überblick über die Fortbildungsmodule; nach Abschluss des Projekts werden die fertigen Module auf einer CD-Rom veröffentlicht werden.

Mit dem Konzept des *ABC der interkulturellen Arbeit* (ausführlich siehe Avci-Werning 1999) wird ein Arbeitsrahmen vorgelegt, der es ermöglicht, verschiedene psychologische Aspekte der interkulturellen Beziehungen für die Arbeit in der Schule zu berücksichtigen. Wir sehen in den drei Säulen wichtige Grundlagen für die Sprachförderung angesprochen.

A Integration statt Assimilation
- Erhaltung von Identität – positive Identität schaffen
- Gemeinsames betonen, ohne Unterschiede zu leugnen
- Individualität schaffen und erhalten
- Neue Kategorien ermöglichen
- Akzeptanz und Statusgleichheit

B Kooperation statt Konkurrenz
- positiver Kontakt
- gemeinsame Ziele
- Gruppenzugehörigkeit positiv definieren

C Interkulturelle Kompetenz
- Informationsvermittlung
- Sprache positiv bewerten (Muttersprache)/Deutsch fördern
- Perspektivenwechsel ermöglichen
- bei Konflikten keinen Rassismus
- Normalität und Akzeptanz des Alltäglichen

A. Integration statt Assimilation

Nicht selten wird von Migrantenkindern in der Schule erwartet, dass sie sich sprachlich integrieren. Vielfach ist es den Kindern nicht möglich, dieses aus eigenen Kräften zu leisten. *Integration* kann bedeuten, diesen Kindern und Jugendlichen die Entwicklung ihrer eigenen Identität zu ermöglichen, diese zu thematisieren und dabei positive Anteile zu betonen. Es gilt Gemeinsamkeiten zwischen den unterschiedlichen Gruppen aufzuzeigen und somit Nähe zu schaffen, gleichzeitig Unterschiede nicht zu verschweigen, sondern sie zu besprechen, ohne Wertigkeiten zwischen den Kulturen herzustellen.

B. Kooperation statt Konkurrenz

Personen ziehen einen Teil ihrer Selbsteinschätzung aus der Zugehörigkeit zu Gruppen und bewerten diese aus dem sozialen Vergleich zu relevanten anderen Gruppen (Tajfel 1982). Menschen verhalten sich also in einer Gruppensituation anders als in einem individuellen Kontakt. Durch Kontakt können Gruppengrenzen aufgehoben und Vorurteile gegenüber anderen Gruppen reduziert werden (vgl. Allport 1954). *Kooperative Lernmethoden* können eine Lernform sein, die sich auf soziale Kontakte förderlich auswirken. Die kooperativen Lerngruppen werden ethnisch und geschlechtsspezifisch, aber auch nach Sprachkompetenzen der Kinder heterogen zusammengesetzt. Innerhalb der Gruppen ist es von besonderer Wichtigkeit eine Leistungsverteilung zu gewährleisten, die ein gegenseitiges Profitieren von Kompetenzen ermöglicht (siehe auch Avci-Werning 2004). Speziell in der Sprachförderung kann diese Zusammenstellung zu einer Situation führen, die die Kinder befähigt, miteinander in einem geschützteren Raum zu kommunizieren und somit positive Spracherfahrungen zu machen.

C. Interkulturelle Kompetenzen
Kulturelle Vielfalt wird von Lehrkräften unterschiedlich wahrgenommen. Manche beschreiben die Kinder unterschiedlicher Herkunft als Bereicherung ihres Schulalltags, andere stellen Probleme und Belastungsfaktoren in den Vordergrund. Kulturelle Vielfalt bringt eben eine Vielfalt von Perspektiven mit sich. Zur Entwicklung von *interkultureller Kompetenz* gehört die Vermittlung von Information über Besonderheiten von Kulturen, Perspektivenwechsel soll ermöglicht werden. Dazu gehört als wesentlicher Aspekt die positive Bewertung der Muttersprache jedes Kindes.

In unserem Pilotprojekt wurde der Schwerpunkt der interkulturellen Arbeit als roter Faden gesehen, hatte somit einen verbindenden Charakter. Alle Module beziehen sich, nach einer speziellen Einführung ins Thema, auf die oben genannten Aspekte der interkulturellen Arbeit: Integration statt Assimilation, Kooperation statt Konkurrenz und interkulturelle Kompetenz. Da der Lehrkraft in der Sprachförderung die Aufgabe zukommt, als Modell zu fungieren, werden im ersten Modul spezielle Übungen zu den drei Säulen der interkulturellen Arbeit durchgeführt.

Modul 2: Spracherwerb unter der Bedingung von Mehrsprachigkeit

Sprache verstehen wir als Teilsystem kommunikativer Handlungsfähigkeit und als ein komplexes, bedeutungsvolles System (vgl. Bruner 2002). D.h., dass Form, Inhalt und Gebrauch von Sprache nicht isoliert, sondern gleichzeitig und in ihren Wechselwirkungen erworben werden. Kinder erwerben das sprachliche Regelsystem konstruktiv durch seinen Gebrauch in bedeutungsvollen Situationen, indem sie ihre aktuellen Hypothesen über das System überprüfen und verändern. In diesem Prozess werden sie von den Erwachsenen unterstützt, z.B. durch die Abstimmung des sprachlichen Angebots auf ihre aktuellen Fähigkeiten. Auch Kinder als Interaktionspartner helfen dabei, die sprachlichen Fähigkeiten weiter zu entwickeln. Die verschiedenen Kommunikationsschemata werden in den unterschiedlichen sozialen Handlungszusammenhängen, z.B. im Elternhaus oder in der Kindertagesstätte, durch Variationen allmählich erweitert.

Ein Beispiel zur didaktisch-methodischen Vorgehensweise im Rahmen der Fortbildung mit einer Übung aus dem Modul 2:

Übung zur Analyse des gemischten Gebrauchs von Sprachen

Überlegen Sie bitte, weshalb das Kind in dem unten abgedruckten Transkriptausschnitt die Sprache wechselt und beantworten Sie dafür bitte die Fragen.

Galip und Fırat, beide türkisch- und deutschsprachig und im Grund- bzw. Vorschulalter, sind auf einem Spielplatz und versuchen einen Ball aus den Ästen eines Baumes zu befreien. Galip trägt ein Aufnahmegerät bei sich, die Situation wird von Beobachterinnen protokolliert, die wissenschaftliche Mitarbeiterinnen der Univ. Hamburg sind. Sie sitzen auf einer Bank in der Nähe des Baums. Eine der Beobachterinnen ist auch türkisch- und deutschsprachig.

Galip will mit einem Kescher in den Baum werfen; Fırat merkt, dass der Kescher die Beobachterinnen treffen könnte und spricht Galip aufgeregt an:

Fırat: *Nicht so werfen! Aber nicht auf, teyzelere doğru atma! Haydi, mach!*

(Quelle: Dirim 1997, S. 231)

Fragen:

1. An welcher Stelle seiner Äußerung wechselt Fırat ins Deutsche?

(Erwartete Antwort in etwa: Dann, wenn er die beiden Beobachterinnen benennen muss.)

2. Was sagt er auf Türkisch?

(Erwartete Antwort in etwa: Er benennt die Erzieherinnen mit dem Ausdruck »teyze« (Tante). Es handelt sich dabei um eine Anredeform für Familienangehörige, die im Türkischen aber auch anderen erwachsenen Frauen gegenüber benutzt werden kann. Mit diesem Ausdruck können sich Kinder Erwachsenen gegenüber höflich äußern, ohne mit einem unpassenden Ausdruck ins Fettnäppchen zu treten.)

3. Warum sagt er es nicht auf Deutsch?

(Erwartete Antwort in etwa: Im Deutschen fehlt eine vergleichbare Möglichkeit. Die Ausdrücke »Frauen«, »die beiden«, »Tanten« etc. sind nicht in demselben Maße geeignet wie das türkische Wort »teyze«)

Die Besonderheit des mehrsprachigen Spracherwerbs besteht darin, dass die Kinder lernen, einer größeren Variationsbreite der Kommunikationsschemata gerecht zu werden. Dies betrifft alle Bereiche der Sprache; so lernen die Kinder zum Beispiel im Bereich der nonverbalen Kommunikation die unterschiedlichen Bedeutungen der Gesten oder auf grammatischer Ebene die Regeln verschiedener Sprachsysteme, die sich teils decken und teils voneinander unterscheiden. Die Ergebnisse dieses Prozesses sind ausbaufähige, aber je nach Qualität und Quantität des Inputs und der gebotenen sprachlichen Interaktionsmöglichkeiten unterschiedlich weit entwickelte Fähigkeiten, die sich wie folgt zusammenfassen lassen (vgl. Dirim 2001):

1. Die Kenntnis und der Gebrauch verschiedener Sprachen und Sprachregister, wobei keine »perfekten«, sondern unterschiedliche Kompetenzen in verschiedenen Sprachbereichen gemeint sind.
2. Die Sprachentrennung wird von den Kindern in den verschiedenen (monolingualen) Handlungssituationen geübt.
3. Die Sprachenmischung: Hierbei handelt es sich um verschiedene Möglichkeiten der strategischen Kombination der sprachlichen Mittel, z.B. um das Code-Switching, bei dem zwischen den Sprachen gewechselt wird, um Veränderungen in der Kommunikationssituation zu bewirken.
4. Die Mittlung zwischen den Sprachen ist ebenfalls eine Fähigkeit, die Kinder sich von klein an aneignen, wenn sie Kindern und Erwachsenen verschiedener Sprachen helfen, sich zu verständigen.

Die inhaltlichen Schwerpunkte des Moduls sind die Modalitäten des mehrsprachigen Spracherwerbs, mit denen die Kinder aufwachsen, und die unterschiedlichen Bedingungen, die den Ausbau der einzelnen Sprachen bestimmen. Auch Schulmodelle der sprachlichen Bildung werden thematisiert (vgl. Reich / Roth 2002, S. 17f).

Ein besonderes Gewicht liegt auf der Beschreibung der unterschiedlichen Perspektiven, die bei der Betrachtung des mehrsprachigen Spracherwerbs eingenommen werden müssen. Dabei wird auf die Besonderheiten des Deutschen als Muttersprache, als Zweitsprache und als Fremdsprache eingegangen und komplementär dazu auf die Besonderheiten des Erwerbs einer Herkunftssprache als Erst- und / oder Zweitoder Fremdsprache in Deutschland.

Modul 3: Diagnostik und Förderplanung

Im TESSLA-Projekt wird eine förderdiagnostische Orientierung vertreten, dabei wird eine ressourcenorientierte systemische Diagnostik zugrunde gelegt. Ressourcenorientierung meint nicht die Abwendung von einer problemorientierten Sichtweise, sondern sie stellt eine andere Art der Wahrnehmungs- und Denkweise und eine andere Form einer diagnostischen Haltung und Grundeinstellung dar. Es geht darum mit den gesunden Anteilen der Kinder ein Bündnis einzugehen und die Kompetenzen des Kindes und die entwicklungsfördernden Umfeldbedingungen zu nutzen (vgl. Willenbring 2004, S. 10). Der Diagnostiker richtet den Blick somit nicht auf die Defizite des Kindes, sondern auf die Fähigkeiten und Kompetenzen. Er baut damit auf etwas Vorhandenes auf und eröffnet eine Zielperspektive. Das Interesse der ressourcenorientierten Diagnostik ist es also, Prozesse abzubilden und nicht nur Zustände zu beschreiben.

Zum ressourcenorientierten förderdiagnostischen Handeln gehören eine sensible Beobachtung und die Reflexion der Beobachtungen sowie ein Austausch mit allen Beteiligten (dialogische Diagnostik), um die verschiedenen Perspektiven zu erfassen und eine umfassende Hypothesenbildung über Entwicklungsmöglichkeiten und Entwicklungsbedingungen zu erstellen. Daraus ergeben sich dann Ansatzpunkte für die pädagogische Förderung und Lernbegleitung.

Der Förderplan wird von Lehrkraft bzw. Erzieher/in in Kooperation mit dem Kind selbst, seinen Eltern und ggf. anderen beteiligten Lehrkräften (z.B. der muttersprachlichen Lehrerin) oder Therapeuten (z.B. Sprachtherapeutin) entwickelt. Es erfolgt zunächst eine Beschreibung der derzeitigen Situation und eine Bestimmung der Förderziele. Dabei ist es von großer Bedeutung, neben den langfristigen Grobzielen auch zeitnah vorzugehen und kurzfristig erreichbare, operationalisierbare Ziele zu benennen. Daran anknüpfend werden die beabsichtigten Maßnahmen aufgeführt. Schließlich wird ein Zeitrahmen verabredet, nach dessen Ablauf die Zielerreichung überprüft wird und die Maßnahmen ggf. angepasst werden können (vgl. SANDER 2000, S. 20).

Einen Vorschlag zur Förderplanung, der die genannten Aspekte berücksichtigt, stellt der im Rahmen der niedersächsischen Pilotphase zur vorschulischen Sprachförderung entwickelte Individuelle Förderplan dar (LÜTJE-KLOSE 2003 nach EGGERT 1997).

Die inhaltlichen Schwerpunkte des dritten Moduls liegen daher in folgenden Bereichen:

a. Allgemeine Einführung in die pädagogische Beobachtung, insbesondere sprachlich-kommunikativer Fähigkeiten
b. Einführung des Individuellen Entwicklungsplans (IEP) nach EGGERT als Strukturmodell der diagnostischen Informationssammlung
c. Überblick und kritische Reflexion diagnostischer Verfahren zur Erfassung von Mehrsprachigkeit
d. Diagnostik der Schriftsprache und Beobachtung des Sprachverhaltens
e. Hypothesenbildung für die Förderplanung

Ziele des Moduls liegen in der Vermittlung von diagnostischen Grundkenntnissen und in der Beobachtungs- und Wahrnehmungsschulung der Teilnehmer/innen. Sie sollen verschiedene diagnostische Verfahren kennen lernen und kritisch vergleichend diskutieren (unter Bezugnahme auf EHLICH u.a. 2005). Das wichtigste Ziel ist, die TeilnehmerInnen zur eigenen Anwendung eines IEP anhand eines Fallbeispiels zu befähigen.

Modul 4: Ansätze zur (vor-)schulischen Sprachförderung

Im vierten Modul geht es darum, die begonnenen Förderpläne für die Fallkinder der Teilnehmer/innen im Hinblick auf die Förderung zu konkretisieren. Anknüpfend an die auf diagnostischer Basis formulierten Hypothesen zum Entwicklungsstand des beobachteten Kindes sollen sie Ziele für die Förderung formulieren und konkrete Maßnahmen planen.

Als Grundlage dafür sollen die Teilnehmer/innen in diesem Modul einen Überblick über Ansätze und Programme zur Sprachförderung mehrsprachiger Kinder gewinnen und sie kritisch einschätzen (vgl. Jampert u.a. 2005). Dabei soll der Fokus darauf liegen, dass die Ressourcen der mehrsprachigen Kinder und Erzieher/innen bestmöglich genutzt werden.

Als didaktischer Rahmen zur Einordnung dient uns der Whole Language Approach (Norris/Hoffman 1998, Bindel 2003). Für mehrsprachige Kinder bedeutet dies, dass all ihre Spracherfahrungen in den Sprachen ihrer Lebenswelt sich auf diesen aktiven Konstruktionsprozess auswirken. Daraus ergibt sich die Notwendigkeit, im Rahmen der Förderung nicht nur die Mehrheitssprache zu berücksichtigen, sondern auch die anderen Sprachen der Kinder. Weiterhin ist eine Sprachförderung aus dieser Sicht kein isolierter Prozess, sondern muss auch die anderen Entwicklungsdimensionen (Kognition, Bewegung, Wahrnehmung, Emotionen, soziale Situation) berücksichtigen und die biographischen Erfahrungen der Kinder sowie ihre aktuellen Lebensbedingungen mit im Blick haben. Wir vertreten daher einen integrativen Sprachförderansatz, der Kinder als »Akteure ihrer Entwicklung« versteht.

Prinzipien der Gestaltung von Sprachfördersituationen sind aus dieser Perspektive

- Schaffung einer vertrauensvollen, entspannten Kommunikationssituation;
- Nutzung natürlicher, alltagsnaher Situationen;
- Eröffnen von Sprachlerngelegenheiten anstelle isolierter Übung einzelner sprachlicher Strukturen;
- Thematische Einbindung der Förderangebote;
- Prinzip der Redundanz, das die Möglichkeit bietet, in unterschiedlichen, aber ähnlichen Kontexten immer wieder über dieselben Informationen zu sprechen und dasselbe Sprachmaterial anzuwenden;
- Nutzung von Formaten (strukturierten gemeinsamen Handlungssituationen im Sinne Bruners 1987) als Strukturierungshilfe für sprachliche Handlungszusammenhänge (Begrüßung, Spiellieder, ritualisierte Spiel- und Übungsformen, Feiern von Festen, Verabschiedung …) sowie um sprachliche Strukturen einzuführen und den Aufbau aktiver Sprachverwendung der Kinder zu unterstützen;

- Gelegenheit zur Rollenübernahme in Spielsituationen;
- Anregung zur Reflexion über Sprache durch Thematisieren kommunikationsrelevanter Sachverhalte (z.B. Sprachvergleiche: das Wort Pasta auf deutsch, italienisch, griechisch);
- Unterstützung des eigenaktiven Entdeckens sprachlicher Regeln (z.B. der, die das; Verbzweitstellung; Begründungen mit »weil« ...);
- Gezielter Einsatz der eigenen verbalen und nonverbalen Kommunikation der Lehrkraft.

Modul 5: Kooperation mit Eltern und Netzwerkarbeit

Die pädagogische Arbeit kann ohne eine intensive Kooperation mit den Eltern nicht erfolgreich sein. Besonders für die Sprachförderung von mehrsprachigen Kindern ist es wichtig, die Entwicklung der Kinder in Bezug auf ihre Lebenswelt und ihre Familie zu berücksichtigen. Eltern und Lehrer/innen oder Erzieher/innen sollten Partner/innen in der Sprachförderung der Kinder sein. Gegenseitige Wertschätzung und Anerkennung sind grundlegende Voraussetzungen für eine partnerschaftliche Zusammenarbeit.

Der Übergang vom Kindergarten zur Schule ist für alle Kinder eine wichtige Entwicklungsaufgabe, die oft mit krisenhaften Situationen verbunden ist. Gerade mehrsprachige Kinder geraten hier oft in schwierige Entwicklungssituationen, die sich z.B. in Rückzugsverhalten oder in einer Regression in der Sprachentwicklung äußern können. Um den Kindern den Übergang vom Kindergarten zur Schule zu erleichtern, gilt es hier Absprachen zu treffen und die Lebenswelten der Kinder besser aufeinander abzustimmen. Dafür ist eine intensive Zusammenarbeit zwischen Schule und Kindergarten notwendig.

Die *inhaltlichen Schwerpunkte* des fünften Moduls liegen in folgenden Bereichen:

- Besonderheiten der Zusammenarbeit mit Eltern verschiedener sozialer und ethnischer Kulturen; Besonderheiten der Kommunikationsstrukturen; Erziehungsvorstellungen und -verantwortung der Eltern; das Familiensystem und die soziale Identität von Familien in der BRD und im Herkunftsland.
- Bildungs- und Erziehungspartnerschaften zwischen Familie, Schule, Kindergarten und anderen Unterstützungssystemen für die Sprachförderung der Kinder mit Migrationshintergrund.

Als theoretischer Rahmen dient hier der ökosystemische Ansatz. Um die individuelle Sprachentwicklung des Kindes optimal fördern zu können, bedarf es der Berücksichtigung der Umweltbedingungen (in Kita,

Schule, Familie, Freizeit usw.) sowie der Beziehungen zwischen allen am Sprachentwicklungsprozess des Kindes Beteiligten.

Die *Ziele des Moduls* liegen in der Vermittlung der elementaren Bedeutung der Zusammenarbeit zwischen Lehrer/in bzw. Erzieher/in und Eltern und zwischen Schule und Kindergarten. Die Teilnehmer/innen sollen internationale Konzeptionen zur Zusammenarbeit mit Eltern kennen lernen und ihre Verwendbarkeit im eigenen Kontext reflektieren. Zudem sollen insbesondere die Ressourcen der Zusammenarbeit zwischen Schule und Kindergarten erarbeitet und hinsichtlich ihrer Nützlichkeit reflektiert werden.

Das didaktische Vorgehen in allen Modulen umfasst ein breites Spektrum an Impulsreferaten, Selbstreflexionseinheiten, Übungen zum Perspektivwechsel, Übungen zur Erarbeitung von Ressourcen sowie Gruppendiskussionen, Analyse von empirischen Daten, die Arbeit an Fallbeispielen und mit verschiedenen Instrumenten der Sprachstandsbeobachtung ebenso wie mit Materialien zur Sprachförderung.

Evaluation des Fortbildungsprogramms

Das TESSLA-Fortbildungsprogramm wurde 2005 in Hannover von den Teilnehmerinnen schriftlich evaluiert. Insgesamt zeigte sich, dass die behandelten Inhalte den Bedürfnissen entsprachen und die didaktisch-methodische Vorgehensweise geeignet war. Die Rückmeldungen zeigten auch, dass das Modul »Interkulturelle Bewusstheit« über die einzelnen Abschnitte verteilt und eng an die inhaltlichen Themen gebunden durchgeführt werden sollte. Dem Modul 3 »Diagnostik und Förderplanung« sollte der größte Raum eingeräumt werden, weil es die zentralen Inhalte behandelt.

Derzeit wird das Programm an der Universität Hannover im Rahmen der grundständigen Lehrerausbildung erprobt; es wird im Frühjahr 2006 evaluiert werden.

Literatur

Allport, G. W.: The nature of prejudice. Cambridge, MA (Addison-Wesley) 1954

Avci-Werning, M.: Klischees verändern. In: Lernchancen, H. 10/1999, S. 4–11

Avci-Werning, M.: Prävention ethnischer Konflikte in der Schule. Ein Unterrichtsprogramm zur Verbesserung interkultureller Beziehungen. Münster (Waxmann) 2004

Bindel, R.: Förderung der Sprachentwicklung durch das dialogische Bilderbuchlesen. In: Ministerium Für Bildung, Kultur Und Wissenschaft Saarland (Hrsg.): Frühes Lernen – Bildung im Kindergarten. Saarbrücken 2003, S. 87–97

Bruner, J. S.: Wie das Kind sprechen lernt. Stuttgart, Toronto (Budrich) 1987
Bruner, J.S.: Sinn, Kultur und Ich-Identität. Weinheim (Beltz) 1999
Dirim, İ.: Außerschulische und außerfamiliäre Sprachpraxis mehrsprachiger Kinder. In: Gogolin, I. / Neumann, U. (Hrsg.): Großstadt-Grundschule. Eine Fallstudie über sprachliche und kulturelle Pluralität als Bedingung der Grundschularbeit. Münster (Waxmann) 1997
Dirim, İ.: Erfassung der ›besonderen sprachlichen Fähigkeiten‹ bilingualer Kinder. Bestandsaufnahme und Ausblick. In: DJI-Projekt »Kulturenvielfalt« (Hrsg.): Treffpunkt deutsche Sprache. Sprachförderung von mehrsprachigen Kindern in Tageseinrichtungen. Projektheft 5 / 2001, S. 83–89
Eggert, D.: Von den Stärken ausgehen ... Individuelle Entwicklungspläne in der Lernförderungsdiagnostik. Dortmund (Borgmann) 1997
Ehlich, K. u. a.: Anforderungen an Verfahren der regelmäßigen Sprachstandsfeststellung als Grundlage für die frühe und individuelle Förderung von Kindern mit und ohne Migrationshintergrund. Berlin (Bundesministerium für Bildung und Forschung) 2005
Jampert, K. / Best, P. / Guadatiello, A. / Holler, D. / Zehnbauer, A.: Schlüsselkompetenz Sprache. Konzepte – Projekte – Maßnahmen. Weimar / Berlin (verlag das netz) 2005
Kracht, A.: Migration und kindliche Zweisprachigkeit. Münster (Waxmann) 2002
Lütje-Klose, B.: Sprachstandserhebungen und Sprachförderung im Vorschulalter. In: Fleischer, Th. / Grewe, N. / Jötten, B. / Seifried, K. / Sieland, B. (Hrsg.): Psychologie für die Schule. Kohlhammer (in Vorbereitung) 2005
Norris, J. / Hoffman: Whole Language Intervention for School Age Children. San Diego 1998
Reich, H. / Roth, H. u. a.: Spracherwerb zweisprachig aufwachsender Kinder und Jugendlicher. Ein Überblick über den Stand der nationalen und internationalen Forschung. Hamburg (Behörde für Bildung und Sport) 2002
Schader, B.: Sprachenvielfalt als Chance. Handbuch für den Unterricht in mehrsprachigen Klassen. Zürich (orell-füsseli) 2000
Tajfel, H.: Gruppenkonflikt und Vorurteil. Entstehung und Funktion sozialer Stereotype. Bern (Huber) 1982
Willenbring, M.: Ressourcen- und kompetenzorientierte Diagnostik aus systemischer Sicht. In: Lernende Schule, 7. Jg., H. 26 / 2004, S. 10–15 u. 46–47
SOCRATES Programme Comenius 2.1 Action – Training of School Education Staff Projekt 119030-CP-1-2004-1-DE-COMENIUS-C21;
Laufzeit: 1. 10. 2004–30. 9. 2006; Informationen unter www.tessla.org
Mitglieder des deutschen Teams:
- Dr. Meltem Avcı-Werning (Landesschulbehörde Niedersachsen)
- Prof. Dr. İnci Dirim (Universität Hannover)
- Dr. Birgit Lütje-Klose (Universität Hannover)
- Prof. Dr. Monika Willenbring (Katholische Hochschule für Sozialwesen, Berlin)

Heidi Rösch

Jahreskurs DaZ – ein Berliner Fortbildungsmodell

In Berlin bietet das Landesinstitut für Schule und Medien (LISUM) – bis vor kurzem in Kooperation mit der Technischen Universität Berlin – eine einjährige Weiterbildung im Bereich Deutsch als Zweitsprache für Lehrkräfte im Schuldienst an. Konkret werden zwei Kurse mit je 25 TeilnehmerInnen gebildet – ein Kurs für Grundschul- und einer für Sekundarschullehrkräfte. Diese erhalten für ein Schuljahr eine Stundenermäßigung.

Das Interesse war in den letzten Jahren so groß, dass nicht alle Interessierten aufgenommen werden konnten. Ein Grund dafür war neben dem ›PISA-Schock‹ sicher auch die in dieser Zeit in Berlin erfolgte schulpolitische Akzentuierung auf den Lernbereich DaZ.

Eine Koordinationsgruppe entwickelt das Konzept, organisiert die Durchführung und zusätzliche Dozententreffen.

Kompetenzbereiche / Module

Es gibt ein gemeinsames Konzept für beide Kurse, allerdings liefen die Kurse bislang weitgehend getrennt voneinander, sollen in Zukunft aber eine stärkere Verzahnung erfahren, vor allem, um den Übergang von der Grund- zur Sekundarschule stärker ins Zentrum stellen zu können.

Der Jahreskurs verfolgt für die TeilnehmerInnen Zielsetzungen auf zwei Ebenen: Einmal geht es darum, die Qualität des eigenen DaZ-Unterrichts zu verbessern, und zwar nicht nur im Bereich der DaZ-Förderung, sondern auch des Fachunterrichts. Andererseits sollen die AbsolventInnen in die Lage versetzt werden, zur Schulentwicklung im Bereich DaZ beizutragen, und zwar bezogen auf die eigene Schule und durch regionale Vernetzungen. Um dies zu erreichen wurden folgende Kompetenzbereiche geschaffen:

- Sprachlernbewusstheit
- Didaktik und Methodik
- Interkulturelle Erziehung
- Regionale Vernetzung

Die Kompetenzbereiche wurden im Laufe der Zeit verändert: Zu den Grundlagenbereichen Linguistik, Interkulturelle Erziehung sowie Didaktik und Methodik kam der Bereich der Regionalen Vernetzung / Schulentwicklung hinzu und der Bereich Linguistik wurde zusammen mit Lernpsychologie sowie Diagnose, Förderung und Evaluation zum Bereich Sprachlernbewusstheit erweitert. Damit sind vier annähernd gleichwertige Kompetenzbereiche geschaffen, die sich auch als Module lehren und so gestalten lassen, dass die traditionelle Trennung zwischen Linguistik als Theorie und Didaktik als Praxis aufgehoben wird und stattdessen jedes Modul theoretische und praktische Anteile hat. Konkret zeigt die Beschreibung der Kompetenzbereiche, dass in jedem Bereich Wissen vermittelt wird, Umsetzungen erfahren und Ansätze reflektiert werden und auch der Transfer in die eigene Praxis angeleitet werden soll.

Ein weiterer Vorteil dieser Struktur ist, dass das jeweilige Modul in der Hand eines kleinen Dozententeams liegt, in dem Absprachen besser funktionieren und ein Curriculum für den Kompetenzbereich / das Modul entstehen und weiterentwickelt werden kann.

Die Kompetenzbereiche werden im Folgenden genauer bestimmt. Dabei werden Mehrfachnennungen vermieden, obwohl manche der Kompetenzen bereichsübergreifend relevant und Verzahnungen der einzelnen Kompetenzen erwünscht sind.

Dozentenprofil

Im Jahreskurs arbeiten bislang an das LISUM abgeordnete Lehrkräfte aus der Grund- und Sekundarschule und HochschuldozentInnen (akademische MitarbeiterInnen und ProfessorInnen) als DozentInnen. TeilnehmerInnen des Jahreskurses monierten immer wieder die Diskrepanz zwischen diesen beiden Dozentengruppen, die sich auf die Formel Theorielastigkeit auf Seiten der Hochschuldozenten und Praxislastigkeit auf Seiten der LISUM-DozentInnen bringen lassen. Dabei wurde die jeweilige ›Lastigkeit‹ durchaus unterschiedlich bewertet. Immer wieder beschwerten sich TeilnehmerInnen über ›reine Praxisveranstaltungen‹ auf der Ebene einer ›Meisterlehre‹ von Lehrkräften, die ihre eigene Unterrichtspraxis zum Maß der Weiterbildung machten. Gleichzeitig zeigten dieselben Personen großes Interesse an der Vermittlung aktueller Theorien und Forschungsergebnisse und genossen universitäre Lehrformen als Abwechslung zur täglichen Unterrichtspraxis. Andere bewerteten dieselben Angebote mit umgekehrten Vorzeichen.

Unbestritten ist, dass in einer solchen Weiterbildung Theorie und Praxis verzahnt werden müssen. Eine Arbeitsteilung unter DozentIn-

Die Lehrkräfte	erwerben Grundlagenwissen über	erfahren / reflektieren	sind in der Lage
Sprachlern-bewusstheit	• Spracherwerb, Zweitspracherwerb und Mehrsprachigkeit • Besonderheiten der deutschen Sprache - Registergebrauch - Fachsprachen • DaZ-relevante Grammatiktheorien • Sprache und ihre kulturelle Bedeutung • aktuelle Lerntheorien • Funktion und Verfahren von Sprachstandsfeststellungen • Fehlerdiagnose u. -korrektur im Fachunterricht	• eigene Sprachlernprozesse • Bedeutung und Wertigkeit von Mehrsprachigkeit • schulische Kommunikation (Lehrersprache, Schüler-Lehrer- und Schüler-Schüler-Interaktionen) • Einblicke in eine Minderheitensprache • Sprachlernkonzepte • Forschungs- und Untersuchungsergebnisse im Blick auf die Praxis • Evaluationsmethoden	• Mehrsprachigkeit für den Lernprozess zu nutzen • Sprachlernen und andere schulische Anforderungen aufeinander zu beziehen • „Stolpersteine“ für DaZ-Schüler zu erkennen • schülerorientierte Sprachlernangebote zu entwickeln • Sprachlernstrategien zu unterstützen • individuelle Förderpläne festzulegen und den Unterricht entsprechend zu organisieren • Leistungen auch prozessorientiert zu ermitteln und zu dokumentieren • lernerspezifische Entwicklungen festzustellen und geeignete Unterstützungsmaßnahmen zu ergreifen
Interkulturelle Erziehung	• Migrations- und Globalisierungsprozesse • Sozialisation unter Migrationsbedingungen • Konzepte interkultureller Erziehung • interkulturelle und zweisprachige Institutionen in Berlin	• Einstellungen gegenüber Fremden und migrationsbedingten Lebenslagen bei sich selbst, in Medien und in der Gesellschaft • Einstellungen gegenüber (Minderheiten-) Mehrsprachigkeit und DaZ-Sprechern • Unterrichtsmedien unter interkulturellen Aspekten	• den Zusammenhang von Sozialisation, Migration und Verhalten zu erkennen • Unterricht interkulturell zu gestalten • Lösungsmöglichkeiten für Probleme und Konflikte in der Schule aufzuzeigen
Didaktik und Methodik	• DaZ-Förderkonzepte und Organisationsmodelle • Rahmen-/Lehrpläne (DaZ, Fächer) • DaZ-didaktische Konzepte • Methodenrepertoire • Referenzrahmen	• schulische und außerschulische Bedingungen des Zweitspracherwerbs und des DaZ-Unterrichts • Evaluation von Unterricht • Lehrwerke und Unterrichtsmaterialien (inkl. Software)	• DaZ in den Fachunterricht zu integrieren • Schriftspracherwerb und Lesekompetenz bei DaZ-Schülern zu unterstützen • DaZ-Lernprozesse in heterogenen Gruppen zu gestalten und zu beobachten • binnendifferenzierende Aufgaben zu stellen
Regionale Vernetzung	• Moderations- und Präsentationstechniken • Beratungsansätze (für Eltern und Lehrkräfte verschiedener Fächer) • DaZ-Bausteine zur Schulentwicklung • administrative Rahmenbedingungen	• Teamstrukturen und Interaktionsprozesse • Gesprächsführung	• DaZ-spezifische Schulentwicklung zu unterstützen • Regionale Fachkonferenz-Arbeit mitzugestalten • Qualität von Elternarbeit zu verbessern • Multiplikatorenaufgaben zu übernehmen

nen (eine vermittelt die Theorie und die andere die Praxis) überlässt die Verzahnung weitgehend den TeilnehmerInnen und scheint nicht besonders effizient zu sein. Stattdessen braucht eine solche Weiterbildung DozentInnen, die in der Lage sind, Theorie und Praxis konstruktiv zu verbinden, um dafür Sorge zu tragen, dass das vermittelte Wissen sowie die reflektierte Theorie und Praxis in Handlungskompetenz auf Seiten der AbsolventInnen überführt wird. Konkret: Wer sich mit Zweitspracherwerbstheorien befasst, sollte auch in der Lage sein, dazu Unterrichtsszenarien zu entwerfen bzw. vorhandenes Unterrichtshandeln in diesem Kontext zu beurteilen und im Sinne der Theorie konkret zu entfalten.

Des Weiteren müssen die DozentInnen genügend Kompetenz mitbringen und (bezahlte) Zeit aufwenden für die gemeinsame curriculare Arbeit, wozu der Austausch über Inhalte, Methoden, soziale und personale Dimensionen und die Arbeit an einem gemeinsamen Curriculum gehört.

DozentInnen sollten in der Lage und bereit sein, in einer solchen Weiterbildung Lernprozesse anzuregen und zu entfalten. Auf organisatorischer Ebene ist deshalb ein möglichst schlankes Dozententeam sinnvoll, d.h. die Konzentration auf wenige Personen, die die Gruppen über einen längeren Zeitraum begleiten. Diese müssen dann aber auch in der Lage und bereit sein, sich innerhalb des Moduls möglichst breit zu qualifizieren und nicht nur einen kleinen Aspekt abzudecken. Konkret: Wer sich mit Lerntagebüchern im DaZ-Unterricht beschäftigt, sollte auch die lerntheoretische Begründung kennen, Diagnosekompetenz vermitteln und mit Förderung verbinden können.

Organisationsform

Der Jahreskurs findet während eines Schuljahres jeden Donnerstag von 9 bis 16 Uhr statt; der Weiterbildungstag folgte zunächst dem universitätsüblichen 90-Minuten-Takt, was zur Folge hatte, dass die TeilnehmerInnen an einem Tag bis zu vier verschiedene Themen und vier verschiedene DozentInnen erlebten. Später wurde er in zwei Blöcke von je drei Zeitstunden aufgeteilt, so dass die TeilnehmerInnen jeden Tag mit zwei verschiedenen Themen und zwei verschiedenen DozentInnen konfrontiert werden. Außerdem lässt sich die größere Zeiteinheit von den DozentInnen zeitlich flexibler und methodisch vielfältiger gestalten.

Die Module werden nicht im Block abgearbeitet, sondern auf das Jahr verteilt, damit alle Kompetenzbereiche während der gesamten Dauer des Jahreskurses gleichermaßen präsent bleiben. Wie dies konkret aussehen kann, zeigt der aktuelle Kursplan für den 6. Durchgang des Jahreskurses DaZ (s. vorige Seite).

Am Ende des Kurses findet ein Kolloquium statt, in dem die TeilnehmerInnen in Gruppen Ergebnisse präsentieren und mit den KollegInnen diskutieren. Dieser bei den TeilnehmerInnen aufgrund seines Prüfungscharakters eher umstrittene Abschluss wird bislang konsequent beibehalten – allerdings wird jetzt während des Jahreskurses mehr Zeit für die Vorbereitung zur Verfügung gestellt und außerdem wählen die Gruppen unter den DozentInnen eine/n Moderator/in mit beratender Funktion.

Materialien

Grundlegend für den Jahreskurs sind die Publikationen der Berliner Schulsenatsverwaltung, allen voran der DaZ-Rahmenplan, die Handreichung DaZ, DaZ-Diagnoseverfahren, die in Berlin zum Einsatz kommen etc. Vergleichend werden Veröffentlichungen der Kultusministerien anderer Bundesländer herangezogen. Einbezogen werden außerdem einschlägige Veröffentlichungen von Schulbuchverlagen (Lehrmaterialien und grundlegende Literatur), didaktische Modelle und Forschungsberichte. Gearbeitet wird mit Schülertexten und anderen Materialien aus dem Unterricht.

Bislang stellen alle DozentInnen ihr Material eigenständig zusammen, allerdings ist die Erstellung eines gemeinsamen Readers geplant. Dieser soll einerseits kurze Überblicke über Inhalt und Ablauf der einzelnen Blöcke enthalten und ergänzend dazu zentrale Materialien, mit denen im jeweiligen Block gearbeitet wird.

Evaluation

Der Jahreskurs wird mittels eines standardisierten Fragebogens des LISUM evaluiert. Im Vordergrund stehen dabei Befindlichkeiten der TeilnehmerInnen hinsichtlich der Inhalte, Methoden, Dozentenkompetenz und Praxisrelevanz. Zusätzlich gab es auch bereits während der verschiedenen Durchgänge immer wieder Befragungen und Gespräche mit den TeilnehmerInnen, in deren Folge von Seiten des Koordinationsteams entsprechende Maßnahmen zur Behebung von Missständen ergriffen wurden. Insgesamt sind die Ergebnisse solcher Befragungen für die Anbieter durchaus positiv. Doch es ist die Frage, welche Relevanz eine solche Evaluation im Blick auf die erklärten Ziele – Unterrichtsqualität zu verbessern und zur Schulentwicklung beizutragen – tatsächlich haben kann.

Ergänzend zu Evaluationen, die letztendlich nur die (subjektiv empfundene) Qualität der Weiterbildung durch die TeilnehmerInnen ermitteln, sollte die Nachhaltigkeit des Gelernten bei den TeilnehmerInnen evaluiert werden. Konkret sollte ermittelt werden, ob die Unterrichtsqualität verbessert wurde und ob eine DaZ-spezifische Schulentwicklung stattfindet. Nachhaltigkeit kann erst nach Abschluss des Jahreskurses ermittelt werden und bedarf eines Vergleichs mit der Zeit vor der Weiterbildung. Dafür sind dringend Nachtreffen, die Unterstützung bei durch AbsolventInnen des Jahreskurses initiierten Schulentwicklungsmaßnahmen, die Begleitung von DaZ-Projekten in Einzelschulen und gegebenenfalls auch Zusatzangebote für schulinterne Fortbildungsangebote von Seiten der JahreskursdozentInnen nötig.

Die Realisierung von Nachhaltigkeit beginnt bereits während der Durchführung der Weiterbildungsmaßnahme, d.h. Planung, Durchführung und Evaluation des Jahreskurses sollte stärker als bisher die Vorerfahrungen der TeilnehmerInnen mit DaZ nicht nur erfragen, sondern z.B. durch Unterrichtsmitschnitte erheben und im Kurs – vor dem Hintergrund der theoretischen und praktischen Inhalte des Kurses – analysieren und entfalten. Um dies zu realisieren, müssen die TeilnehmerInnen bereit und in der Lage sein bzw. dazu gebracht werden, den eigenen Unterricht zu reflektieren. Die DozentInnen müssten die Kompetenz haben und den Mut aufbringen, die TeilnehmerInnen bereits während der Weiterbildungsmaßnahme zu briefen, zu coachen und deren Unterricht zu evaluieren. Dazu gehört auch, dass sie eine konzeptionelle Vorleistung bereits mitbringen, um den TeilnehmerInnen konkrete, unmittelbar umsetzbare, am besten erprobte Vorschläge für die Verbesserung der Unterrichtsqualität und für die Initiative zur regionalen Vernetzung unterbreiten zu können.

Damit würde ein wirklich handlungsorientiertes Weiterbildungskonzept realisiert, das einen experimentellen Charakter hätte und forschendes Lernen für TeilnehmerInnen und DozentInnen realisieren könnte. Eine solche Akzentverschiebung könnte Auswirkungen auf DaZ-Unterricht auch außerhalb der konkreten Weiterbildung haben, da sie mehrfach reflektierten und empirisch erprobten Unterricht zur Verfügung stellt und eventuell sogar einen wissenschaftlichen Beitrag zur Klärung der strittigen Fragen der DaZ-Didaktik leisten könnte.

Sigrid Luchtenberg

Blick über den Zaun: Sprachförderung in Australien

Australien gehört zu den klassischen Einwanderungsländern und hat daher auch eine lange Erfahrung im Umgang mit Kindern, die selbst oder deren Eltern als Migranten ins Land gekommen sind. Ein vergleichender Blick auf Australien kann helfen, die Situation in Deutschland besser zu verstehen und möglicherweise auch Anregungen zu gewinnen. Dabei sind natürlich die Unterschiede in der Einwanderungsstruktur, den Einwanderungsregelungen und in den Schulsystemen zu berücksichtigen. Im Folgenden werden vor allem gelungene Beispiele vorgestellt, aber es sollte nicht unerwähnt bleiben, dass es auch in Australien Probleme gibt und nicht alle Schulen gute Arbeit leisten.

Es wird zunächst ein kleiner Einblick in das Einwanderungsland Australien gegeben – mit einem Schwerpunkt auf pädagogischen Entwicklungen. Danach wird der Frage nachgegangen, wie im heutigen Australien der sprachlichen Situation von Kindern und Jugendlichen mit Migrationshintergrund Rechnung getragen wird. Hierbei werden die drei Bereiche Englisch als Zweitsprache, Erstsprache und Fremdsprache beleuchtet. Abschließend wird nach der Bedeutung der multikulturellen Politik des Landes für den Schulerfolg gefragt.

Australien ist übrigens wie Deutschland ein föderaler Staat, in dem die einzelnen Bundesstaaten bildungspolitische Richtlinien festlegen. Im Vergleich zu Deutschland gibt es allerdings mehr nationale Entscheidungen wie beispielsweise ein (weitgehend) gemeinsames Curriculum.

Das Einwanderungsland Australien und seine pädagogischen Reaktionen

In Australien leben zur Zeit ca. 20 Millionen Menschen in 6 Bundesstaaten, von denen nur wenig mehr als 2 % zu den Ureinwohnern – Aborigines – zählen. Diese gehören unterschiedlichen ethnischen und sprachlichen Gruppen an und sind damit ebenso multikulturell wie die Einwanderer. Bereits die ersten – weitgehend unfreiwilligen – Einwanderer stammten aus England, Wales und Schottland und unterschieden sich demzufolge in ethnischer, religiöser und sprachlicher Zugehörigkeit untereinander und teilweise von der – englischen – Kolonialherrschaft. Multikulturalität war auch für die weitere Entwicklung in den Kolonien kennzeichnend, wurde aber zu Beginn der Unabhängigkeit 1901 zugunsten einer Politik des ›weißen Australien‹ aufgegeben (vgl. LUCHTENBERG 1995). Dies wurde erst 1973 offiziell geändert, nachdem vor allem die hohe Nachkriegseinwanderung aus Süd- und Osteuropa zu Einstellungsänderungen geführt hatte (vgl. COLLINS 1991). Seitdem wird Einwanderungspolitik nicht mehr nach ethnischen Gesichtspunkten, sondern nach den drei Kriterien Arbeitsmarkt, Familiennachzug und humanitäre Gründe gestaltet. Damit erklärt sich der starke Zuwachs an Einwanderern aus asiatischen Staaten in jüngster Zeit. Ende der 60er Jahre hat auch eine Versöhnungspolitik mit den Ureinwohnern begonnen, die allerdings – ebenso wie die strikte Multikulturalismuspolitik – unter der jetzigen Regierung, die seit 1996 im Amt ist, stagniert. Auch die Flüchtlingspolitik dieser Regierung gilt als problematisch.

Wie in LUCHTENBERG (1995) detaillierter beschrieben, gelang es in den 70er Jahren, ethnische und kulturelle Vielfalt als Charakteristikum Australiens zu verstehen, was schließlich 1989 in einer nationalen ›Agenda for a multicultural Australia‹ festgehalten wurde (vgl. auch COLLINS 1991). Zu dieser Entwicklung hatten auch die erstarkten ethnischen Communities beigetragen, die halfen, eine bis in die 60er Jahre noch vertretene Assimilationspolitik dadurch zu überwinden, dass sie soziale Gleichstellung einforderten, während bis dahin zwar eine rasche Einbürgerung erfolgte, aber keine Integrationshilfen gewährt wurden. Die Multikulturalismuspolitik sorgte beispielsweise für ein großzügiges Dolmetschersystem, von dem auch Schulen profitieren, und Rundfunkprogramme in den Einwanderersprachen. Die Vorstellung eines multikulturellen Einwanderungslandes Australien ist weitgehend Common Sense in der australischen Bevölkerung, wozu sicher beiträgt, dass die meisten Australier/innen noch von der Einwanderungsgeschichte ihrer Familien wissen. Viele Familien haben Mitglieder aus verschiedenen Herkunftsländern. Begriffe wie ›Migration‹ und ›multikulturell‹ gehören zum Alltagswortschatz – jedenfalls im urbanen Australien (wo die Mehrheit lebt). Traditionen aus Herkunftsländern und ihre Pflege bzw. Weiterentwicklung sind Bestandteil des Alltags, an dem im Allgemeinen auch Australier anderer Herkunft teilhaben.

Sozialer Zusammenhalt, kulturelle Identität für alle, Chancengleichheit und gleichberechtigter Zugang, und die gleiche Verantwortung aller für die Gesellschaft gelten als grundlegend für die australische – multikulturelle – Gesellschaft. Eine strikte Anti-Diskriminierungsgesetzgebung ergänzt das australische Multikulturalismus-Konzept, was zur Einrichtung einer Bundesbehörde »Human Rights and Equal Opportunities

Commission« mit bundesstaatlichen Filialen führte. Gesetzesvorlagen werden hier daraufhin geprüft, ob sie mit dem Multikulturalismus-Konzept sowie den Anti-Diskriminierungsgesetzen übereinstimmen. Jährliche Berichte zeigen, dass immer noch die Gruppe der Aborigines diskriminiert wird in der australischen Gesellschaft. In letzter Zeit wächst die Besorgnis, anti-muslimische Vorfälle könnten sich häufen – nach dem ersten Irakkrieg, dem 11. September und dem Mordanschlag in Bali, bei dem viele Australier ums Leben kamen (Hreoc 2005).

Australien unterscheidet sich durch seine konsequente Einwanderungspolitik, die aus Einwanderern schon nach zwei Jahren Staatsbürger macht (sofern sie es wollen!), und sein Bekenntnis zum Multikulturalismus deutlich von Deutschland. Dennoch ergeben sich eine Reihe verwandter gesellschafts- und bildungspolitischer Fragestellungen, die in beiden Ländern diskutiert werden. Hierzu gehört etwa die Frage nach dem inneren Zusammenhalt eines so stark durch Vielfalt geprägten Landes – eine Frage, die teilweise nationalistisch beantwortet wird, wie etwa durch eine neue rechtspopulistische Partei ›One Nation‹, die sich vor allem gegen asiatische Einwanderung wendet, teils aber auch – wie durch kritische Multikulturalisten – dazu genutzt wird, auch strukturelle Gleichheit aller Australier anzumahnen.

Die Entwicklung im Erziehungsbereich

In Australien wird von drei Phasen in der Bildungspolitik ausgegangen, die den gesellschafts- und einwanderungspolitischen Entwicklungen entsprechen:

a) Eine Assimilationsphase, in der die Kinder der Einwanderer als junge Australier angesehen wurden (was sie nach ihrem Status auch waren). Hieraus wurde der Schluss gezogen, dass sie sich kulturell anpassen sollten an die bestehende anglo-keltisch geprägte Gesellschaft, so dass ihre bisherigen Schulerfahrungen im Herkunftsland sprachlich, kulturell und pädagogisch ignoriert wurden. Der Gebrauch der Erstsprachen wurde in der Öffentlichkeit, aber auch in der Schule oft diskriminiert. Aufgrund von Berichten über Schulprobleme von Migrantenkindern wurde erstmalig 1970 ein Programm für sie eingerichtet, das defizitorientiert war und im Wesentlichen Englischunterricht umfasste (Martin 1978, S. 84ff). Bis dahin waren Sprachprogramme ausschließlich für Erwachsene. Hier zeigt sich, dass politische Eingliederung allein noch nicht zur Akzeptanz der Verschiedenheit führt.

b) Es folgt eine kurze Übergangsphase in den 70er Jahren, die als Integrationsphase bezeichnet wird. Zusammen mit der Aufhebung des Politik der weißen Einwanderung und der Anerkennung der Rechte der Aborigines als Australier entwickelt sich ein neues Verständnis für Vielfalt, die nun zunehmend auch als Ressource für das Land gesehen wird. Dies gilt vor allem für die sprachliche Vielfalt.

c) In den 80er Jahren beginnt die Multikulturalismusphase, die inzwischen durch eine starke anti-rassistische Erziehung ergänzt wird. Schulbücher werden umgestaltet, so dass die kulturelle Vielfalt Australiens in den Mittelpunkt rückt. Kinder, die in dieser Phase aufwachsen, gelten als selbstbewusster auf Grund ihrer Zweisprachigkeit und Mehrkulturalität. Prinzipien wie Anti-Diskriminierung, Anerkennung von Diversität und kultureller Identität, Zugang und Teilhabe an Qualifizierungsprogrammen für alle, Anerkennung vielfältiger Fähigkeiten und die Bedeutung von Englisch finden sich in den Schulprogrammen. In den letzten Jahren gewinnt politische Bildung an Bedeutung im Sinne einer aktiven Teilhabe an und Mitgestaltung der multikulturellen Gesellschaft (vgl. Castles 2004). Eine Tendenz zum Folklorismus ist dennoch in vielen Schulen nicht zu übersehen. In fast allen australischen Bundesstaaten enthalten die curricularen Richtlinien seit den 80er Jahren Hinweise auf eine grundlegende multikulturelle Philosophie oder Ethik (vgl. Inglis 2004 zum aktuellen Stand).

Auch der Sprachunterricht in den drei Phasen unterscheidet sich deutlich. Dies gilt vor allem für Unterricht in den Erstsprachen der Kinder mit Migrationshintergrund, der in den ersten beiden Phasen kaum eine Rolle spielte. Es ist nur den ethnischen Communities und dem von ihnen angebotenen Sprachunterricht zu verdanken, dass dennoch viele Kinder der Nachkriegsgenerationen zweisprachig geworden sind.

Die sprachliche Vielfalt in Australien ist größer als in Deutschland, und vor allem fehlt eine dominante Einwanderersprache wie das Türkische.

Castles/Miller (1993, S. 6f) gehen davon aus, dass die Multikulturalismuspolitik auch zu einer höheren Anerkennung der sprachlichen Vielfalt geführt hat. Insofern macht sich die Anerkennung der Bedürfnisse einer mehrkulturellen und mehrsprachlichen Gesellschaft auch in der Entwicklung der Schulsprachenpolitik bemerkbar, auch wenn die für Englischsprachige Länder typische Ignoranz gegenüber Fremdsprachen zum Teil noch deutlich wird. Sprachen – und ihre Anerkennung – gelten jedoch oft als Kern einer multikulturellen Schulpolitik, während ihre

Wertschätzung in Deutschland eher im internationalen Bereich liegt – wie etwa auch die weitgehende Aufgabe von Begegnungssprachenkonzepten zugunsten von Englisch in der Grundschule verdeutlicht hat.

Sprachunterricht in Australien

Im Rahmen der Multikulturalismus-Politik wird seit Beginn der achtziger Jahre in Australien eine aktive Sprachenpolitik betrieben, für die vier Prinzipien aufgestellt wurden: Kompetenz in Englisch, Erhalt und Entwicklung von Community und Aboriginal Sprachen, Bereitstellung von Sprachdiensten in LOTE (= Languages other than English), Gelegenheiten zum Erlernen einer zweiten Sprache. Die Schulsprachenpolitik lässt sich in Anlehnung hieran verstehen (Clyne 1997). Sprachunterricht ist in Australien in erster Linie Unterricht in Englisch, vor allem in der Grundschule, die bereits mit einem Vorschuljahr beginnt und dann sechs Klassen dauert (K-6). Zwar hat Sprache im Kontext multikultureller Erziehung eine herausragende Bedeutung, aber der zeitliche Aufwand für Sprachunterricht ist oft sehr gering. Dennoch können einige sehr positive Beispiele gegeben werden:

Englisch als Zweitsprache

ESL (English as a Second Language) steht in einem Spannungsfeld zwischen der Orientierung an der englischsprachigen Mehrheit einerseits und dem Anspruch, zu einem vollen Zugang zur australischen Gesellschaft zu verhelfen. Zudem hat ESL auch eine Tradition aus der Assimilationsphase, aus der sich nicht alle Schulen gelöst haben. Zwar erhielten die Schüler/innen in der Assimilationsphase keine Unterstützung durch Zusatzkurse, aber auf das Erlernen des Englischen wurde in den Klassen großen Wert gelegt.

Heute erhalten Kinder nichtenglischer Muttersprache ESL-Unterricht zusätzlich zum regulären Unterricht bzw. durch die Anwesenheit von ESL-Lehrkräften im Unterricht gleichzeitig mit dem Fachunterricht. Für Neuankömmlinge werden in der Regel Intensivkurse angeboten. Zunehmend wird aber auch die Bedeutung von ESL während des gesamten Unterrichts gesehen, so dass die Fachlehrkräfte neue Kompetenzen brauchen. Entsprechend häufig wird die Auseinandersetzung mit ESL inzwischen in das Lehrerstudium integriert. Im Bundesstaat New South Wales lohnt es, sich den Lehrplan für das Fach Englisch anzusehen: Die Lehrkräfte finden im Lehrplan detaillierte Hinweise auf die Unterrichtsgestaltung für ESL-Schüler/innen, um ihnen den Anschluss an den Unterricht zu erleichtern und sie zugleich gemäß ihren Bedürfnissen zu fördern. Zugleich wird auf den ESL-Lehrplan verwiesen, aus dem sich die Englischlehrkräfte eine Fülle von Anregungen holen können (LUCHTENBERG / GARDNER 2003). Der Lehrplan für Englisch als Zweitsprache folgt den Prinzipien des Englischunterrichts, in dem dem Erwerb einer umfassenden Literalität hohe Bedeutung zugemessen wird. Lernen von Englisch als Erst- und als Zweitsprache zielt nicht nur auf Sprache und Kommunikation, sondern auch auf interkulturelle Aspekte und Werte. Der Unterricht geht in der Regel von einem Text aus, wodurch die Schüler/innen sich im mündlichen, schriftlichen sowie visuellen Bereich Kenntnisse aneignen sollen, die in einem soziokulturellen Zusammenhang stehen. Sprache am Arbeitsplatz und im Beruf spielt vor allem bei älteren Lernenden eine Rolle. Der Schwerpunkt liegt weniger auf Strukturen und Regeln, sondern es wird ein kritischer Umgang mit Textsorten aus Literatur, Sachtexten, Film und Multimedien angestrebt. Die Schüler lernen Englisch also durch den Umgang mit Ideen und Prozessen, die in den Texten vorkommen, so dass Strukturen und Regeln im Kontext erworben werden (vgl. LUCHTENBERG / GARDNER 2003 für eine ausführlichere Darstellung).

In einer Grundschule in einem ärmeren Vorort von Sydney, deren Schüler und Schülerinnen zu einem großen Teil aus türkisch- und arabischsprechenden Elternhäusern kommen, spielt Englisch als Zweitsprache eine große Rolle. Die hierfür ausgebildeten Lehrkräfte kommen hierzu in den regulären Klassenunterricht. Türkisch und Arabisch wird hier für die Kinder angeboten, die diese Sprachen als Erstsprachen sprechen, um ihnen so den Übergang in den Englischunterricht zu erleichtern. Während ihre Schüler/innen in ihren Erstsprachen unterrichtet werden, beschäftigen sich die übrigen Kinder mit »Chinese multicultural studies«, d. h. sie lernen ein bisschen Chinesisch und erfahren einiges über China. Diese Schule bemüht sich zudem intensiv um Elternarbeit und bietet Kurse für Eltern an. Alle Kinder nehmen an Schulcamps teil und erhalten Schwimmunterricht: die Schule garantiert den Eltern eine strikte Geschlechtertrennung und akzeptiert jegliche Bekleidung beim Schwimmen (also auch langärmelige T-shirts oder Strumpfhosen!).

Eine andere Grundschule hat zu fast 98 % Schüler und Schülerinnen aus einem nicht englischsprachigen Elternhaus, darunter Kinder aus San Salvador ebenso wie aus Somalia und Asien. Auch hier spielt Englisch als Zweitsprache eine große Rolle, wobei möglichst eine Koordination mit den Fächern des Regelunterrichts angestrebt wird. Der Unterricht findet teilweise im Regelklassenunterricht, teilweise aber auch parallel dazu

statt. Die Lehrkraft ist maltesischer Herkunft und versucht, kontrastive Elemente in Arabisch, Französisch und Italienisch einzubauen.

Die Armut der Umgebung und die Unterprivilegiertheit der Familien bestimmen vielfach die Schulphilosophie: die Kinder sollen einen möglichst großen Schulerfolg erreichen. Dazu dienen viele Programme wie die tägliche Absprache zwischen den Lehrkräften für Englisch als Zweitsprache und den Klassenlehrkräften, die Entwicklung eigener Unterrichtsmaterialien, die auf die Schülerschaft zugeschnitten sind, die Einbeziehung der Schulbibliothek in den Unterricht und auch der Versuch, die Eltern in den Unterricht einzubeziehen. Dazu bieten ihnen die Schulen Fortbildung an. Die Philosophie, den Kindern Schulerfolg zu ermöglichen, bedeutet jedoch keine Assimilationspolitik, obwohl sehr viel Wert auf Englisch und Englisch als Zweitsprache gelegt wird: die Sprachen der Eltern werden respektiert, bei allen Elterngesprächen ist ein Dolmetscher zugegen, alle Korrespondenz erfolgt zweisprachig, an den Büros sind mehrsprachige Beschriftungen.

Es zeigt sich, dass Sprachunterricht sich nur formal in Sprachen trennen lässt, denn für die Kinder – und hier auch die Lehrkräfte – verbinden sich ihre Sprachen, dem nur ein Konzept von Mehrsprachigkeit gerecht werden kann. Dies findet sich in Australien insbesondere dann, wenn Erst- und Fremdsprachen sich mischen.

Unterricht in den Erstsprachen

Traditionell bieten die ethnischen Communities Unterricht in den Herkunftssprachen für die Kinder der eingewanderten Menschen an. Dies ist vor allem für ›kleine‹ Sprachen so geblieben. Inzwischen sind die sogenannten Saturday Schools oder Ethnic Schools vielfach mit dem Staatlichen Schulwesen verzahnt worden, so dass dieser Sprachunterricht, der grundsätzlich auch für interessierte Sprecher/innen anderer Sprachen offen steht, oft mit dem schulischen Unterricht koordiniert wird. Es ist zudem auch möglich, Prüfungen in den dort erlernten Sprachen als Teil der Schulzertifikate abzulegen. Die Kooperation zwischen Staatsschulen und ethnischen Communities kann auch noch weitergehen: So stellt beispielsweise eine australisch-italienische Gesellschaft auf Wunsch Lehrkräfte für Italienisch zur Verfügung.

Dem in Deutschland üblichen muttersprachlichen Unterricht entsprechen die Angebote der ethnischen Communities. Der auch an Schulen mögliche Unterricht in den sogenannten Community Languages hat sich stark verändert dadurch, dass er mit dem Sprachlernkonzept für alle Kinder verbunden wurde. Kinder mit Migrationshintergrund sollen dadurch zweisprachig erzogen werden, dass im Sprachunterricht in anderen Sprachen als Englisch (LOTE = Languages other than English) eine möglichst enge Orientierung an den Community Languages erfolgt. Dadurch mischt sich Erstsprachenunterricht mit Fremdsprachenunterricht, da in den im Allgemeinen sehr heterogenen Klassen die gewählte Sprache nie für alle Kinder zugleich ihre Familiensprache ist. Hier ist zu berücksichtigen, dass die Sprachenvielfalt in Australien und damit auch in den Schulen sehr hoch ist. Gegenwärtig spricht in Australien fast ein Sechstel der Bevölkerung zusätzlich eine andere Sprache als Englisch, unter denen Chinesisch, Italienisch und Griechisch den größten Anteil an Sprechern und Sprecherinnen haben, während neben dem Chinesischen vor allem Vietnamesisch, Mazedonisch und Arabisch stark zugenommen haben (Australian Bureau Of Statistics 2005). Dabei zeigt sich eine Entwicklung, nach der sich in den beiden größten und bedeutendsten Städten des Landes eine unterschiedliche Sprachenschwerpunktbildung fortsetzt: Während in Sydney die asiatischen Sprachen zunehmen, sind es in Melbourne eher die europäischen Sprachen (vgl. Luchtenberg 1996, 1997 für weitere Details).

Das LOTE-Konzept konnte lange Zeit als geradezu revolutionäre Verbindung von Lernen in der Erstsprache mit ersten Elementen von Fremdsprachenunterricht für die übrigen Schüler/innen gelten. Es basierte im Wesentlichen auf der Einteilung von Sprachen in

- Schlüsselsprachen, d.h. Sprachen, die möglichst in vielen Schulen angeboten werden sollen: Chinesisch, Deutsch, Französisch, Griechisch, Indonesisch, Italienisch, Japanisch, Vietnamesisch. Hier wird die Mischung aus Erst- und Fremdsprachen als Zielsetzung besonders augenfällig, denn Französisch und Japanisch sind eher Fremd- als Nachbarschaftssprachen;
- Prioritätssprachen, d.h. Sprachen, die neue Bedeutung erlangt haben, aber noch unzureichend angeboten werden: Arabisch, Koreanisch, Russisch, Thai;
- Community-Sprachen, d.h. Sprachen, die in bestimmten Distrikten besonders relevant sind, wenn dort eine größere Gruppe diese Sprachen als Erstsprachen spricht: Auslan (= australische Gebärdensprache), Hebräisch, Khmer, Koorie Sprachen (= Sprachen der Aborigines), Kroatisch, Makedonisch, Maltesisch, Serbisch und Türkisch;
- andere Sprachen, d.h. Sprachen sehr kleiner Gruppen wie Litauisch, Ukrainisch. Diese Sprachen sollen vorwiegend in Privatschulen angeboten werden.

In Australien gehören Privatschulen zum Bildungssektor, auch wenn berücksichtigt werden muss, dass ihre Schulergebnisse in der Regel über dem der staatlichen Schulen liegen. Viele der Privatschulen sind religiös orientierte Schulen, unter denen insbesondere die katholischen Schulen sich auch im interkulturellen – und damit auch sprachlichen – Sektor engagieren (vgl. unsere Beispiele). So ist ca. ein Drittel der Grundschulen in New South Wales Teil der katholischen Privatschulen, die allerdings auch Kinder anderer Religionen aufnehmen.

Die Zuordnung der Sprachen zu den vier Gruppen schwankt zwischen den Bundesländern und kann sich auch ändern.

In einem ersten Schuljahr einer Schule in New South Wales findet in zwei Parallelklassen des ersten Jahrgangs Unterricht in Griechisch und Chinesisch statt: Während im Griechisch-Unterricht an diesem Tag vor allem gesungen wird und anhand der griechischen Fahne die Farben blau und weiß geübt werden, lernen die Kinder in der Chinesisch-Klasse eine neue Zahl in Wort und Schrift und üben weiter an einem Lied über Zahlen. Beide Klassen werden von einem Sprachassistenten unterstützt. Die Lehrkräfte verwenden im Gespräch mit den Kindern häufig Englisch, um den Nicht-Muttersprachlern zu helfen. Dabei ist auch zu berücksichtigen, dass die Erstsprachenkenntnisse der Kinder nicht einheitlich sind, sondern vielmehr von einfachen Gesprächskompetenzen bis zu vollständiger Sprachbeherrschung reichen.

Die sich hier andeutenden Unterschiede im Sprachunterricht finden sich in vielen Beispielen, so dass der Unterricht in den asiatischen Sprachen oftmals ›schulischer‹ erscheint als der in europäischen Sprachen. Es gibt allerdings auch Ausnahmen, wenn etwa in einer Grundschule im Chinesisch-Unterricht vor allem Drachen gebaut werden zur Vorbereitung des chinesischen Neujahrsfests, wobei die Unterrichtssprache eher Englisch statt Chinesisch ist. Es sollte hier auch darauf verwiesen werden, dass der Unterricht in der Regel nicht ›Chinesisch‹ heißt, sondern ›Mandarin‹ als die Hauptsprache unter den in der chinesischen Community gesprochenen Sprachen in Australien, vor allem NSW.

Insbesondere in den Klassen griechischen Unterrichts zeigte sich eine gewisse Tendenz der Lehrkräfte, sich vor allem der Schüler/innen anzunehmen, die einigermaßen flüssiges Griechisch sprachen. Das Unterrichtsziel war dann, ihnen auch eine schriftsprachliche Kompetenz zu vermitteln, was insofern sinnvoll ist, als insbesondere Kompetenzen in Literacy in der Regel im Elternhaus nicht oder nur eingeschränkt vermittelt werden. Den Schülern/innen mit geringen muttersprachlichen Kenntnissen in Griechisch werden dadurch allerdings Lernchancen vorenthalten. Dagegen sehen die Lehrkräfte gute Möglichkeiten, die Schüler/innen zu unterrichten, für die Griechisch eine neue Sprache ist. Diese Entscheidung ist jedoch Teil des Dilemmas, vor das diese Form von LOTE-Unterricht die Lehrkräfte stellt, denn der Aufwertung der Community Languages, die hiermit verbunden ist, stehen die hohen Anforderungen an Lehrkräfte gegenüber, die für diese Form von Unterricht nur selten qualifiziert sind, zumal schlüssige Konzepte für einen solchen hoch heterogenen Unterricht auch noch fehlen. Parallelen ergeben sich allerdings zum Zweitsprachenunterricht, denn auch die Englischkenntnisse der ESL-Schüler/innen unterscheiden sich sehr stark.

Eine andere Variante der Erziehung zur Zweisprachigkeit sind bilinguale Formen des Unterrichts. Es handelt sich meist um ein Hilfsangebot, das in solchen Schulen eingerichtet wird, die einen hohen Anteil an Kindern der betreffenden Sprache haben. Die Kinder erhalten dann in den ersten Jahren den Fachunterricht (vor allem Mathematik und Sachunterricht) in ihrer Muttersprache. Die Inhalte werden später im englischsprachigen Unterricht vertieft. Zusätzlich können bilinguale Lehrkräfte in den englischsprachigen Unterricht kommen. Dies trifft auf die zuerst beschriebene Grundschule zu.

Zweisprachige Programme über die gesamte Schulzeit sind eher selten, obwohl der ökonomische Nutzen, der in Zweisprachigkeit liegt, durchaus erkannt und auch anerkannt ist. Zweisprachiger Unterricht während der gesamten Schulzeit gilt als ein sehr guter Weg zu voller Zweisprachigkeit, findet aber – nicht nur in Australien – nur selten statt, wenn man von Eliteschulen absieht. Es muss festgehalten werden, dass Zweisprachigkeit in der Sprachenpolitik dann gefördert wird, wenn Englisch eine der beiden Sprachen ist (vgl. auch ausführlicher LUCHTENBERG 2002).

Eine andere Form bilingualen Unterrichts findet sich vor allem im Bundesstaat Victoria in Form von Teil-Immersions-Klassen, in denen eine Sprache, die in der Regel für einen Teil der Kinder Familien- oder zumindest Großelternsprache ist, ab der Vorklasse einige Zeit am Tag Unterrichtssprache in allen Fächern ist, so dass die Lehrkräfte ausschließlich die Zielsprache sprechen, aber natürlich auf englisch sprechende Kinder verstehend reagieren.

Dies findet beispielsweise an einer Grundschule in Deutsch statt: Die Lehrerin einer ersten Klasse fragt ihre Schüler/innen auf Deutsch, wie es draußen ist, und die Kinder antworten: »Warm«, worauf sich ein Gespräch über das Wetter entwickelt. Da es auch regnet, ergibt sich ein Spiel, bei dem die Kinder nach den Angaben der Lehrerin mit den Händen zeigen, wie der Regen auf Kopf, Schultern, Füße etc. fällt. Als Teil des Sachunterrichts wird anschließend zum Thema »Wachsen und Veränderung« ein Wiegenlied eingeübt. Schüler und Schülerinnen höherer Klassen dieser Schule besuchen ein Altenheim mit deutschsprachigen Einwanderern, wo ihnen die Bewohner/innen beispielsweise von ihren Enkelkindern erzählen und was sie früher in der Schule erlebt haben.

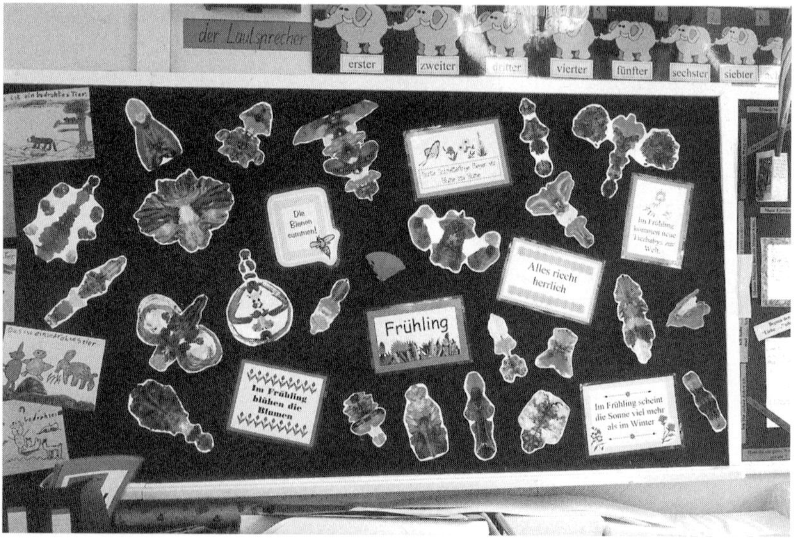

Fotos in der Schule und den Klassenzimmern zeugen von diesen und weiteren Kontakten zur deutschsprachigen Community. In einer sechsten Klasse der sechsjährigen Grundschule erarbeiten die Schüler/innen eine Statistik über Krankenhausbetten – ebenfalls in deutscher Sprache. Die Deutschkenntnisse sind erstaunlich hoch, was vor allem auf die Methode des Lernens durch die Sache zurückgeführt wird (vgl. Fernandez 1992). Die Klassenräume sind mit Materialien aus den deutschsprachigen Ländern ausgestattet, wozu auch viele deutsche Spiele und Bücher gehören. Die ersten Lehrkräfte stammten aus Deutschland bzw. Österreich, aber vor einigen Jahren wurde erstmals ein junger Lehrer eingestellt, der zwar fließend Deutsch spricht, aber keinen familiären deutschsprachigen Background hat. Die ganze Schule ist bilingual: Überall hängen Hinweisschilder in Englisch und Deutsch, z.T. auch nur in Deutsch wie »Wischt eure Füße ab!«. Solche bilingualen Programme werden auch mit anderen Einwanderersprachen durchgeführt.

Fremdsprachenunterricht

Die Verbindung von Fremd- und Erstsprachenunterricht als LOTE bezeichnet der australische Erziehungswissenschaftler Smolicz (1992, S. 14f) als Teil eines Prinzips »two-way bridge-building«, das zugleich Sprachenvielfalt als natürliche Ressource des Landes anerkennt, die natürlich auch ökonomisch wertvoll ist. Diese wirtschaftliche Bedeutung ist auch den Eltern bewusst, wenn sie sich in einer Grundschule in Sydney für Chinesisch oder Japanisch aussprechen, obwohl an dieser Schule fast die Hälfte der Kinder, deren Muttersprache nicht Englisch ist (das sind 85 % der Schülerpopulation), Arabisch spricht und weitere 15 % Türkisch.

Durch die Verbindung von Community Languages und LOTE hat Sprachenlernen im Kontext multikultureller Erziehung eine doppelte Funktion erhalten: den besonderen Bedürfnissen von Kindern mit nichtenglischer Muttersprache zu genügen sowie zugleich die Bedeutung der Multikulturalität (hier: Multilingualität) Australiens für alle zu betonen.

Die Kinder der oben erwähnten hochgradig mehrsprachigen Schule lernen ab der Vorklasse Spanisch, nachdem ein Programm in der Khmer-Sprache aufgegeben werden musste, weil die Lehrkraft in eine andere Stadt fortgezogen war. Im Lehrerkollegium wird die Rolle des frühen Sprachunterrichts in einer nichtenglischen Sprache kontrovers diskutiert, denn während einige dafür plädieren, erst Englisch als Zweitsprache zu festigen, vertreten andere die Meinung, dass gerade die Zweisprachigkeit das Erlernen einer weiteren Sprache erleichtert, auch wenn die zweite Sprache noch nicht voll beherrscht wird. Inzwischen gibt es auch wieder Tendenzen Community Languages und LOTE zu trennen (vgl. Inglis 2004).

Vor allem in Sekundarschulen findet man oft einen eher traditionellen Fremdsprachenunterricht, aber auch hier wird – wie in Grundschulen – nach neuen Wegen gesucht, vorhandene Sprachkenntnisse zu integrieren. So wird etwa in einer Schule in Melbourne den Schülern und Schülerinnen mit familiären Spanischkenntnissen regelmäßig eine Tutorenfunktionen übertragen oder sie übernehmen in Rollenspielen die Funktion eines/r Native speaker.

Multikulturalität als Unterschied zwischen Deutschland und Australien

Australische Schüler/innen schneiden in der Regel in internationalen Vergleichsstudien recht gut ab, obwohl viele Kritiker nicht zu Unrecht häufig betonen, dass die Lehrerausbildung wie auch der Unterricht selbst oft noch verbessert werden könnte. Es ist durchaus überlegenswert, ob nicht das klare Bekenntnis zur Multikulturalität und Mehrsprachigkeit dazu beiträgt, allen Kindern ausreichendes Selbstvertrauen und Anerkennung zu vermitteln. Es wird in Schulen vielfach sichtbar, dass Mehrsprachigkeit als Normalität angesehen wird und als – auch ökonomische – Ressource für das Land. In vielen Grundschulen sind beispielsweise

Schilder wie ›Lehrerzimmer‹, ›Sekretariat‹ oder ›Bibliothek‹ in mehreren Sprachen beschriftet – entsprechend den in der Nachbarschaft gesprochenen Sprachen. In einer katholischen Grundschule wird in den Schulversammlungen regelmäßig in verschiedenen Sprachen gebetet. Vielfach gehört auch eine Sekretärin zur ethnischen Community der Nachbarschaft und in vielen Schulen wird die Beziehung zu den ethnischen Communities und ihren Vertretern sehr intensiv gepflegt.

Betont werden sollte auch eine hohe Flexibilität im Umgang mit der sprachlichen Vielfalt, die sich etwa im LOTE-Programm überzeugend ausdrückt.

Englisch als Zweitsprache wird zunehmend im Lehrerstudium verankert ebenso wie Aboriginal Studies, da diese wiederum verpflichtender Bestandteil in Schulen sind. Multicultural Studies sind dagegen nicht als verpflichtender Teil im Lehrerstudium verankert, werden aber oft angeboten. An einigen Universitäten gehört zum erziehungswissenschaftlichen Teil des Lehrerstudiums ein problemorientierter Kurs »Community Relations«, in dem die Studierenden die Community-Beziehungen einer Schule erforschen und aufarbeiten sollen. Auch in einem Kurs über »Gruppen mit besonderen Bedürfnissen« geht es u. a. um Aborigines und Kinder mit nichtenglischer Muttersprache. Gelegentlich wird beklagt, dass der Heterogenität der Schülerschaft allzu oft ein eher anglo-keltisches Lehrerkollegium gegenübersteht, aber da inzwischen sehr viele Lehramtsstudierende zur ersten oder zweiten Einwanderergeneration gehören, dürfte sich dies ebenfalls bald ändern.

Literatur

Australian Bureau Of Statistics (2005): http://www.abs.gov.au/ausstats/ (gelesen am 21.09.05)

Castles, St.: Migration, Citizenship, and Education. In: Banks, J.A. (Hrsg.): Diversity and citizenship education: global perspectives. San Francisco: Jossey-Bass / Wiley, 2004, S. 17–48

Castles, St. / Miller, M. J.: The Age of Migration International Population Movements in the Modern World. London, 1993

Clyne, M.: Multilingualism in Australia. In: Annual Review of Applied Linguistics 17, 1997, S. 191–203

Collins, J.: Migrant Hands in a Distant Land. Australia's Post-War Immigration. Leichhardt, 2.A. 1991

Fernandez, S.: Room for Two. A study of Bilingual education at Bayswater South Primary School. Canberra: Commonwealth of Australia 1992

HREOC (Human Rights and Equal Opportunity Commission): Annual Report 2003 / 4 http://www.hreoc.gov.au/annrep04/index.html 2005

Inglis, Ch.: Australia: educational changes and challenges in response to multiculturalism, globalization and transnationalism. In: Luchtenberg, S. (Hrsg.): Migration, Education and Change. Abingdon und New York, Routledge, 2004, S. 186–205

Luchtenberg, S.: »Multikulturalität als Grundlage von Bildung und Erziehung: der australische Ansatz«. In: Zeitschrift für Pädagogik H. 6 / 1995, S. 987–1006

Luchtenberg, S.: Sprachunterricht in der Grundschule in multikulturellen Gesellschaften – ein australisch-deutscher Vergleich. In: Neusprachliche Mitteilungen 2, 1996, S. 78–83

Luchtenberg, S.: Sprachunterricht in Australien: Aspekte der Heterogenität und Mehrsprachigkeit. In: Zeitschrift für Fremdsprachenforschung H. 8:1 / 1997, S. 65–78

Luchtenberg, S.: Bilingualism and Bilingual Education and its relationship to citizenship from a comparative German-Australian viewpoint. In: Intercultural Education H. 13:1 / 2002, S. 49–61

Luchtenberg, S. / Gardner, R.: Sprachunterricht und Sprachdidaktik in Einwanderungsländern - Das Beispiel Australien. In: Bredel, U. / Günther, H. / Klotz, P. / Ossner, J. / Siebert-ott, G. (Hrsg.): Didaktik der deutschen Sprache – ein Handbuch. Band II Paderborn: Schöningh (UTB) 2003, S. 952–960

Martin, J.: The Migrant Presence. Australian Responses 1947 – 1977. Research Report for the National Population Inquiry. Sydney u. a.: 1978

Smolicz, J.J.: Australian Diversity. Language - A Bridge Or A Barrier? Linguistic Pluralism and Education in Australia. Adelaide: Centre for Intercultural Studies and Multicultural Education 1992

Heidi Rösch / Nicolle Wachsmuth

DaZ-Materialien für die Grundschule

Die Übersicht enthält eine Auswahl an verfügbaren DaZ-Materialien, die unterschiedliche Schwerpunkte (wie Wortschatzarbeit oder Grammatik) setzen und unterschiedlichen Ansätzen folgen. Neben Spielesammlungen und Arbeitsheften stehen vollständige Lehrwerke zur Verfügung. Es sind auch DaF-Materialien aufgenommen worden, deren Einsatz z.B. im Unterricht mit Seiteneinsteigern durchaus sinnvoll sein kann. Welches Material sich für den konkreten DaZ-Unterricht eignet, hängt von der Lerngruppe und dem organisatorischen Rahmen ab, in dem der Unterricht stattfindet.

Werkstatt Deutsch als Zweitsprache. Hannover / Braunschweig: Schroedel 2003 / 04

➢ Arbeitsheft A + Lehrermaterialien + CD mit Liedern (Babbe, Karin u. a.)
➢ Arbeitsheft B, C, D + Lehrermaterialien (Leonhard, Michael u. a.)
➢ Einstufungshilfen für die Hefte A–D (Leonhard, Michael u. a.)

Heft A ist vor der Alphabetisierung, Heft B, C und D sind nach der Alphabetisierung einsetzbar. Die Hefte greifen Themen aus dem Schulalltag auf, folgen einer grammatischen Progression, die spiralcurricular entfaltet wird. Sprachliche Strukturen werden zunächst angebahnt, dann bewusst gemacht und schließlich geübt. Die Kapitel in Heft B, C und D sind folgendermaßen aufgebaut: Erlebnisbild mit Bildlexikon, Lesetext, das das grammatische Phänomen anbahnt, 3 Übungsseiten und 1 Werkstattseite mit Bastelanleitungen, Spielen, Liedern etc.

Die Einstufungshilfen sollten Lehrkräfte dabei unterstützen, den Sprachstand der Kinder einzuschätzen und das ›richtige‹ Heft für die Lerngruppe auszuwählen.

Ein Koffer Deutsches. München: Goethe-Institut 2005 (Massoudi, Gerlinde u. a.)

➢ Ordner mit 21 Lernstationen und Vorschlägen zur Freiarbeit
➢ zwei CDs mit einem Poesiecocktail (Kinderreimen) und deutschen Geräuschen
➢ zwei Plakate: Deutschland in Europa und Region Europa – Sprache verbindet

Die Materialien zum landeskundlichen Lernen sollen Kindern nichtdeutscher Herkunft einen authentischen Eindruck von Deutschland vermitteln.

In der Einleitung des Ordners werden allgemeine Informationen zum Stationenlernen gegeben. Neben den 21 Lernstationen, z.B. zum Thema

»Supermarkt«, enthält er Informationen für die Lehrkraft, Materialien mit Lösungsblättern für die Schüler und ein Lernbuch, in dem die Schüler ihre bearbeiteten Stationen evaluieren und das Gelernte individuell dokumentieren.

Und jetzt du! Troisdorf: Dürr + Kessler 2003 (Petra Eichenseer u. a.)
➢ Band 1 und 2 mit je 6 Lehrermaterialien.
Die beiden Bände orientieren sich sehr eng am Bayerischen Rahmenplan DaZ und bieten Material zu den dort genannten Signalthemen. In jedem Band werden 6 Themen aufgegriffen, zu denen sehr umfangreiche (jeweils 120 Seiten) Lehrermaterialien vorliegen. Im Mittelpunkt der Hefte steht der Wortsschatz.

DaZ-Box. Oberursel: Finken 2003 (Rucys, Dagmar)

Die Box richtet sich an alle Grundschulkinder mit geringen Deutschkenntnissen und unzureichender Sprachkompetenz und findet Anwendung in Regelklassen zur Differenzierung und in Förderkursen. Sie besteht aus acht Päckchen mit je 55 Bildkärtchen, je 16 Themenkarten, 8 Ereignisbildern und einigen Schreibanlässen zu den 8 Themengebieten wie Schulhof, Einkaufen Supermarkt, Wohnen, Straßenverkehr, Durch das Jahr.

Die Kinder erweitern anhand der Bildkarten ihren Wortschatz, anschließend wenden sie diesen im Umgang mit den Ereignisbildern an. Die »Logico-Piccolo-Themenserie« besteht aus Ereignisbildern und an den Rand geschriebenen Aussagen (oder zu ergänzenden Teilsätzen) mit einer Plastiktafel zur selbständigen Lernerfolgskontrolle.

Die Bildkarten und Ereignisbilder sind bereits in der Vorschule einsetzbar, die Themenserien erst nach Erwerb der ersten Lese- und Schreibfähigkeiten.

DaZ Lernen aus dem Koffer. Oberursel: Finken 2003 (Hölscher, Petra/ Piepho, Eberhard (Hg.))
➢ Vorkurs-Deutsch lernen vor Schulbeginn
➢ Grundschule: Lernfeld »Miteinander leben«
➢ Sekundarstufe I: Lernfeld »Sich orientieren
Die Lernszenarien und Situationen wollen einen aktiven Umgang mit der Sprache ermöglichen, den Spracherwerb individuell begleiten und selbstgesteuert fördern. Der Aufbau der Materialsammlungen vernetzt die Lehrpläne der Regelklassen mit den Strategien, die DaZ-Schüler brauchen, um Sprachzuwachs zu erzielen.

Die Lernszenarien berücksichtigen unterschiedliche kulturelle Erfahrungen der Kinder, unterschiedliche Lernertypen, unterschiedliche Lernerneigungen, unterschiedliche Strategien zum Sprachzuwachs.

Kaspertheater rund ums Jahr. Stuttgart: Klett 1996 (Cros, Rotraud u. a.)
➢ Schülerbuch, Lehrerhandbuch, 12 Monatsplakate, Malhefte mit Darstellungen des Wortschatzes, Kassette mit Liedmelodien
Das Lehrwerk ist ein dramenpädagogisch konzipierter, mündlicher Kurs für Kinder von 5 bis 8 Jahren in Kindergärten und Grundschulen. Es besteht aus ei-

nem Handbuch mit einer Sammlung von Gedichten, Liedern, Reimen und Spielen. Der Lernstoff mit dazugehöriger Wortschatzliste ist in Monate eingeteilt.

Iks ist da. Videokurs für Kinder ab 6 Jahren. Ismaning: Verlag für Deutsch 1992 (Institut für Film und Bild in Wissenschaft und Unterricht)

➢ 2 Videokassetten à 40 Minuten, Lehrerhandreichung, Arbeitsblätter, Wortbildkarten

Dieser Videosprachkurs ist für Kinder ab 6 Jahren und soll ergänzend zur kommunikativen Spracharbeit im DaZ-Unterricht eingesetzt werden. Der Akzent liegt auf der sprachlichen Darstellung und Verarbeitung der Lebenswirklichkeit von Minderheitenkindern in Deutschland. Durch die Geschichten führt Iks, eine außerirdische Figur, die zwischen Zeit und Raum wandert, ihre Gestalt ändert und mit allen befreundet ist.

Huckepack – Gemeinsam lernen macht Spaß. Stuttgart: Klett 1994 (Cros, Rotraud u. a.)

➢ Materialienbuch mit Arbeitsbögen, Lehrerhandbuch, Kassette mit Liedern und Texten

Dieses DaF-Lehrwerk für die Grundschule enthält Unterrichtsvorschläge zum ganzheitlichen Lernen und konzentriert sich auf darstellendes Spiel im Unterricht mit Schülern im Alter von 8 bis 11 Jahren. Das Materialbuch enthält Arbeitsblätter mit Bildvorlagen und Übungen zur Festigung von Strukturen und Wortschatz sowie zur Entwicklung der Fertigkeiten Hören und Lesen. Das Lehrerhandbuch gliedert die Lernschritte in Minimalanforderungen und Vertiefungsangebote.

Hallo, Peter – Wir lernen Deutsch. Rheinbreitbach: Dürr und Kessler 1993 (Weisgerber, Bernhard u. a.)

➢ 2 Bände: Lehrbuch, Lehrerkommentar, Arbeitsheft, Kassette, Liederkiste

Dieser Sprachkurs ist für die ersten Grundschuljahre konzipiert. Die Sprachmittel werden in Dialogform präsentiert. Szenisches Spiel, Lieder und Wortschatzarbeit mit Bildwortkarten sind die häufigsten Arbeitsformen. Die gewählten Sachgebiete werden im Sinne eines Spiralcurriculums in beiden Bänden zwei Mal durchlaufen.

Deutsch macht Spaß. Donauwörth: Auer 1996 (Sirch, Waltraud)

➢ Arbeitsbuch und Lehrerheft

Das DaF-Lehrwerk ist für Kinder von 7 bis 10 Jahren konzipiert. Es folgt der Reihenfolge: sehen – hören – verstehen – sprechen – lesen – schreiben. Die Aufgaben (Entschlüsseln von Geheimschriften, Schlangensätzen oder Purzelwörtern) unterstützt eine selbständige Bearbeitung.

Das ABC-Haus. Stuttgart: Klett 2000 (Rieder, Edina)

➢ Arbeitsheft, Kassette mit Lektionstexten, Versen u. Liedern

Das Lehrwerk unterstützt den Erwerb der deutschen Schriftsprache für Fremd- und Zweitsprachlernende in Grundschulen; enthält 20 Lektionen mit Anlauttabellen und Wortleisten.

Spielstraße Deutsch. Hannover: Schroedel 1991 (Borries, Mechthild u. a.)
➣ Materialband, Lehrerhinweise, Kassette, Video
Die Sammlung von Liedern und Spielen (zu den Bereichen Alphabetisierung, Wortschatz, Rechtschreibung, Grammatik und Textproduktion) ist für »Deutsch als Fremdsprache im Primarbereich« konzipiert.

Deutsch für Kinder anderer Muttersprachen. München: Delto 1993 (Arenvögel, Franz)
➣ 2 Bände mit Kopiervorlagen für Lese- und Schreibanfänger
Im ersten Band steht die Wortschatzarbeit (mit Bildern und Spielvorlagen) im Vordergrund; im zweiten Band werden einfache Strukturen spielerisch geübt. Das 2-bändige Lehrwerk arbeitet mit einem integrierten Schreiblehrgang.

Achtung! Fertig! Los! Frankfurt / M.: Diesterweg 1992 (Lang, Thomas / de Quintero, Edda)
➣ 3 Bände: Lehrbuch, Lehrerhandbuch, Arbeitshefte, Bild- und Symbolkärtchen, Block, Einführung in das Programm, Wortschatzkartei
Dieses DaF-Programm ist für den Unterricht in den ersten Grundschuljahren entwickelt und an einer Deutschen Schule in Bogotá erprobt worden. Anfangs wird eine Bild- und Symbolschrift verwendet, die dann sukzessive durch die Standardschrift ersetzt wird.

Das 3-bändige Lehrwerk enthält insgesamt 24 aufeinander aufbauende Einheiten zu Themen wie Kennenlernen, Hokus-Pokus-Verschwindibus, Tiere und Eigenschaften, Familie etc., plus 3 bewegliche Unterrichtseinheiten zu Weihnachten und Ostern.

Aurelia. Deutsch in der Primarstufe. Berlin, München: Langenscheidt 1994 (Lang, Thomas / de Quintero, Edda)
➣ 2 Bände: Sprachlernbuch, Arbeitsbuch, Audiokassetten mit Hörspiel und Liedern, Reimen und Zusatztexten, Folien
Das wie ein Kinderbuch gestaltete Lehrwerk für 8- bis 10-Jährige erzählt – unterstützt durch viel Bildmaterial – die Geschichte des Raben Aurelia. Ziele sind die motivationsfördernde erste Begegnung mit der deutschen Sprache, das Üben von Hörverstehen, das Lernen von Strategien zum Fremdsprachenlernen sowie der Erwerb von Wortschatz und Strukturen.

Hallo, da bin ich! Deutsch für Kinder. Berlin: Cornelsen 1999 (Schneider, Gunther u. a.)
➣ 2 Bände: Lehrerhandbuch, Schülerbuch, Arbeitsheft (inkl. Schreiblehrgang), Kassetten, Folienvorlagen zu den narrativen Texten
Das Lehrwerk richtet sich an Anfänger ohne Vorkenntnisse (Klasse 1 oder letztes Kindergartenjahr, eventuell auch Klasse 3). Ziele sind v. a. der Aufbau eines offenen Weltbildes, das Kennenlernen anderer Kulturen, Entwicklung von kritischer Distanz sowie erste Erfahrungen mit einer fremden Sprache.

Die Sprachvermittlung stützt sich auf die narrative Methode, d. h., Sprachwissen wird anhand einer über das gesamte Lehrbuch inhaltlich aufeinander aufbauenden Geschichte des kleinen Hasen Rolfi vermittelt.

Der Zauberring, ein Vogel und ein gelbes Auto. Ismaning: Verlag für Deutsch 1994 (Hampel, Doris / von Ostadal, Maria)
➢ Schülerbuch, Lehrerhandbuch, Kassetten
Von diesem Hörspiel liegen zwei Versionen (für Anfänger und Fortgeschrittene) vor. Es setzt sich je aus 14 in sich abgeschlossenen Mäusebildgeschichten zusammen und ist für die Spracharbeit mit Lernern bis zu 11 Jahren konzipiert, folgt einer sprachlichen Progression und bietet Differenzierung in heterogenen Gruppen an. Ziel ist, die Kinder zu sozialem Handeln in deutscher Sprache zu befähigen.

Tamburin. Deutsch für Kinder. Ismaning: Hueber 1998 (Büttner, Siegfried u. a.)
➢ 3 Bände: Schülerbuch, Lehrerhandbuch, Kassetten mit den Hörtexten und Übungen zur Aussprache sowie Liedern und Singspielen, Poster mit Würfelspiel
Dieses Lehrwerk ist für Kinder von 7 bis 12 Jahren, die im In- und Ausland ohne Vorkenntnisse Deutsch lernen, konzipiert. In jedem Band folgen 6 der 8 Lektionen einer sprachlichen Progression, die thematisch eingebunden ist und ganzheitlich umgesetzt wird. Eine Lektion dient der Wiederholung, wobei die Wiederholung in Band 1 als Singspiel, in Band 2 als Märchen und in Band 3 als Sciencefiction-Geschichte gestaltet ist, eine weitere Lektion enthält jeweils landeskundliche Informationen zu deutschen Festen.

Das Deutschmobil. München: Klett 1990 (Douvitsa-Gamst, Jutta u. a.)
➢ 3 Bände: Schülerbuch, Lehrerhandbuch, Arbeitsbuch, Kassetten
Das DaF-Lehrwerk richtet sich an Kinder im Alter von 8 bis 12 Jahren. Die Themen sollen die Kinder emotional ansprechen, der Unterricht soll handlungsorientiert und kindgerecht gestaltet werden. Wichtig ist aber auch das systematische Transparentmachen von sprachlichen Strukturen, also der Weg über die Kognition.

Klick-Klack. Ismaning: Hueber 1993 (Rabitsch, Erich)
➢ 2 Bände: Lehrbuch, Lehrerhinweise, Kassetten mit Dialogen, Texten und Liedern
Dieses Lehrwerk richtet sich an Schüler von 7 bis 12 Jahren, die an Grund- und Hauptschulen Deutsch als Zweitsprache lernen. Ausgehend von Sprechsituationen und Bildern werden sprachliche Strukturen eingeführt. Inhalte sind z. B.: Urlaub auf dem Bauernhof, der Wettlauf, Maria hat Geburtstag, deutsches Geld, im Zoogeschäft, der Unfall, im Krankenhaus. Das Heft mit Lehrerhinweisen nennt allgemeine Unterrichtsprinzipien.

Wer? Wie? Was? Köln: VUB-Gilde 2000–2002 (Medo, M. M. u. a.)
➢ Die Mega-Schreibschule: Schülerheft und Lehrerhandreichung
➢ Mega-Bärenspaß 1 + 2: Geschichtenheft, Arbeitsheft, Lehrerhandbuch, Lesehefte
➢ Mega 1–3: Schülerbuch, Lehrerhandbuch, Schülerarbeitsheft, Kassetten, Handpuppe

Mega-Bärenspaß 1 bildet den Anfang einer fünfstufigen Lehrwerkreihe, die mit Bärenspaß 2 und Mega 1–3 fortgesetzt und durch die Mega-Schreibschule sowie drei Lesehefte ergänzt wird. Die Mega-Schreibschule ist konzipiert für Schüler, die Deutsch als Fremd- oder Zweitsprache lernen. Der Schwerpunkt liegt auf der Phonetik und der Vermittlung der Schulausgangsschrift.

Bärenspaß 1 ist für Vor- und Grundschule gedacht und setzt keine Sprachkenntnisse voraus. Das Geschichtenheft ist ein Bilderbuch mit sehr kurzen Sätzen zu einzelnen Bildern.

Das Arbeitsheft bietet auszumalende Bilder und ein paar wenige Schreibübungen und Erzählanlässe. Die Lesehefte (Eine Woche mit Tanja; Martin hat Geburtstag; Tanja und Martin im Zoo) ergänzen die Lehrwerke. Sie sind vom Niveau her sehr leicht und bieten den Kindern zusätzlich auszumalende Bilder und leichte Übungen.

Mega 1–3 ist ein Lehrwerk für Schüler nicht-deutscher Herkunftssprache im Alter von 8 bis 10 Jahren. Sprachkenntnisse sollen in kommunikativen Situationen vermittelt und die Schüler befähigt werden, sich in Alltagssituationen mündlich und schriftlich auszudrücken. Das Lehrwerk baut auf die in Bärenspaß erworbenen Kenntnisse auf.

Das Lehrerhandbuch erläutert die Konzeption des Werkes als auf die Kommunikation den Schwerpunkt legendem und von diesem ausgehend die Grammatik lehrendem Lehrwerk. Zudem werden didaktische Hinweise für den Unterricht gegeben, für eine Erziehung der Schüler zu Toleranz plädiert und auf die Einbeziehung von Landeskunde hingewiesen.

Die Sprachraupe. Grünwald: FWU (Inst. für Film und Bild in Wiss. und Unterricht) 2003.

➢ CD-Rom

Die Lernsoftware bietet Kindern mit Deutsch als Zweitsprache die Möglichkeit, sich auf eine interaktive und multimediale Wortschatzreise durch die Tierwelt zu begeben. Hierbei lernen sie die Namen von Tieren, die Bezeichnung von Tierlauten, sie erraten Tiere in Rätseln oder üben das sinnerfassende Lesen in kleinen (Lücken-)Texten und Geschichten. Der offene Charakter des Programms entspricht in besonderer Weise dem Konzept des individuellen Sprachwachstums im neuen Lehrplan Deutsch als Zweitsprache.

Verbgenerator. Leipzig: Universität Leipzig 2005

➢ Im Internet verfügbar http://www.uni-leipzig.de/cgi-bin/htdig?words=Verbformengenerator&method=and&format=builtin-long&sort=score&config=htdig&restrict=&exclude

Auch schon Grundschulkinder können mit diesem Programm zur »Generierung deutscher Verbformen mit dem Computer«, das im Internet frei verfügbar ist, Verbformen üben, denn es bietet zu allen deutschen Verben alle bildbaren Formen und stellt somit ein digitales Nachschlagewerk sämtlicher Formen des Verbs dar.

Autorinnen und Autoren

AVCI-WERNING, MELTEM Dr., Niedersächsische Landesschulbehörde Abt. Hannover, Am Waterlooplatz 11, 30171 Hannover

BARTNITZKY, HORST Dipl.-Päd., Heinrich-Albrod-Str. 54, 47249 Duisburg

BENHOLZ, CLAUDIA Dr., Universität Duisburg-Essen Campus Essen, Fb Geisteswissenschaften, Universitätsstr. 12, 45117 Essen

BOSSELMANN, UTA, Grundschule Allermöhe, Margit-Zinke-Str. 7, 21035 Hamburg

BURK, KARLHEINZ Dr., Altvaterstr. 3, 60437 Frankfurt am Main

CHLOSTA, CHRISTOPH, Universität Duisburg-Essen Campus Essen, Deutsch als Zweit- und Fremdsprache, Universitätsstr. 12, 45117 Essen

DIRIM, ÍNCI Prof. Dr., Universität Hannover, Philosophische Fakultät, Bismarckstr. 2, 30173 Hannover

EHLICH, KONRAD Prof. Dr., Institut für Deutsch als Fremdsprache, Transnationale Germanistik der Ludwig-Maximilians-Universität, Ludwigstr. 27, 80539 München

FRIED, LILIAN Prof. Dr., Universität Dortmund, Fachbereich 12 ISEP, Emil-Figge-Str. 50, 44221 Dortmund

GRIMM, ANNA-MARIA, AWO-Kindergarten, Gubestr. 3, 80992 München

GUADATIELLO, ANGELA Dr., Zentrum für kindliche Mehrsprachigkeit e. V., Sonnenstr. 20, 80331 München

HIRSCHMANN, INGE, Babelsberger Str. 45, 10715 Berlin

IORDANIDOU, CHARITINI Dr., VII Merarchias 37, 65403 Kavala, Griechenland

LIPKOWSKI, EVA Dr., Universität Duisburg-Essen Campus Essen, Fb Geisteswissenschaften, Universitätsstr. 12, 45117 Essen

LUCHTENBERG, SIGRID Prof. Dr., FB Bildungswissenschaften Universität Duisburg-Essen, 45117 Essen

LÜTJE-KLOSE, BIRGIT Dr., Universität Hannover, Philosophische Fakultät, Bismarckstr. 2, 30173 Hannover

MASSOUDI, GERLINDE, Goethe-Institut, 312 / Bildungskooperation Deutsch, Dachauer Str. 122, 80637 München

Mücke, Stefan Dipl.-Päd., Universität Potsdam Campus Golm, Karl-Liebknecht-Str. 24-25 Haus 9, 14476 Golm

Müller, Andrea G., Max-Planck-Institut für Bildungsforschung, Lentzeallee 94, 14195 Berlin

Müller, Dagmar, Schule an der Glinder Au, Sonnenland 27, 22115 Hamburg

Ostermann, Torsten, Universität Duisburg-Essen Campus Essen, Deutsch als Zweit- und Fremdsprache, Universitätsstr. 12, 45117 Essen

Pater, Elisabeth, Stadt Duisburg Regionale Arbeitsstelle zur Förderung von Kindern und Jugendlichen aus Zuwandererfamilien (RAA), Bergiusstr. 27, 47119 Duisburg

Rösch, Heidi PD Dr., Technische Universität Berlin, Institut für Sprache und Kommunikation, Ernst-Reuter-Platz 7, 10587 Berlin

Sandfuchs, Uwe Prof. Dr., Technische Universität Dresden, Institut für Schul- und Grundschulpädagogik, Helmholtzstr. 10, 01069 Dresden

Schründer-Lenzen, Agi Prof. Dr., Universität Potsdam, Campus Golm, Karl-Liebknecht-Str. 24-25 Haus 9, 14476 Golm

Speck-Hamdan, Angelika Prof. Dr., Department für Pädagogik und Rehabilitation der Ludwig-Maximilians-Universität, Leopoldstr. 13, 80802 München

Stanat, Petra Prof. Dr., Max-Planck-Institut für Bildungsforschung, Lentzeallee 94, 14195 Berlin

Terhechte-Mermeroglu, Friederike, Schleiermacherstr. 14, 10961 Berlin

Trautmann, Caroline, Institut für Deutsch als Fremdsprache / Transnationale Germanistik der Ludwig-Maximilians-Universität, Ludwigstr. 27, 80539 München

Triarchi-Hermann, Vassilia Dr., Akademie für Lehrerfortbildung und Personalführung Dillingen, Postfach 1302, 89401 Dillingen

Ueffing, Claudia M., Gassnerstr. 12, 80639 München

Wachsmuth, Nicolle, Technische Universität Berlin, Institut für Sprache und Kommunikation, Ernst-Reuter-Platz 7, 10587 Berlin

Willenbring, Monika Prof. Dr., Katholische Hochschule für Sozialwesen Berlin, Köpenicker Allee 39-57, 10318 Berlin

Als Mitglied im Grundschulverband

... unterstützen Sie z.Z. mit weiteren 14000 Mitgliedern die satzungsmäßigen (§2,1) Kernaufgaben des Grundschulverbandes: „Die pädagogisch begründeten Ansprüche der Kinder dieser Schulstufe zu vertreten, die Grundschulpädagogik weiter zu entwickeln und die Stellung der Grundschule im öffentlichen Bildungswesen zu verbessern."

... erhalten Sie jährlich zwei Bände der Buchreihe „Beiträge zur Reform der Grundschule".

... erhalten Sie viermal jährlich die 32-seitige Mitgliederzeitschrift „Grundschule aktuell" mit Bildungspolitik, Forschung und Praxis.

Mitgliedsbeitrag	**50,- €**
Ermäßigter Beitrag	**30,- €**
Förderbeitrag	**30,- €**

BEITRITTSERKLÄRUNG

Einsenden an:
Grundschulverband
Niddastraße 52 · 60329 Frankfurt/Main

Ich beantrage die Mitgliedschaft im Grundschulverband · Arbeitskreis Grundschule e.V.
Als Mitglied erhalte ich jährlich zwei neue Mitgliedsbände aus der Reihe „Beiträge zur Reform der Grundschule" sowie die 32-seitige Vierteljahreszeitschrift „Grundschule aktuell" jeweils nach Fertigstellung kostenfrei zugesandt.

Den angekreuzten Betrag

☐ **Mitgliedsbeitrag** **50,- €**

☐ **Ermäßigter Beitrag** (bitte belegen!) **30,- €**
(für Studierende, Arbeitslose, Lehramtsanwärter/innen, sowie für Teilzeitbeschäftigte in den neuen Ländern)

☐ **Förderbeitrag,** mindestens **30,- €**
(keine Mitgliedsbände – nur Zeitschrift)
(für Pensionäre, die weiterhin aktuell informiert werden wollen, und andere Förderer, die die Arbeit des Grundschulverbandes unterstützen möchten.)

☐ zahle ich nach Erhalt der Jahresrechnung

☐ zahle ich per Bankeinzug vom Konto

Nr. ______________________ Blz ______________________

bei ______________________

____
Name

____
Straße und Hausnummer

____
PLZ und Ort

____
Datum und Unterschrift

Für Ihren Beitritt zum Grundschulverband · Arbeitskreis Grundschule e.V. halten wir folgendes Werbeangebot für Sie bereit:
(Bitte nur eine der beiden Möglichkeiten ankreuzen!)

☐ Als neues Mitglied im Grundschulverband · Arbeitskreis Grundschule e.V. wünsche ich mir den Band __________ als Aufnahmegeschenk.

☐ Oben genanntes Mitglied habe ich für den Grundschulverband · Arbeitskreis Grundschule e.V. geworben. Als Werbeprämie senden Sie mir bitte den Band __________ an folgende Anschrift:

____
Name

____
Straße und Hausnummer

____
PLZ und Ort

Beiträge zur Reform der Grundschule

Herausgeber: Der Vorstand des Grundschulverbandes - Arbeitskreis Grundschule e.V.

Mitgliederbände:

45 Lernorte außerhalb des Klassenzimmers Teil 1
49 Lernorte außerhalb des Klassenzimmers Teil 2
58/59 Gemeinsam leben – gemeinsam lernen
60 Kinder finden zu sich selbst
61/62 Frauen machen Schule
67/68 Schreiben ist wichtig
69 Ästhetische Erziehung in der Grundschule
71 Umwelterziehung
74 Interkulturelles Lernen
75 Veränderte Kindheit – veränderte Grundschule
76 Lyrik für Kinder – gestalten und aneignen
78 Alltag im offenen Unterricht
79/80 Kinder heute – Herausforderung für die Schule
81 Theater macht Schule – Schule macht Theater
82 Die 6jährige Grundschule in Berlin
85 Bewegung, Spiel und Sport in der Grundschule
87 Leistung der Schule – Leistung der Kinder
88/89 Wohnortnahe Integration
91 Lernwerkstätten
92/93 Religion in der Grundschule
95 Gewalt und Aggression
96 Mit Kindern rechnen
97 Sexualerziehung von Anfang an!
98 Die Zukunft beginnt in der Grundschule
o. Nr. Zukunft für Kinder – Grundschule 2000 Bundesgrundschulkonferenz, Berlin 1995
99 Kunst in der Grundschule
100 Sozialpädagogik in der Grundschule
101 Sachunterricht in der Grundschule
102 Musik in der Grundschule
103 Grundschule und neue Medien
104 Schatzkiste Sprache 1
105 An der Schwelle zum dritten Jahrtausend (Kongress 1999)
106 Spielen in der Grundschule
107 Literarisches Lernen
108 Mit Eltern die Grundschule kindgerecht entwickeln
109 Rechtschreiben lernen in den Klassen 1–6
110 Grundschule – Schule der Vielfalt und Gemeinsamkeit
111 Schulanfang ohne Umwege
112 Grundlegende Bildung in und für Europa
113 Schatzkiste Sprache 2
114 Freiarbeit in der Grundschule – offener Unterricht in Theorie und Praxis
115 Länger gemeinsam lernen. Positionen, Forschungsergebnisse, Beispiele
116 Kinder beteiligen – Demokratie lernen?
117 Mathematik für Kinder – Mathematik von Kindern
118 Leistungen von Kindern wahrnehmen – würdigen – fördern
119 Pädagogische Leistungskultur: Materialien für Klasse 1 und 2
120 Deutsch als Zweitsprache lernen

Sonderbände:

S 43 Schulleben und Schulgemeinde
S 45 Entlastungsstrategien für Schulleiter
S 52 Die Ganze Halbtagsschule
S 53 Fremdsprachen i. d. Grundschule
S 54 Grundschule u. Bibliothek
S 56 Teamarbeit in der Grundschule
S 57 Jahrgangsübergreifendes Lernen
S 58 Jahrbuch Grundschule '98 Themen: »Offener Unterricht«, »Mathematik«
S 59 Grundschulen planen, bauen, neu gestalten
S 60 Jahrbuch Grundschule '99 Themen: »Schulfähigkeit«, »Sprachdidaktik«
S 61 Kooperierende Grundschulen
S 62 Jahrbuch Grundschule '00/'01 »Kindheitsforschung, Forschung zum Sachunterricht«
S 63 Video zum Thema Zukunftswerkstatt
S 64 Jahrbuch Grundschule IV 2002/2003

Projekt »Eine Welt in der Schule«

Sammelband (orange): Dritte Welt in der Grundschule
Sammelband (blau): Eine Welt in der Schule
Sammelband (grün): Eine Welt in der Schule
Ausleihservice: Projekt »Eine Welt ...«
Aminatas Entdeckung (Kinderbuch)
Materialband zu Aminatas Entdeckung